LA HISTORIA DEL NÚMERO 48915

Rachel "Roma" Roth

Traducción al español

Ana G. Villanueva

Edición

Jose Miguel López

Todos los derechos reservados por el autor.

LA HISTORIA DEL NÚMERO 48915

Rachel "Roma" Roth

©

ISBN: 978-0-9889934-1-9

Dedicatoria

La primera y todas las ediciones de este libro están dedicadas a la memoria de mi madre Golda y mis hermanos Reginka, Justinka, David y a toda la familia que fue asesinada en las cámaras de gas de Treblinka.

La segunda edición de este libro en inglés se publica en el aniversario del fallecimiento de mi querido esposo, Shlomo Roth, con quien compartí 64 años de matrimonio. Está dedicado a su memoria.

Noviembre de 1939: Tomada antes de nuestro traslado al gueto de Varsovia. Esta fotografía fue enviada a mi padre, quién había huido a la parte de Polonia ocupada por los rusos. Abajo de izquierda a derecha: mi hermana Justinka, mi madre Golda, mi hermano David, y arriba a la izquierda Roma (la autora) y a la derecha mi hermana Reginka.

Reconocimientos

Cuando pensé en los reconocimientos al acercarse el momento de la publicación de este libro, me sentí perpleja. ¿A quién doy gracias y por qué? ¿Por qué debo agradecer a alguien por esta dolorosa experiencia que me abrasó el alma? Una vez le dije a un guardia nacional que nos estaba dando un tour en las celdas de confinamiento solitario de la isla de Alcatraz, —prefiero permanecer diez años en una celda como esta, con comidas regulares y un suministro interminable de libros, que un solo día en Auschwitz.

Esta es mi historia ineludible. Contarla es lo único que puedo hacer. ¡He sobrevivido! Quizá esta sea la única razón por la que sobreviví. La mayoría no lo hizo. Mis familiares, mis amigos y mis compañeros judíos que fueron asesinados no pueden hablar. Así que, no puedo quedarme callada. No tengo paciencia para agradecer a nadie. Quería sacar este libro al exterior. Fuera de mí. Como si su publicación finalmente me trajese la paz. Me liberase de mi carga y me alejase aún más de los nazis. El hecho de que yo haya sobrevivido y que mi semilla crece, de que mis hijos y mis nietos se hayan erguido en el desolado páramo del antiguo campo de concentración a pesar de todos los planes de Hitler para los judíos, no es una victoria suficiente. Mientras yo pueda hablar, estoy obligada a revivir y a contar mi historia una y otra vez.

¿A quién debo dar las gracias? A usted, el lector y a aquellos que han escuchado y aún escuchan las incontables historias de los sobrevivientes. En los primeros años después de la guerra, la gente no preguntaba sobre la prisionera número 48915 de un campo de concentración y nunca lo mencioné. Mis amigos, que eran sobrevivientes, y yo nunca hablamos sobre lo que vivimos. Estábamos preocupados con la restauración de nuestras familias y la construcción de otras nuevas. Mi esposo Shlomo siempre estuvo a mi lado y me escuchó cuando las pesadillas me hacían saltar de la cama. A menudo nos reímos, comentando que tuvimos cinco hijos porque me abalanzaba sobre él como resultado de mis terrores. Él se convirtió en mi audiencia permanente. Él era la única persona en la que confié para permanecer a mi lado para siempre. Él me oyó contar una y otra vez los episodios, y sin embargo me escuchaba. Estuvo junto a mi apoyándome firmemente por 64 años mientras yo luchaba para escribir. Tristemente, mi querido esposo falleció en septiembre de 2012. Le estaré eternamente agradecida; lo echo de menos cada día.

Algunas personas me preguntan, después de leer el libro, si después de la guerra mi vida fue fácil o perfecta. ¿Puede ser la vida de alguien realmente fácil o prefecta? Ciertamente la vida sigue siendo una lucha —con problemas financieros, con problemas familiares y con todos los otros problemas cotidianos que afectan a las personas ... pero una vida normal es todo lo que se puede pedir. Es mucho más de lo que al resto de mi querida familia le fue permitido. Y estoy muy agradecida a mi querido Shlomo por compartir esa vida conmigo, juntos.

En nuestra casa cada uno de mis cinco hijos David, Chezy, Zehavit, Ram y Masha me escucharon a lo largo de los años. Un poco de comida sobrante en un plato desencadenaba recuerdos.

Nosotros no tiramos la comida, ... —yo les proclamaba. Y les hablaba de lo que significa pasar hambre. Hoy en día, cuando ruego a mis nietos que no dejen nada en sus platos, sus padres les dicen: —está bien si no pueden terminar, pero pregunten a la abuela por qué no deberían dejar nada en el plato.

Fui invitada por un familiar para mi primer "compromiso para hablar en público" a una reunión de los exploradores israelíes Benei Akiva en Yom Hashoah (o Día del recuerdo del Holocausto), en 1956. Desde entonces me han escuchado en escuelas públicas, escuelas de secundaria y en sinagogas. He estado continuamente dando charlas en la escuela de mis nietos, en sus lugares de trabajo y de rezo. Más recientemente, he acompañado en calidad de testigo a los estudiantes de secundaria de la escuela Ramaz en su viaje a Polonia.

Mi brazo izquierdo es mi introducción para los espectadores. Niños y adultos, judíos y gentiles, en una piscina, en una biblioteca o en una tienda de belleza, se fijan momentáneamente en el extraño número azul grabado en mi piel por los nazis. Veo las preguntas formándose en su mente, y empiezo a explicarles antes de darles tiempo a formular la pregunta. En una visita a Yad Vashem un grupo de turistas escandinavos se posicionaron a mi alrededor a la vez que yo estudiaba una foto que me resultaba familiar. Un rezagado se dio cuenta de mi tatuaje y me preguntó: —¿estuvo usted allí? Al grupo le tomó solo un segundo sentir la atracción y ponerse a escuchar.

Empecé a escribir mi historia. Cada día a las 3 a.m. mientras el mundo a mi alrededor estaba durmiendo y yo no podía, escribí a mano, poco a poco, en polaco, utilizando el lenguaje de mi infancia, de la tierra que me traicionó. Todavía es mi lengua materna. He atribuido siempre cualquier talento narrativo a la herencia genética de mi difunto padre Samuel Rothstein, bendita sea su memoria. Mis habilidades de composición en polaco fueron clavadas a mi conciencia a los 13 años, sobre todo por mi última profesora de literatura polaca, la señorita Cynkstein, antes y durante la guerra. Mi prima, Shula Carmi, me introdujo al uso de un procesador de textos, modernizando y acelerando el trabajo.

Las primeras personas que revisaron mi trabajo fueron amigas que podían leer polaco, Eva Kempinski, Lola Praport y Sara Rosen. Ellas me elogiaron y me convencieron para traducir el manuscrito a la lengua inglesa. La larga búsqueda de un traductor me condujo a la maravillosa y capaz señora Roslyn Hirsch. Su difunto esposo, David Hirsch fue profesor de inglés y estudios judíos en la Universidad de Brown, y él jugó un papel decisivo en la traducción. Debido a la envergadura de mis experiencias, él decidió incluir el manuscrito a su lista de lectura asignada. Fui premiada con las primeras respuestas a la versión en inglés cuando viajé a Rhode Island para dar una charla a los estudiantes de su salón de clases, mi primera audiencia universitaria.

No pude llevar una cuenta precisa del número de copias del manuscrito y de la cantidad de personas valiosas que lo han leído, incluyendo a mi prima Ruchama Hartstark y Dorothy Davidson, la bibliotecaria en Wagner College. Mis familiares y amigos pudieron finalmente leer la historia desde el principio al fin y conectar todas las historias fragmentadas que habían escuchado durante muchas de las cenas o eventos sociales. Los más queridos de estos lectores fueron el rabino Eugene Cohen (bendita sea su memoria) y su esposa Ada, a quien respeto y admiro, y he adoptado hace mucho tiempo como uno más de mis familiares. Teresa Pollin, curadora asociada del Museo Estadounidense Conmemorativo del Holocausto, me ayudó poniéndome en contacto con editores e imprentas. Jerry Kaufman, mi publicista, aportó su tiempo y su esfuerzo incansable como voluntario. Todas estas personas contribuyeron con sugerencias, preguntas y con el apoyo que llevó a la conclusión del libro.

Pensé que el libro estaba terminado, pero mi hijo Ram insistió en que a pesar de todos los elogios, la primera edición en inglés necesitaba ser adicionalmente editada. Con su determinación y el impulso energético de mi tía Hela, las sesiones finales y maratónicas de edición comenzaron. Mi hijo Chezy en Israel coordinó con el editor y con la institución Yad Vashem a la vez que presionamos para completar el trabajo. Mi nieta Limor Kushner, así como el yerno de Hela, Paul Kaplan, enviaron por mi el texto internacionalmente vía correo electrónico. En Sur África, después de completar la edición, Gwynne Schrire hábilmente asistió en poner en orden la copia final. La publicación de la primera edición fue posible gracias a una generosa subvención por parte de Yad Vashem en Jerusalén.

La primera edición se vendió por completo hace varios años. Sin embargo, ha habido una gran demanda, siempre que doy conferencias, la gente pregunta si hay un texto escrito que puedan leer también. Más allá, ha habido propuestas para traducir el libro al hebreo, español, yidis o al polaco. Me siento alentada por el interés que las personas continúan mostrando, y espero poder acomodar su interés con esta edición en español.

Muchas personas aún no conocen la historia. El número de sobrevivientes está disminuyendo, y el número de personas que niegan que ocurrió está creciendo desafortunadamente. Siento que es mi tarea el asegurarme que mi historia esté disponible y que el interés en ella continúe aumentando.

Adicionalmente, he tomado la oportunidad que se presenta en esta edición para expandir algunas partes del texto, agregar varias fotografías y proporcionar un poco más de edición adicional.

Quiero aprovechar esta oportunidad para aclarar las cuestiones que me han preguntado acerca de mi nombre.

Tengo varios nombres: Roma, Ruchama, Rachel, Chenchinski, Roth. Mi nombre judío, con el que nací, es Ruchama Rachel Rothstein. Mi padre, aunque fue un rabino erudito, autor y editor, estaba convencido que debía darnos una educación polaca además de nuestra educación judía. Por lo tanto, creciendo y durante la guerra, comúnmente me llamaban por mi nombre en polaco, Roma. Después de la guerra usé Roma y mi nombre hebreo, Ruchama, y me casé con Shlomo Chenchinski. En los Estados Unidos, me llamaron Rachel. Cuando nos convertimos en ciudadanos americanos adoptamos una versión corta de mi apellido de soltera, Roth.

Unas palabras finales acerca de Hela, que tiene ahora 92 años. Hela es mi tía. Sin ella no hubiese sobrevivido. Mis hijos la consideran como una madre más. Nuestra relación no puede ser explicada con palabras. Cuando estamos juntas, es experimentado por todos los que nos rodean. Como podrán leer, ella también fue mi madre, padre, hermana, amiga, álter ego y ángel de la guarda.

Y todavía lo es.

Roma

Nueva York, enero de 2013
Romashlomo@aol.com
www.HereThereIsNoWhy.com

CONTENIDO

Dedicatoria 2

Reconocimientos 3

Prólogo 10

SEPTIEMBRE DE 1939 11

GUETO 49

REASENTAMIENTO 110

LA CALDERA 128

PRIMER LEVANTAMIENTO 187

LEVANTAMIENTO DEL GUETO DE
VARSOVIA 212

MAJDANEK 238

AUSCHWITZ-BIRKENAU 278

BERGEN-BELSEN 360

LIBERACIÓN 392

Guía de la fotografía de familia 465

Árbol de familia 468

Prólogo

A la mujer, cuyo nombre nunca supe:

Le ruego me perdone por no haber cumplido antes con la promesa que le hice en el fondo del aquél abismo del infierno, Majdanek. Le prometí que si sobrevivía aquella gehena contaría al mundo entero los horrores que experimentamos. Discúlpeme, porque inmediatamente después de ser liberada, no estaba preparada para escribir. Mis heridas abiertas eran aún sangrantes, cada vez que empezaba a escribir ríos de lágrimas corrían por mis mejillas ahogando el papel. Después de días de amargas memorias, las pesadillas me atormentaban. Despertándome con mis propios alaridos en sudor frío, soñaba que los alemanes se llevaban a mis hijos. Al pasar los años las heridas se convirtieron en cicatrices, y las reservas de lagrimas se secaron. En mi crepúsculo, puedo recordar con mayor facilidad los horrores del gueto y de los campos de exterminio.

CAPÍTULO 1

SEPTIEMBRE DE 1939

El dorado verano de 1939 se aproxima a su final. Mis despreocupadas vacaciones en Urle, una colonia de veraneo a las afueras de Varsovia, se están terminando.

El río azul refleja los relucientes rayos del sol de septiembre. Los niños construyen castillos de arena en la cálida orilla. Los jóvenes nadan en las aguas cristalinas, coqueteando alegremente. El chapoteo y las risas de los bañistas se mezcla con las llamadas de las madres ansiosas. El aire a mi alrededor está inundado con los dulces aromas de los bosques de pinos de Polonia.

Tumbada perezosamente en la playa, dejo que los granos amarillos de arena se deslicen entre mis dedos. Murmullos de risas hacen eco en los cielos azules como las esponjosas nubes dispersan los rayos de la luz del sol. No hay ningún indicio del oscuro futuro que esconde tantas sorpresas para una niña de trece años despertando a la vida.

Los recuerdos de una excursión escolar reciente se sienten vívidos en mi corazón. Me veo con una mochila colgada al hombro, caminando hacia la estación del tren acompañada de las hermanas de mi madre, Paula y Hela. Mientras marchamos marcando el paso, cantamos en polaco en voz baja.

Todos vamos juntos de viaje

Las distancias desaparecen debajo de nuestros pies

Encantados en el bello escenario

Vamos unidos de la fantasía al sueño…

Dejamos de cantar mientras cruzamos el bulevar, una vez que llegamos al otro lado continuamos la canción donde la dejamos. Cuando llegamos a la estación mis compañeros de escuela me saludan amistosamente. El tren llega al andén, y mi familia se despide de mí con abrazos y besos. El silbato de la locomotora agujerea el aire, y poco a poco, el tren parte traqueteando fuera de la estación. A través de la ventanilla abierta del vagón, agito mi pañuelo indicando una trágica despedida a mis padres que han llegado para despedirse. Sus siluetas a lo lejos se van haciendo cada vez más pequeñas hasta que desaparecen por completo. Junto a mis compañeros, canto en voz bien alta sobre las rechinantes ruedas de acero que nos acompañan abajo. El tren atraviesa verdes pastos y campos de balanceantes espigas de trigo color de oro.

Mis ojos se cierran al sentir los relucientes rayos del sol en la playa. Todavía puedo ver con claridad los sitios que visitamos en aquel viaje de fin de curso. Lugares y sonidos brillan en mi memoria. La capilla de Santa Kinga (una reina polaca muy querida) localizada en las minas de sal de Wieliczka, la capital medieval de Cracovia y el castillo real de Wawel. Recuerdo los aromas del gran mercado dividido por el Sukennice y las panorámicas de Zakopane con sus maravillosos y magníficos picos en los montes Trata...

Los gallos cantando en una granja de pollos cercana interrumpen la corriente de mis agradables pensamientos. Desde la distancia, sobre las alas del viento, las llamadas de los cucos hacen eco. Un perro ladra como respuesta. ¡Es un mundo repleto de belleza! Nos pertenece a nosotros, a los jóvenes.

Mañana, como cada viernes, iremos con prisa a la estación del tren con la ama de llaves Regina. Llevo a mi hermana de siete años, cuyas gruesas trenzas castañas envidio. Nos siguen Justinka de ocho años, con un enorme lazo en su cabello que hace juego con sus grandes ojos azules, y el pequeño Davidek, de tan solo seis añitos. Ya listos luciendo nuestra ropa de Sabbat, brillamos y hacemos que nuestros padres sientan orgullo.

Por lo general, no me interesa mucho la política, pero Alemania y el grupo nazi de Hitler no es algo que desconozco. A la vera de río, oigo conversaciones sin fin acerca de Austria siendo engullida por la Alemania de Hitler en 1938. Los adultos comentan que Checoslovaquia fue abandonada por el mundo entero. Fue vendida como una ofrenda a Alemania por el bien de una paz deshonrosa. Chamberlain cree que Checoslovaquia va a satisfacer el apetito de Hitler.

Incluso en esta colonia turística de verano, seguimos recibiendo noticias terribles de Alemania. Oímos hablar de la Noche de los Cristales Rotos y la detención de cientos de judíos alemanes, así como de la quema de sinagogas, tiendas y de todos los bienes judíos por los alemanes. Las terribles historias se transmiten rápido entre la población judía en Polonia. Mi padre, Samuel Rothstein, que es el editor del periódico yidis *Das Yiddishe Tugblat,* describe la premeditada barbarie de la Noche de los cristales rotos en sus artículos.

—El acto más aterrorizante —escribe— es que la totalidad de la comunidad alemana y el resto del mundo intelectual permanece callado. Nadie protesta o reacciona a estos actos infames. Le han dado carta blanca a Hitler.

Se acerca el primero de septiembre. Estamos contemplando el regreso a Varsovia y el comienzo a un nuevo curso en la escuela cuando, como un relámpago de la nada, oímos que el ejército alemán ha atacado la frontera de Polonia.

Caos y confusión se apodera de la colonia de verano. La gente empaca precipitadamente y con pánico, la incertidumbre nos abruma. Los trenes yéndose de Urle abultan llenos de maletas y paquetes. Las personas se apuran para regresar a Varsovia. La estación está inundada de plumas de almohada flotando como los copos de nieve en una ventisca. Por todas partes podemos escuchar las llamadas nerviosas y las maldiciones de los frenéticos viajeros. La gente busca febrilmente sus maletas entre los llantos de niños asustados. Por encima de toda esta conmoción, el silbato de la locomotora me ensordece. La chirriantes ruedas del tren generan una sensación de confusión.

Cuando finalmente llegamos a Varsovia, ya es de noche. Nos sorprendemos al ver las calles desiertas. El vacío señala que la vida, tal como la conocemos, ha cambiado. En la mañana, se forman colas para la leche y el pan, y todo el mundo comenta acerca de la guerra relámpago. Los adultos debaten el pacto ruso alemán con gran ansiedad. En sus hogares, se reúnen enfrente de la radio, pendientes de nuevos informes.

El locutor de radio repite durante todo el día:

—Todos los *Jasie* y *Stasie* regresen a sus casas de inmediato—. Mi padre explica que esto es un código dando órdenes de movilización a la milicia polaca.

El 3 de septiembre, Inglaterra declara la guerra a Alemania. Unas pocas horas más tarde, Francia le sigue. Las dos naciones prometen ayudar a Polonia, y todo el mundo se alegra. Los locutores de la radio gritan consignas desafiantes, y las personas se yerguen en un sentimiento de esperanza. Se reúnen enfrente de las embajadas británica y francesa.

—¡Viva Inglaterra!

—¡Viva Francia!

—¡Muerte a los agresores alemanes!

—Somos fuertes y estamos preparados —anuncia entusiasmado el mariscal polaco Smigly Rydz.

—Defenderemos nuestra madre patria hasta el último soldado

—prometen las multitudes—. No abandonaremos Polonia a los conquistadores. Nadie se atreva a tocarnos. Nuestro líder es Smigly, ¡Smigly Rydz!

A pesar de que una chispa de esperanza se ha encendido en nuestros corazones, las malas noticias son anunciadas en la radio tres días más tarde:

—¡Las defensas polacas no fueron capaces de resistir al bien equipado ejército del enemigo, que se dirige a Varsovia en estos momentos!

Al acercarse el amanecer, escucho al comandante de las fuerzas de defensa polacas en la radio. Está ordenando a todos los hombres en edad militar abandonar la capital y dirigirse al este hacia Brzesc. Un nuevo ejército se formará a orillas del río Bug.

—Defenderemos Varsovia hasta el último soldado, hasta la última gota de sangre.

Al mismo tiempo que el coronel Umniastowski llega al final de su discurso, veo la última estrella desaparecer en el cielo.

Amanece un día de incertidumbre. Mi familia se agrupa en el balcón de nuestro apartamento, mirando hacia la sección de Praga en Varsovia. Nos estremecemos de frío y de falta de descanso, sin saber que vamos a hacer para mantenernos a salvo. Debajo de nosotros, la calle Targowa murmulla con actividad a pesar de la temprana hora. Está congestionada con autos, camiones y carruajes tirados por caballos repletos de paquetes, bultos y todo tipo de cosas del hogar, y niños. La gente ya está saliendo de la ciudad en masa, en dirección este. Algunos caminan, otros van en bicicletas, y algunos empujan carritos de bebé. Es una multitud desordenada.

Tristeza contenida, indecisión y sentimientos de impotencia dominan la atmósfera en nuestra casa. Parece que tres de mis tíos jóvenes por parte de mi madre tendrán que incorporarse al nuevo ejército.

Nos apresuramos a llegar a la cercana calle Brukowa, donde viven mis abuelos maternos, para una conferencia de familia. Después de una acalorada conversación sobre el acercamiento de los alemanes, que representa un peligro mortal para nuestros hombres en edad militar que se encuentren en la ciudad, se decide que Itzik, Luzer y Heniek han de irse de la ciudad inmediatamente. Ellos empacan algo de ropa en mochilas; hay besos, bendiciones, lágrimas y algunos últimos consejos, la puerta se cierra tras ellos, dejando una inmensa tristeza y vacío.

La abuela Chava llora inconsolablemente, repitiendo:

—Mis niños, mis adorados hijos, ¿los veré de nuevo alguna vez?

Mamá trata desesperadamente de consolarla, pero sin éxito. La abuela se cae desmayada en los brazos de mi madre. Perturbado, mi abuelo Naftali me pide que llame a mis tíos para que regresen mientras intenta revivir a la abuela. Corro escaleras abajo lo más rápido que puedo y me abro paso a codazos a través del mar humano. Grito los nombres de mis tíos, buscándolos por todas partes. Desacelero el paso, los encuentro en una esquina de una avenida concurrida, y ellos me oyen gritar. Se acercan a mi atravesando las multitudes, y les digo que su padre quiere que regresen. Sin dudarlo un instante, todos corremos a casa. De camino a casa, les digo que su madre se ha desmayado.

Al día siguiente, este episodio se repite con el mismo resultado. La madre que adora a su familia se desmaya ante la idea de ver partir a sus hijos. A pesar de que miles de jóvenes huyen a diario de Varsovia, mis tíos obedecen a su padre, que les prohíbe irse. La noticia de que el presidente de Polonia y todo su gobierno han huido a Rumanía ya es un "secreto" a voces. Se derrumba el ánimo del pueblo.

Por primera vez, oigo un comunicado alemán en la radio polaca: *"Hier Deutschland Sende und alle Angeschlossene Länder wie Katowice, Poznan, Lodz, und Kraków"*, "Esta es la voz del territorio ocupado por los alemanes de Katowice, Poznan, Lodz y Cracovia".

"Esta bestia salvaje", pienso aterrorizada, "ya se ha tragado la mayor parte de Polonia".

Después de escuchar las últimas noticias, Itzik, Luzer y Heniek pierden la esperanza de huir al este, ya es muy tarde. El terrorífico sonido de las sirenas perfora el aire, y el sonido de aviones enemigos se acerca cada vez más. Todos los habitantes de nuestro condominio de apartamentos en el 45 de la calle Targowa corren hacia el vestíbulo de la planta baja creyendo que estarán más protegidos en los pisos más bajos, que las gruesas paredes los escudarán de las bombas. Un traqueteo penetrante seguido de un ensordecedor estruendo y luego una tremenda explosión menea el edificio por completo. Puedo escuchar las armas antiaéreas polacas en respuesta a los estruendos de los aviones. Los niños se tapan los oídos con sus manos y corren hacia los brazos de sus padres para protegerse.

Olas de bombarderos alemanes dejan caer su carga letal sin piedad a la población civil. Los fuegos en los edificios rabian en una tormenta que envuelve a todo el vecindario. Las víctimas quemadas y heridas gritan de dolor.

—¡Shemá Israel! —clama mi madre a Dios para que nos ayude.

—Madre de Dios, intercede por nosotros —entona una joven católica que está parada a mi lado, con un bebé en sus brazos.

Un muchacho joven corre hacia nuestro patio con furia, su pelo rubio está cubierto de hollín gris. Las lágrimas fluyen por sus mejillas, y sus ojos parecen fosas hundidas. Un arroyo de sangre escarlata fluye de un rasgón de su camisa azul.

—Una bomba alemana cayó en un gran edificio residencial cerca de la estación del tren —tartamudea él en voz baja.

—Las personas que estaban dentro están enterradas vivas.

A la vez que procura las malas noticias se cubre la herida de su hombro ensangrentado.

Mi padre decide que estamos demasiado cerca de la estación del tren.

—El enemigo está tratando de deshabilitar el sistema de ferrocarriles —nos dice.

Cuando cae la noche, aprovechamos la oportunidad durante una pausa en las explosiones para evacuar el apartamento. La calles estás oscuras y vacías. Los tranvías no están funcionando. No podemos encontrar un *doroskha*, un carruaje tirado por caballos, ni siquiera un taxi que nos lleve junto al tío Froim que vive lejos de la estación del tren, en la calle Gesia en Varsovia. Cogidos de la mano corremos sin aliento hacia el puente Kerbedzia, que conecta Praga con Varsovia.

—Rápido —exclama papá—. No podemos arriesgarnos a otro ataque aéreo.

Corro más rápido, arrastrando a mi hermanito de seis años, David, que va tropezando con todo y sin aliento. El puente desolado resuena con el tamborileo clamoroso de nuestros pies corriendo. De repente, los alaridos de las sirenas perforan el aire.

"Esto nos avisa que los aviones alemanes se están acercando", pienso aterrorizada.

—¿Dónde está el refugio más cercano? —pregunta mi madre preocupada, dirigiéndose al soldado que hace guardia permanente en el puente.

—Yo soy su refugio —responde—. Túmbense en el suelo.

El soldado apunta una ametralladora hacia los aviones. Nos tiramos al suelo enfrente del soldado. El sonido de los aviones alemanes se hace cada vez más latente. Se están acercando a nosotros. Ahora están prácticamente encima de nosotros. Me tapo los oídos para ahogar el estruendo de la explosión. El soldado sigue disparando al aire, apuntando a los aviones que giran dando vueltas.

De repente vemos un destello brillante iluminando el cielo oscuro. El ala de un avión en llamas se está hundiendo en el río Vístula. El agua hierve con ira al recibir el acero caliente.

—¡Le he dado! —grita el joven soldado. Con una energía renovada, continúa lanzando balas con su ametralladora. Nosotros mantenemos nuestras posiciones, tendidos unos junto a los otros, sin osar a movernos.

Por fin, suena la sirena de todo está despejado. Los cañones enojados detienen el vomito de fuego, la furia destructiva de la *Luftwaffe* alemana está tomando un descanso. Cansados, sucios y con miedo, nos apresuramos por las calles fogosas de Varsovia en llamas. Toda la ciudad está atrapada dentro de un anillo de fuego, y las rojas lenguas de la lumbre giran en el aire. Las casas ardiendo se desploman, esparciendo cenizas calientes cerca de nosotros. El humo espeso y negro llena el aire, irritando nuestros ojos y ahogándonos. Brigadas de personas con cubos de agua se esfuerzan para sofocar las llamas que iluminan los contornos humanos cavando entre los escombros para llegar a los muertos y heridos.

En medio del pánico y la confusión, logramos llegar a la casa del tío Froim al final de la tarde. Me duermo instantáneamente exhausta de tan largo día. Cuando mi madre me despierta es de noche aún.

—¡Levántate rápido! ¡Hay un ataque aéreo!

Al despertarme de un sueño profundo, me cuesta orientarme.

—¿Por qué me despiertas en medio de la noche? —Mi madre no me da tiempo para pensar. Escucho claramente el rugido ya familiar de los aviones que se acercan, el clamor ensordecedor de las bombas que estallan, el desplome de edificios que caen, y el silbido de las balas de ametralladora gritando a través del aire. Metralla vuela por todas partes, hiriendo a las personas que huyen en las calles en busca de refugio.

Ella me arrastra hacia el sótano. Nos sentamos en una bodega oscura que apesta a patatas podridas. Apretados junto con los otros habitantes del edificio, el sótano frío y húmedo pronto se torna caliente y cargado. Escuchamos nerviosos los ruidos del exterior. El rugido de los bombarderos se hace más fuerte, e instintivamente nos aferramos el uno al otro. Me tapo los oídos con las manos, anticipando cada explosión. Aguanto la respiración con miedo.

"Han pasado volando. Se han ido", pienso con alivio, relajándome un poco. Esa noche, alcanzan el sistema de agua de la ciudad. Durante el ataque, la gente hambrienta saquea un almacén, cogen salsa de tomate, pepinillos en curtido y cualquier otra cosa que encuentran a mano. Algunas panaderías todavía hornean pan, pero hacer la cola para conseguirlo durante el bombardeo podría costar la vida. Sobrevivimos a base de tomate en lata y sopa agria de pepinillo que compramos a los vendedores ambulantes.

Llega el sábado 23 de septiembre, Yom Kipur. En este Día del arrepentimiento la sinagoga está repleta de gente. Los hombres, envueltos en sus túnicas blancas y sus taledes de oración, oran fervientemente. Las mujeres sollozan, pidiendo a Dios que se apiade de nosotros. Los niños están lloriqueando de miedo. A la vez que oramos, los alemanes presionan su ataque en el barrio judío. Cae la tarde y las oraciones y el ayuno llegan a su fin. Oigo el aullido del shofar. Afuera, el tiroteo continúa. Las casas se derrumban, enterrando con vida a las víctimas. En las calles, la gente corta la carne de los caballos muertos para alimento. He oído decir que cientos de ciudadanos han muerto, y que hay muchos heridos. La gente está enterrando a sus muertos en los patios y jardines en filas, como a las verduras. Los bombarderos alemanes siguen sembrando las semillas de la miseria, la desgracia, el fuego y la muerte. El acoso de la ciudad continúa, ya que Varsovia se defiende con fiereza. El 28 de septiembre, después de 26 días de batalla, la capital cae. Polonia entera está en manos alemanas.

De repente y de forma inesperada, el bombardeo se detiene. Me invaden malos presentimientos, como la calma

antes de una tormenta. Vemos aviones dando vueltas por
encima de la ciudad, pero no nos damos cuenta en un primer
momento de que pertenecen a los alemanes. Luego vemos las
cruces negras pintadas en ellos, símbolos del mal brillando
bajo el sol. Los sobrevivientes de los bombardeos empiezan
saliendo de bunkers y sótanos. Sus rostros muestran la fatiga
y su tez es amarilla por la falta de alimentos y el aire fresco.
Sus ojos parecen de cristal, desconcertados y llenos de
desesperación, que aumenta aún más cuando ven la
devastación a su alrededor.

Regresamos a nuestra casa en Praga. Desde las calles
laterales, podemos observar el ejercito alemán marchando con
altivez a través de las vacías avenidas de Varsovia. Bajo el
puente Kerbedzia, la gente está sacando agua del río Vístula
con tazas y cubos. Dos hombres llevan con mucho esfuerzo
una camilla que tiene un cadáver cubierto con periódicos. Una
mujer está empujando un cochecito de bebé lleno de bultos.
¡El horror nos rodea!

Mi tío Heniek ha ido a echar un vistazo a nuestro
barrio. Le dice a mi madre que nuestro apartamento se
encuentra ahora en la planta baja. Mamá se ríe tratando de ser
amable con el intento de humor del tío. Encontramos nuestro
apartamento en ruinas. Un proyectil de artillería ha destruido
nuestro balcón de hierro forjado y ha tirado el muro que
separa el comedor y el dormitorio de mis padres. Hay un
enorme agujero en el suelo. La caja fuerte de acero, tan pesada
e inmovible que fue comprada con el apartamento, ha sido
derribada de su base por las explosiones. Es el lugar donde
mamá esconde los chocolates, junto con documentos y joyas.

Empezamos a sacar todo lo que podemos de los
escombros. Hurgando en las ruinas, mi madre encuentra
nuestras botas y abrigos de invierno bajo una pila de ladrillos.

Charcos de lágrimas se acumulan en sus ojos mientras contempla las botas cubiertas de polvo.

Vencida por sentimientos de melancolía, encuentro destruidas las macetas de flores de mi padre. Él había cuidado de ellas con tanto cariño. La primavera pasada, cuando escuchó a los vendedores ambulantes pregonando sus mercancías, diciendo: "Esta tierra es buena tierra negra" bajó corriendo las escaleras para comprar un poco de la rica y fértil tierra. En ella, plantó las semillas que resultaron en las coloridas flores que decoraban nuestro balcón. Ahora las flores marchitas yacen sin vida en los escombros polvorientos. Las que una vez fueron capuchinas de colores, lirios amarillos y otras flores ahora se funden con el resto de los escombros, y su fragancia pasada ha sido superada por el hedor de la descomposición.

Nuestra casa es inhabitable. Recogemos nuestra ropa y cerramos las puertas. Nos trasladamos a pocas cuadras de distancia, al apartamento de mis abuelos maternos en el 32 de la calle Brukowa. Caminando a un lugar más seguro, mi madre comienza a hacer planes para las reparaciones necesarias.

Cerca de la casa de mis abuelos, se encuentra la tienda de ropa de mi madre en el 35 de la calle Brukowa. Mi abuelo abrió esta tienda para ella cuando se casó. Él la llevaba a Lodz dos veces al año para comprar tejidos para hacer trajes y abrigos de damas y caballeros. Me acuerdo cuando traían estos tejidos a casa. Mamá entonces contrataba a un cortador, el cual extendía el paño en el piso de la sala y lo marcaba con una tiza. Luego sacaba las tijeras más grandes que jamás había visto y cortaba bloques enteros de pantalones, chalecos y chaquetas. Ella enviaba los bloques a varios sastres en un carruaje. Justo antes de Navidad, mamá se quedaba en las sastrerías hasta altas horas de la noche, lo que garantizaba que sus órdenes se completasen a tiempo.

Ahora la puerta trasera de la tienda está forzada y abierta. El suelo está cubierto con uniformes militares verdes. Perchas de madera cuelgan sin ropa de los bastidores de hierro. Los soldados polacos asaltaron el lugar después de la rendición, intercambiando sus uniformes por ropa de civil.

—Tuvieron que hacerlo —explica mi madre—. De lo contrario podrían haber sido capturados por los alemanes y encarcelados como prisioneros de guerra.

Para evitar el saqueo ulterior de este tipo, nos llevamos el resto de la mercancía a la casa de mis abuelos, al otro lado de la calle. Sin embargo, los alemanes averiguan enseguida acerca nuestra mercancía. Visitan el apartamento de mis abuelos con frecuencia, llevándose de los bastidores lo que les apetece en cada momento.

Unos soldados alemanes golpean la puerta. Solo los alemanes golpean de esa forma la puerta, y todos nos paralizamos. No sé si saben acerca de nuestros productos o solamente están saqueando al azar. Sala, la ama de llaves y cocinera judía de mi abuela, abre la puerta. Entran descaradamente en el apartamento y caminan hasta la trastienda llena de ropa. Todos nos quedamos callados, en posición de firmes. Mamá les echa un vistazo y calcula su talla. Ella le da un traje a cada soldado. Se dan la vuelta y se van, y nosotros respiramos el aire viciado.

Al parecer los nazis están tan contentos con la mercancía que recomiendan el lugar a sus amigos, que nos visitan con una frecuencia no deseada. Cuando los alemanes ven un candelabro de plata o una imagen agradable que cuelga en la pared, lo toman, mientras que al mismo tiempo nos riegan con insultos y maldiciones. Vivimos con el temor constante de sus visitas.

Un día, tres soldados irrumpen y preguntan específicamente si tenemos tejido de abrigos para damas. Todo el tejido sin cortar se ha escondido debajo de la cama.

—No —responde el abuelo. Escaneando la habitación y a nosotros, sus ojos se asientan en mi tía Hela de dieciocho años. Ella nerviosa, espeta:

—Usted puede obtener la tela en Lodz.

El más alto de los tres dice que no sabe nada acerca de telas, que regresará para llevarse a Hela con él a Lipmanstadt (el nombre alemán de Lodz). Cuando se van, nos quedamos consternados de temor por la vida de Hela.

Al momento, ella empaca sus cosas y se muda a la casa de mi tío.

Los tonos amenazantes de estos visitantes aumentan diariamente. Para salvar lo que aún queda y para poner fin a estas visitas peligrosas, mamá y sus padres deciden llevarse la mercancía fuera de la casa. La aparición diaria de los soldados Shutzstaffel Nazis (SS) nos expone a un grave peligro. No somos los únicos en esto, otras casas cercanas no están más seguras. Incluso las casas de los judíos más ricos están sujetas a registros y saqueos. Después de un gran debate, a mamá se le ocurre algo que todos pensamos es una brillante solución al problema.

—Vamos a almacenar la mercancía con nuestros familiares y amigos pobres en los barrios menos deseables de la ciudad —dice ella.

Los conocidos y familiares en cuestión están de acuerdo con la proposición. Por una cuota semanal, nos proveen un espacio disponible en el armario donde podemos ocultar nuestra mercancía. Ahora, el tiempo es esencial. Nos ponemos a trabajar inmediatamente, llevando la ropa a diferentes casas. Por la noche, al amparo de la oscuridad, toda la familia participa en el contrabando de nuestros productos a diferentes lugares.

Por la noche, mi madre me hace envolver dos pares de pantalones de hombre alrededor de mis caderas y luego una gran chaqueta, con un enorme abrigo de invierno sobre la chaqueta. Estoy tan cargada de ropa que casi no puedo arrastrar los pies. Envuelta en un abrigo de gran tamaño que llega hasta los tobillos, me muevo lentamente por la calle Targowa, ocultándome en las sombras de los edificios tanto como sea posible. El toque de queda se acerca, por lo que la calle está desierta. En estos tiempos de incertidumbre, la gente no abandona fácilmente sus casas por la noche. De vez en cuando, la fría luz de las farolas ilumina una silueta humana encorvada. Por la calle, no muy lejos delante de mí, veo a mi tío Itzik, que también está en la misma misión. Yo uso la luna, que está ahora bien alta en el cielo, para llenarme de coraje. Se mueve al mismo ritmo que yo, pareciese que las pequeñas estrellas de plata estuvieran titilando compinchadas conmigo.

Una fuerte bofetada en la cara me despierta de mi fantasía. Me hago un corte en la lengua con los dientes por la fuerza del golpe. No me había dado cuenta del alemán acercándose. Me quejo de dolor. El alemán se ríe, bastante satisfecho con su acto "heroico". Ni siquiera se detiene, sigue caminando. Mi tío, profundamente preocupado por mi seguridad, me está esperando en la próxima pasarela.

—Tienes suerte de que el incidente terminó así. De ahora en adelante —me instruye el tío Itzik— cuando haces un trabajo importante como este, tienes que estar alerta y no pasear con la cabeza en las nubes.

Me revisa la lengua para asegurarse de que estoy bien.

—Cuando vi llegar al alemán me di la vuelta — explica—Corrí hacia el portal más cercano. Pensé que se te ocurriría hacer lo mismo.

Al dividir Polonia en dos zonas, los alemanes y los rusos se reparten el botín. Los alemanes ocupan la parte occidental de Polonia, y Rusia toma la parte oriental. Nuevas fronteras se dibujan. Oigo el nombre Zaremby Koscielne, esta es la nueva frontera. Malkinia, sea lo que sea, está ahora al otro lado de la frontera. La parte occidental de Polonia se incorpora al Tercer Reich. Aquellos de nosotros que vivimos en las áreas de Varsovia, Radom y Lublin pertenecemos a lo que los alemanes llaman Gobierno General, bajo el mando del Gobernador General Hans Frank.

Se hace muy común ver a los refugiados judíos de Alemania marchando por las calles en Varsovia, custodiados por soldados alemanes. Han sido brutalmente expulsados a Polonia, ya que no tienen la ciudadanía alemana. Sus cansados rostros grises, sus ojos llenos de temor y sus miradas interrogantes despiertan compasión en nuestros corazones. Las instituciones de ayuda judías están siendo organizadas por los refugiados que han nacido en Alemania. La mayoría de ellos ni siquiera hablan polaco. Hacemos lo que podemos para ayudar a nuestros hermanos judíos. El viernes por la noche, el abuelo lleva a casa una familia de judíos alemanes que conoció en la sinagoga. Los trae a casa para la cena de Sabbat. Escuchamos con miedo y consternación sus historias terroríficas sobre la vida bajo el régimen de Hitler.

Ahora sufrimos una serie de decretos infernales del gobierno alemán que se suceden a gran velocidad. Todos los aparatos de radio deben ser confiscados. Todas las cuentas bancarias deben estar cerradas. Debemos esperar una cola durante horas para conseguir quinientos eslotis al mes que salen de nuestras cuentas congeladas; a los judíos no se les permite tener más de dos mil eslotis. Es un robo organizado y legal hacia el pueblo judío.

El gobierno expropia todas las empresas judías, así como todas las tierras y las casas de propiedad judía, la madre de uno de mis compañeros de escuela, Regina Lamstein, es dueña de varias casas grandes en Varsovia que son expropiadas. Cuando no hace mucho tiempo esta familia vivía en circunstancias cómodas, hoy en día está en la miseria.

Todas las reuniones públicas están prohibidas, y todas las sinagogas se cierran, por lo que los hombres oran en casas particulares.

Un sábado, los alemanes revisan el apartamento del rabino Zylbersztajn, en el 30 de la calle Brukowa, en nuestro barrio. Entonces obligan al rabino y a los hombres que participan en la oración a trabajos forzados. Mientras se los llevan, golpean al rabino sádicamente, llamándolo ladrón y sucio judío. El señor Fridman, nuestro vecino, no puede soportar ver al rabino humillado. Se vuelve hacia el hombre de la SS a cargo y pide que dejen al rabino en paz. El alemán responde al señor Fridman con un golpe en la cara y un torrente de imprecaciones.
El señor Fridman grita:

—¡Solo espere! ¡A usted le llegará la suya!

Los alemanes se llevan al señor Fridman al cuartel de la Gestapo y lo asesinan en el acto.

La noticia corre como un rayo. La población judía de Praga por completo asiste a su funeral, para despedirse antes de su eterno descanso. Él es una de las primeras víctimas en Varsovia de los crímenes de Hitler.

El estado de ánimo del pueblo es muy pesimista. Hay miedo a lo desconocido y a la incertidumbre de lo que pasará mañana bajo la ocupación alemana asesina. La gente empieza a irse de la ciudad. Uno por uno, parecen desvanecerse. Algunos se van a la zona rusa, prefiriendo a los comunistas que a los fascistas. La ruta hacia el este hasta la zona rusa lleva a Malkinia, y desde allí a través de Zaremby Koscielne. En una fría mañana de sábado en el otoño, el gran comedor del abuelo está lleno de hombres. Envuelto en sus taledes de oración, se inclinan respetuosamente al Todopoderoso y ofrecen sus oraciones con celo absoluto. Recitan el Kadish por el señor Fridman, que fue asesinado sin piedad. Un profundo suspiro se eleva desde el pecho de alguien. Alguien gime, y luego, en coro como en una sola voz, la palabra ¡Amén! se entona.

Las oraciones terminan con la recitación de la antigua oración hebrea alabando la omnipotencia del Señor. Después de las oraciones, los hombres doblan cuidadosamente sus taled de oración e intercambian chismes, se cuentan entre sí la triste noticia de la semana pasada. Se desean mutuamente un buen Sabbat y comienzan a salir, pero a medida que se están yendo, mi padre levanta las manos y les pide que se queden. Se quedan parados, en silencio.

El silencio es atravesado por la voz de mi padre.

—Hermanos —dice— ¡salvémonos a nosotros mismos! Si amamos la vida, marchémonos mientras que todavía haya una oportunidad. Vamos a proteger a nuestras esposas e hijos y a todo lo que amamos de las garras de Hitler.

Todavía lleva su taled, sus adornos de plata cosidos a la tela blanca. Su barba color cobre rizada y su piel pálida se asoman bajo el taled. Sus benevolentes ojos azules miran triste y fijamente a la congregación, y me doy cuenta de una profunda arruga en la frente que no había visto antes. A excepción de la trágica voz de mi padre, la sala se queda en silencio. Un diluvio de palabras terroríficas brota de sus labios temblorosos.

—Judíos. Mis queridos hermanos, estamos en peligro de muerte. Hemos caído en las garras de las bestias de Hitler. He leído *Mi lucha* escrito por Hitler. Conozco muy bien sus dementes ideas racistas. ¿Quién sabe hasta qué punto pueden llegar sus seguidores con su odio hacia los judíos?

La habitación se queda en silencio de nuevo. Todo lo que se puede escuchar es el zumbido de una mosca. Incluso los niños entienden la gravedad de la situación que se vive en este momento.

—Pregunten a los refugiados alemanes. Les dirán lo que las bestias alemanas son capaces de hacer—, continúa mi padre.

Alguien pregunta: —Bueno, ¿qué vamos a hacer? ¿Se supone que hemos de irnos lejos de nuestras casas y pertenencias, de nuestras tiendas y negocios y de todo por lo que hemos trabajado durante nuestra vida y así convertirnos en vagabundos en los desiertos desconocidos de Rusia?

Otra persona agrega: —¿Vamos a dar vueltas por el campo con niños pequeños en los brazos y mochilas sobre nuestras espaldas?

Hay murmullos de aprobación para los que dudan. Oigo una voz cerca de la puerta diciendo:

—¿Qué esperas? Rothstein es un escritor, un soñador. Vive en la fantasía. Es por eso que pinta un cuadro tan sombrío del futuro.

Estos debates sin resolución se han convertido en algo común. Mientras tanto, nuevos actos atroces invaden nuestras vidas. Una tarde, mientras mi tía se bajaba del tranvía, la hermana de diecinueve años de mi madre, Paula, se dio cuenta de que un alemán estaba golpeando a los pasajeros mientras iban saliendo. Cuando se dio cuenta de lo que pasaba, ya era demasiado tarde para retroceder. El hombre la golpeó en la cara, dejando huellas rojas marcadas en su piel blanca transparente. El hermano menor de mi madre, Luzer, llegó a casa con un ojo negro y sangrando por la nariz hinchada. Se había peleado para defender a un anciano judío que fue objeto de burlas por parte de algunos polacos.

El dorado otoño de 1939 se adentra en el invierno. Un viento frío barre la hilera de árboles de la calle Targowa. El viento comienza un inocente minué entre las ramas y luego de repente ataca las hojas, despojando a las ramas hasta la desnudez. Las hojas amarillas y rojas se agitan en el aire y luego caen al suelo sin poder hacer nada, donde forman una alfombra para los transeúntes. Sería un mundo hermoso, si no fuera por la maldita guerra.

Los decretos siguen. Por orden de las autoridades, los judíos deben ceder el paso a los alemanes en uniforme. Un judío que se encuentre en el camino de un alemán se supone que debe bajar de la acera, quitarse el sombrero y hacer reverencia. Las personas que hacen caso omiso de la ley son golpeados y arrestados. Mi bisabuela Malka, de ochenta años, no se aparta del camino lo suficientemente rápido cuando se topa con un arrogante hombre de la SS en la calle. La empuja brutalmente, tirándola al pavimento, y ella se lesiona el hombro y la pierna.

No hay antibióticos, por lo que la mejor manera de tratar la infección gangrenosa es amputarle la pierna. Los médicos nos advierten que es posible que una mujer de ochenta años no sobreviva una cirugía. La familia tiene una tormentosa reunión para decidir qué hacer. Después de consultar a los médicos y rabinos, y después de discusiones prolongadas y acaloradas, la familia decide no correr el riesgo de muerte en la mesa de operaciones. Poco más adelante la gangrena llega a su corazón, y mi bisabuela muere.

En el cementerio, mi abuelo se inclina sobre el cuerpo y le susurra a su madre:

—Querida madre, por favor, perdóname. Tal vez cometí un error al no dejar que amputaran tu pierna. Pero te estoy devolviendo a Dios en una sola pieza, tal como él te creó.

Bajan su cuerpo marchito envuelto en un sudario blanco a la tumba que se ha preparado para recibirla. Inundada de lágrimas, tiro un puñado de tierra negra húmeda sobre la tumba fresca de mi bisabuela. La muerte de esta anciana provoca una profunda impresión en mi alma. Es la primera vez en mi vida que tengo que enfrentar el hecho de la muerte. En ese momento, no tengo ni la menor idea de que mi bisabuela pertenece a un tipo de personas privilegiadas que aún pueden morir en su propia cama, rodeados de sus seres queridos.

Desde la llegada de los alemanes, mi padre ha estado intentando convencer a mi madre para irse. Le dice:

—¡Huyamos! Salvemos a nuestros niños inocentes.

—¿Dónde podemos ir? —Pregunta mi madre. —No es fácil llegar a la zona rusa. Los trenes que van al este están llenos de refugiados. Los alemanes están patrullando los pasos fronterizos entre Malkinia y Zaremby Koscielne. Golpean a judíos y les despojan de sus pertenencias. Los refugiados judíos yacen desamparados en la frontera, congelados y hambrientos. El clima del otoño, no es de ninguna ayuda para ellos. Suponiendo que uno de los niños se enferma durante el viaje, entonces ¿qué hacemos?

Los padres de mamá apoyan su decisión de quedarse. Sin embargo, papá no se rinde fácilmente. Él sigue presionando, rogándole para irse, pero lamentablemente sin éxito.

—No voy a poner en peligro la vida de mis hijos —declara mamá.

Ella se niega a escuchar los argumentos de mi padre. En el exterior desciende la temprana oscuridad de un día de noviembre. La familia se sienta alrededor de una mesa grande a intercambiar los sucesos tristes del día. Una profunda ansiedad se refleja en sus rostros. Nosotros los niños escuchamos en silencio las tristes noticias. Oímos una apremiante llamada a la puerta, todos continuamos sentados y estáticos.

—Han de ser los soldados alemanes que vienen a hacernos una visita. Menos mal que nos hemos librado de tu mercancía, Golda —susurra Itzik a mi madre. Partiendo hacia la puerta, la abre solo una rendija. Un hombre de gran tamaño está parado allí. Está vestido con una capa de fieltro y una gorra de lana oscura de esquí sobre su frente. Observando debajo de la gorra hay un par de ojos que resultan conocidos.

—Es Pan Stanislaw nuestro superintendente del 45 de la calle Targowa —grité con una sensación de alivio.

Itzik cierra la puerta rápidamente y conduce el señor Stanislaw al vestíbulo.

—Por favor, entre en la sala de estar —dice Itzik. Rodeamos al señor Stanislaw con anticipación.

—Señor Rothstein —comienza en voz baja, dirigiéndose a mi padre—. Hace una hora los alemanes vinieron a buscarlo. La Gestapo. Me preguntaron dónde vive el editor Samuel Rothstein.

Después de espetar lo que nos venia a anunciar, el señor Stanislaw echa un vistazo a su alrededor con recelo.

—Está bien. Usted puede hablar con libertad. Esta es toda mi familia. —Itzik lo tranquiliza.
—Les dije que su apartamento está destrozado debido a la guerra, que usted y su familia salieron de la casa durante el bombardeo, y que no han regresado. ¡Huya, señor Rothstein! ¡Ocúltese, para que no puedan encontrarlo!

Casi antes de darnos cuenta, él ya se está yendo. Mamá corre tras el señor Stanislaw para darle las gracias por su lealtad. Ella le da una propina. Antes de la guerra, papá solía darle una propina generosa cada vez que abría la puerta a altas horas de la noche.

Dos veces por semana, papá volvía a casa a las tres de la madrugada desde la oficina del 40 de la calle Leszno. Al ser la hija mayor yo estaba a cargo de mantener a mis hermanos tranquilos al día siguiente cuando papá dormía la siesta. A veces, cuando estaban fuera de control, el ruido lo despertaba, y me echaban la culpa. Entonces me sentía molesta y huía a casa de mis abuelos a la vuelta de la esquina. En esa casa, yo era la más joven y todo el mundo me adoraba. Hela y Paula incluso me llevaban con ellas cuando iban al teatro. Me introdujeron a Hamlet y El barbero de Sevilla en el Gran Teatro polaco.

Ahora mamá está preocupada. Ella empaca la ropa de papá a toda prisa. Mi padre le explica que tienen que estar tomando rehenes porque es el día antes del 11 de noviembre, Día de la Independencia de Polonia. Tal vez quieren arrestarlo como editor de un periódico judío importante. Es un hecho bien sabido que su periódico, como todos los diarios polacos, no ha sido muy laudatorio hacia Hitler y sus seguidores.

Él abraza cálidamente a mi madre, ella llora en silencio. Dice adiós a toda la familia y desaparece tras la puerta cerrada. Va a esconderse en la casa de sus padres, que viven en Varsovia en el 22 de la calle Swietojanska, al otro lado del puente. Lo echamos de menos inmediatamente. La casa está vacía y triste sin él.

El viernes, mi padre aparece en secreto. Para nuestra increíble alegría, ha venido bajo amparo de la oscuridad a pasar el Sabbat con nosotros. Una vez más trata de convencer a mamá y a sus padres de huir de esta pesadilla y de los asesinos. Recientemente, los soldados alemanes han capturado algunos judíos barbudos en la calle Targowa y los han afeitado solamente por el gusto de hacerlo. Los alemanes no solo los afeitaron sino que les arrancaron el pelo dolorosamente, todo acompañado de las carcajadas de los polacos, que desde la cercanía pasaban un buen rato viendo el espectáculo.

Con mayor frecuencia comienzan a suceder redadas recogiendo judíos para trabajos forzados. De repente se puede escuchar el ruido de unas ruedas que salen de la nada, y después el chillido de los frenos. Un camión militar se detiene en una calle llena de judíos, y saltan algunos hombres bien armados de las SS. Entonces se escuchan los gritos que azotan de terror el corazón:

—¡Judío!¡Alto!— Luego se les ve secuestrar a un transeúnte inocente, apresurándolo brutalmente a culatazos y empujándolo al camión que espera.

—¡Una redada!

Se corre la voz a la velocidad de un relámpago.

—¡Están cazando judíos! —Hay pánico en la calle, confusión y la gente corre en todas direcciones. El mensaje circula en yiddis:

—¡meh chapt! (¡van a la caza!) Márchense. Huyan. Ocúltense en un portal. Un hombre comienza a correr respirando anhelosamente sin aliento. Sube corriendo un tramo de escaleras para eludir las garras de los depredadores. Mientras tanto, los camiones se llenan con víctimas que observan desde sus jaulas como animales aturdidos.

Tales escenas ahora parecen ser un hecho cotidiano. Algunas víctimas regresan después de unas horas. Algunos regresan al cabo de unos días. Han sido torturados y golpeados, como se deduce de los moretones en sus cuerpos. Están hambrientos y demacrados. Están quebrados física y espiritualmente. Algunos de los que son capturados en la redada no regresan jamás. Desaparecen sin dejar rastro, dejando a sus familias en un estado de desesperación sin paliativos.

A las nueve de una mañana, el abuelo aún no ha regresado de las oraciones de la mañana.

—Por lo general él ya está de regreso en casa a esta hora

—dice la abuela con preocupación. Intentamos calmarla. El reloj grande da las once, y el abuelo todavía no ha llegado.

—¡Lo han capturado! —dice la abuela, retorciéndose las manos con desesperación. Toda la familia está desesperada. Dos de mis tíos van en su busca. Vuelven a las pocas horas sin noticias de su amado padre. Lo único que queda es rezar a Dios para que regrese sano y en una sola pieza.

—No hay nada más que podamos hacer. Tenemos que ser pacientes y esperar a ver qué pasa —dicen mis tíos, tratando de calmar a mi abuela.

Para nuestra felicidad, el abuelo vuelve a casa esa noche, pero ha cambiado. Parece una persona diferente, el alto y bien parecido patriarca, que solía inspirar respeto se ha transformado de repente en más pequeño y más gris. Su barba está cortada de forma desigual y se ve grotesco. Su rostro está cubierto de polvo y debajo del polvo está negro y azul. Sus ojos parecen de vidrio y no miran. El cuello de su abrigo está arrancado y colgando, y sus botas apelmazadas con barro, como si acabara de regresar de un largo viaje.

—Se me ha ordenado que me presente a trabajar todos los días hasta el fin de la semana —murmura el abuelo en una voz débil.

"Así que la bestia es capaz de tanta crueldad", pienso. "Se puede transformar un ser humano en menos de veinticuatro horas. Papá tiene razón. Estamos a merced del diablo". Al día siguiente es viernes, y el abuelo sale de la casa temprano en la mañana. Por la tarde, la mesa se viste con un mantel blanco y brillante en preparación para la comida de Sabbat. El candelabro de plata riega la luz amarilla de las velas de Sabbat. Nuestro amado padre está con nosotros otra vez después de una semana de ausencia, luego de haberse colado secretamente para estar con nosotros en Sabbat. Toda la familia está recién bañada y vestida con ropa de fiesta, lista para recibir a la esposa de Sabbat. Solo falta el abuelo. No ha regresado del trabajo forzoso.

Mis tíos regresan de orar, y puedo ver que están preocupados. Uno de ellos levanta las cortinas un poco y mira al patio. La abuela aprieta sus manos con desesperación. Con paso vacilante, ella se acerca al armario de caoba. Abre la puerta de cristal. Una cortina de terciopelo morado oculta los viejos y valiosos libros encuadernados en piel. Aquí está el Talmud profundamente reverenciado, la Biblia y los comentarios. Con manos temblorosas, la abuela aparta a un lado de un codazo la cortina de terciopelo. Saca su libro de oraciones con las tapas de plata. Lo besa con adoración.

—Oh, Dios Todopoderoso, muéstranos tu misericordia y tráenos a mi esposo de vuelta con nosotros.

Sus tristes palabras de súplica se interrumpen por los sollozos. Nosotros, los niños tenemos miedo de movernos y lloramos en silencio en un rincón. Los únicos sonidos que se escuchan son los sollozos que se escapaban del pecho de la abuela.

De repente, escuchamos a alguien subiendo las escaleras a toda prisa. Alguien sube de dos en dos los escalones. Estamos paralizados a la espera. Los pasos se acercan más. Se detienen en la puerta. Oímos el tintineo de una llave en la cerradura, y luego en la puerta vemos la alta figura del abuelo. Todos corremos a saludarlo. Él nos abraza amorosamente y nos ve con la mirada fatigada. Las lágrimas brillan en sus nublados ojos y ruedan sobre sus mejillas, creando dos surcos de luz en su cara gris quemada por el sol, desapareciendo en los enredos de su barba. Con una voz suave rompe el silencio sepulcral y dirige sus comentarios a mi padre.

—Samuel, tienes razón. Hemos caído en manos de criminales. Si deseas escapar de sus garras asesinas, tienes que tratar de huir.

Poniendo sus dos manos sobre la cabeza de mi padre recita trémulamente una bendición en la antigua lengua de nuestros antepasados:

—¡Ve con Dios, hijo mío! Que el Creador te protegerá de todo mal. Que el Dios de Abraham, de Isaac y de Jacobo te cuide. Que Dios te mostrará su gran misericordia, y te llevará por sendas de justicia. La paz sea contigo, hijo mío.

Cuando termina la bendición, el silencio es todo. Entonces mamá dice.

—¿Te he entendido bien, padre? ¿Estás diciéndole a mi esposo que se vaya a lo desconocido? ¿En estos tiempos de incertidumbre? ¿Usted está de acuerdo con él? ¿Usted permite que se vaya?

Se puede ver la desesperación en los ojos del abuelo.

—Sí, le permito huir. Que salve su vida mientras pueda. Una vez que sea arrestado, será demasiado tarde. El abuelo pronuncia estas palabras con gran firmeza.

—Hoy —continúa— aprendí en mi propia carne lo que la bestia alemana es capaz de hacer. Estos son asesinos despiadados sin alma, no hay nada que evite que cometan estos actos atroces. Hoy, uno de los doce hombres que recogieron conmigo durante la redada para el trabajo forzado no pudo venir porque estaba enfermo. Dos hombres de la Gestapo han arrastrado y traído a esta alma desafortunada al lugar de trabajo, temblando de miedo. Nos ordenaron cavar una zanja. Luego pusieron al pobre hombre en el borde de la zanja, y sin la menor vacilación, le dispararon por detrás en la cabeza. Simplemente asesinaron a un ser humano inocente a sangre fría. La desafortunada víctima gimió, y luego cayó en un charco de sangre en la tumba que se había preparado para él. Nos dijeron que lo enterrásemos, a pesar de que aún estaba vivo. Su cuerpo se sacudía convulsivamente aún, y sus ojos me miraban suplicando desde la tumba.

Mi abuelo se tapa los ojos con las manos y llora en silencio. Es la primera vez que he visto llorar a un hombre mayor, y para mí es especialmente chocante ver esta torre de fortaleza, mi abuelo, desmoronándose. Para añadir a la miseria, mi abuelo es un Cohen, un miembro de la casta sacerdotal de los tiempos bíblicos, para quienes está prohibido cualquier contacto con los muertos.

Nadie habla. Lo único que se oye es el crepitar de los troncos que arden en el horno grande. El terror llena el aire. No me atrevo a respirar en voz alta. Las llamas doradas de las velas parpadean alegremente, como si trataran de borrar el terrible retrato de los asesinos despiadados que bailan frente a mis ojos.

El domingo está nublado y sombrío. El calendario de la pared me dice que es el 26 de noviembre de 1939.

A pesar de la hora temprana, nadie en la casa está dormido. Papá y tres de sus hermanos se dedican a los preparativos de último minuto para un viaje largo, se ha afeitado la barba y han cosido un poco de dinero y objetos de valor en lugares escondidos de su ropa.

—Toma mi pequeño reloj de oro —dice mamá—. Lo puedes ocultar fácilmente, y será de valor una vez que llegues a la zona rusa.

—No voy a venderlo a menos que sea absolutamente necesario —responde papá—. Lo cuidaré y lo traeré de vuelta.

Mamá cose el reloj en el forro de su abrigo de invierno. Los hombres ponen en los gorras de esquí y cuelgan sus mochilas sobre los hombros.

—¿Seguro que no quieres venir con nosotros? Todos podemos ir juntos—. Por última vez, papá trata de persuadir a mamá.

—No —responde. —No puedo dejar a mis padres, hermanos y hermanas, la tienda, y todo por lo que hemos trabajado durante toda nuestra vida. No voy a llevar a mis hijos pequeños en un viaje tan peligroso. ¿Quién nos daría cobijo ni siquiera por una noche, a una familia con cuatro hijos? Bialystock ya está abarrotado. Está repleto de refugiados. Para una persona, para Samuel Rothstein, siempre habrá un lugar aunque sea un pequeño rincón en el suelo.

El nombre de mi padre, como editor jefe del Das Yiddishe Tugblat y como autor de muchos libros, es conocido en toda Polonia, especialmente entre los religiosos judíos.

—Siempre podrás ganarte un pedazo de pan con tu pluma —concluye mamá.

Los papeles de la membresía a la Asociación de Periodistas Polacos, expedido en el año 1939

NOTA: Abajo se encuentra la referencia bibliográfica de mi padre:

Rothstein, Samuel-Isaac (Varsovia, 16 de agosto de 1902 –Brooklyn, Nueva York, 19 de abril de 1977). Editor ortodoxo en yidis y hebreo, novelista y escritor de cuentos cortos.

Recibió semikha en 1922. Residió varios años en Zhykhlin. Llegó a Eretz, Israel en 1941 y en 1948 se fue a Nueva York. Debutó en 1921 con la novela corta "Der Yud". Entre 1922 y 1928, publicó varios relatos largos: "From the Valley of Tears" (sobre la sección judía del Partido Comunista Soviético), "On Stumbling Paths", "Hostages", "In the Shadows", así como artículos y poemas. Publicó relatos hasídicos, piezas cortas y poemas en el "Yudishe Shtime" (Lodz), "Dops Yidishe Leben" (Piotrkow), "Der Funk" (Kishinev), "Di Yidishe Shtime" (Kovno), "Vokhn Tsaitung" (Londres, 1937-39), "Dos Yidishe Likht" (NY), etc. En 1923, editó el diario literario ortodoxo "Der Flaker", 3 números (Varsovia). De 1929 a septiembre de 1939 fue coeditor de "Dos Yudishe Togblat" y "Amerikaner". Fue editor de este último desde 1952 y en adelante, en Nueva York. Desde 1952 en adelante escribió la porción semanal de la Torá para "Forverts". Publicó novelas históricas de tendencia religiosa en "Tog", "Amerikaner", "Letste Nayes" (Tel Aviv), "Ilustritrte Vokh" (Tel Aviv) y otros. Las siguientes aparecieron en forma de libro: "Cantonists" (Lodz, 1926; en hebreo "Kantonistim: sipur me-khaye ha-khatufimbe-Rusyah ha-tsarit" 1962), "The Martyr of Tirno" (Varsovia, 1927; 4 ediciones, "ha-Kadosh mi-Tirnah: sipur histori" en hebreo y en inglés "Heir to the Throne" (Nueva Jersey 1990), "Waves" (Varsovia, 1929), "Through Fire and Blood" (Lodz, 1930), "The Heroes of the Ghetto" (Lodz, 1932), "The Kingdom of Hassidism" "Dos Malkhesdige Hasides " (Varsovia, 1937), "Tsanzer Hasides" (Varsovia 1938; segunda edición, Brooklyn, 1975), "The Seer of Lublin" (Varsovia,1939),"Ahi'ezer" (Tel Aviv, 1943), "Sara Schenirer" (Tel Aviv, 1943), "Rabbi Menahem Zembah: hayav u-fe'ulotav" (Tel Aviv, 1948), "Tsadikim un hasidim" (Nueva York, 1951). "Shoshanat ha-zahav: sipur histori me-khaye ha-"Gildene Royz" mi-Lemberg" (Bnei Brak, 1963). En 1965 aparecieron en Tel Aviv dos volúmenes de sus novelas históricas bajo el título "The Bloody Cross", "Tselav ha-damim".

Pseudónimos: Sh. Nisensohn, Sh. Goldin, A. Zhikhliner, Sh. Yitzhak, Ben- Mordekhai, Bin-Nun, Sh.R., Sh. Shapiro, Shmuel Stein; para los artículos más ligeros: Zainvele, Shmelke, Itsik.

[Adaptado del Reisen's Lexicon; M. Prager, "From the Recent Past" volume II, pp. 486-87; "Letste Nayes", 26 de septiembre de 1964; "The Jewish Press That Was" Jeshurin card index YIVO.]

Hay las despedidas finales, abrazos, lágrimas y besos. Multitudes de personas esperan el tren en la estación del este, y la escena es inusualmente tumultuosa. Hombres, mujeres y niños van a la carrera en dirección al cruce fronterizo de Malkinia, y de allí a Zaremby Koscielne. Después de un largo intervalo, el tren en dirección al este se va de la estación. El ruido aumenta. La gente empuja a los demás e intenta meterse en el tren. Los vagones se llenan instantáneamente.

—Por lo menos déjame llevarme al pequeño David conmigo —mi padre suplica, juntando a mi hermano pequeño a su pecho.

—¡No, no! —Grita mi madre con fuerza y decisión arrancando a mi hermano de los brazos de mi padre, aterrorizada de que él se vaya a llevar a su único hijo varón. El silbato del conductor señala que el tren está a punto de partir. Heniek, el hermano de mamá, empuja a papá a través de la ventana del vagón lleno de gente. El agudo silbido de la locomotora atraviesa el aire, y el tren comienza lentamente a salir de la estación. Todavía puedo ver la mano de mi padre diciendo adiós. Apenas puedo distinguir su cara a lo lejos, y pronto desaparece por completo.

Diciembre trae el viento frío, un presagio de la llegada del invierno. Siguen poniendo nuevas proclamas en toda la ciudad, en polaco, yiddis y alemán, decretos del Gobierno General.

—Todos los judíos y las personas que los visitan están obligados a llevar en sus mangas un brazalete blanco de 20 centímetros de ancho con una estrella de David azul estampada encima. Aquellos que desobedezcan la ley serán castigados con una pena de prisión—. Hans Frank, el gobernador general, firma del edicto. Los brazaletes, por supuesto, hacen que sea mucho más fácil para los alemanes reunir a judíos. Ahora pueden reconocer a un judío de entre una multitud mucho más rápido y fácil.

La sentencia crea un mercado para los brazaletes. La gente empieza a fabricarlos. Privados de cualquier ingreso derivado de sus ocupaciones normales, y con necesidades de dinero para satisfacer el costo de los alimentos que siempre está en alza, los judíos tratan de ganarse la vida de cualquier forma posible.

Algunos empresarios usan mucha inventiva en la fabricación de los brazaletes. Los más baratos son de lino. Hay brazaletes más elegantes y muy caros hechos de seda blanca. A un precio moderado, es posible comprar una estrella de David en un brazalete de seda artificial. Los brazaletes más prácticos son los que están hechos de celuloide. No se ensucian y no se mojan cuando llueve. Cualquiera que no lleve el brazalete, o lo lleve arrugado o sucio, es castigado. Los vendedores ambulantes alardean a gritos de su mercancía a los posibles clientes.

Hay un brote de tifus. El barrio pobre de la ciudad es el que más sufre. En los barrios donde se concentran los judíos se colocan carteles con advertencias que dicen: ¡Atención! ¡Tifus! ¡Peligro de infección! Todos los casos de tifus ya sea abdominal o granulado deben ser reportados a las autoridades. Los enfermos del tifus son llevados al hospital que se encuentra atestado de gente. No hay alimentos o medicamentos en el hospital y escasea el personal médico. Por estas razones el enfermo no tiene una atención adecuada, y la mayoría de ellos no sale del hospital con vida.

A la familia nos han puesto en cuarentena. Todo el mundo que vive en el edificio ha de ser llevado a los baños públicos y los lugares habitados se desinfectan a menudo. Las personas que trabajan desinfectando agarran todo lo que es valioso y arruinan la ropa en el proceso de desinfección. Se puede sobornar a un alemán para no ser pasar por este proceso con dos mil eslotis por edificio.

Mi tía Hela, la hermana de mamá de dieciocho años, comienza a quejarse de calambres en el estómago.

Su fiebre es alta y no presagia nada bueno. Pensamientos pesimistas inundan nuestros corazones. Nos confirman que tiene "Tifus intestinal" y sufrimos de horror colectivo.

—Pase lo que pase, no vamos a llevarla al hospital —decide la abuela sin vacilaciones—. Seguro se moriría allí si la enviamos.

El médico, que ha sido bien pagado, promete ser discreto. Al caer la tarde, se cuela sin su maletín. Examina a Hela. Ha traído un poco de medicina, nos da algunas indicaciones para los próximos días, y se va. Todos nos sentimos aliviados en gran medida de que los vecinos no se han dado cuenta. Paula, manteniendo todo lo más estéril posible, cuida de su hermana enferma con devoción.

Mamá y todos los niños nos vamos de la casa de mis abuelos por temor a contraer la enfermedad. Volvemos a nuestro apartamento en el 45 de la calle Targowa. Yo sigo mis estudios, asistiendo al segundo año de liceo de la escuela secundaria.

Nuestro edificio de la escuela el 22 de la calle Swientojerska ha sufrido daños durante el bombardeo alemán de septiembre de 1939. Como consecuencia, nuestra escuela se ha trasladado a un alojamiento temporal en el edificio del gimnasio de la calle Dluga. Para asegurar la misericordia celestial hacia Hela, le doy el dinero que tengo para el tranvía a los mendigos en la calle. Luchando con valentía contra el fuerte viento cruzo el puente Kerbedzia, orando apasionadamente y con lágrimas a cada paso implorando a Dios para que devuelva a mi querida tía su buena salud.

En unas pocas semanas, Hela gana la batalla contra el tifus. Dichosamente ha recuperado su salud. Debido a la epidemia, sin embargo, las escuelas están cerradas y nunca se han vuelto a abrir oficialmente.

Estamos en enero de 1940. Un año nuevo.

Por desgracia, el año nuevo no presagia nada bueno para nosotros. Se imprime un anuncio en el Warschauer Zeitung (Periódico de Varsovia) donde dice que todos los judíos entre catorce y sesenta años de edad se dedicarán al trabajo forzoso. La población judía está profundamente consternada por estos nuevos acontecimientos.

Al principio, algunas personas creen que van a tener un empleo remunerado, por lo que se inscriben voluntariamente para realizar trabajos forzados. Enseguida y paulatinamente comienzan a llegar noticias sobre las terribles condiciones en los llamados campos de trabajo. Los alemanes son capataces muy duros. Los hombres de las SS abusan de los judíos. Los golpean y los torturan, y con frecuencia los asesinan sin piedad. Al saber estas noticias nos asustamos y nos deprimimos. Cada vez menos hombres se ofrecen como voluntarios para el trabajo, con lo cual ahora hay más redadas callejeras.

La realidad es tan sombría e insoportable que busco un escape en un mundo de libros y sueños. Pero incluso un consuelo tan leve no se permite a los adolescentes y niños judíos. Una fresca mañana salgo a devolver un libro de la Biblioteca de Humanidades de la calle Targowa, donde he sido miembro de pago por varios años. Aún estoy soñando despierta, voy paseando a la biblioteca como la Princesa

Bereniki, personaje del libro que llevo bajo el brazo. Después de devolver *Las guerras judías* de Feuchtwanger, basado en Flavio Josefo, empiezo a seleccionar otros libros para leer. Una de las bibliotecarias, que conozco bastante bien, se me acerca y me arrebata los libros nuevos de mis manos. Me mira con tristeza y dice:

—Lo siento mucho, pero hemos recibido órdenes de los alemanes de no prestar libros a los lectores judíos—. Ella se retira rápidamente a estanterías y desaparece entre los libros. Me voy corriendo a la calle como si me hubiese escaldado con agua hirviendo, ahogándome en impotentes lágrimas de tristeza y de ira.

Las escuelas judías están todavía cerradas, aprender está prohibido. Formamos clubs de estudio, pequeños grupos ilegales de jóvenes hambrientos de conocimiento. Mi grupo está formado por siete compañeros de la escuela. Los antiguos maestros del gimnasio nos dan clases en las casas de distintos participantes. Nos esforzamos tan duro como podemos para normalizar nuestras vidas.

Nuevas ordenes se emiten. Los judíos deben renunciar a cualquier tipo de pieles que tengan en su poder. Tratamos de vender las pieles a los polacos a cualquier precio, pero ahora la oferta supera en gran medida la demanda. Nosotros decidimos que preferimos destruir nuestras pieles que dárselas a los enemigos. Cortamos en piezas pequeñas el abrigo de piel de cordero persa de mamá, que ella usaba solamente los sábados. Mamá desgarra el cuello de pelaje marrón del mejor abrigo de papá. Todas las pieles que hemos recolectado se tiran a las llamas de nuestro horno. Nos ahogamos con el hedor de piel quemada.

Mamá no puede despojarse de la amargura de sus ojos azules. Decidimos dar nuestras chaquetas de piel para la

montaña a los alemanes, las compramos durante unas
vacaciones en Szczawnica. También les damos los cuellos de
piel de zorro plateado de mi madre y los de nuestros abrigos
de invierno. Mamá insiste en que le hagan un recibo, ya que
ha entregado las pieles para evitar el castigo. Hay una larga
cola en frente del edificio judío municipal de la calle
Grzybowska. Los judíos de Varsovia están entregando sus
pieles. Yo estoy en la cola, con el cuello de piel de zorro
plateado de mamá puesto alrededor de mis hombros. Acaricio
por última vez el pelo largo, suave y plateado con ternura.
Mamá está en la cola delante de mí, moviéndose
impacientemente, sujetando las pieles de los niños en sus
manos. Podemos ver los camiones yéndose lejos del edificio
de la administración, uno tras otro, todos ellos llevan
montones de pieles.

"¿Qué vamos a hacer cuando llegue el frío
helado?". Me pregunto.

—Solo espero que se ahoguen con nuestras pieles —mi
madre me susurra, como si hubiera leído mi mente—. A lo
mejor nos dejan tranquilos ahora.

La necesidad es la madre de la invención, y la nueva
política favorece a algunas personas a entrar en el negocio de
hacer pieles falsas. Con la falta de alimentos nutritivos
añadido al frío intenso del invierno, necesitamos más que
nunca las pieles para mantenernos calientes. Por desgracia, las
pieles falsas no están a la altura de las de verdaderas.

CAPÍTULO 2

GUETO

Se emite un nuevo mandato que hace la vida de los judíos de Varsovia aún más miserable. Es un decreto diabólico del gobernador general Frank para crear un gueto. El 16 de octubre de 1940 los alemanes dividen la ciudad de Varsovia en tres zonas. Los 140.000 judíos que viven entre la población aria deben desalojar sus viviendas actuales y mudarse a áreas restringidas designadas por los alemanes. El "reasentamiento" significa que algunos de los cuarenta mil gentiles que ahora viven en estas áreas designadas deben reubicarse. Las autoridades alemanas expropian automáticamente las fábricas, negocios y tiendas que son propiedad de los judíos y que están fuera del gueto recién formado. Se inicia un intercambio febril de apartamentos. Tratamos de intercambiar nuestro apartamento en Praga, que está localizado fuera de los límites del nuevo gueto. Sin embargo, nuestros esfuerzos son en vano.

—¿Por qué debemos conformarnos con un apartamento en un remoto rincón de la ciudad —preguntan los gentiles abiertamente— cuando pronto vamos a poder encontrar lugares de primera clase en el centro de la ciudad? Dentro de poco, vamos a tener la oportunidad de tener los apartamentos que los judíos dejarán vacíos en las calles Marszalkowska y Zlota o en el bulevar de Jerusalén, unas de las calles más elegantes de la capital.

Después de escuchar esa conversación, renunciamos a la idea de un intercambio y salimos en busca de cualquier lugar que se encuentre dentro del área del gueto recién designado. El tiempo es esencial, el plazo establecido por las autoridades alemanas se acerca. Aparecen anuncios por todas partes para el intercambio de apartamentos, y, al mismo tiempo, los sacerdotes están recogiendo firmas como peticiones para eximir ciertas calles de la inclusión en el gueto. Por ejemplo, quieren mantener la calle Leszno fuera del gueto, porque una iglesia católica se encuentra en esa calle.

No son muchos los propietarios que quieren alquilar una habitación a una familia numerosa. Somos cinco personas. Debido a la falta de espacio en la vivienda, tenemos que abandonar nuestros muebles en el patio de la calle Smocza, donde mi madre tiene un primo lejano.

Nos adentramos en la pesadilla de la mudanza. Todas nuestras pertenencias del hogar se cargan en un carro grande. Un sinfín de judíos se va moviendo en la dirección del puente Kierbedzia; la gente va empujando carretillas y carruajes y algunos van en bicicletas. Vehículos desbordados de paquetes, valijas, platos, almohadas y colchones de plumas. El puente es como un hervidero de camiones, automóviles particulares, taxis, caballos y carruajes, todos hundidos por el peso de los bienes judíos. Los soldados alemanes patrullan el puente. Los hombres de las SS persiguen, golpean, buscan, confiscan, saquean y destruyen implacablemente y sin remordimiento.

Hemos puesto un paño impermeable sobre los muebles de caoba que dejamos en el patio del gueto. Nos llevamos nuestros objetos portátiles a la casa del tío Froim, que tiene la suerte de vivir en un apartamento en la calle Gesia, situado dentro de las fronteras del nuevo gueto. El resto de la familia trae sus pertenencias al apartamento del tío Froim, en el gueto.

Después de una búsqueda prolongada, mamá finalmente encuentra un lugar de una sola habitación en el número 10 de la calle Pawia a un precio exorbitante. El propietario del apartamento de cuatro habitaciones es el señor Duniec, un judío religioso joven que ha leído libros y artículos de mi padre y se ha visto persuadido a alquilarnos la habitación gracias a este contacto con su escritura. El señor Duniec, un hombre de barba roja y penetrantes ojos marrones, es padre de cinco hijos. Él, su esposa y sus hijos ocupan las dos habitaciones de la parte delantera del apartamento. Hemos de pasar por su habitación para llegar a la última habitación, que es nuestro nuevo "hogar". Y en este hogar viviremos mi madre, mis dos hermanas menores, Reginka y Justinka, mi hermano menor, David, y yo. Los padres del señor Duniec ocupan la cuarta habitación.

Cualquier mueble que no podemos usar se almacena en el sótano de la tienda de jabones del señor Duniec, que está al otro lado de la calle Pawia. Para hacer nuestra cama, se coloca un colchón en la parte superior de la base de lo que solía ser nuestro armario. Guardamos nuestra ropa en los cajones. En una esquina de la habitación hay una estufa de cerámica para cocinar nuestros alimentos y para calentar el apartamento en los días fríos de invierno. También tenemos otra cama, un mueble pequeño y blanco de cocina para los platos, una mesa y algunas sillas.

La mercancía de la tienda que aún nos queda es la última fuente de ingresos, y mamá y yo la hemos traído a escondidas a nuestra vivienda en el gueto, con el temor constante de que nos descubran y la mercancía sea confiscada. Me envuelvo en varios pares de pantalones y en dos chaquetas de caballero cubiertas con un abrigo de señora. Vestida de esta forma hago salidas interminables de Praga a Varsovia, al gueto. Cuando veo un soldado alemán, mi corazón da un vuelco y la sangre se cuaja en mis venas. Intento no mostrar mi miedo enterrando la cara en el enorme cuello del abrigo.

Estamos entre los afortunados que ahora tienen un rincón que pueden considerar como suyo, pero todavía hay cientos de personas desafortunadas que no tienen techo sobre sus cabezas. Los trabajadores voluntarios de la administración judía revisan los apartamentos y asignan a algunas de las personas sin hogar a grandes apartamentos con espacios sin ocupar, para gran disgusto de los propietarios.

Mi tía vive en la calle Sienna, que es el límite entre el gueto y el lado ario. Un desagradable rumor circula de que esta calle se incluirá en el sector ario, por lo que las personas que residen en ella están en constante temor a perder sus moradas. Después de largas negociaciones, se compra a los alemanes para que se queden fuera. Por un kilo de oro permiten que la calle Sienna permanezca dentro de las fronteras del gueto, y hay una tanda febril de actividad dado que la gente realiza una colecta para recaudar la suma necesaria para comprar el oro.

Por orden de los alemanes, los trabajadores judíos sin paga comienzan vertiginosamente a poner un muro de ladrillos alrededor del gueto. El último rumor es que los alemanes van a sellar el gueto.

Todos los objetos preciosos que permanecen en manos judías son requisados. Se nos requiere que entreguemos todo nuestro oro, plata y las piedras preciosas. Arrastro el saco lleno de plata y otros objetos de valor por las calles. Mi madre y mi hermana menor, Reginka, empujan el saco por detrás mientras lo arrastro. Con todas nuestras fuerzas, las tres nos las arreglamos para llevar el pesado saco a la puerta. En la oscuridad, en la puerta, puedo ver el conocido candelabro de plata que mi madre solía encender con velas todos los viernes por la noche, las bandejas de plata, platos, cucharas, tenedores y cuchillos, y la menorá de ocho brazos para Janucá. De repente, la magnífica menorá comienza a brillar. Las chispas encienden las tinieblas, y las lenguas de luz dorada juegan alegremente en el cielo nocturno. En el aura de luz, puedo ver la cara de mi querido padre. Casi puedo oír su voz cálida y melódica alabando a Dios y celebrando el milagro de las luces.

—Plata pura a la venta. Dos eslotis por un kilo.

La voz de mi madre me despierta de mi fantasía al ofrecer nuestra preciosa plata a la venta por casi nada a los transeúntes.

Es el 15 de noviembre de 1940. Han terminado el muro alrededor del gueto. El gueto está sellado, separado de la parte aria por un muro de tres metros de altura, de ladrillo rematado con alambre de púas y vidrios rotos. El gueto está aislado del resto del mundo. Los soldados alemanes, policías polacos y policía judía patrullan las puertas de salida que conducen fuera del gueto. El contacto con el mundo del otro lado del muro está estrictamente prohibido. Acuerdos comerciales con el exterior del gueto están completamente bloqueados, y los precios comienzan a subir.

Todo el patio, en el número 10 de la calle Pawia, donde vivimos ahora, está rodeado por las cuatro alas del edificio. La estructura de cuatro pisos se compone de apartamentos de cuatro y de cinco habitaciones. Al igual que en nuestro caso, varias personas ocupan cada habitación. Los ocupantes más ricos han organizado un grupo de autoayuda. Se está formando una comisión, también un grupo juvenil, y un espacio independiente para los niños. Se ha instalado una cocina para proveer comidas a los inquilinos pobres del edificio. Nosotros, los jóvenes, pertenecemos al grupo juvenil. Nosotros nos encargamos de los niños en nuestro patio. Jugamos con ellos, les damos clases y alimentamos a los niños pobres. Mi misión es enseñar el alfabeto y enseñar a escribir a un niño de seis años. Además, doy clases particulares a una niña de diez años de edad, para prepararla a pasar sus exámenes de cuarto grado. En estos tiempos de incertidumbre, los jóvenes se sienten instintivamente atraídos unos a otros, y comienzan a casarse porque dicen que es más fácil soportar las penurias juntos. En el apartamento de la parte delantera, donde vive el rabino Mendelson, se llevan a cabo las bodas. Nosotros, en el círculo juvenil aprovechamos las bodas. Fabricamos flores con varios pedazos de materiales y papel colorido. Colocamos las flores en las solapas de los invitados de la boda, y nos dan una contribución —cualquier cantidad que se puedan permitir— que utilizamos para comprar comida para los pobres.

Para entretener a los jóvenes de otros edificios, organizamos veladas literarias y bailes que llamamos "las cinco en punto". Hemos empezado a organizar todo tipo de espectáculos. Las personas con talento cantan, recitan y entretienen de cualquier forma que pueden. Hay grupos de discusión que cubren una amplia gama de temas. Algunas personas bailan la música de un tocadiscos. Los ingresos procedentes de las actuaciones de la noche se usan para la distribución de alimentos a los inquilinos pobres del edificio. Los otros edificios también organizan espectáculos. El entretenimiento de la noche comienza a las cinco de la tarde y termina antes de las nueve, por el toque de queda.

Son las cuatro de la tarde. Llevo un vestido negro de gasa de mi madre y estoy de pie delante del espejo, repitiendo por última vez, "La Creación del Mundo", el poema que voy a recitar esta noche. El espejo proyecta una imagen de mi pálido rostro infantil. Trato de peinarme con un pequeño rizo en la frente con la esperanza de verme un poco mayor. El vestido de mi madre cuelga lánguidamente de mi delgada silueta, una visión que realmente no me agrada. Me pongo un cinturón negro, mirándome todo el tiempo en el espejo. Decido que el cinturón le da una gran mejoría en mi apariencia. Me pongo un par de medias de gasa delgada y luego mi primer par de zapatos de tacón alto, un regalo de cumpleaños de la abuela. Me siento como un adulto.

Vestida al máximo, corro a la casa de Regina Lamstein. Su familia ha tenido la fortuna de poder intercambiar su apartamento de cinco habitaciones en Kazimierz Wielki Place, que está fuera del gueto, por un apartamento de dos habitaciones dentro del gueto.

Oigo la música de baile que llega desde el otro lado de la puerta. Algunas parejas bailan la música de un tocadiscos situado en la parte superior de la cómoda. Un pequeño grupo de jóvenes prematuramente envejecidos está de pie cerca de la ventana y se dedican a debatir seriamente. Probablemente están hablando de los últimos decretos alemanes. De vez en cuando, suena el timbre de la entrada. Los jóvenes que quieren huir de la realidad opresiva por unas horas siguen llegando solos o en pareja.

Se escucha la letra nostálgica de la canción "El domingo pasado" y siento un ligero toque en el brazo. Un muchacho desconocido se presenta y me dice que su nombre es Tolek.

Es muy educado. Hace una reverencia y me invita a bailar. Yo lo rechazo, un poco avergonzada, diciéndoles que no sé bailar. Él insiste, explicando que no se trata de nada complicado, sino simplemente de un tango. Sigo objetando, todavía tímida. Sin embargo, no se da por vencido y finalmente me arrastra hacia el centro de la habitación. Mi compañero toma las riendas del baile, enseñándome los pasos.

—¡Bien! ¡Maravilloso! —repite sin cesar, animándome a continuar. Doy vueltas al ritmo de la música con todos los demás. De repente, el tocadiscos se detiene. La letra triste de la canción se desvanece. Mi pareja elogia mi esfuerzo, me asegura que soy una excelente aprendiz. Bromeando predice que tendré una gran carrera como bailarina.

Lala, la hermosa hermana de Regina, de diecisiete años, camina hacia el centro de la habitación. Fela, su hermana mayor, la acompaña al piano, y Lala canta con su voz cristalina:

¿Te acuerdas de mi habitación de niño?,

Yo era un soldado, tú un criminal.

Negocios con estampillas entre los bancos,

y el ruido intermitente.

Recuerda, el amor llegó en silencio,

tan repentino como la ira.

El primer amor, terrible y confuso,

el primer amor, un amor eterno. No era real.

La canción en verdad es ingenua,

No es real. Luego la canción se detuvo, como el tiempo,

una canción que fue, que pasó

para no volver.

La canción que el mundo olvidó.

La letra de la canción polaca revive una imagen del hermoso mundo que existía antes de la guerra. Pienso en los años felices de mi infancia y de mi cálida y luminosa habitación en el barrio de Praga, donde disfruté de tantos momentos felices. Los aplausos me despiertan de un trance.

—Ahora es tu turno —me recuerda Regina.

Doy un paso hacia el centro de la habitación y anuncio el título del poema: "La Creación del Mundo". Me corrijo diciendo que realmente voy a recitar una parodia de la "La Creación", y entonces empiezo a recitar el poema. Al principio lo hago con timidez y recito en una voz tan baja que apenas es audible, pero al ir ganando confianza mi voz se hace más fuerte, y cuando concluyo recibo un caluroso aplauso.

Al terminar la noche, Tolek se ofrece a acompañarme a casa. Oímos unos pasos rápidos. El toque de queda es a las 21:00, y los soldados patrullan las calles para arrestar a cualquier persona que aún se encuentre fuera después del toque de queda. Tolek señala con el brazo en alto. Un taxi del gueto, un triciclo con un asiento para pasajeros, se detiene y nos subimos en él.

En el camino, vemos al vehículo al que llamamos Kohn-Hellerka detenerse en la estación del tranvía, y vemos salir de él a los últimos pasajeros. Es un carro grande, pintado del mismo color que los coches del tranvía, pero tirado por un par de caballos. Kohn y Heller son dos de los socios de Gancwajch, un colaborador judío que trabaja para la Gestapo y está a cargo del tranvía.

Cuando llego a casa, llamo al portón que está cerrado. Veo la cara del portero a través de la pequeña ventana, oigo el ruido de la cerradura y se abre la puerta.

—Gracias señorita —dice mientras toma la propina. Solía trabajar como ingeniero, pero ahora se desempeña como portero a cambio de un lugar para vivir junto con su familia. Los porteros judíos ahora cierran los portones a las siete de la noche para ganar algo de dinero. Se trata de un vestigio de la vida antes de la guerra, cuando los porteros solían cerrar los portones de los grandes edificios a las once en punto. Los inquilinos que regresaban a casa tarde por la noche le daban una propina al portero cuando este les abría el portón. Ahora los porteros cierran la puerta temprano debido al toque de queda.

Al asentarse el invierno, el hambre se generaliza. La falta de alimentos y las condiciones antihigiénicas crean un terreno fértil para el tifus, que se extiende como las llamas entre los judíos pobres en el gueto. El único hospital judío, en la calle Leszno, está lleno y no admite pacientes. Envueltos en trapos, muertos de hambre y congelados de frío los niños judíos piden limosna en las calles.

No es raro ver grupos de refugiados, hombres y mujeres, viejos y jóvenes, con bolsas colgando de sus hombros, mientras los soldados los escoltan a través de las calles. Estos judíos han sido desalojados de sus casas en pequeños pueblos y aldeas. Han recibido la orden de salir y se les ha dado una hora para empacar todas sus pertenencias y evacuar. Durante esa hora, apenas podrán empacar una colcha, un poco de ropa de cama y unas pocas pertenencias. Una vez que llegan al gueto de Varsovia, se hospedan en las escuelas y sinagogas que están atestadas de personas.

Ellos piden llorando:

—*Geb a por groshen! Chob lang nisht gezehn a shtikl broit. Hots rachmunes.* (¡Deme un par de céntimos! ¡Han pasado años desde que he visto un bocado de pan! ¡Tenga piedad!)

Los pobres ya no pueden darse el lujo de enterrar a sus muertos, así que solamente arrastran los cadáveres a la calle y los dejan allí. Los transeúntes, que no pueden soportar la visión de los esqueletos, los cubren con periódicos y sujetan los periódicos con piedras.

Encontrar trabajo es cada vez más difícil en el hacinado gueto. Para nosotros, los jóvenes y los niños, solo hay una forma de mantenernos ocupados en el gueto, que es aprender. Mi madre decide que vamos a continuar nuestra educación a como dé lugar.

—Hitler puede robarnos todas nuestras posesiones, pero no va a poder quitarte lo que has aprendido —dice con convicción—. El tiempo no se detiene, incluso cuando hay una guerra en marcha. Algún día esta pesadilla terminará. Hay un proverbio polaco: "Si Juanito no estudia, Juan será un ignorante". No debemos darle al enemigo esta satisfacción. Su objetivo es quebrarnos física y psicológicamente, para esclavizarnos y mantener nuestras mentes en la oscuridad. No vamos a ceder ante esa escoria diabólica —dice mi madre para concluir su discurso.

El liceo y la educación superior están prohibidas, por lo que los grupos pequeños se forman de manera ilegal. A cada grupo compuesto por siete niños se le conoce como un *komplet*. Los grupos se reúnen en casas particulares, y los maestros que están igualmente confinados en el gueto nos instruyen. Como las escuelas están cerradas han perdido su fuente normal de ingresos, y por eso participan con entusiasmo en estos acuerdos ilegales, a pesar de que el salario es miserable. Mis dos hermanas menores, Reginka y Justinka, asisten a una de estas *komplets*. Reginka revela un talento para la costura, por lo que toma cursos adicionales de corte y confección en una escuela de formación profesional a cargo de la ORT, la sociedad judía para el comercio y la mano de obra agrícola.

El rabino Orlean es bien conocido en los círculos religiosos judíos de Polonia. Antes de la guerra, fue director de un seminario de maestros en Cracovia. Ahora establece una escuela para varones.

Mi madre lleva allí a mi hermano David cada mañana. Por la tarde, lo llevamos al señor Weis, donde él hace su tarea con otros niños bajo la atenta mirada del señor Weis. Mi madre no quiere que su único hijo varón pase su tiempo libre en el patio. Mis viejos compañeros de colegio y yo seguimos nuestros estudios de secundaria, bajo la tutela de los maestros que habían enseñado en el liceo Chavacelet antes de la guerra. Hoy estamos recibiendo nuestras clases en el apartamento de Basia Naiman, en el número 50 de la calle Nowolipie. Estamos sentados en la cocina en una mesa plegable que se convierte en una cama por la noche. Siete de nosotros estamos sentados alrededor de nuestro maestro, el señor Kirshbaum, que nos está enseñando latín. Su chaqueta cuelga holgadamente de su cuerpo demacrado. Su sombrero, que es demasiado grande, no para de deslizarse hacia atrás. Sus tristes ojos azules deambulan sobre varias manchas de las paredes blancas de la habitación. Sus pálidos labios secos exploran los versos melódicos de la poesía en latín. Cuando la lección ha terminado, el señor Kirshbaum se despide y sale de la habitación. Aparece la señora Cinkstein, mi amada maestra de polaco. Hoy analizamos el concierto de Jankiel, del poema épico de Adam Mickiewicz, "Pan Tadeusz".

—Señorita Rothstein —dice la maestra—, por favor recite a Jankel para nosotros. Inspirada por las amadas palabras del poeta, recito el poema:

"A las cuerdas, que estallan en sonido,

les responden campanas, címbalos y tambores,

como si una orquesta sinfónica

tronara la Polonesa del 3 de Mayo,

En melodías palpitantes de alegría.

Nosotros, oyentes felices, inhalamos el éxtasis,

las muchachas anhelan bailar,

los muchachos no pueden mantener los pies quietos".

El poema me transporta más allá de la deprimente realidad. En las dichosas alas de mi imaginación las palabras me llevan a un mundo mejor, una hermosa tierra de sueños. Puedo visualizar a Jankiel el judío, con su cara honesta y su barba canosa. Toca la pandereta, extrayendo sus sonidos encantadores. El juez, el conde Tadeusz, Zosia y los nobles, todos escuchan con asombro el repicar magistral de la pandereta. De repente, el sonido penetrante del timbre de la campana en la puerta interrumpe el hilo de mis pensamientos.

Todos nos paralizamos, inmóviles.

"Deben ser los alemanes", pienso con temor.

Escondo los libros y cuadernos apresuradamente.

—*Bonjour, mes enfants* —tintinea el saludo de la señora Umanska, la maestra de francés. Las palabras de "El himno nacional francés" siguen viviendo en mi mente, esas palabras que cantamos en la escuela, acompañado por la señora Umanska al piano:

"Allons enfants de la patrie ..."

Por desgracia, en nuestra situación actual, no tenemos tiempo para canciones y diversión durante nuestras lecciones. Debemos llevar nuestros estudios con seriedad; nuestro objetivo es completar dos años de estudio en un solo año.

Ganar dinero para pagar a los maestros toma ingenio. Sara haya una forma: trae un suministro de pequeños discos de estaño de un conocido que es propietario de una fábrica de botones, y cosemos relleno alrededor de ellos. Al principio, trabajamos lentamente, pero con la experiencia, nuestros dedos aprenden a moverse mucho más rápido, enrollando el hilo y convirtiendo la pieza de metal en un botón en muy poco tiempo.

Para no perder tiempo, estudiamos a la vez declinaciones latinas, la historia de Polonia, vocabulario francés y reglas de gramática. Con entusiasmo, nuestros labios recitan las estrofas del "Himno a la Juventud" de Mickiewicz:

"Sin corazones, sin alma,

las naciones son esqueletos.

Juventud, dame alas,

Déjame navegar por encima del mundo muerto,

al paraíso, heredero de las ilusiones,

cuando la pasión crea maravillas..."

Yo estudio apasionadamente, repitiendo y creyendo las palabras de mi amado poeta con total confianza. Mis manos ahora funcionan automáticamente. Un montón de botones crece en un plato en un momento. De todas maneras, mi madre cubre la mayor parte de los gastos de mi educación; ella no escatima.

—Cuando la guerra termine, voy a mostrarte con orgullo a tu padre —dice ella—. Se dará cuenta de que en los tiempos más difíciles me las arreglé para darte una educación, y de que te he criado para ser una persona civilizada.

Con mi propio salario, puedo pagar la cuota mensual que me permite disfrutar del maravilloso lujo de los libros prestados de la biblioteca de préstamos ilegales en la esquina de las calles Karmelicka y Nowolipki. Los libros son mis mejores amigos y mi entretenimiento favorito. Los devoro vorazmente en mi tiempo libre.

Mamá se lleva los abrigos de hombre y mujer que todavía quedaban de nuestra tienda y va a la calle Walowa a vender su mercancía al mejor precio. Allí, la policía polaca y los arios pueden entrar en el gueto para comprar mercancía de los judíos. La gente vende todo lo que posee: su propia ropa, ropa interior, ropa de cama y todo lo que tienen con el fin de salvarse a sí mismos y a sus familias de la inanición. Este comercio está estrictamente prohibido. Tan pronto como alguien avista un uniforme verde de un soldado alemán, todo el mundo se dispersa inmediatamente. Los compradores y vendedores desaparecen detrás de las puertas de las casas de los alrededores.

Mamá no es muy alta, por lo que no se destaca en medio de los compradores y vendedores.

—Por favor, ponte este abrigo de señora —mi madre implora a su hermana de dieciocho años, Hela, que a menudo ayuda con la venta—. Eres más alta y más bonita que yo. El abrigo se ve mucho mejor cuando lo llevas tú.

Subsistimos con los ingresos de cualquier cosa que mamá puede vender. Comemos sopa tres veces al día, y para asegurarnos de que todo el mundo tiene una porción justa, mamá divide la comida en cinco porciones iguales. Todo el mundo tiene un pedazo de pan con la sopa; el pan también se divide en cinco partes iguales. Esta dieta exigua no es suficiente para satisfacer nuestros apetitos juveniles. Siempre que puede mamá le da al pequeño David algo más, como un huevo que ha comprado a un precio exorbitante.

—Es tan frágil —explica ella—; está creciendo, y los huevos son muy buenos para él.

Me doy cuenta de que ella me dice esto al sentirse un poco culpable por favorecer a uno de nosotros.

Es imposible subsistir con las raciones de alimentos asignados por las autoridades alemanas. Las gente se las ingenia como puede, por ejemplo siembran hortalizas en los balcones, en los tejados e incluso en las ruinas de las casas bombardeadas. Los rabinos incluso anuncian que está permitido comer arroz en Pésaj. Los que tratan de vivir solamente de la tarjeta de racionamiento, que se llama "boneh", están condenados a muerte por inanición. Tan pronto como alguien muere, la familia tiene que devolver la tarjeta de racionamiento a las autoridades inmediatamente. Un vagabundo muy conocido en el gueto por el nombre de Rubinstein canta la canción, *"Gib avek di boneh, zog un a gutten tog"*. "Entrega la cartilla de racionamiento y despídete".

Cerca del edificio en el que vivíamos, en la calle Pawia, hay un mercado negro de dinero. Hay compradores y vendedores de divisas. Se pueden comprar dólares americanos, cuyo nombre en código es *veiche* (los blandos) y monedas de oro llamadas *harte* (los duros), así como rublos de oro de Rusia, o *hazerloh* (lechones). Caminando por la calle, se puede oír susurrar *"Harte, veiche ..."*

Los contrabandistas infiltran alimentos dentro del gueto usando los tranvías que circulan a través del mismo. Los contrabandistas polacos pagan a la policía y al conductor del tranvía. Al pasar a través del gueto, el tranvía disminuye la velocidad, el policía mira hacia otro lado y el contrabandista lanza un saco de patatas y una bolsa de harina, y luego, salta del tranvía.

Los polacos que llegan al gueto para hacer negocios se ponen brazaletes. Se ponen anuncios en el lado ario, aconsejando evitar el contacto con los judíos porque tienen el tifus.

Las muertes en el gueto aumentan a un ritmo tremendo. La funeraria Pinkiert tiene sus manos bien ocupadas, recogiendo cadáveres cubiertos con periódicos de la calle. La imagen de los cadáveres, víctimas del tifus y del hambre, acarreados en las carretas de Pinkiert, se convierte en algo muy común.

Antes de la guerra, la Asociación de Escritores Judíos estaba en el 13 de la calle Tlomacka, pero ahora es un comedor de beneficencia para los periodistas judíos y sus familias. Mi madre es demasiado orgullosa como para llevarnos allí. Sin embargo, en los días en que no tiene la suerte de vender algo, no tiene nada que darnos de comer, y el hambre vence su orgullo. En la cocina de la Asociación de Escritores, podemos comprar algo caliente para comer a un precio mínimo. La cocina es ruidosa y llena de gente. Intelectuales, periodistas y poetas, escritores judíos que alguna una vez habían escrito para un público y habían alcanzado un cierto grado de fama, todos se reúnen aquí con sus familias y se sientan en las largas mesas de madera para comer la sopa aguada. Las figuras demacradas en sus raídos trajes anteriores a la guerra y sus rostros pálidos y desgastados solamente inspiran lástima. Sus ojos inteligentes denotan el hambre, pero eso no les impide hablar de política. Los alemanes ya han conquistado Francia, Bélgica, Holanda y parte de Escandinavia. La mayor parte de Europa está bajo su control, y ahora están atacando a Rusia. Es una mala señal, dicen los pesimistas, pero los optimistas predicen que Hitler pronto será derrotado por el invierno ruso.

Cuando nos ven entrar, todo el mundo detiene su charla política. Nuestros conocidos y amigos, incluso desconocidos, se lanzan hacia mi madre con preguntas sobre el paradero de mi padre.

Recibimos cartas de mi padre que provienen de Bialystock, nos las traen personas que regresan de los territorios rusos. A pesar de sus esfuerzos extraordinarios, y a pesar de la ayuda de otras agencias judías, la comunidad judía en Bialystock no es capaz de dar cobijo a las masas de refugiados que han emigrado allí para escapar de la opresión alemana. Debido a la falta de espacio, muchos de los refugiados no les queda otra opción que pasar las noches en los patios o bodegas o en las escaleras. Como resultado, muchos de los refugiados regresan junto a sus familias en Varsovia. Deciden así que es preferible sufrir junto a sus familias y amigos.

—Soy uno de los afortunados —escribe papá—. Algunas personas que reconocieron mi nombre como el autor de libros y artículos en el Yiddishe Tugblat tuvieron la amabilidad de darme un colchón, y me asignaron un poco de espacio en el piso de un apartamento atestado de gente. Ahora, querida Golda —continúa— debo admitir que dudo que alguien me hubiera brindado algo si hubiese llegado aquí con una esposa y cuatro hijos.

Hay un gran regocijo cada vez que recibimos una carta de nuestro querido padre. Rodeamos a mamá, que abre el sobre blanco con dedos temblorosos. En una carta, papá describe la dificultad de su viaje, los trenes atestados de gente, el aire sofocante en los vagones con todos los viajeros apretados unos junto a otros.

—Los trenes estaban tan llenos —escribió— que era imposible cambiar de posición, y he tenido que pasar todo el viaje de pie. Después mis hombros se quedaron tiesos por la falta de movimiento.

—Pobre papá —se compadece mamá—. No está acostumbrado a este tipo de viajes. Como miembro de la sociedad literaria, recibía privilegios especiales en los trenes polacos. Cuando nos íbamos de vacaciones a Krynica o Ciechocinek, siempre viajamos en primera clase.

Papá escribe acerca de los brutales registros en la estación de Malkinia. En su destino después del tedioso viaje, se les ordenó bajar del tren. Los soldados alemanes maldijeron, golpearon y saquearon, desahogando su ira sin misericordia sobre los judíos desarmados. Los territorios fronterizos entre Malkinia en el lado alemán y Zaremby Koscielne en el lado ruso eran un hervidero de refugiados sin hogar. La gente se moría de frío y hambre.

"Regalé los sándwiches que me diste para el viaje a los niños pobres en la frontera", escribe. "Los rusos están tratando de detener la ola de refugiados que rueda desde los territorios ocupados por los alemanes. Han cerrado la frontera. Me vi obligado a cruzar la frontera de Rusia de forma ilegal".

Un suspiro se escapa del pecho de mamá y hace una pausa. Enseguida reanuda la lectura de la descripción de su paso a la zona rusa. "Era una fría y oscura noche sin Luna. Un silencio ominoso invadió el bosque primitivo. Una lluvia fina caía. El guía estaba dirigiendo a un pequeño grupo de personas que se movían muy silenciosamente. Un viento helado penetraba mi abrigo mojado, como si fuera un pañuelo de papel y me apuñalaba hasta la médula de los huesos. Nos hundimos en el musgo húmedo que benévolamente silenciaba nuestro avance sigiloso. De repente, un temblor rompió el silencio de la noche. Alguien había roto una rama que colgaba de un árbol. El guía maldijo acaloradamente. Levantó el brazo, deteniendo al grupo. Nos quedamos allí inmóviles. Todo el grupo se había transformado en un solo oído atento.

En un abrir y cerrar de ojos, el profundo silencio del bosque se vio interrumpido por el crepitar de la ramas rotas, el canto agudo de los pájaros asustados, unos pasos y luego ecos de disparos. Nuestro grupo se dispersó. El guía desapareció. Todo el mundo empezó a correr en diferentes direcciones. '*Stupaj nazat!*' '¡Un paso atrás!' Oí una voz muy cerca de mí gritando en ruso. Dejé de correr y me agaché para esconderme bajo las ramas de un enorme árbol. Por suerte, la patrulla rusa pasó sin verme. Abracé al árbol que me salvó de pura gratitud".

Mamá limpia las lágrimas de sus mejillas pálidas a la vez que lee.

"Ahora, me rodeaba la oscuridad impenetrable. Escuché atentamente, tratando de seguir oyendo los pasos que parecían estar cada vez más y más lejos del lugar donde estaba. Mis pies estaban clavados al suelo en ese momento, y fui incapaz de reunir el valor para moverme. Tal vez un soldado ruso estuviese cerca, esperando para una emboscada. El tiempo se prolongó interminablemente. El viento de otoño empezó a soplar, aullando sin piedad entre los árboles y azotando las ramas que colgaban por encima de mi cabeza. La ráfagas heladas penetraban mi cuerpo inmóvil. Mis pensamientos me transportaron a ustedes, mis amados hijos. Ahora me alegro de no haberlos traído en este peligroso viaje. Fue una buena idea que se quedaran ahí. Que duerman bien mis queridos hijos, en sus camas limpias, enroscados en sus cálidas cobijas. Beso sus cabezas que tanto adoro. Los echo de menos a todos. Me acerqué el reloj al oído y conté el tictac de los segundos, los minutos y los cuartos de hora. Después de la noche más larga de mi vida, sobreviví para ver la luz del día.

Astillas de luz comenzaron a colarse a través de los inmensos pinos del bosque, iluminando la mañana gris de noviembre. El bosque en sí comenzó a cobrar vida. La luz del día me hizo sentir mejor. Los pájaros revoloteaban y retozaban alegremente por encima de mi cabeza, al verlos se me levantó el ánimo. La voz del cuco astilló el aire de la mañana. Me estiré pero mi espalda estaba tiesa por haber pasado la noche en una posición muy incómoda. Hice un masaje en mis doloridas articulaciones y recité muy bajito la oración de la mañana. Pedí a Dios que nos proteja a todos".

Los ojos de Reginka se desbordan de lágrimas. El pequeño David llora y se aferra a mamá. En una voz ahogada mamá continúa leyendo la carta.

"Absorto en mis oraciones no escuché unos pasos silenciosos. De pronto, una patrulla rusa que pareció surgir de la nada estaba de pie frente a mí. Instintivamente trate de huir. Me apuntaron con sus rifles, uno de ellos gritó: '*Stupaj nazat!*' Pensé por un momento que ya estaba en el lado ruso de la frontera.

Levanté mis manos y en un solo aliento recité en ruso la biografía que había memorizado en casa. 'Vivo en Bialystock, en el lado ruso. El avance alemán y la ocupación de Varsovia me pillaron allí por sorpresa, y ahora estoy volviendo a Bialystock, donde mi esposa y mis cuatro niños me están esperando'.

"Después de que me registraron, dando como resultado la pérdida de mi reloj (que uno de los soldados deslizó en el bolsillo de su uniforme verde), me empujaron hacia delante bruscamente con sus rifles. Me guiaron fuera de la espesura del bosque hacia la carretera que conduce a

Zaremby Koscielne, un lugar ocupado por los rusos". Papá termina la carta con mil besos para cada uno de nosotros.

Nos apresuramos en llevar las cartas de papá a nuestros abuelos, que viven con su hija, mi tía Bronia. Ellos esperan ansiosamente alguna noticia de su amado hijo. Leemos las cartas varias veces y las comentamos infinitamente.

Mi tía Bronia, su marido y su hija pequeña, Esterka, viven en un apartamento en la calle Maizel, dentro del gueto. A menudo vamos allí para visitar a nuestro querido abuelo Mordechai, que hace lo posible para llenar el hueco que ha dejado mi papá. Con frecuencia ayuda a mamá a tomar decisiones sobre temas importantes, haciendo una gran esfuerzo en aligerar la carga de mi madre.

El despiadado tifus, esa víbora que devora la carne, suelta su veneno mortal en nuestro querido abuelo.

—No lo vamos a enviar al hospital —anuncia la abuela decisivamente—. En ese atestado hospital está condenado a morir.

Tía Bronia y su familia van a vivir con un amigo para evitar el contagio. Haciendo un gran esfuerzo para mantener la situación escondida de las autoridades, la abuela en secreto cuida del abuelo en casa. Todas las noches, al amparo de la oscuridad, el médico hace una visita secreta a domicilio para ver el estado del abuelo. Toda la familia lleva un seguimiento con ansiedad del progreso de la enfermedad del abuelo.

Después de un tiempo, para deleite de todos, su estado comienza a mejorar. Poco después de su mejora, tiene una recaída. El médico diagnostica una neumonía. Al principio, la abuela Dvora lucha ferozmente para salvar al abuelo de la enfermedad. Pero su debilitado estado general y su desnutrición no le permiten vencer al enemigo. A la edad de cincuenta y ocho años, nuestro querido abuelo Mordechai Nissin Rothstein, que fue muy apreciado por todos los que lo conocieron, sucumbe al tifus. Tras él deja un vacío y una gran tristeza.

"Nunca escucharé su voz de nuevo. Nunca más sentiré la caricia de su mano en mi pelo", pienso ahogándome en lágrimas. Su cuerpo yace en el piso, cubierto por su taled (manto de oración) desgastado por el uso. En lugar de las velas, que son imposibles de conseguir en el gueto, dos lámparas de carburo arden con un brillo pálido cerca de su cabeza. De repente un extraño susurro, un profundo suspiro, me sacude de mis tristes pensamientos. Voy corriendo a toda prisa a la habitación contigua, donde la familia está reunida.

—¡El abuelo no ha muerto! Mi querido abuelo sigue vivo. Se despertó de su profundo sueño. Está respirando —proclamo.

Todo el mundo me mira como si hubiese perdido la razón. Resulta que el silbido de las lámparas ardiendo parecía oírse como la respiración dificultosa de un ser humano.

Llorando en silencio en el funeral, acompaño a mi querido abuelo a su descanso eterno.

La familia sigue siendo grande. Hay unos pocos rabinos presentes, y hay muchos de los amigos y conocidos del abuelo. Toda la comitiva de duelo se mueve con pasos lentos, una triste caravana de color negro. En la calle Gesia, una de las fronteras del gueto, una patrulla alemana detiene la procesión. Solamente la familia inmediata tiene permitido salir del gueto y acompañar a sus muertos todo el camino hasta la tumba. Nos detenemos en la puerta del gueto. El Gran Rabino, el rabino Zwolin, da un paso atrás. Inclinando la cabeza en forma de saludo respetuoso, dice adiós a mi abuelo.

Con lágrimas en sus ojos mientras se despide de su amigo, dice en voz alta:

—¡Ve con firmeza, Mordechai Nissin! Puedes estar de pie ante el Juez Celestial sin miedo.

A partir de este punto, acompaño a la caravana fúnebre con los ojos solamente. Puedo ver la procesión a través de la niebla hasta que desaparece por una esquina lejos de la frontera del gueto. No me di cuenta entonces que debía haberme consolado con el hecho de que mi abuelo es uno de los afortunados que mueren en su propia cama, rodeado de una familia que lo adora.

Poco después de la muerte de mi abuelo, nos visita de nuevo la muerte sin haber sido invitada a mi familia.

El hermano más joven de mi padre, Moshe, debilitado por el hambre, cae víctima de la tuberculosis a la edad de treinta y tantos años.

Unas pocas semanas antes de morir, viene a pedir cien eslotis prestados a mi madre.

—Es para la leche de mis bebés —susurra suavemente, bajando la cabeza. Mi tío Moshe se fue de Varsovia con mi padre y también se las arregló para llegar a la zona rusa. Después de recibir una carta de su esposa que le informaba que estaba embarazada, volvió al gueto, donde su esposa dio a luz a gemelos.

—Tan pronto como encuentre trabajo, te devuelvo el dinero —dice mi tío, tratando de reprimir un violento acceso de tos. Mamá de inmediato le da la cantidad que pide. Él se va dando las gracias. Le doy una mirada inquisitiva a mamá, sabiendo que le está dando a mi tío nuestros últimos ahorros. Ella responde a mi pregunta tácita diciendo:

—Recuerda, si alguien necesitado pide ayuda, nunca lo dejes irse con las manos vacías.

Beso a mi compresiva madre por su buen corazón. Unas semanas más tarde, mi tío muere de tuberculosis. Deja a su esposa Bracha, a su hijo de seis años, Zelig, y a los gemelos bebés sin medios para mantenerse. Poco después de la muerte de mi tío, los gemelos mueren de desnutrición. Nos preocupa que Zelig siga la misma suerte que sus hermanos, por lo que mamá comienza a invitar al huérfano hambriento a cenar con nosotros.

—Vamos a añadir un poco de agua a la sopa y dividimos el pan en seis porciones en lugar de cinco, como lo hemos estado haciendo hasta ahora, y de esa manera vamos a salvar al pobre niño que está muriendo de hambre.

Mamá siente que tiene que justificar su generosidad con nosotros.

Un día, nuestro primito llega a la cena con una pequeña cantimplora de aluminio brillante en su pequeña mano. Un tanto avergonzado, responde a nuestras miradas inquisitivas diciendo:

—Mi mamá también tiene hambre.

Mamá besa al niño y añade un poco de agua a la sopa, ya bastante aguada, y envía la comida caliente a mi tía.

El invierno de 1941 es muy duro. Es como si la naturaleza misma conspirase contra nosotros. Heladas excesivamente duras se agarran del paisaje; las heladas están en connivencia con el hambre y la enfermedad. Las temperaturas caen en picado a treinta grados bajo cero. El clima frío es especialmente doloroso porque no tenemos como calentarnos, hay muy poca comida y ni siquiera tenemos nuestros abrigos de piel para protegernos del frío.

La moral en el gueto está por los suelos. Circulan rumores que los alemanes van a aumentar nuestras raciones de comida. Nos van a permitir cien kilogramos de patatas por persona anualmente, cien gramos de mermelada por mes y trescientos gramos de azúcar, además de un huevo al mes por persona. Algunas personas se burlan de los rumores y dicen que están siendo difundidos por Abraham Gancwajch para evitar la creciente amenaza de la rebelión.

La gente del gueto no confía en este judío de Lodz. Proclaman en voz alta que él no es más que un títere de la Gestapo. Se sabe que se reporta a la Gestapo con regularidad, informándoles del estado de ánimo y las condiciones en el gueto. La primera vez que levantó sospechas entre sus propios *Lodzers* fue cuando pronunció un discurso llamando a los judíos a reconciliarse con el orden alemán y con la nueva forma de vida de buena gana y sin reservas.

A cambio de sus servicios a los alemanes, Gancwajch recibe ciertos privilegios y obtiene una buena ganancia. Vende pases para el tren a precios exorbitantes; estos pases hacen que sea posible que las familias se trasladen de un gueto a otro libremente. Por un precio adecuado, él puede ocasionalmente liberar a los que están detenidos y encarcelados en Pawiak, probablemente con el consentimiento de la Gestapo. Gancwajch reparte el dinero del rescate con sus socios alemanes.

Gancwajch ha abierto una oficina el 13 de la calle Leszno para luchar contra los especuladores. Da trabajo a trescientos judíos, que están al servicio de la Gestapo. Esta mafia se llama el Trece. Se lleva su comisión de aquellos que contrabandean con la comida en el gueto y de cualquier otra persona dedicada a actividades de hacer dinero en el gueto.

Dos de los trabajadores del Trece, Kohn y Heller, han obtenido una concesión de los alemanes para llevar un tranvía tirado por caballos, que se llama el Kohn-Hellerka. Obtienen enormes ganancias de su monopolio del transporte público en el gueto. Apoyan a los rabinos del gueto y a sus instituciones de aprendizaje. Animan a los rabinos a predicar a sus seguidores que el gueto de Varsovia viene de la mano de Dios. Es un castigo por el ateísmo, que se ha convertido en algo común entre los judíos, y una bendición que traerá a los judíos de nuevo a creer en Dios. Este tipo de propaganda agrada a los alemanes. Se crea un aire de fatalismo. El sufrimiento de los judíos es la voluntad de Dios.

El tifus que arrasa con furia en el gueto nos amenaza constantemente, y pese a los esfuerzos denodados de mi madre para mantener condiciones de rigurosa limpieza e higiene, la plaga logra cruzar nuestro umbral. No es de ninguna ayuda tostar el pan sobre el fuego para matar los organismos infecciosos. No nos ayuda examinar los abrigos cuando llegamos de la calle, en busca de los piojos que portan el tifus. Mi hermano de repente cae enfermo con una fiebre alta.

—Probablemente es solo un resfriado o la gripe —trato de animar a mi madre preocupada.

Después aparecen pequeños puntos rojos en su cuerpo, anunciando la presencia del tifus. Mis dos hermanas menores se van con la abuela. La familia Duniec se va de la casa para escapar de la temida enfermedad. Solo mamá, David y yo nos quedamos en la casa. Por la noche, el médico nos visita secretamente. Examina a mi hermanito delirante, prescribe alguna medicación y desaparece sin ser visto por los vecinos. Cuidamos de él, siguiendo las indicaciones del médico.

Mamá y yo nos turnamos para estar al lado de su cama. Ella desesperada no aparta su mirada del niño febril. Por la noche ella me despierta con sus suspiros y sus oraciones fervientes. Después de una determinada lucha con las alimañas mortíferas durante tres semanas, los primeros signos de victoria se hacen evidentes. La temperatura comienza a bajar y el apetito de mi hermano mejora día a día. Las marcas rojas brillantes en su cuerpo se hacen más pálidas. Para nuestra alegría, nuestro amado hermano e hijo comienza a recuperar su salud. Mamá ofrece oraciones de agradecimiento a Dios por no haberse llevado a su único hijo varón.

Con frecuencia hay apagones de electricidad en el gueto, por lo que durante los días cortos del invierno la gente utiliza lámparas de carburo, que irradian una luz fría y amarilla, para iluminar sus apartamentos. Debido a la escasez de carbón y la escasa distribución de gas natural, nos vemos obligados a cocinar nuestras escasas comidas durante la noche, cuando el sector ario de Varsovia está profundamente dormido, porque es cuando hay más gas disponible. Hemos de usar el gas con precaución. Muy a menudo, el flujo de gas se interrumpe y el fuego se apaga. Más tarde, cuando el gas comienza a fluir de nuevo, si la llama no se enciende, el gas puede asfixiar a todos en la sala.

Una ola constante de refugiados judíos expulsados de pueblos y ciudades vecinas sigue fluyendo en el gueto. Los alemanes les dan veinte minutos para moverse, salir de un lugar en el que han vivido durante generaciones. Los refugiados cuentan historias espeluznantes de personas que son incapaces de evacuar sus viviendas en esos pocos minutos que les han sido asignados y que, en consecuencia, son asesinados en el acto a sangre fría. Sentimos compasión por los hombres, mujeres y niños que van sudando la gota gorda a través del gueto con los paquetes en sus hombros. Están

acuartelados en las sinagogas, escuelas y otros lugares
públicos que ya están superpoblados. El gueto es un
hervidero de gente, y el número de habitantes llega casi al
medio millón.

Se está haciendo cada vez más difícil encontrar comida.
El contrabando en tranvía se interrumpe; los tranvías dejan de
pasar por las calles del gueto. Los niños se convierten en los
proveedores más importantes de alimentos. Niños de diez
años, e incluso de ocho años, se comportan como héroes. Se
cuelan con sus cuerpos debilitados y demacrados a través de
agujeros en las paredes que rodean el gueto, y después,
introducen los alimentos por los agujeros desde el lado ario.
Las expediciones de contrabando son extremadamente
peligrosas, exigiendo una gran valentía, agilidad, rapidez de
piernas y de mente. A menudo, las expediciones concluyen
con la muerte. Los soldados alemanes que patrullan los muros
del gueto disfrutan disparando a los niños judíos desarmados.
Los alemanes declaran la guerra a los que trafican con
alimentos. La imagen del cuerpo de un niño muerto que
cuelga en una pared o extendido al pie de un muro o
sumergido en un charco de sangre pertenece a una realidad
muy común.

Mi padre nos escribe y dice que él no cree que el pacto
ruso- alemán vaya a durar. Está considerando la posibilidad
de salir de Bialystock. "Con la ayuda de Dios" escribe,
"espero ser capaz de llegar a Vilna, que está ahora bajo el
gobierno lituano. Y a partir de ahí el camino me conduce al
cumplimiento de mi sueño más querido, a Palestina, la tierra
de mis antepasados".

Después de oír esto, el pequeño David dice en voz alta:
—¡Iremos a reunirnos con papá en Palestina!

—Eso no va a ser tan simple como suena —contesta mamá con tristeza.

Mi compañera de la escuela Regina me informa de que no puede continuar con sus lecciones. Antes de la guerra, la familia Lamstein tenía una buena posición, pero ahora no tienen cómo ganarse la vida.

—Todos nuestros ahorros se han terminado. Hemos vendido todas nuestras posesiones de valor para poder comprar pan —dice ella.

—Mis hermanas y yo nos vamos a Dzialoszyc, que es donde vive la familia de mi madre. No tenemos otra opción.

Comenzamos a buscar a otra estudiante que pueda ocupar el lugar de Regina. El problema es que tenemos que encontrar a una estudiante de nuestro mismo grado. Más adelante recibimos cartas de ella que expresan su infeliz condición. Nos cuenta que trabaja de criada en casa de unos familiares para ganarse la vida. Mi madre y yo decidimos ir a visitar a la madre de Regina para tratar de animarla. A pesar de haber sido muy adinerada antes de la guerra, la encontramos en una habitación sin calefacción. Para levantar el ánimo de la señora Lamstein, mamá le hace preguntas sobre la vida en Palestina, que ella visitó en 1938.

—Háblenos de la Tierra Prometida, señora Lamstein. ¿Cómo vive la gente allí? Mi esposo anhela llegar a la tierra de nuestros antepasados. Tan pronto como termine la guerra, nos uniremos a él —añade mamá esperanzada.

La señora Lamstein nos cuenta sobre la vida en las inmediaciones bañadas por el sol de Tel Aviv. Nos pinta un cuadro hermoso de lo que se siente al pasear en la arena blanca bañada por las aguas azules del Mediterráneo. Ella cuenta cómo la gente se relaja en la noche después de un día de trabajo duro. Beben café en los cafés y disfrutan de la brisa embriagadora del mar. Después de un duro día de trabajo en la construcción, los jóvenes pioneros bailan la Hora bajo la luz de la luna.

—La vida es muy animada con alegría, felicidad y libertad —dice la señora Lamstein. Sus ojos, que han sido atenuados por la tristeza, brillan cuando se acuerda de sí misma en la tierra dorada. Mi madre y yo nos despedimos. Mamá intenta animarla diciéndole que tenemos quemantener nuestra esperanza de que la vida volverá a la normalidad cuando termine esta pesadilla.

Cuando nos vamos, ni siquiera siento el viento helado en la desierta calle gris. Evoco la reluciente imagen pintada por la madre de Regina. Invadida de un nuevo sentimiento de esperanza, le aseguro a mamá que no pasará mucho tiempo antes de que estemos viviendo en libertad y en la felicidad del calor de la Tierra Prometida.

Esther Frenkiel, hija de un rico fabricante de Bielsk, nieta del rabino de Kalwari, toma el lugar de Regina en clase. Estamos contentos de que nuestro *komplet* no se haya disuelto. De hecho, continuamos nuestro estudio con celo renovado. Como de costumbre, mamá nos da apoyo moral. Nos dice que no debemos perder el tiempo en la ociosidad. Me hago muy buena amiga de la alta, sincera e inteligente Esther. Su familia se compone de seis personas: sus padres y cuatro hijas. También siguen teniendo una criada. Viven en el 40 de la calle Nowolipki, en un apartamento de dos habitaciones, que es grande para los estándares del gueto. Me convierto en una invitada habitual del apartamento relativamente grande, donde podemos encontrar un rincón tranquilo para estudiar.

Esther a menudo me obsequia con un pedazo de pan o un plato de deliciosa sopa caliente. Siempre que me dan esta porción adicional, renuncio a mi porción de sopa y pan en casa para dársela a mis hermanos hambrientos. Los Frenkiel son personas generosas y comparten su comida con los demás. El sábado, es casi imposible entrar en su casa. Las personas se alinean en la escalera hasta el patio, con todo tipo de platos vacíos en sus manos, esperando la distribución de guiso de Sabbat, que reparte caliente el mismo señor Frenkiel.

Al otro lado de la calle desde el apartamento de la Frenkiel sobre Nowolipki, hay un teatro.

Hoy en día están representando *Mirele Efros*. Esther compra dos entradas y me invita a ir con ella. El señor Frenkiel trata de persuadir a su hija de que haga una obra de caridad y done el dinero para comprar pan para los hambrientos, pero no hay forma de convencerla. Esther sostiene obstinadamente que los actores judíos también están hambrientos, y que tenemos la obligación de apoyarlos también. Después de una excelente actuación de los actores profesionales, nos vamos del teatro con una luz cálida en nuestros corazones. Nos vamos a mi casa a hacer los deberes. Nadie está en casa. Mamá salió a vender un traje. Los otros niños asisten a sus clases. Estamos enfrascadas en un problema complicado de geometría cuando Esther de repente anuncia que tiene hambre. Me levanto y corto dos rebanadas de una hogaza de pan que se supone que es para alimentar a toda la familia. Después hiervo el único huevo que tenemos, que mamá compró especialmente para David, en el mercado negro a un precio exorbitante.

—¿Por qué no comes algo? —me pregunta Esther invitándome a darme un festín—. Gracias, pero no tengo hambre —le aseguro tragando la saliva que fluye dentro de mi boca. Yo la miro ansiosamente mientras come a un ritmo pausado. En silencio, rezo para que ella se de prisa en terminar y regrese a su casa. Cuando mamá regrese, voy a tener que explicarle lo que pasó con el huevo de David y la parte que falta de pan. Ya he decidido anunciar que estoy renunciando a mi porción de pan para hoy. Pero, ¿dónde voy a conseguir otro huevo para el pobre David?

Para mi horror, de repente oigo el giro de la llave en la cerradura. En un solo golpe de vista, mi querida e inteligente madre ve la situación y comprende de inmediato lo que está pasando. Ella saluda cordialmente a Esther y pregunta por sus hermanas y por sus padres. Esther sigue comiendo con deleite. Cuando termina, nos da las gracias y se despide. Abrazo a mi madre, agradecida. Si mamá hubiese hecho una gran problema del pan que falta, yo no habría sido capaz de tragar otro bocado en el apartamento de Esther.

Me vuelvo muy apegada a mi madre durante la guerra. Antes de la guerra, mamá tenía un negocio y nunca estaba en casa cuando regresaba de la escuela; me recibía siempre nuestra ama de llaves. Envidiaba a mis amigos por tener madres que se quedaban en casa. (Una vez, antes de la guerra, cuando volví de la estación de tren con mi padre después de un viaje de vacaciones, me di cuenta de la luz procedente de la ventana del dormitorio de mis padres. Pregunté a mi padre qué pasaba. "Mamá está enferma y tiene fiebre", me explicó. Secretamente me puse muy contenta de que mi madre estaría en casa por unos días).

Después de la partida de mi padre, yo trato de ayudar a mamá tanto como me es posible. Discutimos los problemas juntas, y ella comienza a buscar mi consejo. Yo cuido de mis hermanos. En tono de broma, mis amigos me preguntan si tengo hijos cuando me refiero a mis hermanas y a mi hermano como "nuestros hijos".

Historias aterradoras están circulando sobre los campos alemanes. Los judíos que han logrado escapar hablan de las terribles condiciones de trabajo bajo los sádicos guardias de las SS, sobre las condiciones de vida inhumanas y las escasas raciones de comida. Esta noticia reduce el número de hombres judíos que voluntariamente se inscriben para trabajar para los alemanes, y como resultado los alemanes comienzan a apoderarse de más hombres en las calles. Salen a la caza de gente para esclavizarla. Cuando mi madre ve a las esposas y las madres cuyos maridos e hijos han sido atrapados, da gracias a Dios que papá está seguro en la lejana Bialystock.

Los alemanes siguen infligiendo asesinatos masivos y premeditados contra el pueblo judío. Sistemáticamente hacen que las condiciones de vida en el gueto se deterioren. Reina el tifus en las casuchas superpobladas donde las personas sin hogar han encontrado refugio y el hambre es su fiel aliada. Allí, el ángel de la muerte recoge una buena cosecha. Luchamos contra el enemigo con fiereza. No vamos a capitular; no vamos a dejar que se aplaste nuestra moral. La gente hace todo lo posible para tratar de normalizar sus vidas.

El Consejo Judío establece un curso de tres años de estudio de química a nivel universitario disfrazado como un programa profesional en mecánica práctica. Las conferencias se llevarán a cabo en el edificio Chinuch en la calle Ogrodowa, que antes de la guerra había sido el liceo para hombres. El primer año es una introducción a la química básica, y los dos siguientes consisten en cursos de diferentes especialidades químicas. Cualquier persona que asiste a esta serie de cursos puede elegir una carrera en química orgánica, en cosmética o en farmacia. Tolek y yo nos inscribimos en los cursos de farmacia. El departamento de farmacia en el gueto reconocerá el grado y dará empleo a los nuevos farmacéuticos.

Obtengo cartas de los maestros de la *komplet* donde se explica que estoy a punto de terminar la escuela secundaria y me preparo para matricularme. Tomo los exámenes de admisión y mi solicitud es aceptada.

Los instructores en nuestra modesta escuela eran profesores muy bien reconocidos antes de la guerra. Un profesor muy estimado, Mieczyslaw Centnerszwer, da el curso de química. Antes de la guerra, había sido profesor en la Universidad Jagellónica. Un ingeniero llamado Szwed da el curso de física. El profesor Ludwig Hirszfeld fue también una figura notable antes de la guerra. Estos judíos convertidos al cristianismo que se vieron obligados a venir al gueto, ahora son nuestros maestros. También tenemos a nuestra disposición un laboratorio nuevo y bien equipado que procede del departamento de química de la escuela Chinuch. El nivel de instrucción es muy alto.

Tolek, que es mayor que yo y ha completado su matrícula, me ayuda con mis estudios. Tomo el curso de química con entusiasmo, al igual que muchos otros jóvenes. La escuela se parece a las escuelas antes de la guerra en su atmósfera y su calidad educativa. Es agradable perderme detrás de las paredes de la escuela por lo menos durante un par de horas al día, y estoy aliviada de estar inmersa en el estudio y de poder olvidarme de la falta de humanidad y de la brutalidad del mundo exterior. Estudiamos asiduamente, y flirteamos, bromeamos y componemos poemas de humor.

He quedado para reunirme con Tolek en la calle Karmelicka de camino a la escuela. Aunque todavía es pronto, la calle Karmelicka, que conecta el gran gueto y el pequeño gueto, ya está llena de gente. Los habitantes del gueto llenan las aceras estrechas y las congestionadas calles, corriendo en todas direcciones. La calle atestada de gente se llena con los sonidos de la bulliciosa humanidad. Pegados a los muros de los edificios los vendedores ambulantes pregonan mercancía que es desplegada en la acera. Artistas de la calle tratan de atraer la atención de los peatones cantando canciones nostálgicas.

Las pequeñas voces de los niños se ahogan en el fragor general. Paso al lado de peatones que están bien vestidos, así como algunos envueltos en harapos y temblando de frío que parecen apariciones del infierno.

Con gran dificultad, me abro paso a través de esta colorida multitud ondulante, tratando de llegar al lugar donde se supone que debo encontrarme con Tolek. De repente el sonido de unos frenos chirriantes perfora el aire. Los camiones militares alemanes aparecen de la nada. Una cacofonía de sonidos sobreviene, de alemanes gritando, de silbatos e imprecaciones mezcladas con el golpeteo de pies que corren. La gente está huyendo en todas direcciones.

"¡Captura de hombres!" La frase circula a través de la zona como un relámpago. La gente busca desesperadamente lugares donde esconderse: en portales, en las tiendas adyacentes, en los huecos de los edificios. La calle que pulsaba con vida un minuto antes ahora está abandonada. Los látigos de las SS silban en el aire. Un soldado insta a su primera víctima con la culata de su rifle. Cuando el muchacho vacila, el alemán lo agarra por el cuello y lo empuja hacia el camión.

Las amenazantes órdenes de los alemanes y las humildes súplicas de las víctimas hacen eco por las calles desiertas. Un grupo de hombres desfila por la calle, escoltados por oficiales de las SS. Los hombres se ven empujados a un vehículo militar, y ahora los ojos asustados de las víctimas miran desde detrás de las ventanas con alambre de púas con la mirada impotente del que le han arrebatado su libertad. Corro tan rápido como puedo a la casa de Tolek en la calle Nowolipki. Quiero advertirle que no salga de la casa. El angustiado padre de Tolek, que ya ha oído hablar de la redada, grita desde la puerta: "No está aquí. Se fue hace un momento".

Saltando en dos pasos a la vez, me voy de vuelta a la calle Karmelicka, hasta el lugar donde se suponía que debíamos encontrarnos. Paso al lado de algunos aterradores soldados alemanes. La caza de hombres todavía está en función. Todavía están husmeando, buscando, atrapando a las víctimas más desafortunadas. Sin aliento, con mis pulmones a punto de estallar, llego a la puerta designada para nuestra cita. Miro en el pasillo del primer piso y luego subo las escaleras. ¡No está allí!

"¿Puede estar escondido en la otra escalera?" Me pregunto esperanzada. No, no está allí tampoco.

Me dan ganas de llorar. "Es mi culpa que ha sido capturado. ¿Cómo voy a explicárselo a su padre?" Pienso esto mientras lucho por no derramar lágrimas. Sintiéndome completamente indefensa, me siento en un escalón con la cara enterrada en mis manos y trato de calmarme. De repente e inesperadamente, mis oídos captan un silbido apenas audible pero familiar. Es Tolek, cuya silueta alargada se cierne en el pasillo oscuro. Mi alivio es indescriptible. Después de discutir el asunto brevemente decidimos que Tolek debe permanecer en su escondite hasta que la tormenta haya amainado por completo. Yo estoy de guardia. Con cuidado de no llamar la atención, miro hacia fuera en la calle.

El tiempo se prolonga. Por último, oigo el sonido de los motores que se ponen en marcha y el ruido de los camiones que se desplazan hacia fuera. Se mueven lentamente, llenos con su carga de judíos y su botín escondido detrás de las esvásticas. Bajo a la calle desierta. Avanzo lentamente, con cautela. Escudriño cada pequeño callejón y cuando estoy segura de que todo está tranquilo hago una señal a Tolek. Él procede sigilosamente pegado a las paredes del edificio de puerta en puerta.

Por último, llegamos a la casa de Tolek. Su padre está encantado de tener a su hijo de vuelta. Me da las gracias profusamente y expresa su gratitud dándonos dos entradas para el Femina, un teatro en la calle Leszno. El programa de hoy es *Bajader*. Solamente obras escritas por judíos están permitidas en el gueto. Estoy vestida con unas botas de tacón alto negro de mamá, que he acolchado por dentro para parecer más alta y mayor del brazo del guapo de dieciocho años, Tolek. Me siento a su lado muy contenta, disfrutando de la hermosa ópera.

"Oh, Bajader, llevo tu sonrisa en mi corazón. Daría todas mis riquezas por una de sus sonrisas..." La voz del tenor flota por encima de la orquesta atronadora y llena el teatro. La belleza de la música y de la letra romántica llenan el teatro.

Hay un hiato entre el mundo lleno de odio fuera de la sala y de la atmósfera en el interior, donde el amor domina. A pesar de la dificultad de la situación y de los intentos de nuestros opresores por aplastar todo vestigio de cultura en el gueto, la sala radiante está llena de gente que encuentra consuelo en el ámbito de la música y el teatro. A mi alrededor, veo sus rostros demacrados, espirituales. Muchos de los oyentes absortos han renunciado a una comida para escuchar la música. Cuando la orquesta toca las notas finales de la ópera, el telón cae con un aplauso atronador, y los cantantes y músicos se inclinan ante una ovación del público en pie.

Poco a poco, las personas comienzan a salir del teatro, a la calle, donde la oscuridad ya está cayendo. Está lloviznando ligeramente y el viento de otoño, imperturbable, sopla llevándose los sombreros de las cabezas de los inocentes peatones. Las insubordinadas ráfagas soplan abriendo los abrigos.

—¡Qué mundo tan hermoso podría ser este! —dice Tolek rompiendo el silencio, como si leyera mis pensamientos.

—Gracias por esta tarde tan maravillosa —le digo.

Un niño judío pequeño está pidiendo limosna en la acera. Su cuerpo huesudo, envuelto en harapos, tiembla en el frío penetrante. Los grandes ojos tristes del niño hambriento se abren suplicantes en su rostro pálido. Apenas podemos escuchar las palabras que se forman en sus secos labios azules:

"Yiden, hubs rachmunes. Gits a por groshen. Chob nisht gegessen".

—Judíos, tengan piedad. Denme unos pocos centavos. No he comido.

Muertos de la vergüenza, hurgamos en nuestros bolsillos. Depositamos todo lo que encontramos en la mano extendida y congelada del pobre niño. Caminamos y aceleramos nuestro ritmo en un intento de huir de nuestra propia conciencia. El aroma del aceite de freír alcanza mis fosas nasales. Pasamos una tienda donde los *latkes* (panqueques) nadan en una sartén grande de aceite caliente. Nos detenemos para observar el espectáculo en la vitrina, embriagados por el aroma exquisito.

La saliva fluye a mi boca hambrienta. Mi estómago vacío gruñe. Tolek echa mano a su bolsillo. Le da una buena sacudida más.

—Tal vez encuentre algunos *groszy* (centavos), o al menos lo suficiente para comprar un pedazo pequeño —dice con esperanza en su voz.

Su búsqueda es en vano. Lo alejo de la vitrina.

—¿Sabes qué? —le digo tratando de consolarlo—. Es posible que no hayamos satisfecho nuestra hambre, pero al menos no estamos siendo consumidos por nuestra conciencia.

Tolek responde apretando mi mano. De repente, creo que debo estar soñando. Oigo una música leve.

—¿Oyes algo? —le pregunto a Tolek, que aún está inmerso profundamente en sus pensamientos. Se detiene por un momento y escucha atentamente. Comenzamos a caminar rápido. Las dulces notas de un violín vuelan en el aire hasta nosotros desde la calle Nowolipki. Un grupo de gente está de pie haciendo un semicírculo en la esquina de la calle Karmelicka y Nowolipki. Parecen estar en un trance religioso. No oyen el ruido de la calle mientras se apiñan alrededor, escuchando la música. El violinista está de pie en el centro del semicírculo, tocando con una inspiración intensa. Su rostro se ilumina con una conmovedora blancura transparente. Su barba castaña cae sobre el violín. Sus ojos, de largas pestañas oscuras, están medio cerrados. Aunque sus dedos están rojos del frío, reproducen la rica melodía de las "Rapsodia húngara" de Liszt. El público está impávido por el viento helado, y aunque cada vez sopla más fuerte, la gente continúa llegando, creando una barrera natural alrededor del violinista que lo protege del frío penetrante.

—Este joven virtuoso es un graduado del conservatorio de Lodz —alguien susurra entre la multitud. De vez en cuando, se puede oír el tintineo de una moneda que cae en el estuche de violín en el suelo junto a él. Cautivados por la música, no nos damos cuenta del paso del tiempo. Se está haciendo tarde. El toque de queda se nos viene encima. A medida que las notas finales señalan el final del concierto, el joven abre sus grandes ojos soñadores y como si despertara de un dulce sueño mira a la multitud admirado por la sorpresa. Acaricia el instrumento con cariño y lo devuelve con cuidado a su caja. Se frota los dedos fríos, y luego abraza el estuche de violín en su pecho y con paso lento desaparece en la oscuridad envolvente. El público se dispersa con lentitud en todas direcciones. (Hasta el día de hoy, cada vez que escucho la "Rapsodia húngara" de Liszt me remonto décadas atrás, dentro de los muros del gueto, donde aparece la imagen del joven soñador hambriento y virtuoso del violín delante de mis ojos).

En el gueto, la situación empeora día a día. La ración oficial del pan se ha reducido a 7,5 gramos por persona. Los nazis abiertamente nos han condenado a muerte por inanición. Los habitantes del gueto declaran la guerra al hambre. Los traficantes contrabandean alimentos desde el lado ario. Los alemanes declaran la guerra a los traficantes. El terror se intensifica. Por la noche, se llevan a personas sospechosas de contrabando de sus camas y les disparan directamente en la calle. El espectáculo de los cuerpos empapados en su propia sangre en la acera reparte tristeza, terror y pánico. En la puerta de la calle Leszno, un SS al que llamamos Frankenstein y que tiene una reputación de ser un sádico incorregible, dispara a los transeúntes por el puro entretenimiento.

Los nidos de piojos en nuestra ropa se multiplican rápidamente, difundiendo la epidemia de tifus. Tomamos todas las precauciones posibles. Tan pronto como alguien entra de la calle, llevamos a cabo una inspección de las prendas de vestir de abrigo en el mismo pasillo. Nos aseguramos de que los pequeños organismos de aspecto inocente, que son en realidad criaturas asesinas, no están pegadas a nuestros abrigos. Cada día mi compasivo abuelo, Naftali, trae a casa un rabino hambriento diferente para el almuerzo. Después de comer estudian el Talmud. Agachados sobre los libros, estudian los dichos de los sabios judíos. La abuela le recuerda constantemente a su marido que los piojos de los pobres rabinos se le pueden pegar a él también. Sin embargo, el abuelo sigue estudiando con los rabinos. Sin tener en cuenta a los piojos, bebe con avidez de la copa del conocimiento.

Por último, uno de los piojos portadores de enfermedades se abre paso en el cuerpo del abuelo y deposita su veneno en su torrente sanguíneo. El tifus golpea fuertemente a mi abuelo. Debilitado por la enfermedad y con su cuerpo atormentado por la fiebre, mi abuelo es víctima de una complicación: una infección de la vejiga. Gracias al maravilloso trabajo de la enfermera y de su propia fuerte voluntad, el abuelo supera la enfermedad colmando de felicidad a toda la familia.

Circulan nuevos rumores de que los habitantes del gueto serán reasentados en el este. No hay hombres voluntarios para trabajar. Pese a la severa hambruna en el gueto, nadie cae en el cebo del pan prometido que tan hábilmente han puesto los alemanes. Debido a la escasez de voluntarios, las brutales redadas son más frecuentes.

Ha caído la noche. Las últimas luces desaparecen de las ventanas. El hogar está profundamente dormido. Es más de medianoche cuando un fuerte golpe en la puerta nos despierta. La tranquilidad de la noche es interrumpida por gritos salvajes. Nosotros los niños, medio dormidos, temblando de frío y fiebre, saltamos a la cama de mamá. Ella nos abraza fuertemente, susurrando y tratando de calmarnos. Nos quedamos inmóviles, escuchando el terror a los gritos en el patio. Se pueden oír las pisadas ominosas de botas en la escalera.

"*Alle herunter!*" "¡Que baje todo el mundo!" Ordenan gritando desde abajo. Se escucha un disparo ensordecedor y luego el silbido de un proyectil atravesando el aire. Un escándalo en la puerta. El sonido de la puerta rompiéndose. Gemidos dolorosos, pies corriendo, súplicas de piedad. Los llantos de las mujeres a cuyos maridos se están llevando. El lamento de las madres cuyos hijos están siendo arrebatados. Los gritos de los niños pequeños que de repente despertaron de un sueño profundo. El caos y la confusión. Esta noche inolvidable deja una gran tristeza entre los habitantes de nuestro edificio. Los alemanes arrastran a herreros, a zapateros, a carpinteros, a cualquiera fuera de sus camas. Si no encuentran la persona en particular que están buscando, se llevan a su hijo o al padre.

Las fronteras entre las zonas alemanas y rusas están cerradas, y se hace mucho más difícil ir de un lado a otro. Las fronteras están celosamente guardadas. El número de judíos que regresan a la zona alemana se ha reducido a un mero goteo. Las cartas de papá son escasas. En su última carta, describió cómo llegó de Bialystock, en la zona rusa, a Vilna, en Lituania. La policía de fronteras en la pequeña ciudad de Lida lo detuvo. Fue puesto en libertad gracias a la intervención y a las garantías del rabino local.

Papá y su hermano menor, Leibel, lograron cruzar la frontera y pasar el sábado en la casa del rabino. De hecho, el rabino trata de emparejar a su hija y a mi tío, que es un joven educado, apuesto y de buena familia. Leibel permanece en Lida para casarse con esta joven y bella novia. Después de que los alemanes ocupan Lituania, todos los judíos de Lida son acribillados sin piedad en el bosque. Entre las víctimas están mi tío Leibel, su nueva esposa y el rabino con toda su familia.

Papá continúa hacia Vilna. No confía en el pacto ruso-alemán, escribe.

La Asociación de Escritores y Periodistas Judíos de Vilna lo ayuda a obtener un certificado que le va a permitir emigrar a Palestina. Ya está programado que Aarón, el más joven de sus hermanos, que está en Vilna, sea parte de un transporte que llevará a los jóvenes que desean hacer *aliyá*, el término en hebreo con que se designa la emigración a la Tierra de Israel; está destinado a viajar a Palestina. La carta de papá está llena de anhelo y esperanza. Es muy triste que no podamos viajar juntos a Tierra Santa. Nos pide que le enviemos nuestras fotos de pasaporte. Nos promete hacer todo lo posible para reunirnos con él. Mamá se desborda en lágrimas de alegría y tristeza.

Mamá le escribe una postal, una de las pocas que envía la Cruz Roja Internacional. Y en ella escribe: "Te vas tan lejos de nosotros". La postal es pequeña y está severamente censurada por los alemanes. Nosotros los niños no podemos más que firmar nuestros nombres y desearle a nuestro padre un buen viaje.

En enero de 1941, el primo de papá, Jonash Kramkimel, de La Chaux de Fonds, en la Suiza neutral, nos informa que papá se trasladó a salvo a través de Odessa a Estambul, Turquía. A partir de ahí, viajó a través de Siria y el Líbano hasta su destino, Tel Aviv. Allí se reunió con su hermano, Chaskel, que emigró con su familia desde Polonia a Palestina antes de la guerra.

Nuestra felicidad y esperanza renovada son indescriptibles. Ahora podemos soñar con un mañana mejor. Recibimos dos pequeños paquetes de comida de Vilna, que papá había enviado antes de irse.

Los judíos deambulan de gueto en gueto, reuniendo familias, ganándose la vida, o buscando amigos arios que puedan ayudarles a sobrevivir. Todo con la esperanza de evitar la muerte.

Heniek, uno de los cuatro hermanos de mi madre, decide abandonar el gueto de Varsovia. "Siempre es más fácil encontrar comida en una pequeña ciudad rodeada de granjas y pueblos. La oferta es más amplia y los precios son más bajos". Intenta convencer a mi abuela Chava, que no verá con muy buenos ojos la posibilidad de ser separada de su hijo. Con la ayuda de un contrabandista, que recibe un buen pago, de algunos funcionarios sobornados y de pases falsificados, él, su esposa y su hija Gelusia de seis años logran salir del gueto de Varsovia. Se trasladan a un gueto más pequeño, Janow, en el área de Lublin. El trabajo de los contrabandistas es peligroso, pero muy bien pagado.

El hermano de mi padre, Eli, de veintiséis años, es el único de los siete hijos que se queda en casa para cuidar de sus padres ancianos. No consigue un trabajo legítimo, así que se convierte en guía para traslados desde Varsovia a algunos de los guetos en las ciudades pequeñas.

Los judíos de los guetos más pequeños no paran de llegar al gueto de Varsovia. Traen con ellos noticias aterradoras de fusilamientos de judíos en masa; las personas están siendo ejecutadas sin piedad en los bosques cercanos. La gente que viene al gueto de Varsovia cree que las paredes de este gran gueto los protegerán. Después de todo, razonan, no pueden disparar a medio millón de personas. También hay refugiados que nos dicen que el gueto de Lodz está completamente confinado. Allí, la comida es escasa y es imposible comprar nada, ni siquiera a precios exorbitantes.

El contrabando de judíos de un gueto a otro se ha convertido en la ocupación lucrativa de moda. Con este trabajo, el tío Eli es capaz de mantener a su madre viuda, a su hermana, a su marido y su hija pequeña.

Ahora una inesperada y nueva desgracia golpea a la familia. Una mañana temprano, escuchamos un golpe suave en la puerta. Un joven desconocido está parado en la puerta. Habla dando rodeos, trata de prepararnos para la terrible noticia de que el tío Eli ha sido arrestado y es prisionero de la Gestapo. Ante la presión de mamá para obtener información más detallada, el joven admite que el tío Eli fue fusilado por los alemanes. La Gestapo lo atrapó durante el registro de la estación de ferrocarril en Lublin. Le dispararon allí mismo por estar en el lado ario. La desagradable tarea de anunciar la triste noticia de la muerte del amado hijo y hermano cae sobre mi madre.

Este tipo de cosas han estado sucediendo con mayor frecuencia últimamente. Se ha convertido en algo común para los judíos ser atrapados en el lado ario y sumariamente ejecutados en público. Una versión polaca de los *hooligans*, llamados *shmaltzovniks*, ayudan con entusiasmo a los alemanes a hacer el trabajo sucio. Son incansables cazando judíos en las calles, parques, estaciones de tren o en el lado ario. Van a la pesca de personas de aspecto semítico y arrastran sus capturas a la Gestapo para recibir una recompensa de un kilogramo de azúcar. El pelo negro, la nariz ligeramente curvada, una piel un tanto oscura, una mirada asustada o unos ojos castaños y tristes, cualquiera de estos elementos es suficiente para delatar a alguien como judío. Una vez en las garras de la Gestapo, el escape es inaudito y es casi imposible continuar con el engaño. Saber oraciones cristianas y las costumbres de memoria no siempre sirven de ayuda. Incluso después de superar con éxito la prueba religiosa vienen las preguntas: "¿De dónde eres ? ¿Dónde vives ? ¿Dónde está su familia? ¿Tiene algunas amistades?". El judío expuesto no quiere traicionar a sus amigos cristianos que lo ocultan. Por lo tanto, no puede responder y no tiene más remedio que admitir que es judío. Por supuesto, cuando el cautivo es un hombre, es muy simple para determinar su identidad judía mediante la exposición de su circuncisión.

El reinado de terror hace que sea extremadamente difícil el contrabando de alimentos en el gueto. Los precios se disparan día tras día. Las posibilidades de ganar dinero son pocas. La gente se vuelve más y más pobre. Se hace cada vez más difícil defenderse del hambre. El ingenio de las personas para ganarse un pedazo de pan trae todo tipo de ideas muy interesantes.

En verano, el calor es insoportable en el gueto abarrotado de gente. Algunas parcelas aplanadas por los bombardeos se convierten en playas. Las gente se pone sus trajes de baño y se asolean en sillas de playa. Luego se mojan en las duchas especialmente instaladas. Los propietarios de estos "resorts" reciben un buen ingreso. Por desgracia, no soy tan afortunada de poder permitirme el lujo. Un boleto para la playa es demasiado caro para mí.

En invierno, a alguien se le ocurre verter agua en un hueco de un gran patio en la calle Nowolipka. Por la noche, el agua se congela y crea una pequeña pista de hielo liso. Esto atrae a niños y adultos jóvenes, que por un módico precio pueden deslizarse al ritmo de la música grabada. Envuelvo mis patines de fabricación sueca en papel de periódico para ocultarlos de los transeúntes. Me avergüenzo de pasar junto a personas que están sufriendo de hambre con un equipo tan poco esencial. Aún así, es tan agradable circular alrededor en el hielo al ritmo alegre de la música. Durante unos minutos, me olvido de la miseria del mundo que me rodea. Por desgracia, mi estómago vacío no se deja engañar por la distracción. Exige atención y gruñe después de este maravilloso ejercicio al aire fresco frío.

Mi padre nos envía sardinas portuguesas con su primo de Suiza. Mamá canjea este raro manjar por algo más apropiado en el restaurante en la calle Karmelicka. A cambio de las sardinas, obtiene pan, patatas y a veces incluso un poco de carne. Mamá no se deja convencer para abrir la lata de sardinas.

—¡No! —dice con firmeza—. Las sardinas no va a satisfacer nuestra hambre, pero con pan y patatas podemos llenar nuestros estómagos.

Mi madre es testigo de un fenómeno muy raro en el restaurante. Los alemanes traen a judíos de las calles y ordenan a estas personas asustadas a sentarse en mesas cubiertas con manteles blancos y limpios. A continuación, piden a los camareros que pongan todo tipo de comida en las mesas. Después proceden a filmar a la gente comiendo. Toda la escena es improvisada con fines de propaganda; los alemanes quieren mostrar lo bien que están los judíos en el gueto de Varsovia.

Los hermosos días de junio 1941 son días de tristeza para nosotros. Escuchamos la noticia de que Hitler atacó Rusia, lo cual deja en estado de conmoción a la comunidad judía. Un rayo de esperanza se apodera de nuestros corazones. Los optimistas predicen la derrota de los alemanes y de un rápido fin de la guerra. La gente sigue intensamente las noticias de los combates en el frente ruso-alemán. Se leen las noticias en el Warschauer Zeitung, un periódico meticulosamente censurado. El diario escribe que el victorioso ejército alemán está avanzando más profundamente en Rusia. Nos convencemos de que es solo propaganda.

Optimista sobre el futuro, mi tío Itzik, el hermano de mamá, decide casarse con su bella prometida, Hanka Rechtleben. Su modesta boda se celebra en el apartamento del rabino Mendelsohn. Nunca sospeché que esta sería la última reunión de la familia.

Mientras tanto, los periódicos no dejan de imprimir las noticias acerca de los maravillosos avances del ejército alemán, que mantiene al ejército ruso en retirada completa. Ahora, ya ni los optimistas predicen una derrota alemana. La moral entre los habitantes del gueto, que estaba por las nubes, vuelve a sumergirse. Esperamos con impaciencia y oramos por un invierno ruso severo que derrote al odiado enemigo. Los adultos predicen con confianza que Hitler será derrotado al igual que Napoleón lo fue. Somos como un pueblo que se ahoga y se aferra a briznas de paja.

Ahora circulan rumores de que todos los habitantes del gueto van a ser reasentados en el este. Se dice que los jóvenes y fuertes van a trabajar para los campesinos en los campos. Mi madre está preocupada por lo que va a pasar con los niños. El invierno se acerca, y por la falta de calefacción sentimos su garras heladas temprana y dolorosamente.

Los alemanes están reduciendo el tamaño del gueto, anexionando calles que antes estaban en el interior del gueto al lado ario. Esto aumenta la atmósfera claustrofóbica. El número de personas que carecen de vivienda aumenta. El hambre y el tifus hacen madurar una rica cosecha de cadáveres. La tasa de mortalidad aumenta exponencialmente. La comida se hace más escasa y es casi imposible de obtener, incluso a precios exorbitantes. La reducción de los límites del gueto hace que el contrabando sea más difícil. Una nueva ronda de aprehensiones es implementada y el creciente número de ejecuciones callejeras por parte de los nazis esfuma la esperanza de los judíos.

La declaración de guerra de los estadounidenses contra Alemania, en diciembre de 1941, incita a una euforia general entre los judíos. Con los Estados Unidos en alianza con Inglaterra y Rusia, no pasará mucho tiempo antes de que la bestia alemana caiga derrotada. Sin embargo, el comienzo de 1942 no trae signos alentadores de que la guerra esté a punto de finalizar. La noticia de que judíos serán reasentados en el este se hace más frecuente. Los rumores también indican que los que están empleados en los talleres de trabajo alemanes estarán exentos de las deportaciones. Dos empresarios alemanes, Schultz y Toebbens, abren talleres de trabajo que explotan a los trabajadores judíos.

En junio de 1942, se termina mi primer año de estudio de Química. Todos los estudiantes trabajan con diligencia en el laboratorio, preparándose para los exámenes finales. Trabajamos con nerviosismo, haciendo pruebas con los contenidos desconocidos de las muestras que nos han dado. Trabajamos intensamente y el tintineo de las botellas de productos químicos rompe el silencio del laboratorio. El olor del dióxido de azufre, parecido al de los huevos podridos, irrita la nariz. El profesor Centnerszwer, que es un hombre alto, está de pie en la puerta. Lo notamos al instante. Caminando por la sala rápidamente, entra en el salón de actos y se sube al podio. Sus tristes ojos azules se asoman debajo de sus pobladas cejas grises. Su bigote gris tiembla ligeramente.

—Señores y señoras —anuncia en voz alta— por favor salgan de la escuela en este momento.

La gente empieza a salir inmediatamente.

—¿Hemos de salir las mujeres también? —pregunta alguien, ya que las redadas por lo general se dirigen sólo a los hombres. No es raro en estas circunstancias que nuestros amigos varones se vayan mientras nosotras permanecemos dentro.

—Esta vez las mujeres también —dice el profesor, mientras se va del podio.

Muy molesta sello mi tubo de ensayo y lo pongo de nuevo en el cubículo con mucho cuidado, quejándome con Tolek de que mi análisis se arruinará. Si hay hierro en mi tubo de ensayo, el ferrum 1 se mezcla con el oxígeno en el aire, y después de unas horas se hidroliza en Ferrum 2, causando que mi experimento sea invalido. Tolek intenta tranquilizarme diciéndome que las sustancias no van a cambiar durante la noche. Me aconseja sellar el tubo de ensayo con fuerza y me asegura que mañana voy a poder terminar mi examen.

—Probablemente están aprehendiendo a gente en las calles para los trabajos forzados y el profesor nos está enviando a nuestros hogares como medida de precaución —afirma de manera convincente mientras corremos por las escaleras.

Afuera, el sol del verano cae a plomo sobre la calle y el resplandor nos ciega. A pesar del calor, la gente está en la calle. Se puede sentir el pánico. La personas se escabullen en todas las direcciones, con una intensa ansiedad reflejada en sus rostros. Aunque todavía es temprano, las tiendas están todas cerradas. La atmósfera está eléctrica por el nerviosismo general.

En la calle Leszno, nos tropezamos con los tanques alemanes de aspecto siniestro. Tolek toma mi mano, para no separarnos en la confusión y echamos a correr. Los vendedores ambulantes en la calle Karmelicka están empacando sus mercancías. Los niños que suelen pedir limosna en las calles han desaparecido. Nos topamos con un grupo de personas que están de pie allí como si hubieran echado raíces en el suelo. Están leyendo algo con mucho interés. Con dificultad nos abrimos paso a través de la masa de gente y nos acercamos a la pared gris, que está adornada con un cartel blanco recién publicado.

Leemos atentamente los decretos emitidos por el gobernador general Frank. El anuncio, en polaco y alemán, proclama que los judíos serán reasentados en el este. A pesar del calor me pongo a temblar. Me agito con terror, vencida por el miedo y el pánico.

—Así que los rumores se han hecho realidad. Nos van a enviar fuera. ¿A dónde? ¿Por qué? ¿Por qué motivo ? ¿Qué será de los niños? Estos pensamientos se agolparon en mi mente al leer los diabólicos decretos por segunda vez.

"Al Consejo Judío se le informa de lo siguiente:

1.   Todas las personas judías que viven en Varsovia, independientemente de su edad o sexo, serán reasentadas en el Este.

2.   Quedan excluidos del reasentamiento:

    a.   Todas las personas judías empleadas por autoridades o empresas alemanas que pueden mostrar una prueba de ello;

    b.   Todas las personas judías que sean miembros o empleados del Consejo Judío (en el día de la publicación de este reglamento);

    c.   Todas las personas judías empleadas por una compañía de la nación alemana que puedan mostrar prueba de ello;

d. Todos los judíos capaces de trabajar, que hasta ahora no se hayan integrado en el proceso de trabajo, han de ser llevados a las barracas en el barrio judío;

e. Todas las personas judías que pertenecen al personal de los hospitales judíos; esto se aplica también a los miembros del Equipo Judío de Desinfección;

f. Todas las personas judías que pertenecen a la policía judía;

g. Todas las personas judías que son parientes de primer grado de las personas mencionada en el apartado a) al f); dichos familiares son exclusivamente esposas e hijos;

h. Todas las personas judías que están hospitalizadas en uno de los hospitales judíos en el primer día del reasentamiento y no están en condiciones de ser dados de alta. La decisión para ser dado de alta será tomada por un médico que será nombrado por el Consejo Judío.

3. Cada judío que sea reasentado puede llevar 15 kilogramos de su propiedad como equipaje. Todos los objetos de valor, como oro, joyas, dinero, etc., se pueden llevar. Se debe llevar comida para tres días.

4. El reasentamiento se iniciará a las 11:00 de la mañana el 22 de julio de 1942. En el curso del reasentamiento, el Judenrat tendrá las siguientes funciones, para la ejecución precisa de las cuales

los miembros del Consejo Judío responderán con sus vidas…

No puedo creer lo que veo. Me froto los ojos repetidamente. Intento parar mi corazón acelerado. Estudio el cartel desde el principio otra vez. Tolek y yo analizamos cada palabra. Intento memorizar párrafo tras párrafo. Nos hacemos paso fuera de la multitud de gente que nos rodea.

En la esquina de Nowolipki, digo adiós a Tolek. Corro tan rápido como puedo bajando por la calle Karmelicka hacia la calle Pawia. En cada esquina, paso al lado de gente pululando alrededor de los edificios, leyendo y discutiendo el decreto más reciente que han colgado los alemanes.

Mamá no está en casa, así que me apresuro a casa del tío Froim en el 12 de la calle Gesia. Toda la familia está reunida alrededor de una gran mesa, discutiendo las noticias del día. Los soldados alemanes, reforzados por mercenarios ucranianos, lituanos y letones, han rodeado el gueto. Todas las puertas y salidas del gueto están estrechamente y fuertemente custodiadas. Es imposible pasar de contrabando la miga más pequeña de comida. Camiones alemanes cargados de prisioneros ruedan fuera de la prisión de Pawiak, en la calle Pawia, ubicada cerca de donde vivimos.

La policía judía está recogiendo a los niños de la calle que ya están medio muertos de hambre. Los hospitales están siendo evacuados. Las escuelas y sinagogas, que habían estado llenas de refugiados de aldeas y pueblos cercanos se están vaciando. Los prisioneros judíos caminan por el medio de la calle, escoltados por soldados alemanes y bajo la atenta mirada de la policía judía y polaca.

Esqueletos humanos hinchados por el hambre, con los ojos hundidos y una palidez mortal van envueltos en harapos, totalmente indiferentes a lo que les está sucediendo. Marchan hacia *"Umschlagplatz"*, (el punto central de concentración para la deportación). Allí los montan en vagones y los envían al este. Esos trágicos batallones de personas pobres son los primeros que se llevan al reasentamiento, a la deportación.

No pasa mucho tiempo antes de que otro golpe deje en estado de choque a la comunidad judía. El 23 de julio de 1942, Adam Czerniakow, el presidente del Judenrat, el Consejo Judío, se suicida. La noticia se recibe con terror y pánico. Numerosas preguntas siguen sin respuesta. ¿Cuáles fueron las demandas de la Gestapo que le llevaron al suicidio? ¿Pidieron a Czerniakow que traicionase a sus hermanos y colaborase con los enemigos del pueblo judío? Tal vez pusieron de manifiesto la horrible verdad detrás de la eufemística expresión "reasentamiento en el Este".

En la mesa de su oficina, Czerniakow dejó una breve nota para su esposa: "Exigen que mate a los hijos de mi pueblo con mis propias manos. Ya no me queda nada, excepto morir". Para la junta directiva de la comunidad dejó el siguiente mensaje: "Estoy indefenso. La angustia y compasión desbordan mi corazón. No puedo soportarlo más. Mi acto mostrará a todos lo que se debe hacer".

Con toda probabilidad, Czerniakow ha preferido la muerte a convertirse en un participante en la masacre de sus propios hermanos. ¿Por qué nos deja en la ignorancia ingenua? Todavía somos suficientes judíos en el gueto que, sabiendo la verdadera magnitud de la calamidad, nos podemos rebelar contra el enemigo. Al suicidarse se libera de responsabilidad. Él pudo haber revelado la terrible verdad antes de su suicidio y pedir a la comunidad judía que resista al enemigo, pero traicionó a los que habían confiado en su rectitud y honestidad. Se lleva su terrible secreto a la tumba. Podría haber muerto como un héroe y salvador del pueblo judío. De habernos salvado, su nombre habría sido grabado en letras de oro en los anales de los mártires judíos

La ansiedad general, la incertidumbre sobre el futuro y el pánico envuelven ahora a la población del gueto. El edicto ha eximido a los empleados por los alemanes de reasentamiento. Ahora la gente está desesperada por encontrar un empleo en talleres alemanes, como los dirigidos por Schultz y Toebbens. Todo el mundo trata de conseguir un impagable *"ausweis"* (pase) que certifica que este judío en particular es un trabajador esencial en una fábrica alemana. El pase protege al titular de ser enviado a un destino desconocido en el este.

A los trabajadores calificados como sastres y zapateros se les da la máxima prioridad. Debido a la escasez de máquinas de coser y máquinas de fabricación de calzado, cualquier persona que posee una tiene la seguridad de quedarse donde está. Nadie en nuestra familia tiene ninguna de estas habilidades. Para nuestra desesperación, tampoco tenemos máquinas. La ansiedad y la alarma sobrecoge a la familia.

—Se necesitan personas para completar los uniformes. Los botones no se pueden coser a máquina —decide mi inteligente madre.

Nos apresuramos a la sastrería Toebbens en la calle Leszno. A pesar del calor, una multitud ansiosa se reúne en la puerta de la fábrica intentando entrar. Apretando la mano de mamá con fuerza para no perderla en la confusión, empujo a través de la muchedumbre histérica para acercarnos a las puertas de la redención, pero sin éxito. La masa ondulante nos traga y no nos deja pasar. La policía judía que vigila la entrada empuja a la multitud lejos de la puerta. De vez en cuando, las celestiales puertas se abren tan solo una grieta y un alma afortunada desaparece detrás de ellas.

El sol quema sin piedad. El sudor se derrama por mi cara. Intercambio el peso de mi cuerpo de una pierna a la otra, tratando de recuperar algo de circulación en ellas. Cierro los ojos para acortar la espera sin final. Sueño despierta, no con un príncipe de cuento de hadas en alguna tierra encantada que me va a rescatar, sino con una pequeña máquina de coser. Me imagino a mí misma detrás de las puertas mágicas de la sastrería, inclinada sobre un uniforme verde cosiendo las mangas. Los latidos de la máquina divinamente benévolos suenan melódicamente delante de mí, susurrando palabras encantadoras en mi oído: "¡No temas! ¡No dejaremos que te lleven! ¡Te necesitamos!"

Después de aceptar algunos jugosos sobornos, los alemanes permiten la apertura de varios talleres nuevos. Viviendas particulares se convierten en fábricas durante la noche. Los mecánicos que dirigen estos talleres (sastres, zapateros, tipógrafos y fabricantes de cepillos) se convierten en personajes privilegiados. Se asocian con industriales alemanes. La gente ahora intercambia sus últimas posesiones por un *ausweis* donde se indica que tienen empleos remunerados y por lo tanto son inmunes a la deportación hacia el este.

La muchachas jóvenes solteras están ansiosas por casarse, y la mejor opción es alguien que tenga una ocupación como de policía, de trabajador social, de zapatero, de sastre, etc. Algunas muchachas se casan con personas totalmente desconocidas con el mero propósito de obtener el documento que les proteja de ser deportadas. Mi prima de dieciocho años, Niusia, está realmente desesperada porque no tiene manera de conseguir un *ausweis*. Luego conoce a un muchacho de diecisiete años por casualidad y este le propone matrimonio ofreciéndole la protección con su *ausweis*.

—Trabajo para los alemanes en Okencie —le dice—. Estarás protegida con mi documento. No deportan a las esposas de los hombres que trabajan para los alemanes.

Después de consultar a sus padres, Niusia decide casarse con el muchacho. Ahora las bodas de este tipo son muy comunes en el gueto.

El empresario Toebbens ha abierto una fábrica nueva en la calle Gesia. Mi tío Froim, que vive allí, tiene un buen amigo en la casa de al lado. A pesar de nuestras escasas perspectivas finalmente consigue los documentos necesarios para los adultos de la familia, con la ayuda de un buen soborno. Examinamos estos valiosos y nuevos documentos que llevan impreso un sello de color negro brillante, SD. Ahora nos sentimos mucho más seguros. Estamos entre esa élite de trabajadores que tienen el privilegio de trabajar para promover los objetivos del Tercer Reich. Estamos protegidos de la deportación hacia el este. Los pobres, que no pueden pagar los preciados documentos, viven con el temor constante de ser reasentados.

Mientras tanto, los alemanes se aprovechan del aumento del hambre en el gueto. Anuncian que los que vayan voluntariamente al punto de deportación recibirán tres kilos de pan y un kilo de mermelada para el viaje.

Los pobres y las personas sin hogar, seducidos por la tentación del pan, se van a la *Umschlagplatz*. Caminan por las calles del gueto envueltos en harapos y cargados de niños en sus brazos y bultos en sus espaldas. Después de recibir el pan prometido y la mermelada en *Umschlagplatz*, los cargan en los vagones de espera. Enseguida, el miedo a lo desconocido y una profunda desconfianza se apodera de los corazones de las personas. El número de personas que se ofrecen voluntarios para el "reasentamiento" disminuye drásticamente, a pesar de la promesa de pan y mermelada.

El 5 de agosto, un grupo de niños, custodiado por soldados alemanes, se ve marchando por las calles del gueto. Marchan en doble fila, tomados de la mano y cantando. Marchan por el medio de la calle hacia la *Umschlagplatz*. A la cabeza de esta triste procesión desfila un hombre de mediana edad con una pequeña barba gris. Lleva dos de los niños de la mano. Sus ojos azules entrecerrados miran tristemente a los transeúntes a través sus quevedos. Se trata del muy bien conocido y respetado educador, director del orfanato en el 39 de la calle Dzielna, el doctor Janusz Korczak. Médico, administrador y educador, él es el padre de doscientos huérfanos. Se ha ganado una reputación por luchar para alimentar a sus hijos hambrientos. Visita a las instituciones de beneficencia y hasta las casas de los pobres, y con terquedad implacable recauda dinero para suministrar sopa para sus huérfanos; también atiende sus necesidades espirituales. Es para ellos un instructor, un padre y una madre. En este momento de crisis, se niega a abandonar a sus hijos. No los abandonará a su suerte, así que él los ha preparado para afrontar esta última incursión en lo desconocido. Los alemanes le ofrecen exceptuarlo del viaje, pero él rechaza la propuesta sin dudarlo un instante.

La gente en la calle, instintivamente se detienen a mirar. Los policías judíos saludan para honrar este grupo de héroes jóvenes y su gran líder.

—¿Quién es este hombre? —pregunta el soldado nazi que lleva al grupo.

—Es un hombre santo judío —responde un policía judío, saludando al mismo tiempo.

"¿Dónde está el Dios Todopoderoso de Israel?", pienso con amargura, enojada con Dios y con el mundo entero. "¿Por qué escondes tu cara detrás de los rayos del sol ardiente?"

La policía judía recibe nuevas órdenes de las autoridades alemanas. Ahora están obligados a llevar diez mil judíos a la *Umschlagplatz* todos los días. Mientras los hospitales, los orfanatos y otras instituciones públicas estén llenos no hay problema, la cuota de diez mil niños se llena fácilmente. Ahora que las instituciones se han vaciado la cuota debe ser cumplida con la población general. La policía comienza a organizar redadas brutales y deportaciones. Calles enteras están bloqueadas y se vacían las casas al son de los endemoniados gritos *"Alle herunter!"* (¡Todos fuera!)

Los habitantes son sacados a la fuerza a los patios, donde se examinan escrupulosamente sus documentos. Los que no tienen el documento adecuado son llevados inmediatamente a los camiones. Rogando, llorando, pidiendo por piedad son cargados bajo la atenta mirada de los polacos, judíos y la policía alemana. Después los camiones se van con su cargamento vivo. Los apartamentos son cuidadosamente registrados y saqueados para asegurarse de que nadie se esconde en algún rincón oculto, detrás de un armario o debajo de la cama.

El señor Duniec, su esposa, sus cuatro hijos y sus padres estaban en un escondite en su tienda en la calle Pawia, al lado nuestro. Al parecer, uno de los niños gritó, poniendo en evidencia su escondite. Los hombres de las SS derribaron la reja de hierro, arrancaron la puerta y brutalmente mataron a toda la familia a disparos. Ahora su apartamento está en silencio, solo queda un hueco vacío donde ayer había unos niños felices y parlanchines. La tristeza de esas habitaciones vacías llena mi corazón. Cuando veo la pelota pequeña que Abraham dejó atrás, me dan ganas de llorar. Clamamos al cielo para vengar la sangre de niños inocentes. El vestido rojo de Esther está colgado en el respaldo de una silla. Jamás lo volverá a usar.

CAPÍTULO 3

REASENTAMIENTO

Mis abuelos y mis tíos deciden que mi madre y los niños y yo nos unamos al resto de la familia en el apartamento del tío Froim en la calle Gesia.

El tío Itzik, líder y organizador de la familia, ha convencido a mi madre de que un buen escondite es mejor que cualquier *ausweis*.

—¿Ves ese sello en la tarjeta de identificación, las dos letras SD quieren decir *Schowaj sie Dobrze* (esconderse bien) — dice mi tío medio en broma— No se puede confiar en ellos.

Los hombres se enfrascan enérgicamente en construir un escondite. Utilizan un armario de caoba pesada para bloquear las puertas que conducen desde el comedor a la habitación, y mis tíos están cortando una pequeña abertura en la parte posterior del armario que nos permitirá pasar a la otra habitación. Colgamos nuestros abrigos de invierno, trajes de verano, ropa de señoras y vestidos y ropa de hombre en el armario. Cubrimos la abertura en la parte posterior del armario con cartón que funciona como una puerta corrediza que se oculta detrás de la ropa.

Los edificios en Varsovia son todos contiguos y conectados por una pared común. Desde la calle, se ven filas interminables de ventanas y es imposible saber qué ventana pertenece a cada apartamento. Esperamos que esto hará que sea difícil para los alemanes detectar nuestro escondite. No hay tiempo que perder. Traemos nuestras almohadas, cobijas, ropa y otras necesidades a la casa de mi tío.

Las calles están abarrotadas y llenas de bulla. Se puede sentir el pánico. La gente corre en todas direcciones. Las madres arrastran a los niños por la calle. Los padres llevan paquetes y ropa de cama sobre sus hombros. Los niños mayores se hunden bajo el peso de maletas que llevan a toda prisa. Todo esto sucede bajo los rayos del sol de agosto. Una brisa de verano nos golpea la cara, como burlándose de nuestra desgracia humana. Bañada en sudor, arrastro una enorme maleta. Delante de mí mamá lleva a David de la mano. Va tan cargada de paquetes que apenas puede caminar. Inmediatamente detrás de ella, mis dos hermanas menores, Justinka y Reginka, arrastran un baúl de paja. Me detengo un momento para frotar mi mano dolorida. Hay un pequeño grupo de gente de pie delante de la puerta del patio gesticulando y discutiendo acerca de algo. Se puede ver el miedo en sus ojos.

Entonces veo un pequeño grupo de jóvenes que marchan con mochilas.

—Probablemente se han ofrecido voluntarios para ser reasentados en el este —pienso.

De repente, me doy cuenta de que he perdido a mi madre y hermanas en la multitud. Acelero el paso en un esfuerzo para encontrarlas. De pronto, oigo el chirrido de un coche que está frenando.

Camiones del ejército aparecen de la nada. La policía judía de uniforme azul marino aparecen en sus triciclos con porras en las manos.

—¡Captura de hombres! —alguien grita mientras corre. Los gritos de los SS, silbatos estridentes, órdenes, ecos de disparos, pies corriendo, llamadas de madres, gritos de niños asustados y gemidos de las víctimas inundan el aire. Hace un minuto, la calle estaba llena de gente y ahora en un abrir y cerrar de ojos se ha quedado desierta.

Enloquecida por el pánico, corro a la casa de la calle Gesia. Por suerte llego bien. Corro por un tramo de escaleras, donde mamá ya me está esperando, sosteniendo al pequeño David, que está convulsionado por el miedo.

—¿Dónde están Reginka y Justinka? —me pregunta—. ¿No has visto a las niñas?

Mamá se preocupa por ellas. Llegan los gritos amenazantes desde el patio de abajo:

—¡Todos afuera! No hay tiempo para hablar o lamentarse.

El tío Itzik nos empuja adentro del armario de una en una. A cuatro patas pasamos apretadas entre la ropa, luego a través de la abertura en la pared trasera hasta nuestro escondite.

—¡Apúrense, entren rápido! —susurra mi tío que rápidamente cierra la puerta exterior del armario y desliza la falsa cubierta del interior. Hace mucho calor y la pequeña habitación está atestada de gente. Somos quince personas sentados unos encima de otros: el abuelo y la abuela; la tía Sala con sus dos hijos (Ruth de seis años y Moishe de tres); Regina, que solía ser nuestra criada y al no tener adónde ir cuando estalló la guerra se quedó con nosotros para trabajar para la tía Sala; mi madre y yo con el pequeño David; el tío Itzik y su esposa embarazada Hanka; el hermano menor de mi madre Luzer y su esposa; así como las hermanas menores de mamá, Paula y Hela. El tío Froim no está con nosotros, está todavía trabajando en el taller de sastre tratando de dominar la máquina de coser.

Claramente escuchamos las fuertes pisadas de los alemanes que suben las escaleras. Nos apretamos el uno al otro, sin atrevernos a respirar. Podemos ver el miedo en los ojos de cada uno. El sudor se derrama por nuestras mejillas. Escuchamos con atención las voces del otro lado de la pared. Mamá aprieta al pequeño y asustado David contra su cuerpo. En su frente, me doy cuenta de un surco profundo que no había visto antes. Me preocupo por mis dos hermanas menores, Justinka y Reginka, que no están aquí con nosotros. Mamá retuerce sus manos con agonía. Se puede ver la ansiedad y el dolor en sus ojos azules.

De repente, oímos el estruendo de romper la puerta del apartamento. Están en el comedor. Podemos oír el ruido de las sillas que se vuelcan. Abren el armario. Me paralizo del terror conteniendo la respiración. El tío Itzik tapa la boca del pequeño Moishe con una almohada, preocupados de que él también pueda toser.

—¿Dónde están los judíos? —podemos escuchar las palabras con claridad, junto con un coro de obscenidades en alemán. Luego oímos pasos corriendo escaleras abajo. Respiramos un suspiro colectivo de alivio. Ahora, incluso en el patio está todo calmado, pero aún no nos movemos.

—Puede ser una trampa. Está demasiado tranquilo —susurra mi tío tan suavemente qué casi no podemos oírlo. Nos hace un gesto con la mano de no movernos.

"Puede haber un nazi esperando en emboscada en la habitación de al lado", pienso alarmada. Se ha hecho de noche. La respiración rítmica de los niños dormidos acompaña el silencio. Los miembros mayores de la familia siguen en alerta. Nadie se ha movido todavía, y todos estamos absortos en nuestros propios pensamientos. Mamá llora en silencio. Se seca las lágrimas de su rostro pálido y preocupado. El tío Itzik en silencio va de puntillas con mucha precaución a mirar por la ventana. Levanta la cortina tentativamente y mira hacia abajo en el patio. Pronto, nos da señales de que podemos salir.

Estiro las piernas, que se han puesto tiesas de estar sentadas en una posición apretada. Enderezo mi espalda dolorida. A cuatro patas, nos arrastramos de vuelta a través de la estrecha abertura hasta el comedor. Mamá no puede controlarse por más tiempo. Llora con amargura:

—¡Se llevaron a mis hijas! —retuerce sus manos de la desesperación—. ¿Dónde están mis hijas? Las noches son cada vez más frías. Pronto el frío del otoño estará sobre nosotros y ellas solo tienen puestos sus vestidos de verano —se lamenta mamá y sus lágrimas fluyen libremente.

Regina, la criada, ha preparado un poco de sopa y la sirve en la mesa. Aunque nuestros estómagos están revueltos del hambre, nadie toca la comida. Todos estamos preocupados, y las lágrimas se pueden ver en abundancia.

—Tal vez lograron eludir a los nazis —dice el tío Itzik sin mucha convicción, tratando de consolar a mamá. En una esquina de la habitación el abuelo reza apasionadamente. Implora a Dios poder volver a ver a sus nietas. Al ver a un pequeño vestido azul de flores colgando en el balcón para secar, mamá estalla en sollozos incontrolables. Hago lo que puedo para consolarla, pero es en vano. Me parece oír a alguien corriendo por las escaleras, pero cuando corro a la puerta para ver, resulta ser un desconocido.

Abrumada por el dolor, mamá no puede quedarse de brazos cruzados así que va a al taller del tío Froim para compartir su dolor con él. Yo la acompaño. Aunque ya es tarde, el taller está funcionando en todo su apogeo. Con la esperanza de no ser deportados los judíos trabajan celosamente.

Cosen uniformes militares para el odiado ejército alemán. Hacemos nuestro camino a través del laberinto de máquinas diseminadas por la sala grande hasta que llegamos a nuestro tío, que está ensimismado en su trabajo. El arte de la costura no es fácil para él. Sin embargo, ha perseverado para mantenerse haciendo un trabajo remunerado.

—¡Se llevaron a mis hijas! —Grita mamá incluso antes de que lleguemos al tío. Algunas cabezas miran hacia arriba de sus máquina .

—¡Oh, Dios mío! Grita mi tío y empieza a golpearse la cabeza contra la pared.

En casa, la larga y deprimente noche se prolonga indefinidamente. Después de un tiempo, toda la familia se va a dormir. Los miembros mayores de la familia duermen en las camas, mientras que los adultos más jóvenes duermen en mesas. Los niños duermen en colchones de plumas en el suelo. La atmósfera opresiva es puntuada por los sollozos de mamá; la cama de la abuela cruje mientras ella da vueltas nerviosamente de un lado a otro. El reloj de pared marca la medianoche. El abuelo aún está orando en silencio. Me muevo y doy vueltas, tratando de dormir, pero nada ayuda. ¿Dónde están mis hermanas? ¿Están en peligro? ¿Qué destino les espera? ¿Voy a besar sus queridos rostros de nuevo? La tristeza y la nostalgia insoportable oprimen mi corazón. Aprieto mi cara llena de lágrimas en la almohada, tratando de silenciar el llanto para no despertar a mi primo que está durmiendo a mi lado.

Por la mañana, me preparo para hacer frente a un día gris sin esperanza que esconde amargas sorpresas. El tío Itzik está organizando una unidad de guardia con los miembros de la familia.

—No podemos dejar que los *aktzias* nos tomen por sorpresa —dice con determinación—. La persona que esté de guardia no puede dejar de vigilar el patio, ni por una décima de segundo. Si ve algo inusual sucediendo abajo, gente corriendo, una ráfaga repentina de actividad o los uniformes azules de la policía, por más insignificante que parezca, debe decirlo inmediatamente. Entonces toda la familia se esconderá rápidamente detrás del armario. Tenemos la suerte de estar en el tercer piso. Eso nos da un poco de tiempo.

El tío Itzik termina su discurso con un ademán militar. Hoy le toca a Regina la guardia en la ventana. Ella observa el patio de abajo.

Envuelta en su inconsolable dolor mamá se pasea por la sala grande. Su rostro está pálido y sus labios tensos por la mueca de dolor. Lleva el ceño fruncido y sus ojos están rojos e hinchados después de una noche de insomnio. Su mirada es distante y acristalada. Sigue retorciendo sus manos de desesperación y no deja de repetir: "Mis hijas. ¿Dónde están mis hijas? ¿Qué ha sido de ellas? ¡Oh, Dios Todopoderoso, no me castigues! ¡Ten misericordia de mí y haz que mis hijas vuelvan a mí!"

Abrazo a mi madre angustiada, en un intento sin éxito por consolarla, y beso sus mejillas, que están saladas de las lágrimas. De pronto, mamá cambia de dirección. Camina hacia la puerta con pasos firmes y rápidos. Itzik adivina lo que está en su mente y trata de detenerla poniendo su mano en el hombro.

—¿A dónde vas? —pregunta, mirándola directamente a los ojos—. ¿A *Umschlagplatz*?¿Para que te puedan empujar dentro de uno de los vagones? ¿Quieres dejar huérfanos a David y a Roma? —le dice abrazándola con fuerza.

Tía Sala intenta calmar a mamá razonando con ella.

—Una niña de doce años como Reginka, que es alta para su edad, probablemente encontrará trabajo en los campos de un campesino.

—¿Y qué pasará con Justinka, que tiene solo nueve? —pregunta mamá.

—Golda, cálmate —pide la abuela mientras se limpia las lágrimas de sus mejillas—.Tenemos un gran Dios en el cielo que no va a abandonar a unos niños inocentes.

En la esquina de la habitación, el abuelo se mete de lleno en la oración y no se une a la conversación. Regina que está de guardia en la ventana, grita de repente

—¡Las niñas! ¡Vienen las niñas!

Todos corremos hacia la ventana. Me apresuro hacia el pasillo, sin dar crédito a mis ojos. ¿Son realmente mis amadas hermanas las que corren escaleras arriba como si alguien las está persiguiendo? Sus rostros están sucios, manchados de polvo y lágrimas. Las largas trenzas castañas de Reginka están medio deshechas. El pelo enmarañado de Justinka y sus vestidos sucios y arrugados muestran los signos de que han pasado una noche terrible en algún lugar impío.

—¡Mami! —grita Reginka con una voz desgarradora siguiendo a Justinka que está llorando. Detrás de ellas sube un policía judío. Lo conozco. Es Mietek, un buen amigo de Paula, la hermana menor de mamá. Ambas niñas corren llorando hacia mamá que ríe y llora al mismo tiempo. Mamá abraza a sus dos hijas que se han levantado de entre los muertos. Sin poder creerlo aún, las separa de su abrazo para verlas mejor. Revisa sus caras manchadas de lágrimas y sus chispeantes ojos febriles. Después las abraza de nuevo y las aprieta contra su pecho. Les seca las lágrimas con sus besos. Nuestra alegría es infinita. Risas, abrazos, lágrimas y oraciones se mezclan en una delirante confusión. Los dos policías que han venido con las niñas mueven sus pies con impaciencia.

—Tenemos que volver al servicio —dice Mietek. Itzik fue el primero que se hizo cargo de la situación.

—¿Cuánto es? —pregunta a Mietek.

Mietek explica que tuvo que sobornar a los policías alemanes que estaban de guardia en la *Umschlagplatz*. Les prometió una fuerte recompensa por permitirle llevarse a las niñas. Mamá cuenta el dinero. Las mujeres entregan sus alianzas de boda para alcanzar la cantidad requerida.

Cuando se van, Reginka nos cuenta lo que pasó.

—Estábamos en la esquina de la calle Zamenhof cuando presa del pánico la gente empezó a empujar y a correr en todas las direcciones buscando un lugar donde esconderse. Había confusión. Alguien en la multitud gritó: '¡Captura de hombres!' Dejé caer los paquetes, agarré a Justinka de la mano y tratamos de escondernos detrás de la puerta de un edificio cercano. Lo siguiente que supe fue que un policía judío estaba de pie justo en frente de mí. Traté de escapar, pero él me agarró por la trenza. Le rogué que nos dejase ir, pero mi súplica no sirvió de nada. Nos agarró con tanta fuerza que lloré de dolor. Luego nos arrastró al asiento de su triciclo. Entonces calculé las posibilidades de escape y pensé: ¿Será que salto del carrito en movimiento? Pero, ¿cómo iba a dejar a la pobre Justinka sola? Como si leyera mi mente, el policía me agarró con más fuerza aún y murmuró en voz baja que el cupo de hoy eran diez cabezas por cada policía judío. 'Si no llevo diez judíos a la *Umschlagplatz* serán mi esposa y mis tres hijos los que vayan en su lugar'.

"Antes de que pudiera hacer nada ya estábamos en la *Umschlagplatz* —continuó Reginka—. Ya había una gran multitud y nuevas víctimas seguían llegando. Justinka y yo nos cogimos de las manos con fuerza para no perdernos entre tanta multitud donde las todos daban vueltas alrededor y empujaban en busca de amigos y familiares perdidos. En el terrible estruendo, se podía oír los gritos asustados de niños llamando a sus madres frenéticamente. De repente, en medio de toda la confusión, se oyó el silbido de una locomotora. La noticia se difundió a través de la multitud como la pólvora: '¡El tren se detuvo en la estación!' Me quedé helada de miedo. Con la ayuda de los guardias ucranianos, los alemanes comenzaron a empujar a la masa humana a los vagones. Nos golpearon sin piedad con sus porras. Empujé en la dirección opuesta arrastrando a Justinka conmigo, que seguía llorando y llamando a mamá. Pensé que cuanto más lejos de los vagones estuviésemos más tiempo nos podríamos quedar en la *Umschlagplatz* y más posibilidades tendríamos de escapar.

—¡Mi valiente niña! —grita mamá, besando a Reginka con lágrimas en los ojos.

—De repente vi un edificio grande —continuó Reginka—. Sin dudarlo, subí al último piso tirando de Justinka. Llegamos a un cuarto de baño y temblando de miedo y de asco nos metimos en cuclillas detrás de la taza del inodoro. Entonces me di cuenta de una cesta de paja llena de papeles sucios y viejos periódicos. Ignorando el agrio olor de la suciedad y de la orina que venían de la cesta, la vacié y puse a Justinka en la cesta y la cubrí con periódicos. Me metí detrás de ella y me tapé con una pila de papeles sucios.

"Alguien abrió la puerta y seguramente asqueado por el hedor se fue sin entrar en el cuarto de baño. Cuando los pasos se alejaron le susurré a Justinka para darle valor, a pesar de que yo misma estaba temblando de miedo. Le dije que no hiciese ruido y que estaba justo al lado de ella.

—Mi pobre hija —susurró mamá abrazando a Justinka, que temblaba solo de recordar lo que había sucedido.

—Nos quedamos allí sin movernos hasta que todo estaba totalmente tranquilo. Cuando se hizo de noche saqué a Justinka de la cesta. Estaba casi inconsciente. Miré con mucha cautela por la pequeña ventana sucia y no vi ni un alma en la planta baja. Vi almohadas, maletas y bultos de diferentes formas y tamaños repartidos por todo el patio. Eché un vistazo al pasillo a través de una grieta en la puerta. Luego regresamos al cuarto de baño, donde encontré un abrigo de invierno de hombre. Lo puse en el suelo de modo que Justinka pudo dormir sobre él. Estaba planeando hacer guardia pero finalmente el sueño se apoderó de mí.

"Cuando me desperté, ya era completamente de día. Miré por la ventana con cautela. En la planta baja, los hombres estaban ocupados limpiando el lugar. Estaban recogiendo las maletas abandonadas, paquetes, juguetes, zapatos, suéteres y abrigos. En la puerta de afuera, los ucranianos de uniformes negros estaban de guardia en vez de los alemanes, y también había algunos policías judíos dando vueltas. Me di cuenta de que estaban discutiendo y gesticulando con las manos como si estuvieran negociando algún tipo de trato. Desperté a Justinka y pensé que no teníamos nada que perder, así que la llevé conmigo al patio a pesar de que todavía estaba medio dormida.

Cuando nos vio, uno de los policías judíos gritó:

—¿Qué estáis haciendo aquí pequeñas estúpidas?

Le dije que éramos miembros de una familia de la policía.

—¿Quién es tu familia? —preguntó sin creerme.

—Mietek Presburgier —respondí con confianza, nombrando al prometido de Paula.

—Recuerda bien esto, niña: si estás mintiendo te voy a dar una golpiza —me amenazó el policía mostrándome su porra de goma.

"Susurró algo a un policía que estaba a su lado. Este se fue, y me llevé una alegría indescriptible cuando volvió unos minutos más tarde acompañado de Mietek.

"Mietek apartó al otro policía a un lado y comenzó a explicarle algo con entusiasmo.

"Al parecer, lo que sea que Mietek dijo, fue convincente. Después de un rato, nos puso con un grupo de trabajadores que habían estado limpiando. Luego nos escoltaron a la salida, que estaba vigilada por soldados alemanes y ucranianos armados. Pararon a nuestro grupo. Justinka me apretó la mano con fuerza. En un estado de pánico pensé que seguramente nos iban a sacar de la fila. Pero me las arreglé para mantener una mirada de indiferencia, tratando de dar coraje a Justinka. Los alemanes comenzaron a contar el grupo. El policía le dio unos papeles, que supuse eran sus pases. Mietek apartó al otro alemán a un lado y le susurró algo al oído al mismo tiempo que le daba algo en la mano. Entonces abrió la puerta de hierro de la *Umschlagplatz* que estaba frente a nosotras —dijo Reginka, poniendo fin a su historia.

Un sin fin de alabanzas cae sobre ella. Toda la familia expresa su admiración por el coraje y la presencia de ánimo de nuestra heroína de doce años. Hay abrazos, besos y palabras de admiración. Las lágrimas de alegría y felicidad fluyen en abundancia. Sin embargo, la celebración de nuestra buena suerte no dura mucho tiempo. Los *aktzias* continúan en las calles cada vez con más furia.

El edificio en la calle Gesia, que un mes antes estaba lleno de gente, ahora está casi completamente desierto. La pregunta que nos atormenta es: ¿Dónde están enviando a toda esa gente? ¿Cuál es su destino? Este misterio de tormento sigue sin resolverse. ¿Los están reubicando en pueblos? ¿Hay realmente necesidad de que los ancianos y los niños trabajen en el campo? El desaliento se apodera de nuestros corazones sigilosamente, como un veneno secreto. Mamá divide sus joyas y monedas extranjeras y otros objetos de valor en cinco partes iguales y luego los cose en nuestra ropa de diario. Después nos da instrucciones severas de guardar los objetos de valor con cuidado.

—El anillo de diamantes vale mucho dinero y es parte de un juego con los pendientes. Este anillo de oro con la piedra roja no vale tanto. Estos billetes verdes son dólares estadounidenses. Esta moneda de oro es también dinero americano, pero es mucho más valiosa que el dinero en billetes. Este de aquí se trata de un rublo ruso. También es muy valioso —mamá nos está enseñando constantemente. En el elástico de las bragas de lana de invierno, mamá cose una cadena de oro que era del reloj de bolsillo de mi padre que he visto infinidad de veces. Ella cose los dólares de papel en la entrepierna de mis bragas.

—Hagas lo que hagas, no te deshagas de estas bragas de lana —me advierte—. Nunca te las quites. Cambia sólo las de algodón que llevas debajo de ellas. Cuando estés en peligro o con hambre, tendrás algo para ayudarte.

Mamá da sus instrucciones en voz baja, sus ojos azules llenos de lágrimas expresan su amor y ansiedad. De repente, pierde el control y rompe a llorar. Nos acerca a ella, tratando de reprimir los sollozos.

—Esta es la dirección de su padre en Palestina —nos dice, secándose las lágrimas que corrían por sus mejillas con un pañuelo—. Si nos separamos o si nos perdemos, todos nos encontraremos en la casa del tío Chaskiel en Tel Aviv después de la guerra. Ahí es donde está tu padre.

Mi hermana Reginka y yo estudiamos la extraña dirección en hebreo y la aprendemos de memoria: Nevei Shaanán 9, Tel Aviv, Palestina. Mamá cose la dirección en la ropa de los niños más pequeños, por si acaso se olvidan.

—¡No os olvidéis! Ese será nuestro lugar de encuentro después de la guerra —repite una vez más con los labios temblorosos. No salimos más de nuestro apartamento. Las guardias rotativas compuestas por miembros de la familia están en alerta ante la ventana todo el día y toda la noche. Tan pronto como se detecta el más mínimo cambio en el patio, corremos a nuestro escondite detrás del armario. Al caer la noche y después de las horas de trabajo, cuando no hay más redadas y las calles se ven un poco más seguras, uno de los adultos sale para comprar alimentos.

Una de las veces, nuestra antigua criada Regina va a una tienda cercana a comprar pan. Pero después de una hora todavía no ha regresado. La tía Sala, preocupada, sale a buscarla y también desaparece. Por la noche, después del trabajo, el tío Froim se entera de la desgracia. Está desesperado y roto, después de haber perdido a su amada esposa. Llora y abraza a sus hijos, que se han quedado huérfanos de manera tan abrupta. Moishe de tres años no puede aceptar el hecho de que se han llevado a su querida madre. La busca en todos los rincones de la casa, gritando en su pequeña voz temblorosa: "Mamá ¿dónde estás? ¿Dónde te escondes? Quiero a mi mamá". Ruth, de seis años, llora en el hombro de la abuela. En nuestra impotencia, nuestro llanto se une al de los niños.

El viernes, el tío Luzer, el hermano de mamá, acompaña a su esposa a casa de sus padres a pasar el Sabbat. Los atrapan. No hay noticias. No recibimos cartas de los que han sido capturados. Todos ellos desaparecen sin dejar rastro. A medida que la familia se hace más pequeña, el desamparo y la tristeza se propaga por la casa. El abuelo ora sin cesar, pidiendo a Dios misericordia. Canta salmos y ruega a Dios que devuelva a sus hijos, pero sin éxito. Han sido capturados y probablemente sufren la misma suerte que tantos otros judíos. Los envían fuera. Pero, ¿a dónde? La gente comienza a sospechar, pero todavía no sabemos el destino de esos vagones pesados que ruedan fuera de la *Umschlagplatz* todos los días con su carga humana de seis mil almas cada uno. ¿Están siendo enviados a trabajar en el campo? ¿Qué tipo de puestos de trabajo tienen? Por otra parte, ¿qué tipo de trabajo pueden hacer estas personas ancianas y enfermas, esas mujeres debilitadas y muertas de hambre? ¿A dónde llevan a los desnutridos niños judíos? ¿Los llevan a campos de trabajo?

Para los pesimistas, no cabe ninguna duda. Declaran que el objetivo de los nazis es el exterminio de los judíos. Dicen que tenemos una sola alternativa, que es resistir al enemigo. Incluso una resistencia desesperada es mejor que aceptar pasivamente la propia aniquilación. Es necesario saber la horrible verdad y exhortar a la gente a tomar las armas.

—Vamos a luchar con cualquier arma que podemos encontrar cuchillos, hachas, palos, ácido —declaran los jóvenes.

Las personas mayores argumentan que cualquier resistencia armada provocaría al enemigo y traería una represalia masiva.

—Dejen las cosas como están. Tal vez estas deportaciones son solo para eliminar a los que no trabajan en los talleres alemanes —dicen los optimistas.

—Tan pronto como los alemanes hayan alcanzado su cuota de trabajadores en los campos y en los campos de concentración, estarán obligados a detener las deportaciones, y entonces todo volverá a la normalidad.

Hanka, la joven y hermosa mujer de Itzik, está esperando un bebé. Ya está en su último mes de embarazo. Por suerte, comienza a tener dolores de parto tarde en la noche.

Da a luz en la noche, con la ayuda de una partera que vive en el edificio. La bebé toma su primer aliento en el escondite detrás del armario porque tenemos miedo de que pueda haber una redada. Por eso tenemos que proteger a la rosadita e inocente infante.

¿Cuánto tiempo se le permitirá vivir? Pienso con tristeza. La alarmante pregunta está suspendida en el aire por encima de la cuna de la bebé. Nadie dice nada en voz alta. Pero puedo leer el pensamiento en las miradas compasivas dirigidas a la recién nacida.

El sábado, sacamos la Torá fuera del armario. Su cubierta tiene la inscripción bordada "Naftali HaCohen Frank". El abuelo salvó este Torá de la sinagoga de Praga cuando nos vimos forzados a mudarnos al gueto. Durante el Minyán de la mañana, el quórum de diez para la oración, nuestra pequeña prima recibe dos nombres: Esther Malka.

En vez de la alegría y la felicidad que siente la gente en ocasiones como esta, nuestra familia solo siente lástima y ansiedad. ¿Cómo nos vamos a arreglar en nuestro pequeño escondite con una bebé? El menor ruido (un suspiro, un gemido, el gorgoteo de un niño o el llanto suave de un bebé) fácilmente podría delatarnos a los nazis.

La pequeña rosadita e inocente Esther duerme en silencio, sin saber de los peligros que la rodean. Durante un *aktzia*, cuando los alemanes vienen a la caza de judíos en el apartamento, Hanka agarra a la bebé en sus brazos y la obliga a mamar de su pecho. Todos los ojos están puestos en la lactante. Se puede ver como todos nos aferramos a la esperanza de que la bebé no llore o haga ruido. Rezo a Dios en silencio.

Podemos oír fácilmente las pesadas botas militares, el movimiento ruidoso de los muebles, el chasquido de los cristales rotos, todo ello procedente de detrás del armario. Todos estos ruidos son interrumpidos por obscenidades en alemán. La escena se repite día tras día. Vivimos en una incertidumbre constante. Las semanas pasan de esta manera. Los periódicos clandestinos nos informan que trescientos mil personas han sido deportadas de Varsovia a los campos.

—¡Oh, Dios! —pensamos— ¿qué es lo que hacen con elementos improductivos como los ancianos y los niños?

El contrabando de alimentos desde el lado ario es una actividad traicionera. Los contrabandistas que son atrapados son fusilados de inmediato. Se hace más difícil comprar comida. El precio del pan sube día tras día. Los judíos que trabajan para los alemanes en el lado ario se las arreglan para contrabandear algo de comida. La gente vende su última prenda de vestir por un pedazo de pan. Los policías polacos, que aún tienen permiso para entrar al gueto, canjean ropa y otros artículos por alimentos. Luego venden la mercancía en el lado ario por una gruesa ganancia.

Un día, el tío Froim llega a la casa del taller con algunas noticias interesantes. Un guardia alemán de los que están parados en la puerta ordenó a un niño judío que saliese por la puerta al lado ario a comprar patatas. Un policía polaco agarró al niño y comenzó a golpearlo. El compasivo alemán vino al rescate del niño, apartándolo de las manos del policía polaco con su porra. Toda la escena fue filmada sin duda con fines de propaganda.

—Al parecer, todavía siguen siendo susceptibles a la opinión mundial —comenta el tío Froim tratando de convencerse a sí mismo, así como al resto de nosotros.

CAPÍTULO 4

LA CALDERA

De la numerosa familia de mi padre, solamente queda su madre, la abuela Dvora, dos de sus hijas, las hermanas de papá Rosa y Bronchia, y dos hijos pequeños de ellas. El marido de Bronchia Zeidman Zeidman, el tío Kratka, fue capturado sin su brazalete en el lado ario y los alemanes lo mataron en el acto. El marido de Rosa, el tío Rosen, fue detenido durante un *aktzia* y deportado a un destino desconocido. Mis dos tías trabajan en la tienda, tienen que salir de casa a las 7:00 a.m. para llegar a tiempo al trabajo. La abuela se ocupa de la hija de tres años de Bronchia y el hijo de seis años de Rosa.

Cuando hay un *aktzia*, la abuela y los niños se esconden en una habitación oculta en su apartamento. Ocultar a los niños requiere un esfuerzo y una habilidad especiales, decisión y nervios de acero. No es fácil para la abuela. Los niños entienden el peligro y se sientan junto a la abuela en silencio en el cuarto oscuro. La abuela se queja conmigo de que ocultar a los niños está afectando su salud y su sistema nervioso. Debido a los nervios de la abuela, la reducida familia decide, después de consultarlo con nosotros, irse a un barrio pequeño más silencioso en Lukow, donde vive la familia del marido de Rosa. Entre otras cosas, es más fácil encontrar comida allí porque hay muchos pueblos pequeños en la zona.

Con lágrimas en los ojos, decimos adiós a los últimos miembros restantes de la familia de nuestro padre. No mucho después de su partida, se lee en el boletín clandestino una terrible noticia de que el gueto de Lukow ha sido liquidado y todos los judíos fueron llevados a un bosque cerca y fusilados.

—Esta historia no se puede creer —dice mamá.

—Probablemente sea solo propaganda —agrega el abuelo— diseminada por nuestros propios jóvenes para fomentar la rebelión de nuestro pueblo.

Mientras tanto, los bloqueos y los ataques continúan. "Fulano ya no está aquí; alguien más ha sido capturado; éste ha perdido a su madre y a los hijos; otra persona perdió cuatro hijos". Cada casa es golpeada por el dolor. En algunas familias ya ni siquiera hay sobrevivientes. El gueto está constantemente reduciendo su tamaño. Cuadras enteras son excluidas del gueto y las personas desalojadas de estas casas se trasladan a apartamentos vacíos porque los antiguos habitantes han sido deportados o asesinados.

No hay escasez de bienes del hogar porque hay muchas pertenencias abandonadas por las familias que vivían allí. Los alemanes están reduciendo el tamaño del gueto para hacer más fácil la caza de judíos.

Mi prima recién nacida, Esther, ya tiene dos semanas. "¿Hasta cuándo vamos a poder escondernos con un bebé?", pienso mientras miro con tristeza a la inocente bebé dormida. Agosto de 1942 llega a su fin, pero el calor no ha disminuido. Nuestro abarrotado escondite está insoportablemente caluroso y cargado.

Los alemanes rodean la tienda del fabricante de cepillos, eligen a los mejores trabajadores y los suben a los vagones en la *Umschlagplatz*. Ayer mismo, estas personas pensaban que estaban protegidas de ser deportados porque tenían un *ausweis*. Ahora todos ellos y sus familias están en el mismo barco con el resto de nosotros.

El mensaje clandestino es uno: escóndanse bien.

El 5 de septiembre de 1942, la siguiente proclamación aparece en las calles:

PROCLAMACIÓN

La Administración de la Autoridad para el Reasentamiento del Consejo Judío en Varsovia anuncia lo siguiente:

1. El Domingo, 6 de septiembre 1942, a las 10 de la mañana, todos los residentes del gueto principal, sin excepción, deben reunirse en una zona delimitada por las calles Zamenhof, Mila, Niska, Smocza y Ostrowska para registrarse.

2. El paso de judíos durante la noche del 5 al 6 de septiembre esta permitido.

3. Lleven suficiente comida para tres días, y los platos para comer y beber.

4. Está prohibido cerrar sus apartamentos.

5. Cualquier persona que no pueda obedecer a esta orden y que todavía esté dentro del gueto y fuera de la zona designada después de las 10 de la mañana del domingo 6 de septiembre de 1942 será fusilada.

De nuevo hay pánico. Estamos atenazados por el miedo y la indecisión. Se llevan a cabo deliberaciones acaloradas.

—Todo es una trampa de los alemanes. El objetivo de los nazis es reunir a todos los judíos en un solo lugar y luego atrapar a aquellos que, como nosotros, han estado en la clandestinidad y a todos los ilegales que no están empleados por los alemanes. Esto hará que sea mucho más fácil que nos atrapen —explica el tío Froim. Decide entonces que debemos permanecer en la casa y escondernos en la habitación detrás del armario. Las mujeres quieren anular la decisión del tío. Dicen que vamos a estar más seguros una vez que nos registremos. Tenemos documentos que confirman que trabajamos para Toebbens. La opinión de las mujeres es que debemos obedecer las órdenes, porque de no hacerlo seremos fusilados en cuanto nos hallen.

—¿Qué depara el destino para nosotros y nuestros hijos? —pregunta la abuela, pero nadie contesta. Hay poco tiempo. Tenemos que decidir rápidamente. Hay que obedecer el mandato en las próximas horas. Todos nos volvemos hacia el tío Itzik, nuestro líder. Pasa un minuto. Con la bebé en sus brazos, mi tío mantiene los ojos en el suelo, sin querer hacer frente a nuestras miradas inquisitivas. Por último, levanta la cabeza. Me doy cuenta de que tiene una nueva y profunda arruga en la frente. Mira a su esposa, Hanka, como si esperara algún tipo de apoyo y luego se vuelve a nosotros. Su voz triste cercena el silencio con estas palabras:

—Vamos a la Caldera.

La Caldera, el punto de reunión, también se conoce como la trampa.

Empacamos nuestras mochilas con rapidez.

—Roma, no se te olvide tu suéter de lana —me recuerda mamá—. Las noches de otoño son frescas. El otoño en los pueblos, a campo abierto, puede ser traicionero por los vientos helados. No quieres coger un resfriado.

Mamá me da consejos mientras guarda la ropa de abrigo en la mochila de David. Salimos de la casa vestidos con abrigos de invierno, botas de esquí y las mochilas en la espalda.

En la calle hay un ruido terrible. Hay muchos empujones y tropiezos entre la multitud de miles de personas que se mueven vacilantes y con torpeza en dirección a la calle Zamenhof. El sol quema intensamente. Empapados en sudor, nos tomamos de las manos para no perdernos en la muchedumbre que empuja en todas las direcciones. Finalmente, llegamos al edificio en la esquina de las calles Zamenhof y Wolynska. Subimos las escaleras, en busca de un poco de espacio vital. Los tres pisos inferiores están completamente ocupados.

Subimos al cuarto piso donde encontramos un apartamento de tres habitaciones desocupadas. Los antiguos propietarios no están por ahí. Un vacío misterioso impregna el lugar. Todavía cuelgan en los armarios las ropas de hombre, de mujer y de niños. Las toallas y la ropa de cama están cuidadosamente arregladas en los estantes. El sol entrando por la ventana golpea el armario de la porcelana y refleja múltiples colores chispeantes al chocar con las maravillosas piezas de cristal almacenadas en su interior. La cocina está impecable. Las ollas y las sartenes brillan con una limpieza antiséptica. Hay todo lo que uno necesita para una buena vida en el hogar. La gente que vivía allí trabajaba y amaba; eran felices. Ayer, todavía vivían allí. Hoy, ya no están. Están atrapados, han sido engañados y enviados hacia lo desconocido. Se han visto obligados a dejar atrás todas sus pertenencias por las que trabajaron tan duro. La pena y un extraño dolor me aprietan el corazón. Me acerco a la ventana para ocultar mis lágrimas.

El patio está lleno de enfermeras con sus cofias blancas y los médicos con sus batas de laboratorio blancas como la nieve.

—Esta es la cuadra de los doctores. Pertenece al hospital —explica mamá mientras mira por la ventana—. Los alemanes han liquidado todos los hospitales en el gueto. ¿Qué han hecho con los enfermos?

De repente, oímos disparos en la planta baja y unos gritos ya bien conocidos,

"Alles herunter! Schnell! Schnell!" "¡Todo el mundo abajo! ¡Rápido! ¡Rápido!"

No hay tiempo para preocuparse por las desgracias de los desconocidos. Nos ponemos apresuradamente las mochilas y corremos a la puerta. Lo siguiente que escuchamos son gemidos, gritos y más disparos. Itzik nos detiene con un movimiento de su mano. Le entrega la bebé a su mujer y se arrastra hasta la ventana para que poder medir la situación en el patio por sí mismo. Abre la boca para hablar, pero en lugar de palabras, un arroyo escarlata estalla de sus labios. Una bala alemana se alojó en su boca.

—¡Oh, Dios mío! —exclama Hanka. La bebé asustada empieza a llorar. Solo la abuela se las arregla para mantener la compostura. Ella trata de detener el flujo de sangre con una toalla húmeda. En el pasillo, cientos de personas están bajando por las escaleras. Cuando llegamos a la segunda planta, los disparos se detienen.

—Deben de haber llenado su cuota diaria —dice alguien. Por suerte hay muchos doctores cerca. Uno de ellos extrae la bala y algunos dientes de la sangrienta boca del tío. Está pálido por el miedo y la pérdida de sangre. Se acuesta en la cama, donde rápidamente se queda dormido. Asustados, nos sentamos alrededor de su cama, observando su rostro hinchado. Mientras hacemos esta vigilia, aparece Mietek Presburgier. Está trabajando para la policía judía y viene buscando Paula, la hermana de mamá. Se casaron en el gueto en contra de los deseos del abuelo.

—En la planta baja, los alemanes están llevando a cabo una selección. Algunos reciben una etiqueta numerada que les permite salir de la Caldera. Toebbens y Schultz están llevándose a sus trabajadores más jóvenes de regreso a sus talleres. Llévese a Hanka y vayan a la selección —le dice Mietek al tío Itzik.

—¿Y la bebé? —pregunta Hanka con una voz temblorosa.

—Déjala —responde Mietek, tratando de evitar nuestras miradas inquisitivas—. Eres joven. Puedes tener más hijos —añade, cerrando la puerta tras de sí. Nos miramos el uno al otro. Itzik se sienta en la cama y coge a la bebé de los brazos de Hanka y empieza a besar a la pequeña en la cabeza, sus labios están húmedos de lágrimas y sangre. Los nervios y la tensión le producen diarrea al tío Froim.

—Tenemos que conseguir un poco de arroz para detenerla —dice la abuela—. Vayan donde Hela. Ella tiene arroz. Díganle que les dé un poco para el tío Froim —ordena el abuelo.

—Voy a ir con padre —se ofrece mamá. Se van hacia la calle Mila donde vive Hela, la hermana menor de mamá. Hela ha encontrado un escondite en el apartamento de alguien.

—Ocúpate de los niños y no salgan de la habitación. Regreso enseguida —me dice mamá.

Estamos cansados, con hambre y hace mucho calor porque todavía tenemos nuestra ropa de invierno puesta. Tenemos miedo a quitárnosla porque en caso de una redada y una deportación no tendríamos tiempo de llevarnos la ropa de invierno.

Caigo en un sueño profundo. Cuando me despierto por los llantos de Esther, el sol se está poniendo. Hanka está amorosamente dando el pecho a su hija. Pálido y con la cara hinchada, Itzik está tumbado en su cama sin moverse. Tiene la mirada fija, triste y deprimida, en un punto en el techo. Está completamente absorto en sus pensamientos y no presta atención a lo que está sucediendo a su alrededor.

La abuela le pone una botella caliente en el estómago a Froim. Mamá y el abuelo todavía no han regresado.

—Es posible que no hayan podido encontrar a Hela —especula la abuela—. Donde Hela está escondida la gente no confía en ningún desconocido por el miedo a delatar su escondite.

Me acerco a la ventana. Todo está tranquilo en la planta baja. Hay pequeños grupos repartidos por todas partes, ocupados en conversaciones animadas.

—Tengo la sensación de que hay algunas buenas noticias, abuela. Mira, la gente está hablando de algo bueno —le digo mientras hago señas para que venga a la ventana.

—Ya es tarde. No habrá más redadas hoy. Voy a bajar y traeré las buenas noticias.

Convenzo a la abuela de que me deje ir.

—Solamente por unos minutos —dice ella.

Ya estoy bajando los escalones de dos en dos, llena de esperanza. Oigo a David llamándome.

—Roma, espérame. Voy contigo.

—¡Regrésate inmediatamente! —le ordeno—. Mamá nos ordenó permanecer en el cuarto. Vuelvo en un minuto —le digo desde abajo.

Hay una agradable brisa fresca en la calle.

"Voy a ir corriendo a casa de Marysia", pienso. "Ella vive en la calle Mila. Su padre consigue el periódico clandestino y seguro que ella tiene la buena noticia".

Para tomar un atajo, subo por un montón de escombros para llegar desde la calle Wolynska a la calle Mila más rápido. Cuando llego a la parte de arriba de la pila, oigo silbidos, disparos y pasos. En el lado de la calle Wolynska por donde acabo de venir, aparece un hombre de las SS de aspecto maligno. "*Komm, komm, du kleine*" dice blandiendo su porra de goma en mi dirección. "Vamos, vamos, pequeña". Me detengo en seco, paralizada por el miedo. Durante una fracción de segundo, no puedo decidir qué hacer. "Mamá me dijo que me ocupase de los niños" pienso. "Tengo que regresar con la familia".

Decido girar en la dirección donde me espera el alemán. En ese momento, un muchacho joven salta desde detrás de un portal en la calle Mila. Me agarra del brazo con fuerza y me arrastra en otra dirección, gritando:

—¿Dónde crees que vas, tonta? —para luego desaparecer entre la multitud.

Indefensa y asustada salgo corriendo hacia el escondite de Hela y para mi gran alivio, me encuentro con mi madre y el abuelo en la puerta.

—¿Qué estás haciendo aquí? —mamá me reprende—. ¿Es así como cuidas a los niños?

Antes de que pueda dar cualquier excusa, una ola humana nos hace subir las escaleras. Nos empujan más fuerte y más arriba sin cesar hasta que nos encontramos en el ático. Desde el ático, subimos por una escalera que se balancea y nos metemos bajo el alero. Tenemos al tiempo en contra. Podemos escuchar los pasos de los soldados abajo.

"Alles herunter! Aufmachen", gritan, golpeando las puertas de los pisos inferiores. Dos muchachos ágiles arrastran la escalera a la azotea y rápidamente cubren la abertura. Está oscuro y caliente bajo el alero. Nos sentamos acurrucados con las piernas entrelazadas para ahorrar espacio. Apoyo mi espalda en el abuelo y mamá se sienta en mi regazo. Nuestros ojos se acostumbran a la oscuridad, veo que el ático está lleno de gente. Unos cuantos cientos se han apretado en la pequeña buhardilla y se sientan unos encima de otros. A pesar de la aglomeración, todo es silencio. Todo el mundo es consciente del peligro; nadie se atreve a moverse. Estoy a punto de desmayarme por el calor.

Siento el aliento cálido del abuelo en mi cuello mientras limpia el sudor de mi frente. Escucho la respiración rápida a mi alrededor. Mis piernas están entumecidas por falta de movimiento. Una explosión ensordecedora penetra el aire. Mi corazón deja de latir momentáneamente. La mano del abuelo descansa inmóvil sobre mi frente. Aguanto la respiración, escuchando los lamentos y las súplicas de las víctimas que hay debajo de nosotros, interrumpidos por los gritos brutales y las obscenidades de los alemanes.

Algo aterrador está pasando justo por encima de nuestras cabezas. El tejado cruje y se hunde ominosamente bajo las pesadas botas de los soldados nazis. Tiemblo de miedo. Mi estómago vacío comienza a gruñir. Mamá me aprieta la mano. Los judíos escondidos en el ático están paralizados por el miedo y esperan lo peor. El miedo es el monarca reinante en esta triste buhardilla. Escuchamos con ansiedad y con atención mientras las pesadas botas retroceden en la distancia.

Pronto todo es silencio. Yo respiro más fácil. Cae la noche y el ático se sumerge en la oscuridad total. Las articulaciones de todo el mundo están doloridas por estar inmovilizados en espacios tan pequeños. Sin embargo, nadie se atreve a moverse. Siento una inmensa sed.

—Este silencio es probablemente una trampa —susurra alguien a mi lado.

"Algunos alemanes podrían estar al acecho en las inmediaciones", pienso. Continuamos sentados e inmóviles en la oscuridad impenetrable.

—Mañana —susurra mamá en mi oído— voy a tratar de convencer a toda la familia para trasladarnos a la calle Mila. Si no están de acuerdo me iré a vivir allí con mis hijos. Cuando haya un *aktzia*, todos vamos a escondernos en este ático.

—Todos los apartamentos están llenos de la gente que no está en la Caldera —le contesto—. ¿Cómo vamos a hacer? ¿Dónde vamos a encontrar un lugar para dormir?

—Vamos a dormir en la escalera —responde mamá— Prefiero dormir allí que en una cama, esperando a nuestros verdugos.

—Tenemos que ir a la selección, mamá, tú y yo somos jóvenes y sanas. Con nuestros *ausweis*, los alemanes nos van a enviar de nuevo el taller de Toebbens.

—¿Qué va a pasar con los niños? No tienen ninguna posibilidad de ser seleccionados. Lo sabes tan bien como yo —replica ella.

Susurro al oído de mamá una descabellada solución para el dilema.

—Deberíamos dejar a Reginka, Justinka y David aquí en este edificio. Así, después de pasar la selección, podríamos sobornar a un policía judío, que traiga a los niños al taller pagando al guardia alemán.

—¿Cómo te atreves siquiera a pensar tal cosa? —me reprocha mamá—. ¿Me aconsejas que abandone a mis hijos, y los deje aquí a merced de su suerte? He oído hablar de casos como este. ¡No! No voy a hacerlo. Mis hijos son demasiado preciados para mí. Creo que no te das cuenta realmente lo que estabas sugiriendo, de lo que estabas tratando de convencerme.

Llevada por las emociones mamá alza su voz, se ha olvidado por completo nuestra actual situación. Desde todos los rincones del ático la gente nos a mandar a callar.

—Algún día, cuando tengas tus propios hijos te acordarás de lo que me propusiste hoy —agrega mamá en un susurro.

Me quedo en silencio avergonzada. No sé por cuánto tiempo me quedo sentada allí meditando antes de dormirme. Cuando mamá me despierta puedo ver la luz de la mañana entrando por las grietas del techo.

—Despierta, Romchiu. Levántate. Vamos a salir de aquí —oigo a mi madre diciendo. Al principio, no sé dónde estoy. En la penumbra veo extrañas formas humanas.

Uno tras otro, empiezan a levantarse del suelo, estirando sus extremidades y se aproximan a la salida con las piernas temblorosas. En el hueco de salida la luz brillante es cegadora.

Bajamos con cuidado la escalera. En el pasillo, puedo distinguir los rostros cansados de color gris ceniza. El pelo de las mujeres está despeinado y cubierto del hollín gris del escondite.

Sus ojos están nublados, temerosos y febriles después de una noche de insomnio. Sus ropas, arrugadas y polvorientas, delatan las incomodidades de la noche anterior.

Clandestinamente y muy poco a poco miramos fuera de la puerta. La calle está desierta y hay un silencio sepulcral. No se ve un alma. Mirando atentamente en todas las direcciones, preocupados por una posible emboscada, salimos a la calle. Nos movemos lentamente, mamá va primero muy pegada a las paredes de los edificios. De repente, se detiene como si estuviese clavada en el suelo.

El abuelo y yo damos un paso atrás asustados. Mamá gime de dolor tapándose la cara con las manos. El cuerpo sin vida de una mujer joven está tirado en el pavimento, con un niño muerto estrechado en sus brazos. El sol de la mañana se refleja en una mancha roja de sangre coagulada en la pálida sien de la mujer.

Un poco más lejos, un niño está apoyado contra una pared, sentado en un charco de sangre. Debajo de su gorra gris todavía se puede ver el odio reflejado en sus ojos vidriosos. Está muerto.

En voz baja, el abuelo entona la oración por los difuntos: "*Itgadal V Ítkadash…*" En un par de minutos que más bien parecen una eternidad llegamos al edificio del número 3 de la calle Wolynska. En el patio, somos recibidos por un silencio total. Ayer, el patio estaba vivo y lleno de cientos de personas. Ahora no hay nada. Al pasar la puerta, veo una mochila verde abandonada. Al lado de la pared hay un pequeño maletín abierto, con su contenido bien visible: instrumentos médicos. Una colorida variedad de píldoras y botellas de vidrio está sembrado por el patio, mezclado con jeringas rotas. Una gorra de color azul marino de la policía rueda y se asienta junto a una dentadura postiza incrustada en rosa. Me estremezco ante esta sangrienta escena.

Mamá sale disparada como un tiro, corriendo escaleras arriba hasta el apartamento donde dejamos nuestra familia.

Un presagio ominoso acecha nuestros corazones. En el segundo piso, nos encontramos con una anciana sentada en el escalón de abajo, sostiene un bastón en su mano derecha. Con la mano izquierda agarrando la barandilla, se ve como si estuviera tratando de ponerse en pie. Su pelo blanco está despeinado, y sus anteojos de metal están hechos añicos. Sus ojos asustados me miran implorando detrás de los cristales rotos.

—Apóyese en mí, abuela —le digo—. La ayudaré a subir.

—Deja a la pobre mujer en paz —grita mamá con una voz aterrorizada—. ¿No ves que está moribunda? —me dice separándome de ella. Con un mal presagio por fin llegamos a la puerta que está abierta de par en par en el cuarto piso. Nos recibe un terrible vacío.

—Chava, ¿dónde estás ? —llama el abuelo, en busca de su esposa. Los pañales blancos de Esther cuelgan de las sillas. Una taza de té medio vacía está sobre la mesa. Tres mochilas están en el suelo: la del abuelo, la de mamá y la mía.

—Los han capturado, se los han llevado y los han enviado fuera —estalla mamá en sollozos. El abuelo se cubre la cara con las manos y grita con tristeza:

—¡Oh, Dios mío! ¿Por qué me has castigado tan severamente?

—¡Criminales asesinos! ¿Qué has hecho con mis hijos, con mi único hijo? —mamá se retuerce las manos con desesperación y camina de un lado a otro de la habitación—. ¡Oh, Dios omnisapiente, devuélveme a mis hijos! ¿Qué le voy a decir a su padre cuando me pregunte qué he hecho con sus hijos?

Mi pobre madre llora incontrolablemente. Ese inolvidable septiembre de 1942, nuestra familia entera desapareció para siempre. Mi querida abuela, mi hermosa hermana de trece años, Reginka, con sus largas trenzas, mi hermana de nueve años, Justinka, y mi hermano de siete años, Davidek; todos desaparecieron sin dejar rastro. Atrás quedaron el tío Froim y sus dos hijos; Ruthy de seis años y Moishe de tres; el tío Itzik con su esposa Hanka y su bebé. Los nazis nos hicieron huérfanos a todos nosotros, nos marcaron para siempre con un vacío, un dolor sin fin y una desesperación inconsolable.

—Vamos a reportarnos a la *Umschlagplatz* —decide el abuelo—. No puedo vivir sin mi Chava —anuncia mientras se seca el rostro con su pañuelo.

Bajo hasta el patio, con la esperanza de ver a alguien que conozca. Tal vez alguien nos dirá qué hacer. En el patio, tengo la sensación de algo sospechoso, hay un ligero movimiento en la puerta de la Caldera. Los dos grandes edificios de la esquina de la calle Wolynska tienen dos puertas. Una de ellas da a la calle Wolynska, que está en la Caldera, mientras que la otra conduce a la calle Zamenhof, que está fuera de la Caldera, justo en el límite. Dos policías judíos montan guardia. Están discutiendo algo sobre la salida a la calle Zamenhof. Me acerco para obtener noticias de los últimos acontecimientos.

—Una terrible masacre —dice uno de ellos—. Hay cientos de muertos en la calle Mila.

—Se llevaron unos mil cadáveres al cementerio —dice el segundo tristemente mientras menea la cabeza.

Los que tenían un *ausweis*, que se suponía iba a eximirlos del reasentamiento gracias a sus puestos de trabajo en los talleres alemanas, han sido engañados. Los alemanes incluso empujaron algunos de los policías judíos en los vagones. Solo un pequeño porcentaje de la gente reunida se les dio números en la selección que les permitió salir de la Caldera y regresar a sus talleres. Nunca ha habido una masacre como esta antes.

Mirando atentamente en todas las direcciones, un joven sale del edificio.

Vacilante, se acerca a los dos policías judíos. La chaqueta arrugada y sucia del joven indica que no ha pasado la noche en una cama cómoda. Está agachado bajo el peso de una mochila militar. Sus ojos oscuros, cansados e hinchados, miran a su alrededor con recelo. Luego, con un gesto rápido, llama a uno de los policías a un lado. Gesticulando, negocia con él. Finalmente le pone algo en la mano. El policía cuelga un número amarillo alrededor del cuello del joven, abre la puerta muy poco, asoma la cabeza y mira en todas direcciones. Luego con un movimiento rápido empuja al hombre afuera. Cuando el policía toca la mochila, algo en su interior se mueve. Probablemente escondía a un niño dentro.

Al instante, corro por las escaleras con todas mis fuerzas.

—¡Todavía hay una salida! No podemos renunciar —digo en voz alta, secando las lágrimas saladas de mi madre con besos—. Ven conmigo mamá. Podemos sobornar a los policías que custodian la puerta y salir de la Caldera. En la tienda, intentaremos ponernos en contacto con Mietek Presburgier. Él sobornará a los guardias alemanes en la *Umschlagplatz* para rescatar a nuestros seres queridos. Date prisa mamá. No hay tiempo que perder. No vamos a lograr nada con llantos.

Arrastro a mi madre al patio. Comenzamos la negociación con los policías. Miro a mi alrededor, apoyándome en una pierna y luego en otra, preocupada de que no nos vea algún alemán o ucraniano, porque nos dispararían en el acto, ya que este edificio ya ha sido declarado *Judenrein*, "limpio de judíos". Por último, el precio se acuerda, pero un nuevo problema nos confronta: los policías bajo ninguna circunstancia permitirán al abuelo pasar. De acuerdo con la doctrina nazi mi abuelo de cincuenta y ocho años pertenece a la categoría de los que son demasiado viejos para trabajar en una tienda, por lo que nunca saldría bien parado en la selección.

—No voy a arriesgar mi vida por su padre. A la gente de su edad los seleccionan para deportarlos en la *Umschlagplatz* —dice el policía asintiendo con la cabeza para subrayar su punto.

—Quiero que me entienda señor —implora mamá al policía, ofreciéndole otro rublo de oro—. No puedo dejar aquí a mi padre.

Corro de nuevo al apartamento en el segundo piso. Cuando bajamos las escaleras antes, vi un montón de bolsos de piel a través de la puerta abierta. Sus dueños ya no están y las bolsas están tiradas en el suelo en torno a la máquina de cortar cuero. Las hay de todas las formas, tamaños y colores. Agarro dos bolsas grandes de piel de cerdo. Pero cuando llego a la puerta, tengo dudas. "¿Está bien coger las pertenencias de otras personas? Pero si las dejo, los nazis vendrán mañana y se llevarán todo en camiones para enviarlo a Alemania".

Ya sin vacilar, me voy y en un abrir y cerrar de ojos estoy de pie delante de los policías con las bolsas en las manos.

—Vamos a añadir estas bolsas de incalculable valor a la oferta. ¿Estás de acuerdo, mamá? Pero solo con la condición de que el abuelo pueda venir con nosotros. Mamá me mira con sorpresa. No tiene idea de dónde saqué las dos hermosas bolsas. Ahora es solo cuestión de quién va primero. Estos dos policías solo ofrecen una opción.

—Usted primero —dice uno de ellos a mi madre—. Su hija va después, y luego su padre.

—¡No! —Dice mamá de manera inequívoca—. Mi padre va primero.

No van a aceptar la propuesta de mamá.

—Mamá, vete tú primero —le ruego.

—No —responde ella—. Una vez que les pague y me vaya no dejarán que tú y el abuelo se vayan.

Por último, se llega a un acuerdo: yo iré primero. Me voy con dos mochilas, que he puesto sobre mi espalda, y la del abuelo, que mamá ha colgado encima de mi hombro. Los policías no van a dejar que el abuelo lleve su mochila, ya que, según explican, sería más probable que lo vean los alemanes. Cruzo con valentía el portón hacia la calle Zamenhof. Al irme, puedo escuchar la voz de mi madre repicando en mis oídos: "¡Oh, Dios! ¡Protégela!"

El sol baña la calle vacía. No se ve ni un alma. Los judíos que sobrevivieron a la selección siguen trabajando en sus respectivos talleres.

Detengo mi ritmo.

—No te preocupes. Estoy justo detrás de ti. Camina orgullosa hacia adelante —dice el policía animándome.

La calle está desierta en un silencio sepulcral, a excepción del débil son de una música procedente de un altavoz lejano. La mochila en mi espalda es muy pesada y el dolor al clavarse en mi piel se está volviendo insoportable. Sudo con temor en el abrigo de invierno de lana que llevo puesto. La mochila de mi abuelo no para de deslizarse por mi hombro. Arrastro mis pies con mucha mayor dificultad con mis pesadas botas de esquí. Trato de no pensar en nada. Miro el pequeño número verde que cuelga en mi pecho, mi pase desde el valle de la muerte a la tierra de los vivos.

De repente, ¡terror! Un triciclo de la calle Gesia viene hacia mí. Presa del pánico, busco a mi policía. Ya no está detrás de mí. Ha desaparecido. ¿Qué voy a hacer?¿Me voy a ocultar en la puerta? Trato de pensar con rapidez mientras camino hacia adelante vacilante y abrazada las paredes de los edificios. Por suerte, el conductor del carrito gira a la izquierda en la primera esquina. Debe haberme visto y giró para no tener que cruzarse conmigo. Al parecer los dos oficiales alemanes que iban charlando en el asiento de pasajeros del triciclo no me han visto.

Desde la esquina de las calles Wolynska y Zamenhof al 16 de la calle Gesia, donde se encuentra la tienda de Toebbens, no hay un gran trecho, pero a mí me parece una eternidad. A lo lejos, en la calle Gesia, me percato de una figura de color negro que se hace más grande, se está acercando, puedo distinguir una silueta humana. Para mi horror, resulta ser un ucraniano de uniforme negro. Con paso ligero, el soldado se acerca cada vez más. Paralizada por el miedo, me detengo.

—Señor, ¿qué debo hacer? —le pregunto a un trabajador judío con un mono de trabajo que está pasando justo a mi lado.

—No te detengas —responde a su paso—. Solo camina hacia adelante, ¡y que Dios te proteja!

"Oh, Dios omnipotente, por favor hazme invisible solo por un minuto". Estas palabras pasan por mi mente.

Al parecer, Dios escucha mi súplica. El ucraniano, que va borracho, no se detiene; sigue adelante. Por último, ya casi deshecha por el esfuerzo, llego a mi destino. Las letras sobre la puerta dicen 16 Gesia. La puerta está cerrada. Empiezo a golpear la puerta de hierro con mi puño.

—¿Quién es? —pregunta alguien, mirando por una ventana pequeña.

—Abre, y no hagas tantas preguntas —dice otra voz desde dentro—Es un alma rescatada procedente del otro mundo.

La cerradura suena y los pernos se mueven. Hay momentos en la vida de una persona cuando una hora parece un segundo, pero en este momento cada minuto parece una eternidad.

Finalmente, la pesada puerta se abre y una mano fuerte me hala hacia adentro. Antes tener la oportunidad de componerme, mi policía aparece de la nada, y sin pronunciar una palabra se lleva el pequeño número de mi solapa en un solo tirón de su mano y luego se va. Aliviada dejo caer las mochilas pesadas y me siento en una de ellas, completamente agotada.

Una multitud comienza a reunirse a mi alrededor. Aunque no conozco a nadie, reconozco de inmediato sus rostros preocupados, los rostros de mis hermanos y hermanas en la desgracia. Un millón de preguntas se disparan sobre mí.

—¿De dónde has venido? ¿Cómo conseguiste salir de allí? ¿Ya terminaron las selecciones? ¿Han matado a mucha gente? ¿Alguien sobrevive en la Caldera? ¿Has visto por casualidad a mi hijito? Es un hermoso niño de ocho años de edad, con rizos negros. Lo dejé en la calle Mila con mi padre.

La madre desesperada hace sus preguntas, tratando de superar los gritos de los demás. Un millar de martillos golpean en mi cabeza. Una abrazadera de hierro me aprieta el corazón. Las lágrimas me ahogan. Lloro, me cubro la cara con las manos. Alguien me acaricia el pelo reconfortándome. Después de unos minutos, me compongo. Mi cara está mojada por el llanto, y alguien me ofrece un pañuelo para secar mis lágrimas. Trato de responder a la avalancha de preguntas, pero con cada minuto que pasa, me voy preocupando más mientras espero que aparezca a mi abuelo.

Por fin aparece, cubierto de sudor después de su angustioso viaje. Me tiro a él abrazando su cuello, sollozando. Después de una espera ansiosa interminable, me lleno de felicidad de ver aparecer a mamá. Mirando con preocupación a su alrededor en la tenue penumbra, nos ve finalmente. Después de la larga separación nos abrazamos el uno al otro con alegría por el reencuentro. Llorando en silencio mamá me estrecha contra su cuerpo. Ella solloza de tristeza sobre el pecho de su padre.

En un minuto, se limpia las lágrimas y dice con energía renovada.

—No tenemos un minuto que perder. Hemos de comenzar con un nuevo curso de acción. ¡Tenemos que sacar a nuestra familia fuera de la *Umschlagplatz*!

Sus ojos, que se veían derrotados hace un momento, ahora brillan con renovada esperanza. Pronto se nos informa, sin embargo, que no hay acceso a la *Umschlagplatz*. Algunos escuadrones de policías judíos han sido totalmente exterminados por los alemanes. Un gran número de hombres que trabajan en las unidades sanitarias, que estaban hasta ahora exentos de la deportación, han sido empujados brutalmente a los vagones. La puerta en la *Umschlagplatz* está estrechamente vigilada por la policía alemana y ucraniana, quienes son los únicos que patrullan la zona. La policía judía ya no está autorizada a entrar en el *Umschlagplatz*, y como resultado, es imposible ponerse en contacto con la gente que se encuentra allí. Ya no hay ningún policía judío que actúe como intermediario para sobornar a los alemanes custodiando esos portales de hierro que conducen al infierno. No hay nada que podamos hacer.

En la Caldera los brutales *aktzias* prosiguen continuamente. El *ausweis*, que se supone que debe protegernos por trabajar en una tienda alemana, resulta ser una trampa. Los nazis utilizan todo tipo de trucos y mentiras para realizar las selecciones y detenciones. Cada día cazan a miles de judíos en la Caldera. Los hombres armados de las SS llevan interminables columnas de gente a la *Umschlagplatz*. Allí los cargan en los trenes que esperan. Luego sellan los vagones y salen de la *Umschlagplatz* con su carga humana. En unas pocas horas vuelven vacíos y listos para tragarse otra carga de seres humanos, que ya han sido reunidos y están esperando. Completamente indefensos, llorando por la dolorosa pérdida de nuestros seres queridos, rotos en cuerpo y espíritu, volvemos a trabajar en la tienda.

Después de toda la ansiedad que hemos pasado, me sale un forúnculo infectado muy doloroso en el cuello. Mamá no duerme por las noches pensando en sus hijos desaparecidos.

—¿Cómo estarán mis pobres hijos queridos? —me pregunta en voz baja para no despertar al abuelo.

—Probablemente están ayudando a los campesinos con la cosecha —le digo en un esfuerzo para calmarla. No soy muy convincente.

—Se acerca el invierno. Espero que no se resfríen. Mis pobres hijos. ¿Quién los va a acostar? —Llora mi infeliz madre mientras habla.

El bloqueo de la Caldera continúa. En el taller de Toebbens, las máquinas hacen un furioso zumbido. Nuestras manos trabajan con nerviosismo, pero nuestros corazones y pensamientos están con nuestros seres queridos. Con nuestros hermanos y hermanas en la *Umschlagplatz*, en los vagones, en los campos y en la lucha de la Caldera por el derecho a vivir y ser libre. No se puede dejar de ver el dolor y la ansiedad en los ojos de los trabajadores. Los tiroteos que oímos constantemente a lo lejos desgarran nuestros corazones con terror. Después de una semana que parece no tener fin, el 12 de septiembre de 1942, la Caldera se vuelve a abrir.

En el transcurso de esa trágica semana, veinticinco mil judíos son masacrados. Alrededor de mil personas mueren de hambre o de sed o mueren sofocados en escondites sin ventilación. En esa semana, los alemanes apresan y deportan a setenta mil judíos. La Caldera parece un campo de batalla. Aquí, la muerte es la monarca indiscutible. Los cadáveres yacen pudriéndose en las calles mientras la sangre de los mártires judíos corre por las cunetas. Se ha completado la fase inicial de la liquidación de judíos del gueto de Varsovia.

Día tras día, esperamos noticias. Los días se convierten en semanas, y no llegan cartas ni noticias de los deportados. Ninguno de ellos ha regresado. Las últimas chispas de esperanza se desvanecen. Tal vez uno de nuestros familiares se ha escondido, se ha puesto a salvo en alguna parte y ha logrado evadir la expulsión de alguna manera milagrosa. Por desgracia, no hay rastro de ellos. La imagen de sus lugares vacíos en la tienda desgarra mi corazón. No hace mucho tiempo, esas máquinas eran operadas por el tío Froim o el tío

Itzik. Hay muchas máquinas de coser que ya no se unen al ruido general. El taller está medio vacío.

A principios de julio, había 350.000 judíos viviendo en el gueto de Varsovia. Después de la masacre, solo cuarenta y cinco mil permanecen. Los alemanes no han perdido el tiempo o la energía. Llevan a cabo sus planes diabólicos de forma sistemática, y ahora están reduciendo el tamaño del gueto de nuevo, apretando a los habitantes con más fuerza dentro de sus redes. Dividen el gueto en cinco zonas. Los trabajadores de Toebbens, de Schultz, de la fábrica de cepillos, los carpinteros y los zapateros se agrupan en calles cercanas del gran gueto. El gueto pequeño alberga a los que trabajan para los alemanes en el lado ario. Ellos trabajan para la agencia alemana conocida como *Werterfassung, Value Collection*. Esta agencia, que utiliza mano de obra judía no remunerada, roba y confisca los bienes dejados por judíos que han sido reasentados. Hay almacenes llenos de muebles, utensilios domésticos, ropa de cama, porcelana y todo tipo de otros efectos, que son cargados en camiones y enviados a Alemania.

Los judíos que no pueden obtener puestos de trabajo en los talleres alemanes se ofrecen voluntarios para trabajar en *Werterfassung* solo para obtener un *ausweis*. Sin embargo, muchos no confían en los alemanes y no dependen de su *ausweis*. Se van a la clandestinidad y pertenecen al grupo llamado "desempleados salvajes."

El taller de Toebbens, donde trabajamos, se ha trasladado a la calle Leszno. El abuelo, mamá y yo estamos alojados con los demás trabajadores en los edificios junto al taller de Toebbens. Nosotros tres vivimos en una habitación de un apartamento pequeño de tres piezas en la calle Nowolipki. La habitación está equipada con camas, ropa de cama y vajilla. Todo ha sido abandonado por los anteriores inquilinos que han sido deportados.

Una pareja de jóvenes piden al abuelo que los una en matrimonio. Después del trabajo, en el crepúsculo, bajamos. La reunión incluye a la joven pareja, mi madre y yo, el abuelo y diez hombres para presenciar la ceremonia religiosa. Colocamos el taled blanco del abuelo sobre las cabezas de los novios para que sirva de dosel. Alguien ha traído una copa de vino. El novio aplasta un plato bajo su pie. Ecos de "Mazel tov!" resuenan por todo el patio.

La vida aquí, tal como es, vuelve a la normalidad lentamente. Nos despertamos al amanecer para poder estar en el trabajo en el taller a las siete en punto. A las seis en punto en la noche, después del trabajo, compramos comida con una tarjeta de racionamiento de alimentos. Las raciones de pan se vuelven cada vez más y más pequeñas; ahora se ha reducido a 7,5 gramos por persona al día. La ración de hoy incluye carne de caballo. Mamá la prepara kosher según las leyes de kashrut, con agua y sal. Bien preparada, la carne tiene un sabor dulce que calma nuestros dolores de hambre un poco. Mamá, a quién le repugna la carne de caballo, me da su parte.

—Come hija. Estás creciendo. Es importante para ti comer carne —mi madre me convence de que la coma. El abuelo, que no sabe qué tipo de carne es, come su porción. Las raciones de comida son mínimas. Es imposible para un ser humano sobrevivir con la porción asignada, por lo que todo el mundo trata de complementar la ración de cualquier manera.

Las personas que trabajan para los alemanes en el lado ario canjean ropa, ropa de cama y otros artículos tomados de casas abandonadas a cambio de comida. No piensan que apropiarse de estos artículos es un robo. Si no tomamos estas cosas hoy, la *Werterfassung* se llevará todo al día siguiente.

Ellos lo cargarán todo en camiones para llevarlo a Alemania, y todo pasará legalmente a ser propiedad del Tercer Reich. El contrabando de alimentos en el gueto se ha vuelto imposible ahora que las puertas que conducen a la parte aria están custodiadas por soldados alemanes y ucranianos. Cualquier persona que sea capturada haciendo contrabando es fusilada en el acto. Sin embargo, aquellos que continúan con el contrabando razonan que es mejor morir de una muerte rápida por una bala que sufrir una muerte lenta y agonizante por inanición.

Tenemos la suerte de haber salvado algo de la mercancía en nuestra tienda. Al caer la tarde, mi madre y yo salimos a la calle, donde nos conectamos con un comprador. Luego nos escondemos en un portal y rápidamente acordamos un precio. Vendemos una chaqueta o un traje a un policía polaco. Ellos están entre los pocos que tienen autorización para entrar en el gueto. El precio de la ropa usada se ha reducido considerablemente después de la última deportación de judíos del gueto, ya que los mercados en el lado ario están bien equipados con bienes usados. Nuestra mercancía es nueva y ha conservado su valor.

En el mercado negro, compramos alimentos para aplacar el hambre. El otoño está llegando a su fin, y el mal tiempo no ayuda a nuestro deprimido estado de ánimo. Las fervientes oraciones del abuelo y las abundantes lágrimas de mamá no ayudan tampoco. Todavía no sabemos nada sobre nuestra familia. No nos han dado señales de vida. En la tienda, coso botones y remiendo uniformes alemanes. El trabajo es difícil, sobre todo para mí que no soy muy buena con la aguja.

Gracias a Dios, soy una de las jóvenes escogidas para ayudar a construir un muro en la calle Leszno. El muro está destinado a separar nuestro taller y la casa donde vivimos del territorio "salvaje", las casas y calles abandonadas que recientemente habían sido parte del gueto. Prefiero trabajar al aire libre que el tedio de empacar y reparar los uniformes de los odiados alemanes. Mi trabajo es entregar los ladrillos a los constructores judíos. Estos ásperos ladrillos raspan la piel de nuestras manos, pero no me importa porque tengo un poco de tiempo libre durante el almuerzo o mientras espero un nuevo cargamento de ladrillos. Entonces puedo colarme en la desierta librería, que está llena de libros, aunque todos ellos están muy desordenados. Hay libros abiertos en los estantes, textos escolares y colecciones de cuentos de hadas con coloridas ilustraciones felices. Libros gruesos con tapas oscuras se alinean en uno de los estantes superiores, y la visión de ellos me llena de asombro. Me siento como en casa, entre mis viejos amigos.

Aquí está *Pan Tadeusz* de Mickiewicz en un volumen bellamente encuadernado; también están las maravillosas obras de Zeromski y Sienkiewicz. Mirando tímidamente por debajo de una pila de libros, como asustado, se asoma *Meirezefowicz* de Eliza Ozeszkowa. También están presentes *La montaña mágica*, de Thomas Mann, y *Flaviush*, de Feuchtwanger. Me llevo algunos poemas de mis amados autores de este preciado montón de libros. Ocultando los libros bajo el abrigo vuelvo a mi trabajo en el muro. Escondo mis recién descubiertos tesoros entre los ladrillos. Por la noche en casa los devoro.

En estas hermosas historias encuentro un escape a la opresión cotidiana y a la sombría realidad. Me transportan a la tierra de los sueños y a la normalidad de la vida antes de la guerra. Hoy encontré el volumen *Los hermanos Oppermann*. Las profecías de Feuchtwanger se han cumplido. "La última guerra" escribe, "fue solo un precursor de lo que está por venir". El autor describe los inicios del partido nazi en

Alemania. "Nos encontramos en el umbral de una gran catástrofe para el mundo entero". Leo estas palabras aterrorizada. Siento pena por estos libros abandonados a su propia suerte en esta tierra de nadie. De buena gana me devolvería para abrazarlos y llevármelos a casa. Pero ¿dónde podría almacenar estos pesados libros? ¿Puedo guardarlos en esta habitación pequeña, donde no hay apenas espacio para dos camas, una mesa pequeña y una estufa diminuta? "Bueno", pienso mientras abandono mi plan "¿quién sabe cuánto tiempo nos van a dejar estar en nuestra nueva casa?". Miro el muro de ladrillos y me entristezco de ver que va en aumento tan rápido. Cuando esté terminado, seré despojada de mi encantador mundo de libros. Efectivamente, poco después de que se ha completado el muro, me veo obligada a suspender mis expediciones diarias a mi amada tienda de libros.

En el pequeño gueto, la antigua oficina de correos de la calle Zamenhof todavía conserva unos pocos trabajadores. Trato de convencer a mamá que me deje ir allí. Tal vez hay algunas noticias sobre la familia. Tal vez una carta de papá desde Palestina, enviada por nuestro primo en Suiza. O tal vez, nos ha enviado otra lata de sardinas de Portugal. Al principio de las expulsiones, el servicio de correo se suspendió. No hay carteros para entregar el correo. ¿A dónde irían a entregarlo? Los edificios están vacíos. Las pocas personas que quedan en el gueto han sido obligadas a trasladarse de un lugar a otro, por lo que aquellos que esperan correo tienen que ir a la oficina de correos y recogerlo ellos mismos.

Mamá está aprensiva acerca de dejarme ir a la oficina de correos. No quiere que cruce hacia el gueto pequeño. Si nos encuentran sin un pase en la tierra de nadie, que se encuentra entre la calle donde estamos y el pequeño gueto, nos pueden disparar. Para cruzar con seguridad de una zona a otra, hay que unirse a un grupo de personas que regresen de trabajar en el lado ario.

—¿Cómo vas a llegar? —pregunta mamá preocupada—. Si los alemanes te capturan, no voy a sobrevivir. No podré soportar que te asesinen también.

Le prometo que voy a ser cuidadosa y no voy a dejar que me atrapen. Mi madre me acompaña hasta la puerta. Puedo ver a los trabajadores que se acercan en la distancia. Tengo la suerte de que nadie me ve. Salto y me uno a la columna en marcha. En la puerta del pequeño gueto, los alemanes detienen a todo el grupo. Registran a los trabajadores que regresan de la parte aria a fondo y confiscan pan y otros alimentos que los trabajadores están tratando de traer al gueto. La búsqueda se acompaña de insultos y amenazas brutales e incluso disparos. Finalmente, llego a la oficina de correos.

Se requiere el apellido y la dirección y el lugar donde solía vivir antes de las deportaciones, antes de julio de 1942. Doy nuestro último domicilio en la calle Gesia.

—No hay nada para ti —dice el funcionario, negando con la cabeza. Trato de superar mi decepción mientras me alejo. Vuelvo un minuto después.

—Tal vez hay algo para nosotros a la dirección anterior, número 10 de la calle Pawia, le digo tímidamente. Él hurga entre los papeles y de repente saca un gran sobre marrón de debajo de un montón de cartas. La dirección escrita en el sobre en grandes letras negras, es Golda Liebe Rothstein, Varsovia, calle Pawia número 10, Gobierno General, Polonia.

—Esa es mi madre —digo en voz emocionada, mostrando documentos de mi madre al empleado de correos.

Abro el sobre con manos temblorosas. Al instante, me doy cuenta que son fotos de pasaporte de mi madre y de nosotros, los niños. Las habíamos hecho en Praga y luego las enviamos a Vilna cuando papá nos lo pidió.

—¡Esos son los certificados para Palestina! ¡Tienes suerte! —grita alguien que está de pie detrás de mí.

Regreso mi tesoro inestimable al sobre para no tenerlo a la vista y rápidamente me vuelvo a casa para compartir la maravillosa noticia con mamá y el abuelo. Llamo desde la puerta, agitando el sobre en el aire.

—¡Un certificado para Palestina! ¡Nos vamos con papá! ¡Hemos recibido un certificado! Papá nos envió un certificado. Nos vamos a unir a papá en la Tierra de Israel —canto con alegría.

Abrazo a mamá y beso al abuelo. Estoy borracha de alegría. Mamá no comprende el significado de la situación. Coge el documento de mis manos con incredulidad, lo examina para determinar su validez. Lo lee en silencio al principio, luego lee la carta que acompaña el certificado en voz alta.

El certificado fue enviado desde Turquía por un abogado llamado Goldin. La carta afirma que el sobre contiene un documento que es un certificado, un visado para Golda Liebe Rothstein y sus cuatro hijos (Ruchama Rachel, Rywka, Jehudit y Avraham David) para entrar en el mandato británico en Palestina. Los documentos llevan nuestros nombres hebreos.

Mamá lee: "El viaje a la frontera con Turquía ha sido pagado con antelación. En Estambul, tenemos que ver al abogado, Goldin, quien se hará cargo de todos los trámites que quedan".

Dos gruesas lágrimas corren por el rostro de mamá y caen en las fotos de los niños riendo. Mi felicidad no tiene límites. Abrazo a mi madre que está llorando y vuelvo a besar a mi totalmente desorientado abuelo.

—Por fin recibimos una carta de ellos. ¡Oh, gracias, Dios compasivo! —dice el abuelo mirando hacia arriba—. ¿Están bien? ¿Qué es lo que escriben? ¿Dónde están? ¿Dónde trabajan?

Una avalancha de preguntas me inunda.

—Hemos recibido un certificado para Palestina. Vamos a juntarnos con mi padre —le digo con entusiasmo. Ebria de felicidad, me veo en el océano en un barco oscilante. Estamos navegando hacia la tierra bañada por el sol, la tierra de mis sueños. Los sollozos amargos de mi madre me despiertan de mi dulce sueño.

—¡No me voy a ir sin ellos! No sin nuestros hijos —grita mamá rompiendo a llorar—. No voy a dejarlos aquí abandonados.

Caminando por la habitación nerviosamente con pasos largos mamá dice:

—¿Cómo puedo mirar a tu padre al llegar sin nuestros amados hijos? ¿Qué voy a decirle cuando me pregunte qué hice con mis hijos?

Ella se retuerce las manos. Abrazo a mi madre llorando y beso su rostro bañado en lágrimas saladas. Tratando de calmarla, le pinto todo tipo de escenarios optimistas.

—Los niños están probablemente trabajando en los campos para un campesino. En los pueblos, siempre hay suficiente trabajo para todos, incluso para los niños. Trato de convencerla pero ella niega con la cabeza desesperadamente.

—Tenemos que actuar rápidamente —le digo con convicción—. Debemos mostrar a los documentos a las autoridades alemanas. Ciertamente encontrarán a los niños y los dejarán libres —agrego, tratando de creer en mis propias palabras. Mis esfuerzos son en vano. Mamá no se deja convencer. Ella susurra algo para sí misma paseando por la habitación.

—Esto es imposible. No podemos creer en esos terribles rumores que rondan el gueto —dice el abuelo, como si leyera la mente de mi madre—. Es obra de algún maníaco que difunde esas terribles historias acerca de los asesinatos en masa de judíos. Seguro es un pobre hombre que ha sido probablemente golpeado tan severamente por los alemanes que perdió el sentido. Probablemente está demente. Contando historias sin sentido sobre homicidios cometidos por el gas o la corriente eléctrica. Sus historias no se pueden creer , tractores enterrando cuerpos asfixiados en fosas de cal. No podemos permitirnos creer en tales fabricaciones enfermizas —dice el abuelo con convicción.

Estamos en un dilema. No sabemos qué hacer con nuestros papeles. ¿Dónde debemos reportarnos? ¿A quién nos dirigimos? Alguien nos aconseja reportarnos a la Gestapo con los documentos. La sede de la Gestapo está en la avenida Schucha, en el lado ario. Para llegar allí, primero necesitamos un pase. ¿Dónde y cómo se obtiene un pase de este tipo? Mamá ni siquiera parece preocuparse por esto. Mantiene su posición obstinadamente:

—¡No voy a irme sin mis hijos!

Otros nos dicen que sería una locura reportarnos a la Gestapo con los papeles para el paso a un país enemigo. Se reirían de nosotros, tomarían nuestros trabajos, nos meterían en la cárcel y nos dispararían sin contemplaciones.

Seguimos trabajando en la tienda en un estado de incertidumbre, pero con la esperanza de un mañana mejor. Los días y las semanas pasan. Diciembre de 1942 está llegando a su fin. Hace un frío terrible. Estamos sufriendo desesperadamente con el frío porque no tenemos calefacción y nos alimentamos insuficientemente.

Un día, Zosia viene a visitarme. Habíamos hecho amistad durante la construcción del muro. Secretamente me entrega una pequeña carta arrugada y dice misteriosamente:

—Lee esto rápidamente y dáselo a una persona de confianza.

Me encierro en el cuarto de baño y desenvuelvo el folleto enrollado. Leo lo siguiente:

"¡Hermanos y hermanas! Abran los ojos a la amarga realidad. No dejen que les engañen. No crean en las historias sobre los campos de trabajo para personas mayores y para niños. A solo 90 kilómetros de Varsovia hay un campo de exterminio, Treblinka, donde los nazis están matando a nuestras madres, hermanas, hijos, padres y hermanos a sangre fría".

Sigo leyendo el mensaje y me paralizo con rigidez por el miedo.

"No crean en sus descaradas mentiras que dicen que las personas especializadas serán puestas en libertad después de las deportaciones. La muerte nos espera a todos en el campo de exterminio de Treblinka. Este dragón voraz está devorando a decenas de miles de víctimas cada día. Los testigos mudos son los vagones vacíos. Después que las desafortunadas víctimas han sido asesinadas, los vagones vuelven a la *Umschlagplatz* por más. ¡Judíos, despierten de su letargo! ¡No dejen que les engañen! Miren la terrible verdad a los ojos. El gueto de Lublin y los de otras ciudades y pueblos ya han sido liquidados. Los habitantes de esos guetos fueron fusilados en los bosques cercanos, o deportados a campos de concentración. El mismo destino nos espera aquí. *Judenrein. (Limpieza de judíos)* ¡Debemos prepararnos para luchar contra el demonio de la muerte! No vamos a dejarnos llevar como corderos a la masacre. Defenderemos nuestro honor con nuestras vidas y las vidas de nuestros seres queridos. ¡Muerte a los bandidos nazis! ¡Larga vida a la Organización Judía de Combate!"

Sentada como si estuviera pegada a la taza del inodoro los escalofríos corren por mi espalda. Así que esos terribles rumores son ciertos. Nunca volveré a ver a mi familia. A mis hermanas menores o a mi querido hermano pequeño. Es imposible que hayan asesinado a toda nuestra familia. No puede ser cierto que no ya estén aquí más. Esto es una locura. ¿Un exterminio de masas premeditado y organizado en el siglo XX? ¿Un genocidio cometido por una nación culta como Alemania? Una nación que ha producido tales poetas, músicos, intelectuales no puede ser capaz de semejante bestialidad".

Mis pensamientos tristes son interrumpidos por alguien que golpea en la puerta del cuarto de baño. No le muestro el panfleto a mi madre, pero una vez más me pongo a presionarla para actuar y hacer algo sobre nuestros certificados.

—Papá probablemente ha tenido un montón de problemas para sacarnos de aquí —le digo.

Después de muchos ruegos, mamá cede. En la segunda quincena de enero de 1943, decide hacer un viaje al otro gueto para visitar a sus dos hermanas, Paula y Hela. Allí, tratará de ponerse en contacto con el doctor Hillel Zeidman, un ex periodista y un buen amigo de mi padre. Tal vez él puede darle algunos consejos útiles. Tal vez nos ayudarán a decidir qué hacer con nuestro certificado.

Sábado, al final de la jornada de trabajo, estamos paradas en la puerta de salida, escondidas detrás de una pared, esperando por los trabajadores que regresan desde el lado ario. Hay poca luz. Miro mi reloj con impaciencia.

—Mamá, llévate el certificado contigo —le ruego mientras lo saca de su bolsa de tela que cuelga en su hombro, de entre varios pases y documentos de *ausweis*. No está de acuerdo en llevarse el certificado con ella.

—No —dice con firmeza—. Los alemanes pueden quitarme este valioso certificado cuando me registren en la puerta del gueto. Tú ten mucho cuidado con el —dice y me da el sobre.

—Guárdalo y cuida del abuelo. No te quedes en la calle sin necesidad. Regresaré al taller la mañana del lunes.

Me da un último beso maternal, y su pequeña figura en un abrigo azul marino pasa delante de mí y desaparece entre las columnas de trabajadores en marcha que regresan al gueto. Al instante me siento poseída por un extraño presentimiento. Quiero correr tras ella, pero el policía que custodia la puerta me detiene.

Ansiosamente, me quedo mirando el grupo que marcha rápidamente y que cada vez se dibuja más y más lejos, cada vez más y más pequeños, hasta que finalmente doblan en una esquina.

El lunes por la mañana está gris y frío. El calendario dice 18 de enero 1943. El abuelo termina sus oraciones de la mañana. Miro alrededor en la habitación. Está aún muy oscuro afuera. La helada pellizca mis orejas y saca lágrimas a mis ojos. La nieve cruje bajo los pies. Figuras fantasmales encorvadas se apresuran para llegar al trabajo.

—Tu madre probablemente esté ya en el taller —dice el abuelo caminando más rápido.

Firmamos la hoja de asistencia. Mamá no está aquí todavía. Tomo mi lugar habitual junto al lugar de mi madre en la mesa. Coso botones en uniformes alemanes. Mis dedos funcionan automáticamente. Sigo mirando hacia la puerta, esperando que mamá entre en cualquier momento. Las manillas en el enorme y oscuro reloj indican que ya son más de las nueve. Las máquinas de sastre están sonando a toda velocidad. Mi madre todavía no ha llegado. Una terrible sospecha y miedo aprieta mi corazón.

¿Qué pasó con mamá? ¿Por qué no está aquí?

—Tu madre probablemente está en casa ahora —dice el abuelo adivinando mis pensamientos—. Debe de haber regresado tarde y pensado que no valía la pena venir a trabajar —añade, en un intento de consolarme, a la vez que calma sus propios miedos. El día se alarga interminablemente. Por último, el reloj marca las seis. Salimos de la tienda rápidamente. Un viento helado sopla terrible por las calles y sus ráfagas gélidas penetran nuestros abrigos. En la esquina, nos encontramos con un pequeño grupo de personas de pie junto a la pared, hablando de algo en voz baja.

—Es hora de que dejemos de engañarnos a nosotros mismos. No tenemos más remedio que resistir al enemigo. Tenemos que luchar y morir con honor —dice uno de los jóvenes en voz baja.

Oímos disparos en la distancia.

—¿Oyes lo que está pasando? —pregunta, muy exaltado—. ¡Esos muchachos están defendiendo el honor judío!

—Nuestra juventud está defendiéndose disparando a los nazis, cara a cara —alguien grita y desaparece en la oscuridad de la noche.

La noticia de los enfrentamientos en el pequeño gueto se extiende como un rayo. Temprano en la mañana, el ejército alemán, apoyado por un batallón de los lituanos y ucranianos, rodea el gueto y lo sella herméticamente. No hay forma de entrar o salir. Yo estoy en el medio de la calle, como si alguien me hubiese golpeado con un mazo.

"¡Es imposible", pienso "que mi ingeniosa madre se deje atrapar! No puede dejarme sola". En la desesperación, trato de reprimir las lágrimas que manan de dentro de mí. El pánico y el miedo me poseen completamente. El toque de queda se acerca, y en unos minutos estará prohibido ser visto en la calle. La gente está muy preocupada y se dispersan en todas direcciones. La calle está desierta. Mi espíritu está completamente roto. El abuelo me hala hacia dentro en la casa.

—Después de que el *aktzia* haya terminado —dice, tratando de calmarme—, tu madre volverá con nosotros. Probablemente está escondida con sus hermanas, Paula y Hela. Incluso si la atraparon, cuando les muestre sus papeles y vean que trabaja para Toebbens, dejarán que se vaya y no la deportarán. Tenemos que confiar en Dios y creer que Él no nos abandonará.

La habitación está helada y hay un vacío deprimente. La lámpara de carburo en la mesa sisea dolorosamente, esparciendo chispas de frío en todas partes. El abuelo se mueve hacia la luz con un libro de oraciones en la mano. Reza a Dios con pasión para que le devuelva a su hija sana y salva. Me muevo y doy vueltas en la cama, atormentada por los malos pensamientos y tiritando de frío. No puedo dormir. Trato de alejar mis pensamientos tristes. Echo profundamente de menos la presencia del cuerpo cálido de mi madre. Cada noche antes de dormir ella me calienta los pies fríos con el calor de su cuerpo. Ya no escucho su respiración rítmica mientras duerme después de un duro día de trabajo, mientras me aprieta contra ella. Estoy abrumada por un terrible anhelo de mi querida madre.

Una impotente desesperación y miedo de perderla se apodera por completo de mi ser. Entierro mi rostro húmedo en la almohada, tratando de reprimir mis sollozos.

Un nuevo día amanece sin esperanza. En el trabajo, nos enteramos de que el pequeño gueto está todavía en estado de sitio. Es imposible entrar en el gueto, y no sale ninguna noticias de dentro. Pasa otro día lleno de ansiedad y de espera. Finalmente, después de cinco largos días, el viernes 22 de enero, los alemanes detienen su *aktzia* criminal.

Los primeros vestigios de noticias alarmantes comienzan a emerger. Los nazis atrapan y deportan a decenas de miles de judíos, aunque esta vez, la Organización Judía de Combate monta una resistencia heroica. Los primeros en participar en la resistencia armada son los carpinteros en el taller de carpintería en la calle Gesia. Los trabajadores lanzan cócteles molotov contra los alemanes, matando a varios de ellos. Los hombres de las SS enloquecidos arrastran a todos los trabajadores fuera de la tienda y matan a muchos de ellos, y envían el resto a la *Umschlagplatz*. Los judíos tiran piedras, fragmentos de vidrio y cócteles Molotov a los alemanes desde algunos de los tejados de los edificios que rodean. Luchan valientemente con todo lo que puedan usar como arma. Cuando los alemanes derriban una puerta con barricadas y empiezan a subir las escaleras, la escalera, que ha sido empapada en benceno, se incendia. Los alemanes se ven obligados a retirarse del edificio sitiado. Algunas de las personas que están siendo llevadas a la *Umschlagplatz* logran disparar a los alemanes y tiran cócteles molotov. Los nazis que han sido alcanzados están aturdidos y caen, sumergidos en charcos de su propia sangre. Los sorprendidos hombres de las SS no pueden comprender lo que está sucediendo. Están confundidos.

Muchas personas se aprovechan de la confusión para huir de la columna y se esconden en las casas abandonadas. Sobreviene un caos de gente corriendo y disparos. Muchas personas pierden la vida, pero muchos también se las arreglan para escapar, nos cuentan testigos. Es la primera resistencia armada de las masas oprimidas, el primer disparo judío de la guerra.

Una semana entera pasa, y mi madre todavía no está aquí. Hoy es sábado, 23 de enero y no ha vuelto a trabajar .

"Oh, Dios mío, ¿qué le ha pasado a mi madre? ¿Por qué Paula y Hela no dan señales de vida?". Otro día lleno de tristeza. Mis manos trabajan con nerviosismo, y mis labios murmuran oraciones. "Oh, Dios todopoderoso, devuélveme a mi madre. No puedes ser tan cruel como para llevarte a mi madre".

Dos gruesas lágrimas ruedan por mis mejillas mojando el uniforme alemán que tengo entre las rodillas. "Si me muestras tu amor, tu fuerza y tu misericordia, te juro que voy a ser muy religiosa y buena, y que nunca volveré a dudar de tu omnipotencia. Dios de Israel, ten compasión de mí y devuélveme a mi madre sana y salva".

El silbato que anunciaba el final de la jornada de trabajo interrumpe mi oración y mis transacciones con Dios

Todopoderoso. La calle, que estaba desierta, se llena de fantasmas corriendo a sus casas. Sin sentir la ráfaga helada de los vientos del invierno, corro tan rápido como puedo a la salida. El policía judío que patrulla me detiene y pregunta:

—¿Dónde crees que vas, muchacha? Esta es la frontera.

—Estoy esperando a mi madre. Se supone que debe regresar del gueto —le explico.

La nieve cruje bajo las botas que marchan. Miro con atención a un grupo de personas que se acerca. Los trabajadores judíos marchan en medio de la carretera, con precisión militar, regresan del trabajo de esclavo que hacen para los alemanes.

"Enseguida mamá va a salir hábilmente fuera del grupo en marcha. Va a saltar, sin que nadie se de cuenta, y nos vamos a unir en un enorme abrazo". Pienso esperanzada. Los que marchan ya han pasado a través de la salida, y nadie ha saltado. Me dan ganas de llorar.

"Tal vez mamá entró por otra puerta", pienso. "Después de todo, hay otras salidas". Me animo, y con una esperanza peculiar en mi corazón, me voy corriendo a la casa. Me veo a mí misma entre sus brazos abiertos maternales. Respiro su olor familiar. Siento claramente sus tiernas caricias en mi pelo. Voy saltando de dos en dos pasos a la vez, me apresuro a subir las escaleras y abro la puerta con un fuerte empujón.

En la sala, solo hay un vacío deprimente. Es imposible que me engañen mis fuertes presentimientos.

De repente, oigo a alguien tirar de la cadena. Llamo a la puerta.

—Mamá ¿eres tú? —pregunto.

Una voz extraña responde:

—Tal vez ella bajó a buscarte —es la voz de otro inquilino que vive en el mismo apartamento.

Decido correr escaleras abajo. A lo lejos, veo la silueta de una mujer con un abrigo azul marino y un chal negro que cubre su cabeza. "Seguro que es mamá", pienso. Corro detrás de ella, llamándola:

—¡Mamá, espera! Soy yo, Roma.

Una mujer desconocida se da la vuelta y me mira con indiferencia. Echo a correr sin detenerme. Me siento amargada, dolorosamente engañada. Con un paso lento dimitido, vuelvo a casa. Levanto mis ojos y mi mirada se posa en las ventanas de nuestra habitación. En los vidrios congelados aparece el contorno de su cara. "Ella está en casa. ¡Me está buscando!". Mi corazón palpita alegremente. En el pasillo, recibo un olorcillo de la sopa que se está cocinando. "Es mamá preparando la comida", pienso felizmente corriendo por las escaleras.

—¿Dónde has estado? ¿Dónde te quedaste? —me pregunta el abuelo—. Tenía miedo que te hubieran atrapado.

—¿No está aquí? Digo a gritos estallando en lágrimas amargas de dolor y decepción acumulada. Al día siguiente, me doy cuenta de que su nombre está tachado de la lista de asistentes en la hoja de trabajo.

—¡Usted tachó el nombre de mi madre en la lista de los trabajadores por error! Ella seguramente volverá del gueto mañana —digo en voz alta con rabia, tratando de creer mis propias palabras—. Usted no tiene derecho a sacarla fuera de la lista —le digo—, tratando de detener el flujo de lágrimas en mis ojos.

El secretario intenta calmarme. Él promete solemnemente que si mi madre regresa al taller, él pondrá su nombre de vuelta en la lista. Todavía no puedo aceptar el hecho que mamá ha caído en las garras de los nazis.

"¿Qué ha pasado con Hela y Paula? ¿Por qué no hemos oído nada de ellas? ¿Será que mis dos tías también han sido víctimas de los ataques? ¡Es imposible que se las hayan llevado a todas! ¿Es cierto que ahora solo me queda el abuelo?"

Hoy me encuentro con un grupo de personas paradas haciendo un semicírculo que escuchan a un joven que habla. Su gorra azul marino está caída hacia abajo en la frente. Mirando por debajo del ala hay un par de ojos asustados. Mira a su alrededor con recelo. Con una mirada triste y aburrida, observa a la multitud de oyentes que lo rodean. Sus primeras palabras salen apenas en un susurro.

—He regresado de Treblinka. Es una pequeña estación al noroeste de Varsovia. Fue un milagro que me las arreglara para escapar.

Un murmullo de reconocimiento se extiende a través de la multitud y alguien dice:

—No lo interrumpan. Déjenlo hablar. Que nos diga lo que vio allí.

—¿Qué viste allí? —pregunta alguien.

—¿Qué vi? —contesta él, respondiendo tristemente con la cabeza baja a la pregunta con otra pregunta—. Lo que vi fue la Gehena. El infierno de Dante es lo que vi en Treblinka. Esa pequeña e inocente estación de pueblo devora vorazmente trenes cargados de personas que siguen llegando sin cesar. Hemos sido terriblemente engañados. No nos están llevando a campos de trabajo, sino a una bien disfrazada fábrica de muerte. Detrás de una pequeña ventana con cortinas se sienta un conductor que finge vender billetes. Los hombres y las mujeres son separados antes de entrar en los baños. Se les dice educadamente que cuelguen su ropa en lugares separados para que no se confundan después del baño.

Cuando el baño está lleno de gente una pesada puerta de hierro se cierra herméticamente. Los alemanes luego vierten un veneno mortal en la sala sellada a través de aberturas en el techo.

En pocos minutos, las puertas del infierno se abren y justo en frente de tus ojos se encuentra un montículo de cuerpos envenenados con gases.

El joven termina su historia y se queda en silencio, mirando al pequeño grupo de oyentes. Luego se va con una marcha de pato y desaparece en la oscuridad de la noche como un espíritu maligno. Me quedo pegada en el sitio, incapaz de moverme.

—Eso es imposible. No se puede creer —el abuelo no deja de repetir.

—Probablemente lo torturaron y el pobre hombre se volvió loco —dice alguien y luego se va.

—¿Así que nunca los volveré a ver? —pregunto y me echó a llorar—. Mi madre nunca volverá a mí de nuevo. ¿Ha sido asesinada toda mi familia? ¿Nunca volveré a ver a mis hermanas y hermano, mis abuelos, mis tíos, mis tías y primos?

El abuelo intenta calmarme e insiste en que el joven está loco y no sabe lo que está hablando.

El último rumor es que Schultz y Toebbens, los dueños de nuestro taller, están llevando a cabo prolongadas negociaciones con Himmler. Toebbens no tiene intención de renunciar a las generosas ganancias de su fábrica de uniformes más rentable. Se rumorea que han alcanzado un acuerdo; Toebbens, según se cuenta, ha recibido permiso para enviar sus máquinas y a los trabajadores del gueto de Varsovia a Poniatow, un pequeño pueblo en la zona de Lublin. Schultz y sus trabajadores se supone que deben mudarse a Trawniki. Toebbens nos da solemnes garantías de que no se separará a las familias. Promete viviendas adecuadas. La mayoría de la gente realmente no cree en las promesas optimistas y no hay muchos que se inscriban voluntariamente para hacer el viaje.

Para demostrar sus honorables intenciones, Toebbens viaja a Poniatow con algunos de sus propios voluntarios de confianza. Después de que los voluntarios regresan, circulan alrededor de la tienda con entusiasmo diciendo al resto de los trabajadores acerca de las maravillosas condiciones de trabajo y de vida en Poniatow. Argumentan, razonan y convencen a la gente para que se ofrezcan voluntarios para irse a Poniatow, pero es en vano. Hemos dejado de creer en las palabras bonitas y en las hermosas promesas de nuestros enemigos. La Organización Judía de Combate ha comenzado a interesarse en estos agitadores, y no pasa mucho tiempo hasta que la Resistencia ejecuta a uno de los traidores.

Para mí, el tiempo pasa. Mis días están llenos de debates acerca de qué hacer y lágrimas de impotencia. Mis noches están llenas de melancolía y de insomnio. El abuelo continúa orando fervientemente y aún espera un milagro de Dios. A causa de los problemas y el estrés y la falta de alimentos le sale un enorme absceso en la espalda. Le aplico compresas constantemente y otros medicamentos pero nada le ayuda . El absceso se hace más grande y más grande y presiona su columna vertebral. Como se hace muy difícil para el abuelo levantarse de la cama, tengo que dejarlo en la habitación. Lo envuelvo en un edredón y le suplico que no abra la puerta si alguien llama. A menudo hay redadas durante el día para atrapar "desempleados salvajes" que se niegan a trabajar y los que simplemente no son aptos para trabajar. Beso al abuelo para despedirme y salgo corriendo a trabajar.

Cuando regreso en la noche meto la llave en la cerradura con ansiedad. Encuentro al abuelo con un libro de oraciones en la mano, esperando a que vuelva a casa y le cambie la compresa sobre la herida. Sus ojos azules brillan al verme.

—Gracias a Dios que volviste —dice levantando la mirada al cielo.

Después de cambiar el vendaje preparo un poco de sopa. Me pongo una chaqueta de caballero sobre los hombros y me apresuro escaleras abajo para vender un traje que aún queda de nuestra tienda. Los compradores y los vendedores se esconden en los portales de las casas. Para vivir hay que comer. Cada uno se maneja lo mejor que puede y la gente vende todo lo que tienen de valor. Al amparo de la oscuridad, muchos polacos que tienen medios compran mercancía de los judíos. Luego revenden las mercancías en el lado ario por una buena ganancia.

—Tú, pequeña —oigo que llaman detrás de mí. Una gran figura de hombre vestido con un uniforme de policía azul marino camina hacia mí—. ¿Qué estás haciendo aquí? ¿Dónde está tu madre? —pregunta el señor Wladyslaw, un conocido de mamá que solía comprarle a ella.

—Ella no está aquí —le respondo—. ¡Ha sido capturada! ¡Deportada! —pierdo el control y rompo a llorar.

—¡Maldita sea, mierda! —grita el señor Wladyslaw—. ¡Cálmate, niña! —me acaricia el pelo para consolarme.

—¿Qué tienes para vender? —pregunta—. ¿Un traje? Me lo llevo. Comienza a contar la cantidad que le pido. Se da cuenta que no puedo contar todo ese dinero en el acto por lo que se ofrece a venir a mi casa y así podré contarlo con tranquilidad. Una vez en nuestra habitación, coloca billetes de cien del Banco Emisyjny con anotaciones en polaco para facilitarme la tarea de contar.

Hay rumores en la tienda sobre preparativos secretos para la rebelión armada. Los grupos juveniles judíos se están organizando para luchar contra el detestado enemigo. Hablan de la muerte con dignidad y del único objetivo de morir con honor. Siento que he sido cruelmente engañada. Me siento terriblemente amargada y taciturna, indiferente a todo lo que me rodea. Hoy al volver a casa del trabajo me huele a gas. Inmediatamente alarmada corro escaleras arriba tan rápido como puedo. Al abrir la puerta, me da la bienvenida una ráfaga de gas de olor dulce. El abuelo está acostado en la cama en un profundo sueño, con la cabeza hacia un lado. Su cara es de color blanco tiza, con los labios azules, y su respiración es trabajosa. Un brazo cuelga de la cama, como si hubiera estado a punto de agarrar el Talmud que está en el suelo. Abro las ventanas y de inmediato una ráfaga de aire helado llena la habitación. Le doy una palmada fuerte en la cara al abuelo y sacudo su cuerpo inmóvil tratando de despertarlo. Pero no sirve de nada: permanece acostado e inmóvil y soy incapaz de penetrar su profundo letargo. La desesperación y el pánico me abruman.

Corro por el pasillo, gritando:

—¡Por favor ayúdenme! ¡El abuelo se está muriendo!

Las puertas de los otros apartamentos se abren y dos hombres vienen y arrastran el cuerpo del abuelo al pasillo. Se las arreglan para reanimarlo con ayuda de respiración artificial.

—Aprovechando que había un flujo de gas, puse un poco de col a cocinar —explica el abuelo con voz débil.

—Quería sorprenderte con un poco de sopa caliente cuando estuvieras de regreso del trabajo, con frío y hambre. Probablemente me quedé dormido y el fuego se apagó. Luego el gas llegó de nuevo y me llevó a un sueño más profundo.

Una noche, el señor Wladyslaw aparece de nuevo para comprar algunas mercancías. Es un hombre de una estatura media, pero con su atractivo uniforme parece más alto y más delgado de lo que realmente es. Se quita el sombrero azul marino revelando su pelo rubio con copete. Coloca un pequeño paquete sobre la mesa y dice:

—¡Ábrelo! Lo traje para ti —mientras dice estas palabras, agarra un pedazo del pastel de la caja. El pastel está decorado con una rosa hecha de crema batida.

—Pruébalo —dice—, verás lo delicioso que es.

Miro a este raro tesoro con asombro. La saliva inunda mi boca.

—¿Cuánto costó este pastel? —Le pregunto, con intención de pagar. Se niega a tomar mi dinero.

—Come, pequeña. Pruébalo. Es un regalo de mi parte —continúa y empuja el pastel hacia mí—. Ahora presta atención a lo que voy a decirte. Es la razón por la cual he venido hoy.

Habiendo dicho esto, mira a su alrededor con cautela.

—En el lado ario circulan rumores de que los alemanes van a liquidar a todos los judíos en el gueto de Varsovia. Me enteré ayer de que los alemanes planean hacer *Judenrein* en el gueto, limpieza de judíos. Eso es como lo llaman. Por desgracia, estos rumores se han confirmado. La fábrica de la muerte en Treblinka va a toda velocidad. He visto lo que hacen y no hay duda de que los alemanes tienen la intención de terminar con la vida de todos ustedes, y no tardarán mucho. Van a poner su plan asesino en vigor muy pronto. Lo siento mucho por ti y por tu joven vida.

Me mira con lástima y continúa hablando con una voz suave.

—He decidido rescatarte. Quiero arrancarte de las garras de la muerte. Lo estoy haciendo por el bien de tu madre. Ella era una judía muy buena y una comerciante honesta.

Me acaricia el pelo suavemente mientras habla. Respondo con cierto escepticismo:

—¿Dónde me puede esconder? ¿En la casa de quien? ¿Quién va a estar de acuerdo en una cosa así? ¿Cómo va a sacarme del gueto? Será arrestado y cuando la Gestapo me atrape me fusilarán —le pregunto a mansalva.

—Tranquila —responde—. No te asustes, pequeña. He pensado en todo.

He venido aquí con un plan preparado. Echa un vistazo a tu nuevo certificado de nacimiento. Este certificado nuevo es real, no es falso. Es la partida de nacimiento real de una joven cristiana que ha fallecido. ¡Léelo!

Diciendo esto, me muestra un pequeño documento amarillento.

—Tu nombre será Janina Kowalczyk. El nombre de tu padre es Stanislaw. El nombre de tu madre es Katarzyna, el nombre de soltera, Piotrkowska. Has nacido en Bialystock, el 15 de mayo de 1926. Tu religión es la católica.

Comienza a doblar el documento diciendo:

—Aprende todo de memoria. Yo me encargo del resto.
Y por favor, hazme un pequeño favor. A partir de ahora no
me llames "señor". No soy un señor. Solo llámame Wladek.
Cuando me llamas "señor" me haces sentir como un viejo.

Mira su reloj de pulsera y exclama:

—¡Oh Jesús, es tarde. Tengo guardia!

Al salir dice en voz alta:

—¡Prepárate! ¡Volveré en unos días!

Me siento allí paralizada, tratando de digerir la
proposición del señor Wladyslaw.

—¿Qué quería de ti el policía? —La voz del abuelo
irrumpe en mis pensamientos. Levanto mi cabeza y mi mirada
se posa en el abuelo que está en una posición medio sentado
en la cama, sumido en su estudio habitual del Talmud. Dado
que el abuelo no entiende polaco muy bien, no sabe lo que
estábamos hablando. En un solo golpe de vista, me fijo en su
figura escuálida, balanceándose al ritmo del canto tradicional
hebreo. Se concentra, llevando a cabo discusiones intrincadas
con los espíritus de los sabios de su pueblo. Pondera
preguntas talmúdicas y discute con los sabios antiguos,
tratando de demostrar algo. Miro su rostro pálido y llego a la
conclusión de que no podía entender nada de lo que había
pasado entre Pan Wladyslaw y yo. No sería capaz de
comprender que yo, su nieta criada en un hogar judío,
contemplase la posibilidad de escaparse con un cristiano.

"¿Qué va a pasar con el abuelo?", pienso. "¿Dónde voy
a dejarlo? ¿Solo?" Había pensado pedirle consejo sobre la
proposición del policía, pero vi de inmediato lo inútil que
sería.

Me paso la noche dando vueltas inquieta , luchando con mi conciencia. Por un lado, hay esperanza, y por otro los sentimientos de desesperanza y de miedo me poseen. Temo lo desconocido. Temo a la muerte y deseo vivir. Pero, ¿cómo puedo aventurarme en un mundo extraño y hostil con un desconocido? ¿Un mundo en el que, en cada paso y en cada esquina, hay una trampa preparada para los judíos?

Temo a los *shmaltzovniks* que deambulan por las calles de Varsovia chantajeando a los transeúntes. Amenazan con denunciar a la víctima a cambio de un soborno: dinero, joyas, objetos de valor. Luego, después de robar a su víctima, la entregan a la Gestapo de todos modos, porque los judíos ya no son de ningún valor. Lo que les espera después es la muerte inmediata por fusilamiento o prisión seguida de deportación a un campo de exterminio. A medida que el cielo se vuelve gris afuera y un nuevo día sin esperanza está a punto de amanecer, me duermo.

En mi sueños veo el contorno de la casa del señor Wladyslaw donde me refugio. Una señora Wladyslaw con pelo claro está felizmente cantando algo mientras se mueve por su cocina blanca como la nieve y con paciencia me enseña a cocinar. Puedo escuchar el parloteo de los niños jugando felizmente en la habitación de al lado. Aquí reina una tranquilidad y seguridad que he olvidado hace mucho tiempo. La calidez de la familia impregna la casa. De repente, un estruendo en la puerta me despierta de mis dulces sueños. En un sudor frío salto de la cama. Me enfrento a la amarga realidad con profunda decepción y tristeza.

Cuando el señor Wladyslaw me visita la semana siguiente lo atosigo con millones de preguntas que me han estado rondando la cabeza. ¿Dónde vive? ¿Dónde planea que me esconda? ¿Cómo va a sacarme del gueto? Me dice que vive en el número 18 de la calle Chlodna.

—Tengo un apartamento amueblado con elegancia que solía pertenecer a unos judíos. Los judíos lo dejaron todo atrás, hermosos muebles de caoba, elegantes cortinas de encaje, ropa de cama bordada y todo tipo de artículos para el hogar.

Declara todo esto con orgullo pero la frase "Los judíos lo dejaron todo atrás" se clava como un cuchillo justo en mi corazón. No hace mucho tiempo, la calle Chlodna pertenecía al gueto. Los judíos solían vivir allí, pero ya no.

—Señor —le digo tartamudeando—. Tengo que decirle que no soy muy buena en las tareas del hogar. Le prometo que voy a obedecer a su esposa, que tendrá que explicarme todo y mostrarme cómo ella quiere que yo haga las cosas. Puedo aprender rápidamente. Voy a tratar de ser útil para su esposa. Me haré cargo de sus hijos, limpiaré la casa, lavaré la ropa y cocinaré.

Fascinado, me mira y empieza a reír en voz alta. Toca mi nariz en tono de broma y dice:

—No soy un anciano. Solo tengo treinta años. ¿Me encuentras tan decrépito? No tengo esposa. No tengo hijos. Tú serás mi esposa.

Me puse rígida como fulminada por un rayo. En los ojos de una ingenua muchacha de dieciséis años, este hombre de treinta parece mayor y una figura de autoridad paterna. Se da cuenta de mi reacción negativa porque enseguida trata de suavizar el efecto de sus palabras.

—Escucha con atención lo que voy a decirte, niña —dice—. Mis intenciones son honorables, mi niña. Créeme, lo que voy a decirte viene directamente de mi corazón con sinceridad y de verdad —continúa hablando con una voz decisiva—. No tengo ninguna intención de vivir contigo ilícitamente. Nunca haría una cosa así debido a la alta estima que siento por tu madre, a quien respeto. Todo lo que quiero hacer es salvarte de este infierno, preservar tu joven vida condenada al exterminio seguro. Estaría mintiendo si no te digo que me gustaría que seas mi pareja y que quiero que compartas tu vida conmigo. Juro solemnemente que si tengo éxito en el rescate y te saco de aquí, nos casaremos con tu nuevo certificado de nacimiento católico. Estarás protegida por partida doble. Con tu certificado de nacimiento legal y auténtico y un certificado de matrimonio expedido por la Iglesia Católica, nadie te va a meter en la cárcel por ser judía. Tu aspecto tampoco te delatará. Hablas polaco perfectamente y sin acento yidis. Tu apariencia es aria y no judía. Te voy a enseñar las oraciones y nuestras costumbres religiosas.

—Pero, ¿qué pasará si un chantajista me descubre? —pregunto.

—No te preocupes por eso —responde—. He pensado en eso, también. Nadie te molestará si estás con un policía. Y no voy a dejar que te aventures a la calle por tu cuenta. Puedes confiar en mí por completo. Levanta tu cabeza y sonríe. No me gusta ver esa expresión tan triste en tu cara. No tienes nada de qué preocuparte. Deja todas las dudas y preocupaciones para mí. He planeado todo con mucho cuidado y he pensado en todos los problemas posibles. No voy a ponerte en peligro, ni a mí mismo. Por ahora, no hay nadie residiendo en el edificio donde vamos a entrar a vivir. Todo el bloque se ha asignado a la policía polaca. Los nuevos inquilinos no se conocen entre sí y se trasladarán con sus esposas e hijos. Voy a presentar a mi esposa a los nuevos inquilinos y nadie sospechará por un instante que eres judía.

Cuando termina de hablar, le digo tímidamente,

—Para ser perfectamente honesta con usted, no creo estar preparada para el matrimonio. Por favor, deme un poco de tiempo para pensarlo.

Luego añado en tono jocoso:

—Tengo que digerir su generosa y realmente inesperada propuesta.

—Pequeña —dice—, no te demores demasiado tiempo. Decídete rápidamente. No tienes mucho tiempo. La soga está alrededor de tu cuello. Realmente no tienes mucho tiempo para pensar.

Pronuncia estas palabras en un tono más fuerte y parece irritado. Examina de cerca los pantalones que acaba de comprar, cuenta el dinero y luego pone la pila de billetes en la mesa. Como de costumbre me paga en billetes de cien eslotis para que sea más fácil para mí calcular de la cantidad total.

Cuando se va me quedo con emociones encontradas. "¡Oh, gran Dios todopoderoso, ayúdame a decidir qué debo hacer en este momento! ¿Cómo puedo tomar una decisión? ¿Cómo debo reaccionar? ¿Debo rechazar una propuesta tan tentadora? ¿Debo aferrarme a esta oportunidad para salvarme? ¡Dios mío, tú sabes lo mucho que quiero vivir! Para disfrutar de las bellezas de tu creación, oler los aromas agradables de tus flores de dulce fragancia, deleitarme en el calor de tu sol, y disfrutar de todos los regalos de este mundo. Quiero vivir una vida normal, donde haya espacio para la risa, el amor y también donde haya pequeñas preocupaciones cotidianas". Suplico humildemente al Rey del Universo que se sienta en su trono celestial, a Él, que gobierna el destino de todos los seres humanos.

"Tengo miedo de morir. Temo terriblemente ser atrapada en las garras de la muerte, en las cámaras de gas alemanas. Quiero vivir, sobrevivir a toda costa. Quiero llegar a la Tierra Prometida, a la tierra que se prometió a nuestros antepasados. Quiero estar en los brazos de mi padre que me espera. Quiero llorar y derramar sobre su pecho toda la tristeza y la amargura de mi corazón. ¿Lo entenderá? ¿Perdonará a su hija por haberse casado con Wladyslaw? La hija de un judío ortodoxo, rabino y editor de Das Yiddishe Tugblatt, ¿qué dirá mi padre cuando me presente en Palestina después de la guerra? Su hija primogénita casada con un esposo católico. ¿Me repudiará? Quizá me va a desterrar de su vista. Quizá habré pagado un precio demasiado alto por sobrevivir". Estos pensamientos pasan por mi mente mientras apoyo mi cara húmeda en la almohada, tratando de ahogar los sollozos, para no despertar al abuelo que duerme en la cama de al lado.

"Tal vez", pienso, "el señor Wladyslaw no tiene intenciones honestas conmigo.

Tal vez lo único que quiere es la mercancía. Me va a usar como un juguete y cuando se canse de mí, me va a entregar a la Gestapo. Apenas lo conozco", pienso aterrorizada. "Solo soy una niña triste, débil y emocionalmente abatida de dieciséis años". De repente me repugna la idea de que va a ser mi deber compartir su lecho nupcial. Vivir como una esposa con un total desconocido. "¿Qué pasará con el abuelo?", pienso. "No puedo abandonarlo".

Cansada de mis pensamientos sin rumbo caigo en un profundo pero inquieto sueño.

"Oh, Dios mío, ¿dónde estoy?" ¡Me estoy hundiendo! Unas gigantes olas negras pasan sobre mí con un rugido terrible. Con todas mis fuerzas trato de nadar para salir de una masa coagulada de cuerpos humanos que gimen y se quejan. Tengo un raro sabor dulce en mi boca. Algo pesado está presionando mi pecho. Siento asfixia. ¡Aire! ¡Aire! Los cuerpos sin vida siguen cayendo al fondo de la fosa. Nado hacia arriba, más y más, hasta que estoy casi en la parte superior, mientras que las olas diabólicas siguen tirando de mí hacia abajo. ¡No me doy por vencida! Lucho furiosamente con este monstruo. "Shemá Israel" digo en voz alta, gritando la antigua oración que los judíos dicen con su último aliento. Cuando me despierto de la pesadilla estoy empapada en sudor. El viejo colchón cruje debajo de mí, gime con lástima, perturbando el silencio de la noche. Salto de la cama como si estuviera sentada sobre una estufa caliente.

—¿Por qué no estás durmiendo? —pregunta el abuelo que se ha despertado de su sueño—. ¿Te pasa algo? Dios no lo quiera —dice con voz preocupada.

—No abuelo, todo está bien. Solo tuve un mal sueño —calmo sus temores.

Después de unos minutos el silencio regresa solo para ser interrumpido por la respiración rítmica de mi abuelo, que vuelve a caer en un sueño profundo.

A la mañana siguiente, cuando estoy cambiando el vendaje de la espalda del abuelo, me llama la atención una idea ingeniosa. "Estaré de acuerdo con la propuesta del señor Wladyslaw con la condición de que me deje llevarme al abuelo conmigo". Si irme con el señor Wladyslaw es el precio que tengo que pagar para salvar la vida de mi amado abuelo, entonces estoy dispuesta a pagarlo.

Se dice en los libros sagrados que salvar una sola alma de Israel de la muerte es como salvar al mundo entero. Una vida humana en peligro debe ser salvada, no importa cuál sea el precio. He tomado mi decisión y estoy en paz conmigo misma. Espero la llegada del señor Wladyslaw para poder informarle mi decisión.

Al caer la tarde, él aparece. Sonriendo seguro de sí mismo, en posición de firme. Saluda con elegancia. Sus botas pulidas de oficial brillan.

—Buenas noches —me saluda con alegría, besando mi mano gentilmente. Se acomoda en una silla, cruzando las piernas. Saca un pequeño paquete envuelto en papel.

—¿Cómo estás, pequeña? —pregunta, empujando una caja de bombones hacia mí. El maravilloso aroma del chocolate irrita mis fosas nasales, trago la saliva que inunda mi boca hambrienta.

—Prueba lo bueno que es. Lo conseguí sólo para ti —dice, animándome.

—Muchas gracias —le respondo— pero usted está malgastando su dinero, señor.

—Es un placer —dice educadamente—. ¿No crees que es hora de dejar el "señor" y empezar a llamarme Wladek, prometida mía? ¿Has olvidado que pronto serás mi esposa?

Me mira fijamente a los ojos y pregunta:

—¿Qué has decidido? ¿Cuándo estarás lista?

—He decidido aceptar su propuesta —le susurro con timidez.

—Sabía que eras una muchacha sensata. ¿Cuándo vengo a buscarte? —continúa hablando sin dejarme decir una sola palabra.

—Escuche mi plan —le digo—. Lo único que le pido es que me deje traer a mi abuelo conmigo. ¿Cómo voy a dejarlo aquí solo?

Él se pone rojo de la ira, como si se hubiera escaldado con agua hirviendo. Se levanta rápidamente empujando la silla hacia atrás con tanta fuerza que se cae y despierta al abuelo que ha estado durmiendo en la cama. Los ojos de Wladyslaw brillan con un resplandor extraño, y de pronto se oscurecen amenazadoramente.

—¿Qué piensas? —me pregunta enojadamente—. ¿Crees que eres digna de que arriesgue mi vida por un viejo judío? Debes pensar que soy un idiota. Su aspecto judío lo delatará, se ve a kilómetros, y ni hablar del hecho de que ni siquiera habla polaco correctamente. Cualquiera puede olfatear que es judío —. Dice gritando muy molesto.

—Por favor, señor —le digo tratando de calmarlo—. He pensado en la forma de superar todos estos problemas. Lo sacaré del gueto durante la noche, a través de la red de alcantarillado que conduce a la parte aria. Puede esperarnos en la salida de la alcantarilla. Al amparo de la noche nos adentraremos a la vivienda de la calle Chlodna pasando desapercibidos. Una vez allí, encontraremos un escondite para el abuelo. Él simplemente tiene que quedarse encerrado en su escondite sin salir a la calle. Nadie tendrá la menor idea de que existe. Nosotros le vamos a dar todo lo que tenemos, la mercancía sobrante que teníamos en nuestra tienda antes de la guerra, incluyendo abrigos, trajes y otras joyas en nuestro poder.

Estoy emocionada, sin aliento, y añado suplicando:

—Por favor, señor. No me niegue esta bondad. Estaré agradecida el resto de mi vida.

—¡Nada de eso! No voy a permitir que me convenzas de cometer un suicidio. Eres inteligente. ¡Me quieres sobornar! Parece que realmente no entiendes lo que estás pidiendo de mí. ¿O es que te tienes en muy alta estima? —pregunta, enormemente ofendido—. ¡Devuélveme el certificado de nacimiento! Voy a salvar a otra judía, una que me va a agradecer y besar mis pies en señal de gratitud. Te das demasiados aires. Has compuesto tu diabólico plan y piensas que lo vas a poner a mis pies en el último minuto burlándote de mí por tonto. Tal vez no te das cuenta de que lo que estás haciendo es cometer suicidio. Si no sabes eso, entonces te compadezco porque eres más estúpida de lo que pensé. ¿Crees que voy a dejarme matar como un perro de un disparo por viejo judío? Lo único que puedo esperar si hago lo que me pides es una bala en la cabeza.

Inclino mi cabeza, un poco asustada por el arranque del policía y le digo:

—Por favor, entiéndame. No puedo dejarlo solo a su destino. Es mi abuelo.

—Eso no es asunto mío —murmura con enojo—. De todos modos su destino ya está escrito. Si estás tan ansiosa de acompañarlo al otro mundo, no te voy a detener.

Levantando la cabeza empiezo a suplicarle:

—Por favor, quizás me pueda vender el certificado de nacimiento. Le pagaré lo que quiera por ello. Puede ser que lo necesite.

Él responde a mi solicitud con otro arranque de ira.

—¡Date prisa y devuélveme el certificado de nacimiento!

Tomo el preciado documento del cajón lentamente. Tristemente, me separo de este pasaporte a la vida. Él me arrebata el documento de la mano, luego gira sobre sus talones y sale corriendo de la habitación sin decir una palabra cerrando la puerta tras de sí.

—¿Qué pasó? —pregunta el abuelo—. ¿Por qué estaba tan enojado el polaco? Hablaba tan rápido que no supe lo que estaba diciendo. ¿Le pediste un precio muy caro por el traje?

La voz de abuelo me despierta de mi meditación. Sentada en el borde de su cama, le explico lo que había sucedido entre Wladyslaw y yo, dejando de lado la propuesta de matrimonio.

—Ha sido para bien —grita con voz firme—. ¿Cómo puedes creer en un hombre que ni siquiera conoces? ¿Cómo podemos confiar nuestras vidas en sus manos? Hija mía, ¿has perdido la fe en Dios? —pregunta, mirándome con tristeza—. Te lo he dicho muchas veces que no creo en esas historias terribles sobre los campos de exterminio. Dios no permitiría que tal cosa suceda. No va a dejar que asesinen a personas inocentes. Esas historias terribles no se pueden creer. Dios no nos ha defraudado. Con su ayuda, vamos a vivir más allá de estos tiempos terribles y pronto estaremos unidos con nuestros seres queridos. Mientras habla, acaricia mi mano y la esperanza brilla en sus suaves ojos azules.

"La vieja generación simplemente no puede comprender la terrible verdad del asesinato en masa, y se aferran a los últimos vestigios de esperanza". Pienso con tristeza. Las tranquilas palabras esperanzadoras del abuelo hacen una impresión en mí. Son como un bálsamo para mi espíritu. De repente, siento un extraña sensación de alivio, como si me hubiesen quitado un peso de mi corazón.

CAPÍTULO 5

PRIMER LEVANTAMIENTO

Una noche, tras un día de trabajo agotador, oímos que alguien llama a la puerta mientras estamos comiendo nuestra sopa aguada.

—Seguro es el policía polaco. ¡Dile que nos dejen en paz! —dice el abuelo mientras camina hacia la puerta. Cuando la abre, nos llenamos de alegría al ver que las hermanas de mi madre, Paula y Hela, están de pie en el umbral. Nos lanzamos a abrazarlas. Rompo a llorar, derramando todo el miedo, el dolor y la amargura en mi corazón.

—Te dije que no pierdas la esperanza, nuestro Dios misericordioso no nos abandonará —dice el abuelo muy contento. Con lágrimas en sus ojos, besa a sus hijas.

—¿Dónde está mamá? ¿Qué le ha pasado a mi madre? —pregunto alarmada. Vacilantes, comienzan a contar su historia. Mamá fue capturada en un *aktzia*, y cuando la Organización Judía de Combate comenzó con el levantamiento y los disparos, ella trató de tomar ventaja de la situación y escapar del grupo que estaba siendo conducido a la *Umschlagplatz*. Por desgracia, una bala alemana le alcanzó el tobillo derecho.

—Gracias a Dios —me asegura Paula—, la herida no es profunda y lograron sacarle la bala. Le van a dar el alta muy pronto.

—¿Todavía hay un hospital en el gueto? —pregunto con incredulidad—. Volveré al gueto con ustedes. Quiero ver a mi madre—les digo con decisión, rompiendo a llorar.

Intentan convencerme de que sería imposible para mí llegar al hospital.

—Solo ciertos policías judíos que trabajan en la *Werterfassung* tienen permiso para entrar en el hospital. Mietek la visita cada día y le lleva sopa. Cuando la herida se cure por completo y pueda apoyar la pierna, Mietek la sacará del hospital.

—Hemos venido a buscarte para llevarte con nosotras al gueto —dice Paula.

Hela replica cambiando de tema:

—¿Qué va a pasar con el trabajo en Toebbens? ¡Pagamos un montón de dinero para conseguir el permiso de trabajo!

—¿Saben qué Toebbens y Schultz van a trasladar su fábrica y a los trabajadores a Poniatow y a Trawnik, donde se supone que las condiciones de trabajo son terribles? —pregunta el abuelo.

—Es por eso que vinimos para llevarlos al gueto pequeño. No vamos a dejar que los atrapen en la trampa en Poniatow con hermosas palabras —dice Hela con firmeza—. Esta vez, no va a ser tan fácil. ¡Hemos dejado de creer en sus mentiras sobre sus idílicos campos de trabajo! No vamos a permitir que nos engañen. Vamos a construir un buen búnker y a llenarlo con alimentos y provisiones, y nos vamos a esconder allí hasta el final de la guerra. La noticia que circula es que los alemanes han sido derrotados en Leningrado, en el frente oriental, y parece ser cierto. Tal vez ahora que están teniendo sus propios problemas, nos dejarán en paz.

La simple idea de reunirme con mi madre me convence fácilmente de estar de acuerdo con la proposición de mi tía.

El edificio de cuatro pisos en el número 19 de la calle Mila tiene dos patios y cuatro anexos, y por su aspecto parece estar completamente desierto. Plumas blancas de almohadas y edredones rotos flotan alrededor de la escalera sucia. El pasillo está lleno de trapos, pedazos de ropa, papeles, cuadernos rasgados y periódicos viejos. Todo está completamente muerto y, sin embargo, no hace mucho este patio judío latía con vida. Las risas despreocupadas y las voces de los niños que jugaban en el patio ya no se escuchan más. No más madres llamando a sus hijos. No hay ecos de gente subiendo las escaleras. Ahora solo hay fantasmas en esta escalera: las almas de los cuerpos asesinados que frecuentan esos viejos lugares donde una vez solían vivir y jugar. Todavía están llorando, sollozando tristemente en sintonía con el chirrido monótono de las bisagras oxidadas de puertas que se abren y se cierran sin propósito. Viendo esta devastación me tiemblan las piernas.

Tratando de amortiguar el impacto que el edificio muerto ha grabado en mi mente, Hela susurra que algunas personas todavía viven en algunos de los apartamentos en este edificio, ocultos en escondites bien encubiertos. Con cuidado y tratando de evitar la basura subimos a la tercera planta. Allí va a ser nuestra residencia, en un apartamento de tres habitaciones con mi abuelo y el resto de la familia: Hela, Ignatz, Sevek, Lena y Adek. Sevek y Adek trabajan en una fábrica metalúrgica alemana llamada Shebeko. Cada mañana salen del gueto a trabajar en el lado ario. A veces se las arreglan para pasar al gueto un poco de comida de contrabando. El resto de nosotros somos considerados "salvajes". Este es el término utilizado para designar a aquellos que están desempleados y no son de ninguna utilidad para el Tercer Reich, aquellos que viven en el gueto de manera ilegal y utilizan el suministro de oxígeno al cual no tienen derecho.

Paula y su marido Mietek viven y trabajan en *Werterfassung*. Su trabajo consiste en recoger y clasificar los diversos efectos dejados en los hogares abandonados de judíos. Recogen los muebles, cristal, lámparas, porcelanas, ropa de cama y cualquier cosa que se pueda utilizar en un hogar. Cualquier cosa que merezca la pena se carga en camiones bajo la atenta mirada de la policía ucraniana y luego se envía a Alemania. Es el robo legalizado y sistemático de los bienes judíos. Al amanecer, las filas de trabajadores abandonan el gueto y cruzan hacia el lado ario. Después de salir, las calles del gueto quedan vacías.

Nosotros los salvajes evitamos salir de casa durante las horas de trabajo. Cuando se hace de noche y los trabajadores han regresado es menos arriesgado salir a la calle. El gueto se vuelve un poco más animado y hay un poco más de vida aquí que en Toebbens. A pesar de que los salvajes no tenemos tarjetas de racionamiento de alimentos es posible encontrarse con gente en la calle y comprar algo de comer. Se pueden obtener algunas noticias, hablar con los conocidos, y conseguir el periódico clandestino.

La organización de lucha clandestina, Ferband, imprime *La respuesta*. Un día pude conseguir una copia por casualidad y la leí llena de expectación: "¡Ciudadanos, hermanos y hermanas!", proclamaba, "¡Despierten del letargo! ¡Levántense y luchen contra el enemigo! Han pasado seis meses desde las últimas deportaciones. Trescientos mil de nuestros hermanos y hermanas han sido asesinados brutalmente en el campo de exterminio en Treblinka. ¡Judíos, hermanos, prepárense para defenderse! ¡No dejen que se los lleven como ovejas a la matanza! No crean a los asesinos que nos aseguran enviarnos a campos de trabajo. Es una vil mentira. Lo único que podemos esperar es la muerte en sus hornos diabólicos. ¡Hermanos y hermanas no aptos para la lucha activa: deben pasar a la clandestinidad y esconderse! Escóndanse en los sótanos y los búnkeres. No tenemos derecho a ocupar la superficie de la tierra, porque estamos condenados a muerte. Los jóvenes deben luchar por sus vidas con honor. Toda madre debe ser una leona que lucha por sus cachorros. Que ningún padre mire con impotencia mientras ve a sus hijos inocentes ser ejecutados. ¡Que el enemigo pague con su sangre la vida de cada judío! ¡Conviertan cada edificio en una fortaleza! ¡Estemos preparados para combatir a Hitler con su propio veneno mortal!".

"Los rumores acerca de los campos de exterminio han sido confirmados", pienso embargada por el miedo. "Esto quiere decir que ninguno de los que han sido deportados sigue vivo. Asesinaron a toda nuestra familia". La voz fina y suplicante de mi hermano pequeño David cuando me llamó mientras bajaba corriendo por las escaleras regresa a mis pensamientos: "¡Roma, llévame contigo!" Las lágrimas de la tristeza me ahogan.

Un pariente lejano de mi madre me detiene en la calle.

—¿Está tu madre aquí? ¿Golda pudo regresar de la *Umschlagplatz*? Estábamos escondidos juntos en el sótano. Tu madre le dio todo lo que tenía a un buen amigo de tu padre. Velvel, un hombre religioso, estaba negociando con la policía y se comprometió a hacerse cargo de todo para sacarla de la *Umschlagplatz*. Estaba seguro de que saldría—termina tristemente leyendo el dolor escrito en mi cara.

Me quedo estupefacta y estallo en amargas lágrimas. Me mira con lástima y cuando se va dice, como para justificarse a sí mismo:

—El director alemán de la fábrica en la que trabajo me salvó. Sacó solamente a sus propios trabajadores de la *Umschlagplatz*.

Corro a casa desesperadamente.

—¡Me engañaron! ¡Mi madre ya no está aquí; me la han quitado!

—grito al cruzar el umbral. Lloro amargamente y les cuento entre sollozos sobre mi reciente encuentro. Hela confiesa que no querían asustarme con tan malas noticias tan pronto, por lo que inventó la historia del hospital.

Esa fatídica mañana del lunes, mamá salió del apartamento del gueto al amanecer y se apresuró hacia la salida para unirse al grupo que salía cada mañana para trabajar fuera del gueto, pero regresó sin aliento y alarmada con la terrible noticia de que el gueto estaba rodeado.

—Como ustedes saben —dice Hela como para desviar la culpa de sí misma— no tenemos un escondite. Tu madre tenía dos opciones. Podía quedarse con nosotras y esconderse en el ático, o podía ocultarse con Paula en el *Wertdefassung*, que se suponía que no iba a ser afectado. Tu madre decidió ir con Paula. En la esquina de las calles de Mila y Zamenhof, un ucraniano las apresó y las introdujo en la fila que marchaba a la *Umschlagplatz*. Mietek, que estaba preocupado porque su esposa no había llegado al trabajo, adivinó lo que podía haber sucedido, así que sobornó a un alemán en motocicleta y persiguió la fila. El alemán sacó a Paula por la fuerza, a pesar de que ella no quería dejar a su hermana.

En respuesta a mis miradas de reproche, Hela añade:

—¿No entienden que el alemán sobornado no quería arriesgar su propia vida? Tenía miedo de sacar a dos personas de la fila. Mietek trató de sacar a tu madre fuera de la *Umschlagplatz*, pero fue imposible.

El abuelo decide enfrentarse al villano que se llevó el dinero y objetos de valor de mamá. Se suponía que iba a servir para sacarla de la *Umschlagplatz*, pero en lugar de ello se salvó a sí mismo y dejó a mamá a merced de su suerte. Quiere convocarlo a la corte rabínica, olvidando que ya no hay rabinos o tribunales rabínicos. Además, ¿qué podemos ganar? Incluso si los jueces del tribunal nos dan la razón, no traerán a mi madre de vuelta. Incapaz de aceptar la pérdida de su hija, el abuelo no se rinde. Se entera dónde trabaja el hombre y lo atrapamos en su camino al trabajo.

—¿Me conoces? —le pregunta el abuelo directamente.

—No —dice, sacudiendo la cabeza—. No te conozco.

—Entonces acuérdese del periodista Rothstein, de Praga. Quizás eso le refresque la memoria.

El hombre se vuelve rojo remolacha. Frunce el ceño y finge estar perdido en sus pensamientos.

—No, no recuerdo a esa persona. Debe estar cometiendo un error y me toma por otra persona —diciendo esto, se da la vuelta y empieza a irse. El abuelo lo agarra por su hombro.

—No tenga tanta prisa para irse. Piense en mi hija, Golda, la esposa de Rothstein. Estoy seguro que usted la recuerda bastante bien. ¡Villano! Usted tomó todo lo que tenía, su dinero y objetos de valor, solo para salvar su propio pellejo. ¡Sinvergüenza! ¡Esa no es la forma en que un judío religioso se comporta! Usted la condenó a muerte. Espero que nuestro Dios justo le devuelva lo que se merece. ¡Que su conciencia le atormente el resto de su miserable vida!

El abuelo gritaba a estas alturas, después de haber perdido por completo el control de sí mismo. Con gran dificultad, me las arreglo para arrastrarlo lejos de la multitud de curiosos que se habían reunido. Está temblando desbordado de emoción.

Pero yo misma estoy sufriendo terriblemente por el hecho de que mi madre no va a volver. Ay, mamá, nunca he tenido la oportunidad de darte las gracias por tu amor y sacrificios. ¡Con tanta dificultad trataste siempre de suavizar nuestra vida en el gueto! Fuiste nuestra madre, padre y maestra en estos nublados días oscuros. Traté de aliviar tu carga, pero no lo suficiente. Lo que soy se lo debo a tu sabiduría, tu influencia y el calor de tu amor. Fallé en mostrarte el amor y el aprecio que tanto te merecías... ¡cuánto te echo de menos!

Por el gueto circulan habladurías de que todos los judíos sobrevivientes serán ahora considerados ciudadanos de Gran Bretaña. Otra versión es que van a ser considerados ciudadanos de Palestina. También circulan historias de que Estados Unidos ha advertido a Hitler que si no detiene la persecución de los judíos, la misma suerte caerá sobre los ciudadanos alemanes en los Estados Unidos. Los rumores de ese tipo, por fantásticos que sean, ayudan a mantener a los espíritus deprimidos de la población restante del gueto.

Los pesimistas entre nosotros etiquetan estos rumores "YIVO", que significa "Yidden Villen Azoy" ¡Los judíos desean que ojalá fuera así!

Los optimistas entre nosotros dicen que "el mundo no nos ha olvidado por completo". Los judíos religiosos buscan la ayuda de la mano de Dios. "El Dios de Israel es todopoderoso", dicen. "Él ha escuchado nuestras oraciones. No deberíamos dudar. Solo Él puede hacer milagros. Solo en

Él debemos buscar apoyo. Solo Él puede salvarnos". Los pesimistas analizan los fantásticos rumores más críticamente.

Corre la noticia de que algunos traidores que han estado colaborando con los alemanes han tenido una muerte horrible a manos de los judíos de la Organización Judía de Combate. Jacob Lejkin, asistente del jefe de la policía judía y conocido por su crueldad, ha sido asesinado. La misma suerte ha corrido Jozef Szerynski. Este apóstata judío, que era jefe de la *Ordnungdienst*, la policía del gueto judío, había trabajado con pasión y sin descanso para los nazis. Durante el levantamiento de enero, la resistencia judía mató también a Hantke, un hombre de las SS, uno de los matones más temidos en el gueto. Nuestros muchachos condenan a muerte a los ucranianos que están en el hábito de "patrullar" las calles del gueto. Estos actos de resistencia son como una poción mágica para la agotada población del gueto. Nos dan una satisfacción inimaginable y ofrecen un poco de consuelo a los abandonados, a los "últimos mohicanos".

El estado de ánimo desesperado que invade el gueto da paso a un nuevo optimismo. La gente empieza a escuchar lo que los combatientes clandestinos están diciendo y obedecen sus órdenes. Pronto, se organizan colectas de dinero para comprar armas. Por lo general, la gente da lo que puede. Los que no contribuyen voluntariamente son obligados a hacerlo. Aquellos que trabajan fuera del gueto y por tanto, tienen algún contacto con el mundo exterior compran armas en el lado ario. Las armas no son baratas, pero compran cualquier cosa que pueden obtener de los polacos: cuchillos, bayonetas e incluso barras de hierro. Los jóvenes judíos arriesgan sus vidas trayendo estos tesoros de contrabando al gueto.

A menudo, los polacos estafan a los clandestinos. Armas que se consiguen con grandes dificultades resultan ser inservibles.

Dentro del gueto, químicos e ingenieros supervisan la fabricación de bombas molotov. En verdad se puede sentir un renacimiento del espíritu.

Todos los que están vivos se están preparando para resistir. Los que son aptos construyen febrilmente refugios formidables. Se construyen muy profundos en el suelo. Los llenamos de alimentos, provisiones y agua, y también veneno, para no ser capturados con vida por los asesinos nazis. Los alemanes ya no se atreven a caminar solos por las calles del gueto. Saben que hemos declarado la guerra. Nuestras pequeñas bandas de renegados y náufragos, los restos de la judería de Varsovia, han tomado la decisión de hacer frente al poderoso Goliat. Europa ha doblado dócilmente la cabeza ante el Tercer Reich. Sin embargo, no tenemos nada que perder. Nuestros corazones sangran. Cada uno de nosotros está en duelo por los seres queridos: una madre, un padre, un hijo, una hermana o un hermano. Nada nos puede intimidar. Ya no nos tomará por sorpresa ningún *aktzia*.

Los miembros de la resistencia nos han advertido acerca de un *aktzia* inminente, y todos estamos de acuerdo: vivir, sobrevivir o morir con honor.

Por casualidad, me encuentro con Tolek en la calle.

—¿Todavía estás viva? —pregunta con asombro.

Nos abrazamos, llorando y riendo al mismo tiempo.

—No tengo a nadie más —le digo, secando mis lágrimas—. En el último *aktzia* en enero se llevaron a mi madre. Se llevaron a mi hermano, a mis hermanas y el resto de la familia en el *aktzia* de septiembre.

Tolek ha estado escondido en el lado ario. Con su pelo rubio y ojos azules, no puede ser reconocido como un judío tan fácilmente. Pero incluso con su apariencia aria, no es fácil vivir con papeles falsos en medio de una población polaca hostil.

—He tenido que ser un excelente actor para que no se den cuenta. —me dice—. Constantemente he tenido que estar en guardia. Cada movimiento que he hecho sido necesariamente calculado, y todo lo he hecho sin dar el fno es para ti. Si se dan cuenta de una mirada triste o una expresión apesadumbrada, inmediatamente olfatean a un judío. He vivido bajo una tensión continua y bajo el terror constante de los chantajistas, que siempre están al acecho de judíos. Para los judíos, los chantajistas son una plaga que infecta las calles en el lado ario. Son como una manada de hienas, acechando a sus presas. Su único objetivo en la vida es encontrar y denunciar a los judíos que se ocultan en el lado ario. Lo hacen por placer tanto como beneficio. Después de exprimir un poco de dinero de su víctima, la entregan a la Gestapo. Casi me atrapan a mí también, pero por algún milagro me las arreglé para salir de sus garras. Al final no pude más. Me cansé del juego. Como puedes ver, he vuelto al gueto. Quiero estar con mi gente. Quiero vivir, luchar y morir entre ellos. Mis amigos y yo estamos construyendo un gran búnker secreto. Encontraremos un lugar para ti —dice sonriendo.

—En este momento —continúa— estoy en un destacamento de trabajo en el lado ario, en el aeropuerto Okencie. Me estoy aprovechando de la situación para traer armas de contrabando al gueto para los combatientes de la resistencia.

Lo miro fijamente y siento una punzada de envidia cuando veo los ojos de mi amigo de diecinueve años brillando con orgullo.

—Llévame contigo —le ruego—. Quiero ayudar en todo lo que pueda.

Él me mira de cerca, de la cabeza a los pies, como si notase mi presencia por primera vez. Piensa en mi propuesta por un minuto y luego responde:

—No es para ti. No es tan simple como te imaginas. No tienes ninguna experiencia. Al regresar del trabajo y entrar en el gueto, los soldados te revisan meticulosamente. Si encuentran un arma te disparan en el acto, o si no tienes tanta suerte, te llevan a la cárcel de Pawiak y te torturan para saber lo que sabes sobre la clandestinidad.

Su advertencia no me disuade en lo más mínimo. Le suplico:

—Tolek, quiero aportar mi granito de arena en la lucha contra el enemigo. No quiero sentarme cruzada de brazos, a la espera de mi turno de ser empujada al vagón. Todo lo que quiero es vengar la sangre inocente de mi familia. No quiero saber de dónde vienen las armas ni a dónde van, así que incluso si la Gestapo me atrapa, no serán capaces de sacarme ninguna información.

Hago todas estas promesas a Tolek. Prosigo ansiosamente rogándole que me deje ir con él en esta peligrosa misión. Después de muchos ruegos cede y promete que va a elaborar un plan para mí. Finalmente, pasado un tiempo, nos encontramos de nuevo y estoy encantada de saber que tiene instrucciones para mí.

Cuando llego a casa está muy oscuro y la larga noche invernal se prolonga indefinidamente. En mi mente, continúo pensando en mi conversación con Tolek. Por último, me gana la fatiga y me sumerjo en un sueño profundo. Me despierto con un sobresalto, temiendo haber dormido más de la cuenta, pero luego veo que todavía está oscuro afuera, y el resto de las personas en la habitación aún respiran rítmicamente, profundamente dormidas.

Por fin, llega el amanecer. Una niebla gris se asoma por las ventanas. Con un movimiento firme aparto mi cálida colcha y con inquietud me preparo para enfrentar otra mañana de invierno. Me visto, tiritando de la despiadada helada que penetra mis huesos. Conteniendo el aliento, me acerco de puntillas hacia el vestíbulo, con los pies descalzos para no despertar a nadie. A llegar a la puerta respiro profundamente y la abro si hacer ruido. Me detengo en el pasillo y escucho con ansiedad durante unos segundos. No quiero que nadie empiece a interrogarme acerca de dónde voy. Me calzo las botas marrones de soldado y corro escaleras abajo, sin mirar ni a la derecha ni a la izquierda.

Un viento frío sopla y mientras corro por la calle me tropiezo con parches de hielo. Figuras encorvadas individuales y en grupos marchan en silencio dando bandazos hacia la calle Zamenhof, donde se encuentra la puerta para salir del gueto. Las filas de trabajadores se están reuniendo para formar brigadas de trabajo.

Miro a mi alrededor ansiosamente con la esperanza de encontrar a Tolek. De repente, oigo un silbido familiar. Tolek aparece a mi lado como si acabara de salir brotado de la tierra. Me agarra por el hombro y me arrastra hacia una de las filas que se prepara para salir del gueto. Marchamos por el medio de la calle bajo la atenta mirada de la policía polaca y de los soldados alemanes. Pasamos por las calles desiertas que antes pertenecían al gueto. Las calles abandonadas están en silencio. Los antiguos techos hundidos, como si estuvieran de luto por los huérfanos. Los rayos del sol caen sobre las ventanas opacas cuyos paneles brillan como si despertaran de un largo letargo. Bajo la cálida caricia de los rayos del sol, la escarcha derretida corre por los cristales como lágrimas derramadas por el sufrimiento de la humanidad. En este valle de la muerte donde se han sacrificado inocentes hasta las viviendas claman con angustia que la sangre inocente debe ser vengada.

Seguimos por el camino hacia el lado ario, que vibra con los sonidos y movimientos de la vida normal. Transeúntes elegantes se apresuran a sus puestos de trabajo. El tranvía está lleno de una bulliciosa humanidad mientras sus campanas repican una canción alegre.

Miro con envidia a un grupo de estudiantes que llevan sus mochilas escolares. Están felizmente inmersos en un animado debate. Las amas de casa con sus cestas en la mano hacen sus compras. Nos ignoran. Estamos marchando por el medio de la calle: esclavos judíos. Es un hecho cotidiano. Nadie nos ve, nadie siquiera nos mira. Somos apariciones, invisibles para aquellos que no quieren reconocer nuestra existencia. "¡Oh, Dios mío! ¿Por qué has dejado a tu pueblo, Israel? ¿Hemos transgredido de tal atroz manera que nos has condenado a la esclavitud y la muerte?" No puedo quitarme estos amargos pensamientos de mi mente.

En el aeropuerto, se me ordena limpiar los baños y fregar el suelo de rodillas con un cepillo. El trabajo no es agradable. Mi espalda comienza a doler por estar constantemente en cuclillas y las manos se ponen rojas remolacha por estar inmersas en el agua helada. Mientras lleno el balde con agua fresca, echo un vistazo al reloj en lo alto de la pared. Pienso que el reloj debe estar burlándose de mí, torturándome deliberadamente, moviendo sus manecillas lo más lentamente posible. Se mueven en cámara lenta, sin tener en cuenta lo que está sucediendo alrededor. A paso de tortuga, finalmente marcan el mediodía. Pero el mediodía pasa todo y continúa de la misma manera. "No está pasando nada", pienso mientras me pongo cada vez más impaciente.

Terriblemente decepcionada, sigo limpiando el agua gris del suelo con un gran trapo.

De repente, siento un ligero toque de una mano en mi espalda. Un muchacho desconocido aprieta contra mi mano un objeto duro envuelto.

—Ocúltalo bien —me susurra al oído e inmediatamente desaparece.

Mis manos tiemblan de emoción. Envuelvo rápidamente el paquete en el trapo mojado que he estado usando para lavar el piso. Entro a una de las cabinas del baño y cierro la puerta. Me siento en el inodoro para poner mis nervios bajo control, y cuando estoy lo suficientemente tranquila meto la pequeña pistola en mi bota. Luego vuelvo a mi trabajo. Friego el suelo con diligencia a fin de no atraer la atención sobre mí. La muchacha que ha estado lavando las ventanas de pronto se inclina y sin decir una palabra deja caer dos paquetes pequeños al lado de mi cubo. Sin dudarlo, los recojo. Me meto uno bajo mi suéter y el otro en el bolsillo; llevo a cabo las instrucciones de Tolek con precisión. Por fin, el silbato de la salvación que termina el día de trabajo perfora el aire de la tarde. Estamos en filas de cinco cuando los alemanes nos cuentan. Comenzamos la marcha de vuelta al gueto.

—¿Estás bien? —oigo a Tolek que pregunta en un susurro apenas audible mientras marcha a mi lado.

Asiento con la cabeza sin romper el silencio de la marcha. Hay mucho ruido y bullicio en la puerta que lleva al gueto. Las filas de los trabajadores están llegando desde diferentes direcciones. Los soldados alemanes pululan por todas partes, reforzados por guardias ucranianos en uniformes negros y la policía polaca. Nos cuentan, verifican los pases, comprobando las tarjetas de identificación. Miran a los ojos de las personas, oliendo, probando y registrando.

De repente, me entra el pánico. Mi corazón late con fuerza salvajemente. Me obligo a parecer calmada y pongo una expresión inocente.

—¡Alto! —me detiene un soldado armado—. *Hände hoch!* ¡Manos arriba! —grita amenazadoramente.

Abro mi abrigo y levanto mis manos obedientemente. Me revisa y en un minuto, saca con alegría el paquete oculto de debajo de mi suéter. Resulta ser un trozo de queso. Un minuto más tarde, triunfalmente descubre un pequeño paquete de mantequilla escondido en mi abrigo. Me golpea con fuerza en la espalda.

—*Die verfluchte Jude!* ¡Maldita judía! —me grita.

Me de un puñetazo en la cara, me escupe con desprecio y luego me empuja con la culata de su rifle. Resbalo y caigo en la nieve húmeda. Tolek aparece de la nada y me ayuda a levantarme, sacudiendo la nieve de mi ropa. Me apoyo en su brazo, y salimos juntos de la zona peligrosa. Nos alejamos lentamente de aquel punto lleno de riesgos para no levantar sospechas. Cuando llegamos a una carretera secundaria, aceleramos un poco. Con la caída la noche, entramos en una portal oscuro y desierto, donde Tolek me ayuda a quitarme las botas apretadas.

—Estoy muy orgulloso de ti —dice Tolek con admiración mientras saca la valiosa pistola de mi bota—. Has cumplido con tu tarea a cabalidad.

Me abraza por un segundo. Siento su cálido beso en mi mejilla fría, y luego se desvanece en el oscuro abismo del pasillo.

—¡Hasta luego! ¡Nos vemos mañana en la puerta! —me da tiempo a decirle.

Por extraño que parezca, me siento eufórica. Estoy contenta conmigo misma y siento una sensación de satisfacción. Mi pecho se hincha de orgullo. Voy prácticamente flotando en el lodo gris hacia la calle Mila. Estoy tan feliz y emocionada que no puedo dejar de cantar "Historias de los bosques de Viena", de Strauss. En la distancia, veo la alta silueta de mi abuelo. "Me está buscando ansiosamente", pienso, y acelero mi ritmo.

Al acercarme me agarra de la mano. La aprieta a su cuerpo.

—¡Gracias a Dios que estás aquí! ¡Estaba muy preocupado por ti! ¿Dónde has estado todo el día? ¡Tenía miedo de haberte perdido! ¿A dónde fuiste tan temprano esta mañana?

Continúa disparando una andanada de preguntas sin soltarme la mano.

—Hice una cita con una de mis amigas. Fuimos a una librería abandonada y comenzamos a leer. Acabamos tan absortas en los libros que perdimos la noción del tiempo.

Me inventé la historia de manera impulsiva. Conociendo mi pasión por los libros, mi abuelo se calma un poco. Cuando regreso a la casa, todos me reprimen, reacios a creer mis respuestas.

Al amanecer del día siguiente me deslizo fuera de casa, con cuidado de no ser vista. Esta vez, después del trabajo me siento mucho más segura de cruzar la puerta por la noche. Tolek me espera en el punto donde habíamos quedado en encontrarnos. Yo le entrego el valioso paquete. Apenas lo he dejado cuando tropiezo con los brazos de mi abuelo. Agarra mi mano apretando con todas sus fuerzas.

—¡Me mentiste! —grita—. Me engañaste. Sé dónde has estado. Mi corazón dejó de latir cuando vi al hombre de las SS revisándote en la puerta. Puedo adivinar que estás trayendo contrabando. Te dispararán en el acto si te encuentran un arma. ¡Dios no lo quiera! Continúa con voz airada, sin soltar mi mano en un apretón de acero, como si temiera que fuese escaparme.

—¿No te importa tu propia vida? ¡Eres tan joven! ¿No te preocupas por mí? ¿Tengo que perderte a ti también? —me pregunta, con lágrimas en sus ojos.

Trato de calmarlo. Le aseguro que nada me va a pasar, que todo está cuidadosamente planificado y organizado. Estamos trabajando según un plan bien organizado.

—Tenemos que luchar —le digo con firmeza—. No se lo vamos a poner tan fácil. No vamos a dejar que nos conduzcan como ovejas a la masacre. ¡Tenemos que organizar una resistencia armada! Si vamos a resistir, necesitamos armas. Abuelo, tú mismo me enseñaste el dicho hebreo: "Si no lo hago yo mismo, ¿quién lo hará por mí?". Mi papel es el de contrabando de armas desde el lado ario. Es mi deber sagrado. Tengo que hacerlo.

El abuelo no se rinde fácilmente. No está convencido. Como de costumbre, se mantiene firme, aferrado a su creencia de que debemos confiar en Dios. Es un pecado perder la fe en Dios, o creer que el Todopoderoso nos abandonará. Todos esos rumores de matanzas de personas inocentes son ficciones.

A la mañana siguiente al vestirme, busco a tientas mis botas debajo de la silla. No están allí. Pienso, "tal vez las dejé en el vestíbulo", molesta conmigo misma por mi descuido. En la oscuridad palpo una fila de botas: botas altas de hombre, zapatos de señora más pequeños y zapatos de goma para la nieve. Mis botas no están en ninguna parte. Han desaparecido. Empiezo preguntándome qué puede haber ocurrido y una sospecha entra a mi corazón sigilosamente. Alguien ha escondido mis botas, pienso enfadada con el mundo. Un colchón cruje. El abuelo se agita inquieto en su cama. Probablemente ha oído algo. Me está mirando.

—Abuelo, has escondido mis botas. Por favor, devuélvemelas —le suplico en un susurro.

En lugar de una respuesta, solo se oye una respiración monótona constante. Me paso el día siguiente en una búsqueda infructuosa de mis botas. Inclinado sobre su Talmud, el abuelo observa cada movimiento que hago con el rabillo de ojo. Estoy completamente indefensa. Mi abrigo también falta. No puedo salir de casa sin mi abrigo y mis botas de invierno. Las súplicas, el argumento, las lágrimas y la discusión no ayudan. El abuelo no vacila, y declara con decisión no devolverme el abrigo y las botas hasta que jure solemnemente que voy a renunciar a mis peligrosas expediciones al lado ario. Por desgracia sigo buscando mis botas y mi abrigo, pero sin éxito. Toda la semana estoy presa en el cuarto bajo la atenta mirada del abuelo. No me deja sola ni un minuto. Me veo obligada a aceptar sus condiciones.

Un nuevo rumor está circulando. Se dice que habrá un intercambio de alemanes que viven en América del Norte, América del Sur y Gran Bretaña por judíos que posean pasaportes extranjeros. Una nueva luz de esperanza comienza a brillar. Se puede sentir la euforia general. La gente empieza a pagar precios exorbitantes por los certificados que pertenecieron a personas que ya no existen. Algunas personas usan moneda extranjera para comprar documentos falsos para irse a América del Sur.

La tía de mi padre, Dvora, me visita todos los días. Me dice que aproveche mis papeles y me registre para el intercambio de ciudadanos extranjeros. Ella va a firmar como si fuera mi madre, Golda Liba Rothstein.

—No tienes derecho a dejar pasar esta oportunidad para escapar de este infierno —dice Dvora intentando convencerme.

"¿Tengo derecho a huir como una cobarde en este momento crítico? ¿Tengo derecho a salvarme solo a mí misma con el certificado que también le pertenece a mi madre, a mis hermanas y a mi hermano? Tal vez alguno de ellos sigue vivo", pienso, tratando de lidiar con los remordimientos de conciencia que me corroen mientras Dvora continúa persuadiéndome, instando y tratando de convencerme de que me vaya. Al final, me rindo a su capacidad de persuasión.

Dvora se aclara el cabello en un intento de parecerse a la imagen de mi madre sonriente en el certificado. Memoriza los nombres de los padres de mi madre, las fechas de nacimiento, fechas de nacimiento de los niños. Después de que ella tiene todos los detalles aprendidos nos reportamos a la oficina de correos en la calle Zamenhof, donde se están registrando los ciudadanos extranjeros. Una vez que todo se ha formalizado, hacen una nota de mi dirección actual. Nos dicen que tan pronto lleguen las órdenes de las autoridades alemanas nos notificarán inmediatamente sobre el intercambio de ciudadanos. Dvora rebosa de esperanza, y está constantemente hablando del viaje inminente. No contemplo todo el asunto con el mismo tipo de entusiasmo.

Me mantengo ocupada ayudando a construir nuestro nuevo escondite. Recojo ladrillos entre las casas bombardeadas y me los llevo a casa en una canasta. Por la noche, después del toque de queda, los hombres están tapiando una puerta que conduce a la última habitación en el apartamento de cuatro habitaciones que compartimos en el 19 de la calle Mila. Trabajan después del toque de queda para reducir la posibilidad de visitantes no deseados que puedan llegar por sorpresa.

Una vez mientras regresaba de tostar el pan para guardarlo, venía caminando en la oscuridad y con una bandeja en mis brazos. En la penumbra de la escalera, alguien me llamó y trató de agarrarme y besarme. Presa del pánico, llamé desesperadamente a la puerta del apartamento. Me dejaron entrar, pero Moshe el panadero venía detrás de mí. Así que descubrió nuestra construcción secreta y exigió ser incluido con su mujer y su hijo de tres años. Cuando él se fue, me regañaron por agregar a tres personas más a nuestro pequeño escondite.

Para hacer el escondite más seguro, la pared y la puerta de ladrillo se cubren con papel pintado que encontré en una tienda abandonada. También empapelamos las otras tres paredes para que nadie se de cuenta de los cambios que hemos hecho en la estructura de la habitación. Un pesado armario de caoba tapa la puerta, que ha sido camuflada con ladrillos y papel pintado. Para entrar en este cuarto sellado, hay que subir un tramo de escaleras, en un apartamento deshabitado que está en completo desorden y lleno de basura. Una parte del suelo ha sido cortada para crear un agujero a través del techo de la habitación de abajo. Los pedazos de parquet son recortados del suelo y vueltos a montar para hacer una tapa desmontable. Hay que pasar muy apretadamente a través de la estrecha abertura hacia abajo en la habitación oculta. Después de pasar a través del agujero en el techo, nos paramos en un armario y bajamos hasta el refugio.

Realizamos simulacros para ver lo rápido que podemos entrar en el escondite. Corremos a través del hueco de la escalera a la planta superior y dentro del apartamento abandonado. Entramos en la habitación desordenada llena de periódicos rasgados, libros viejos y arrugados y ropa sucia. Juguetes abandonados se encuentran dispersos por todas partes. Tenemos cuidado de no mover ni tocar nada.

Luego el líder saca el recorte cuadrado del suelo. Saltamos rápidamente a través de la abertura. El último en entrar en la apertura coloca una vieja cuna sobre su cabeza, coloca basura debajo de la cuna y después inserta el recorte cuadrado de parquet en su lugar.

Tengo la sensación de que, en todas partes, la gente se prepara para resistir. Se están construyendo laberintos ingeniosamente planificados surtidos con todas las necesidades. Los muchachos solitarios ofrecen a las muchachas que han quedado huérfanas un lugar donde esconderse en sus refugios; de esta manera se forman muchas parejas.

Un joven desconocido me detiene en la calle, se presenta a sí mismo, y dice:

—Mi nombre es Jerzy. Trabajo en un taller alemán. Tengo un buen búnker. Si no te queda ningún familiar o un buen lugar para esconderte, puedes unirte a nuestro búnker. A mis amigos no les importará.

Agradezco la oferta al desconocido y le digo que soy una de las pocas privilegiadas que todavía tienen una familia y que estamos construyendo nuestro propio búnker.

Además de nuestro escondite en el apartamento, estamos cavando un búnker profundo y más seguro bajo el segundo patio del 19 de la calle Mila. Una escalera de caracol en el marco del anexo de cuatro plantas conduce al sótano oscuro. Hay un largo pasillo estrecho rodeado de pequeñas puertas de madera con cerraduras de hierro. Cada puerta conduce a una pequeña alcoba, que eran utilizadas por los inquilinos del edificio para almacenar el carbón, madera y patatas para el invierno. El largo, bajo, oscuro y mohoso pasaje conduce a un lugar donde hay un antiguo inodoro roto. Movemos el tazón de porcelana pesada y cavamos una pequeña abertura en la base del edificio. Con gran dificultad, una persona puede pasar a través de la pequeña abertura y saltar hacia abajo a un estrecho búnker.

Nuestros hombres trabajan sin parar bajo el amparo de la noche. Construyen estantes de madera, apuntalan las paredes. Las mujeres traen equipos de construcción y materiales, mantas, almohadas y ropa extra. También almacenamos alimentos. Horneamos el pan en la panadería cercana que está abandonada, después lo cortamos en rodajas finas y lo tostamos en el horno para que se mantenga durante mucho tiempo.

También hacemos *farfel*, pequeños trozos de pasta al horno que secamos para guardarla de modo que no se eche a perder en el sótano. Siempre tengo hambre, y muchas veces me gustaría comer un pedazo de pan, pero me resisto a la tentación, ya que no se nos permite tocar las disposiciones que se almacenan para el momento de mayor necesidad.

En nuestra cocina, una sartén grande crepita alegremente mientras reduce dulce sebo de caballo. Productos comestibles se almacenan en los estantes superiores para hacer más difícil que lo alcancen los ratones que merodean el sótano. También contamos con un ventilador y una pistola, que hemos conseguido con gran dificultad. Estamos trabajando con todas nuestras fuerzas con la esperanza de que el largo brazo de los asesinos nazis no llegue a nosotros aquí abajo, y de que viviremos para ver la caída del Tercer Reich.

El invierno ha terminado. La nieve en las calles se ha derretido. Podemos sentir las primeras brisas cálidas de la primavera en el aire. Los preparativos desesperados para montar una resistencia avanzan a toda velocidad. Cuando marzo casi se ha desvanecido, la resistencia judía advierte que el momento crítico se acerca. Anuncian la inminencia del último acto criminal contemplado por los alemanes, llamado *Judenrein*. La liquidación de los judíos que quedaban en el gueto se ha previsto para abril de 1943.

A veces Tolek aparece inesperadamente en la noche. Lo rodeamos ansiosos para que nos cuente las últimas noticias.

—Una lucha abierta contra el enemigo es el suicidio. Somos muy pocos con un puñado de armas contra un ejército enemigo bien entrenado y bien armado. Desafortunadamente, no podemos permitir ser tentados de hacer un asalto frontal. Solo podemos atacar desde las ventanas y los tejados de las casas abandonadas. Estamos organizados en pequeños grupos equipados con algunos cócteles molotov. Esa es nuestra principal arma. También tenemos algunas granadas y otras armas. ¡Deja que aparezcan! ¡Estamos listos para darles la bienvenida! —Tolek nos dice con fuego en su voz.

—Tenemos órdenes de operar desde los techos de las casas adosadas, en dónde en última instancia podemos retroceder y escapar a los refugios subterráneos. Transmisiones de radio al mundo libre, a Inglaterra, a Estados Unidos y a Rusia, claman por ayuda. Hemos enviado peticiones al papa en Roma, implorando que intervenga. Tal vez alguien nos ayude.

Concluye, con un brillo de esperanza en sus ojos. Nos aferramos a cada palabra de Tolek.

CAPÍTULO 6

LEVANTAMIENTO DEL GUETO DE VARSOVIA

Llega la primavera, el inolvidable mes de abril de 1943. La Pascua, que significa libertad, se acerca. Dios liberó a nuestros antepasados de la esclavitud en Egipto. Oh Dios grandioso, por favor haz otro milagro. ¡Escucha las súplicas de tu pueblo elegido! ¿Acaso no llegan los sollozos de las madres judías y los gritos de sus hijos inocentes asesinados en las cámaras de gas a tu trono de gloria en las alturas? "¡Shemá Israel", ten piedad de nosotros! ¡Muéstrale al mundo tu fuerza! Los días pasan y aquí nada cambia. Nuestro Padre, el Rey entre los reyes, permanece sentado indiferente, inalcanzable, en lo alto de su trono, mientras el diablo gobierna en la tierra en el nombre de Dios, sembrando la muerte y el exterminio.

Un rayo de sol extraviado encuentra su camino a través de los cristales polvorientos. Me atraviesa los ojos con un brillo de mil estrellas, despertándome de mi sueño. Con cuidado de no despertar a los que aún duermen, me levanto de mi cama caliente. Abro la ventana sin hacer ruido. Una ráfaga de aire fresco invade nuestra habitación mal ventilada. En el cielo, las pocas estrellas que aún se ven se extinguen. El sol está majestuosamente a cargo del firmamento azul profundo. El calendario de pared anuncia en letras negras que es Domingo, 18 de abril 1943. Sintiendo el frío, vuelvo a la cama y me pongo la manta por encima de mi cabeza, donde visualizo los momentos felices de la infancia antes de la guerra en el caleidoscopio de la memoria.

De repente, un fuerte golpe en la puerta interrumpe mis dulces sueños. Tolek está de pie en la puerta.

—¡Levántate! —dice en voz alta en un estado de gran excitación—. Anielewicz ha recibido información de que ha habido una reunión del comando general de las SS y los soldados alemanes con la policía polaca. Letones, ucranianos y hombres de las SS están en este momento rodeando el gueto. Han instalado ametralladoras en todas las salidas. ¡Estate preparada! —grita, y a toda velocidad baja corriendo las escaleras.

Nos vestimos rápidamente. Colocamos muebles rotos, colchones viejos y otros artículos de uso doméstico en la entrada de nuestra puerta. De esta manera bloqueamos la entrada a la casa en el 19 de la calle Mila. Una contraseña secreta: "Jan Warsaw!" ¡estén preparados!, pasa de boca en boca como un relámpago. Dedicamos este largo y memorable día a estar plenamente preparados. La oscura noche en vela se prolonga. Ninguno de nosotros se desviste. Nadie se atreve a cerrar un ojo. Escuchamos con atención los ecos en la distancia. Vigilamos las calles vacías, mirando a través de las cortinas corridas. Está oscuro afuera y en la calle hay un silencio sepulcral. Esta es la calma antes de la tempestad.

—Tal vez sea una falsa alarma —murmura el abuelo en voz baja, no muy convencido—. Parece que Dios escuchó nuestras oraciones e intercedió por nosotros. Hitler ha abandonado sus planes diabólicos.

En la madrugada, oímos un trueno en la distancia, contestado por una explosión ensordecedora que llena el aire. "Esos son nuestros queridos jóvenes y sus cócteles molotov que saludan los invitados no deseados", pienso mientras corro escaleras arriba detrás de los otros. En el pasillo oscuro, aparece la figura de un hombre. Es nuestro vecino, el que vio nuestra construcción. Moshe, el panadero, está sin aliento, abraza a su hija dormida. Su esposa está detrás de él, temblando de frío.

—¿Qué voy a hacer? No tengo ningún lugar donde escondernos —dice Moshe.

—¡Síganos! —Grita Ignatz—. ¡Pero dese prisa!

Los empuja a través del agujero en el suelo. El abuelo lanza dentro una caja de matzos, por si acaso nos vemos obligados a pasar la noche del Seder en el escondite. La alcoba es pequeña y estrecha; con un gran armario, la escalera y dos camas, no hay mucho espacio restante para diez personas. Nos sentamos entrelazados el uno al otro: el abuelo, Hela, Ignatz, Sevek, Lena, Adek, Moshe, su esposa e hija, y yo. Paula y Mietek se esconden en el taller *Werterfassung*.

Todos los adultos miran con preocupación a la pequeña niña. Bajo sus rizos negros, su rostro es pálido, con dilatados ojos asustados como un animal atrapado. Nos concentramos en escuchar los ruidos de la calle. Oímos el estruendo de los vehículos militares pesados acercarse más y más.

Oímos los pasos de las pesadas botas militares sobre el pavimento. Escuchamos el ladrido de las órdenes de los alemanes. Una explosión ensordecedora nos sacude hasta la médula. Me tapo los oídos con las manos instintivamente acercándome más a mi abuelo, que está sentado a mi lado.

Una columna de humo negro irrumpe al otro lado de la ventana. Una asfixiante nube de polvo se precipita en la habitación, seguido de lenguas de fuego.

Podemos escuchar maldiciones en alemán que provienen de la calle, junto con los gemidos de los heridos. "¡Esos son nuestros amados jóvenes que siembran la muerte para variar!" Pienso, envidiando a los combatientes. "Yo debería estar ahí con ellos". Miro a mi abuelo con pesar. Levanta la vista y apenas frunce el ceño; se sienta sin moverse, a excepción de sus labios, que todavía están orando con fe inquebrantable. Las largas horas se alargan. Escuchamos con atención los sonidos de la batalla afuera. La oscuridad llega lentamente. Nadie se atreve a moverse de su sitio. Agotada por la congestión en la habitación y la tensión prolongada, me duermo.

Sueño con mi casa en Praga, limpia y reluciente y llena de los aromas de la cocina en festividades. Oigo las risas de mis hermanas, vestidas con ropa de fiesta. Estoy tarareando felizmente, ayudando a mi madre con los preparativos de último minuto para el *Seder*. Pongo un candelabro de seis brazos que refleja miles de dardos de luz sobre el mantel blanco.

—Pon la copa de plata con vino para el profeta Elías en el medio de la mesa —puedo escuchar a mi madre que me da instrucciones, cuando un ligero toque en la mano que me da el abuelo me despierta de mi dulce sueño.

—Levántate. Es la noche del *Seder* —susurra el abuelo en mi oído. Hay poca luz en la habitación. Apenas puedo distinguir las figuras oscuras de los durmientes. El abuelo está dividiendo los matzos en trozos pequeños en la oscuridad.

En voz baja, recitamos la bendición, *"Baruj ata adonay elokenu, melech haolam Asher kideshanu bemitzvotav v'tzivanu al achilat matza"*. "Bendito sea el Señor, Dios nuestro, Rey del universo, que nos santificó con sus preceptos y nos ordenó comer matzos".

Los sonidos de los combates se hacen más y más débiles. De repente, todo se calma. Reina la oscuridad y un silencio premonitorio. No nos atrevemos a movernos. Es más de medianoche cuando decidimos salir de nuestra habitación oculta. Enderezamos nuestras piernas, que están rígidas de haber estado en cuclillas todo el día. Nos sentamos en la cocina, con hambre, esperando la sopa, que hemos metido en el horno.

De repente, me pregunto, ¿estoy soñando? Oigo el familiar silbido de Tolek.

Escucho un golpe ligero en la puerta. Todos se quedan en silencio; nadie se mueve. Puedo ver el miedo en sus ojos. Yendo hacia la puerta, les aseguro a todos que solo es Tolek. Está de pie en la puerta, cansado y cubierto de polvo. Se quita el sombrero arrugado, revelando su rostro cubierto de suciedad. Un par de ojos inyectados en sangre miran por debajo de su pelo despeinado. Se sienta pesadamente en una silla que se le ofrece. Se quita el mosquete que cuelga de su hombro, lo acaricia con ternura y lo deja con cuidado sobre la mesa. Sirvo un plato de sopa caliente y se lo pongo delante y empiezo a hacer un millón de preguntas.

—Déjalo comer la sopa —dice Hela. Nos reunimos a su alrededor y permanecemos en silencio hasta que termina de comer.

—De acuerdo con el plan hecho por el jefe alemán de la policía, el gueto debía estar rodeado, y el resto de los judíos se supone que iban a ser enviados todos a Treblinka en un solo día. Iban a limpiar el gueto de judíos, ¡liquidarnos por completo! —dice Tolek, limpiándose la boca con un pañuelo—. El plan del jefe de la policía falló totalmente de forma inesperada. Colocamos a nuestros combatientes en los techos, no lejos de la puerta principal de entrada al gueto, en las esquinas de la calle Nalewki, Mila y Gesia. El jefe de la policía alemana, Van Sammern, condujo a su ejército conquistador a través de las calles. Con una canción en los labios, los soldados de Hitler entraron en el gueto, orgullosos y seguros de sí mismos.

Escuchamos con ansiedad mientras Tolek continúa.

—Cuando llegaron lo suficientemente cerca de nuestras posiciones, lanzamos nuestras bombas caseras, granadas y bombas molotov. Tomamos al enemigo por sorpresa. El jefe de policía alarmado ordenó la retirada dejando a muchos soldados muertos y heridos atrás. Os aseguro —agregó en tono de broma— la sangre nórdica es tan roja como la sangre judía. Una bandera azul y blanca ondea con orgullo al viento sobre el techo del 33 de la calle Nalewki —dice con entusiasmo, apresurándose a tragar el resto de su sopa.

—Oh —añade, sacando un trozo de papel arrugado de su bolsillo. Es una página de *Tribuna Popular*, el boletín de la resistencia polaca—. Casi se me olvida, —comienza a leer— "el 19 de abril 1943, la ráfaga de disparos hizo saber a Varsovia que la lucha ha estallado detrás de los muros del gueto. Los alemanes iban a deportar a los judíos para asesinarlos. Una división de las SS entró en el gueto. A continuación, la Organización Judía de Combate levantó una fuerte resistencia. Atacaron a los alemanes con granadas, ametralladoras y otras armas de fuego ligeras. Después de una hora de lucha, los alemanes se retiraron". —Poniendo su sombrero sobre la frente, dice en voz alta:— ¡No perdamos la esperanza!

Con el fusil al hombro, Tolek desaparece en la noche.

En la primera hora de la mañana, volvemos al escondite. Después de aproximadamente una hora, la calle empieza a temblar. Podemos oír con toda claridad el rugido de los tanques. De pronto, la calle ha vuelto a la vida. La lucha ha comenzado de nuevo. Silbidos rasgan el aire. Podemos oír el chirrido de los frenos y el golpeteo de pies que corren. Gritan maldiciones y órdenes en alemán. Explosiones ensordecedoras y disparos de rifle suenan como respuesta. Maldiciones fuertes, súplicas implorantes, el llanto de los niños y los gemidos de los heridos llenan el aire que nos rodea. La escalera de madera cruje siniestramente y la habitación se sacude terriblemente bajo las botas de los soldados. El sonido de sus pasos se eleva más y más alto, cada vez más cerca. Hay un fuerte golpe de la culata de un rifle contra la puerta, que abre una grieta.

El abuelo me agarra de la mano en un acto reflejo. "Están en la habitación de al lado. Detrás de la pared", pienso conteniendo la respiración.

"Wo sind die Juden verfluchte?" (¿Dónde están los malditos judíos?) Podemos oírlos llamando desde el otro lado de la pared. Abren el armario. Me paralizo como una piedra. Un anillo invisible de acero se está cerrando alrededor de mi cuello. La ansiedad y el miedo se reflejan en los ojos de todos los presentes en la habitación. Todas las miradas se dirigen hacia la niña del panadero, que está tranquilamente dormida. Moshe sostiene una almohada, preparado para ponerla sobre su boca si ella hace algún ruido. Oigo pasos pesados sobre nuestras cabezas. El suelo cruje dolorosamente bajo el crujido de una silla rota. Escuchamos el sonido de cristales rotos. Una olla pateada por los alemanes rueda ruidosamente en el suelo. Siguen buscando, oliendo, maldiciendo.

¡Finalmente, gracias a Dios! Los pasos pesados se retiran por las escaleras. Escuchamos el rugir de los motores, los camiones se van. Oímos algunos disparos esporádicos más. El rugido se aleja en la distancia, empiezo a respirar de nuevo. Relajo mis rígidas articulaciones.

—No se muevan de aquí —Sevek susurra—. El silencio repentino puede ser una trampa. Es la calma antes de la tormenta.

—Tal vez están al acecho detrás de la pared para atraparnos —añade Moshe, abrazando a su hija. Enseguida está todo totalmente oscuro. Solo la respiración rítmica de los que duermen rompe el silencio mortal. Nadie sale del escondite esa noche memorable. El abuelo me despierta de una siesta.

—Come —susurra, y me da un pedazo de matzo. Esta es la noche de la segunda *Seder*—. Estamos obligados a comer el pan de la aflicción que nuestros antepasados comieron bajo el yugo de sus amos egipcios —el abuelo lee subiendo su voz poco a poco. De repente, se detiene. Escuchamos con atención, oímos el sonido de pies que corren en la calle. Oímos el grito de un comando en yiddish. Me dirijo a la ventana, con cuidado de no pisar ninguno de los cuerpos dormidos. Veo a un grupo de personas corriendo por el medio de la calle. De repente, se detienen y se dispersan, corriendo hacia los portales de los edificios vecinos. "Son los nuestros", pienso, sintiendo olas de calor creciente en mi corazón.

"¡Oh Señor, sentado en lo alto, amo de todo destino humano! ¡Oh, Dios Todopoderoso, muestra tu fuerza, al menos por esta vez! ¡Toma a estos valientes muchachos bajo tu ala y haz un milagro! ¡Cuida a estos hijos suyos como lo hizo David! ¡Protégelos de Goliat!", envío mi oración al cielo.

Afuera se está volviendo gris. Otro día sin esperanza está amaneciendo. El rugido aterrador de los tanques moliendo el pavimento rompe la tranquilidad de la mañana temprana. Oigo de nuevo los frenos chirriantes y bajo la ventana el comando temido: "*Alle herunter!*" El estruendo ensordecedor de una explosión rasga el aire, sacudiendo toda la casa. El suelo tiembla bajo nuestros pies. Fragmentos de vidrio entran volando en la habitación desde las ventanas rotas, afortunadamente, no hieren a nadie. Columnas de humo negro irrumpen en la habitación a través de los marcos de las ventanas sin vidrios. El humo nos ahoga, nos quema la garganta.

A toda prisa, subimos la escalera, uno por uno, hasta el armario. Desde ahí me meto a través de la abertura en el techo hasta el piso de arriba. Una nube de humo me envuelve. Mis ojos se llenan de lágrimas. Tratando de sofocar la tos asfixiante, corro detrás de los otros, que están buscando una salida del infierno que ruge por todos los flancos. Las llamas no dan tregua. Han restringido todas las salidas. Las lenguas de fuego ensangrentadas y despiadadas triunfan. Consumen las ventanas de madera. Nos silban burlonamente y dispersan mil chispas. Ascuas llameantes bailan alrededor de nosotros como un enjambre de moscas. Plumas de almohadas rotas revolotean en el aire. Se aferran descaradamente al cabello de las mujeres.

Alguien aconseja que las mujeres se pongan pañuelos húmedos sobre sus cabezas.

—¿Qué me moje con qué? —pregunto—. Orina —es la respuesta atronadora. Estamos indefensos, envueltos alrededor de los remolinos de llamas en las fauces del monstruo de fuego. De repente, me echo a reír histéricamente. Corriendo detrás de esta gente me recuerda a perseguir ratones y me convulsiono. Trato de ahogar la erupción en vano. No puedo reprimir las cascadas salvajes de la risa loca. Entonces alguien me da una bofetada fuerte, liberándome de las garras de esta convulsión.

Las llamas devastadoras consumen toda la casa. A través del crepitar de las llamas, escuchamos gritos desde abajo: *"Alle herunter!"* Los asesinos sedientos de sangre nos esperan en el patio delantero. Para evitar ser quemados vivos, tenemos que tomar una decisión en el acto. Tenemos dos opciones: ir a la calle hacia las fauces de las SS que nos esperan o arriesgarnos a morir por el fuego, intentando escapar a través de la puerta que conduce al patio trasero.

Corremos abajo, saltando por encima de los escalones en llamas. En el pasillo, nos encontramos con dos muchachos jóvenes con rifles en las manos.

—¡Rápido, corre con confianza y lo conseguirás! —me susurra uno de los muchachos, y me empuja hacia la puerta en llamas. Al amparo del fuego de su fusil, nos las arreglamos para llegar al patio trasero. Desde ahí llegamos al tercer patio, el anexo trasero, donde nuestro búnker subterráneo todavía no ha sido tocado por las llamas.

Uno tras otro corremos rápidamente por las escaleras hasta el sótano. De repente aparece un grupo de personas totalmente desconocidas de una casa vecina. Nos vemos obligados a darles refugio en nuestro búnker. A través del laberinto de los oscuros y estrechos pasillos del sótano se llega a la abertura oculta en nuestro búnker subterráneo. Movemos el pesado inodoro hacia un lado. Todos nos las arreglamos para pasar a través de la estrecha abertura al búnker subterráneo. Está muy oscuro, húmedo y mal ventilado. Hay un hedor ineludible y muy desagradable dentro. Sin embargo, me siento más segura aquí que en el piso de arriba. Reina el silencio total. Las manecillas del reloj se mueven en cámara lenta.

Me afligen los malos pensamientos. "¿Viviré para ver amanecer otro día? ¿Voy a respirar el aire fresco de nuevo? Tal vez todo va a ser destruido, y la muerte que me espera llegará de un golpe repentino". Finalmente cae la noche. La taza del inodoro es retirada. Dos de los hombres se van en una misión de reconocimiento para ver qué está pasando. Esperamos su regreso con impaciencia.

—No hay alemanes alrededor. Han dejado el gueto —una voz llama desde arriba. Salgo apretadamente a través de la pequeña abertura y estoy de vuelta en la superficie de la tierra. Me empapo del aire fresco de la noche con alivio. Entonces oigo una orden:

—Apaga el fuego. Tenemos que evitar que el fuego se extienda a nuestro anexo.

Llenamos todo tipo de recipientes con agua: ollas, teteras, cuencos, platos de todo tipo, latas vacías de conservas, todos van de mano en mano en una brigada de cubos. El agua chisporrotea con un silbido cuando se vierte sobre los ladrillos calientes. Las llamas no son fácilmente sometidas. Oponen una dura resistencia, haciendo vibrar y siseando con furia al toque del agua fría. A pesar de ser subyugadas momentáneamente, las llamas estallan con un nuevo vigor.

Una mujer moribunda yace en un colchón calcinado. Saltó por la ventana de una casa en llamas. Su pelo quemado se aferra a su frente. Una mueca dolorosa está congelada en su rostro sin sangre. Las lágrimas fluyen de sus ojos bien cerrados, cavando dos profundos surcos en su piel chamuscada. Intenta susurrar algo en sus labios quemados, pero su voz es tan suave que apenas se puede oír. Tiene una triste petición:

—¡Agua, agua —saco un poco de agua en una lata con la intención dársela a beber. Adek me la quita de las manos con un movimiento rápido. Enojada, le pregunto qué es lo que está haciendo.

—¿Estás loca? —grita—. ¿No ves que se está muriendo? Estás cometiendo un crimen al darle agua. ¿Quieres mantenerla con vida durante una hora más, hasta que los alemanes pueden llegar aquí y acabar con ella? Dentro de unas horas, cuando empiece a amanecer, vamos a tener que volver a bajar al búnker. ¿Quién va a llevarla y empujarla a través del agujero en el escondite? Si realmente tienes piedad en tu corazón, has de dejarla morir en paz. Cuanto antes, más misericordioso. En las actuales circunstancias, la muerte es la única salvación para esta pobre mujer.

Adek me arrastra lejos de la moribunda.

—A trabajar —me dice—. Tenemos que preocuparnos por los vivos. Dicho esto me entrega un balde de agua. Trabajamos en silencio, protegidos por las alas negras de la noche, cada quien absorto en sus propios pensamientos.

Los primeros rayos de la mañana luchan para vencer a la oscuridad; un nuevo día persigue a la noche saludable. Descendemos a nuestro refugio subterráneo. Una vez más, espero con impaciencia que la noche caiga para poder deslizarme fuera del escondite, inhalar un poco de aire fresco y estirar las extremidades. Por la noche, los hasta entonces invictos y bien armados alemanes retroceden y suspenden sus *aktzias* asesinas, abandonando el campo de batalla como cobardes.

Nuestro refugio está cada vez más lleno de gente. Cada noche, más de los que buscan asilo llegan de otros búnkeres que han sido quemados. Nos dicen que los alemanes están poniendo bombas incendiarias, arrasando sistemáticamente con los habitantes del gueto con fuego y humo. Los refugiados del búnker de la fábrica de cepillos hablan de una resistencia judía armada bien organizada.

—Cuando el grupo de alemanes entró por la puerta que conduce a nuestra tienda, las minas que plantamos explotaron bajo ellos. Decenas de hombres de las SS murieron de una muerte merecida.

Nos dicen con una sensación de satisfacción que los alemanes se retiraron de inmediato y luego regresaron unas horas más tarde, tratando de entrar en el gueto por la parte de atrás, por la calle Walowa.

—Esta vez los recibimos con una lluvia de bombas molotov y tuvieron algunas pérdidas más.

Pasan los días en el búnker lleno de gente; vivimos en temor constante de lo que el día siguiente pueda traer. En el oscuro y tapado búnker perdemos la noción del tiempo. Los olores que emanan de la sudoración y los cuerpos sucios son muy desagradables. No hay aire para respirar. Parece que la electricidad ha sido cortada en el gueto. Afortunadamente, habíamos traído un suministro de velas, pero la tenue llama de la vela no se puede mantener sin oxígeno, y estamos obligados a vivir en la oscuridad total.

Un tenso silencio reina en el sótano, en ocasiones interrumpido por un susurro o una tos irreprimible. Los únicos sonidos son el zumbido de la respiración pesada y ocasionalmente un profundo suspiro. Desde un rincón, el llanto de un niño cesa. Incluso los niños sienten que el castigo por el llanto es la muerte. Alguien a mi lado se mueve de un lado a otro. Entonces de nuevo el silencio de la muerte gobierna el sótano.

Escuchamos con ansiedad las voces en lo alto, tratando de averiguar lo que está sucediendo en el mundo de arriba. Podemos escuchar el rugido de los tanques, los cañonazos en auge y las explosiones que sacuden nuestro búnker. Siguen sucediendo fuertes combates. Seguimos viviendo en la ansiedad y la incertidumbre durante días y semanas. Una oscura noche sin fin nos rodea. La oscuridad impenetrable es la monarca reinante en el búnker. Cuando el día da paso a la oscuridad arriba, nos arrastramos fuera de nuestro agujero. Sobrevivimos con galletas, agua y *farfel*; compartimos nuestras provisiones con nuestros compañeros de infortunio.

Un día, un rugido terrible convulsiona nuestro búnker, despertando a los durmientes de sus leves siestas. Todo el anexo tiembla por encima de nuestras cabezas. Una ola de calor se extiende a través de nuestra celda de almacenamiento. La temperatura se eleva precipitadamente. Bañados en sudor, no nos atrevemos a movernos. La ropa se adhiere a nuestros cuerpos sudorosos.

—Han debido tirar una bomba incendiaria —alguien susurra en la oscuridad. Tiemblo al pensar que la muerte por las llamas me espera en el búnker. El miedo se apodera de mí. Siento una poderosa voluntad de vivir, un amor abrumador por el mañana. Añoro el cielo azul, el sol dorado y la belleza del mundo. Las manecillas lentas del reloj finalmente llegan a las 9 de la noche. Nuestro explorador de reconocimiento salé del búnker con cautela. Unos minutos más tarde, podemos escuchar que llama desde arriba

—Salgan ahora mismo. El edificio está en llamas.

Presas del pánico, corremos en fila a través de los estrechos pasillos oscuros y laberínticos. Me escuecen los ojos y me ahogo con el humo. Mi boca se abre sedienta de aire. Sudorosos y asustados por fin llegamos a la superficie. Un incendio monstruoso hace estragos en el patio. Las lenguas de fuego escarlata se elevan triunfalmente. El resplandor del fuego ilumina la oscuridad, dejando al descubierto los rostros exhaustos de aquellos que se aferran a la vida en medio de las ruinas. Estamos parados e indecisos mientras nuestras botas se hunden en el asfalto derretido. ¿Y ahora qué? ¿Qué hacemos? ¿Correr? ¿Rendirnos? ¿Entregarnos? No tenemos mucho tiempo para pensar. Tenemos que salir de este infierno. ¿Pero hacia dónde vamos?

Un ladrillo caliente se estrella contra el suelo, pero por suerte no golpea a nadie. Nos dividimos en dos grupos. Aquellos con niños llorando recién despertados corren hacia el portón en llamas. Directamente a las garras del enemigo. Los alemanes están esperando.

—¡Sígueme! —nos ordena Ignatz y los pocos que quedamos corremos con él en la dirección opuesta. Corremos tan rápido como nos es posible a través de las ruinas quemadas, tropezando con los ladrillos calientes esparcidos por las calles. Trato de evitar los cadáveres lo mejor que puedo.

El cuerpo carbonizado de una mujer cuelga de un balcón. En la puerta, una madre aprieta convulsivamente a un bebé en un abrazo mortal. El bebé está chupando furiosamente del blanco pecho de la madre. Los ojos vidriosos de la mujer me miran suplicantes. De sus labios azules entreabiertos, un hilo fino de color escarlata fluye hacia abajo hacia la cabeza de piel muy blanca del bebé.

Me detengo a coger al bebé de los brazos de la madre muerta, pero alguien me jala con fuerza diciendo:

—Este no es el momento para la compasión. Aún no sabes lo que vas a hacer contigo misma. Sólo sigue corriendo. No hay tiempo que perder.

Para nuestra sorpresa, nos encontramos con un edificio aún en pie entre todas las estructuras quemadas, un anexo de dos pisos que no ha sido tocado por las llamas devoradoras. No perdemos el tiempo pensando en qué debemos hacer;

solamente corremos por las escaleras al sótano y nos escondemos en una estrecha sala llena de carbón y madera. Nos ponemos en cuclillas uno junto al otro. Un rayo perdido de luz del sol se filtra en la sala a través de una pequeña ventana con barrotes por encima de mi cabeza.

"¿Estás realmente despierto, Dios?" Pienso. "Si todavía gobiernas este mundo, ¿por qué has legalizado el asesinato, la violencia y la injusticia diabólica? ¿Has vendido la tierra al diablo, que reina aquí sin restricción?". Me sacuden de mis tristes pensamientos con una orden en voz alta y clara:

—*Alle Juden, heraus sofort!* —aguanto la respiración. Nadie se mueve. Repiten la orden, esta vez en polaco y agregando:

—¡Salgan inmediatamente! ¡En un minuto, una bomba de fuego será lanzada, y todos serán quemados vivos!

Hay un silencio mortal en el sótano.

Después de unos minutos, escuchamos el sonido de pies corriendo y luego el rugido ensordecedor de una explosión. Toda la casa tiembla, y somos sacudidos a todas partes como insectos. El humo nos ahoga e inunda nuestros ojos cubiertos de hollín. Siento un peso doloroso en el pecho y tengo dificultad para respirar.

—Lanzaron una bomba de gas en el sótano —susurra alguien, tratando de aguantar la tos. Se puede escuchar la resignación en la voz. Todos nos estamos asfixiando. Alguien sugiere que usemos el pañuelo con orina y lo pongamos sobre nuestras narices. No hay aire para respirar. No podemos aguantar nuestra tos seca. Sofocados nos movemos por el estrecho pasillo hacia la salida. La puerta ya está en llamas. La leña crepita burlonamente. Saltamos por encima de las amplias bandas de fuego. El patio está desierto. Aspiro el aire fresco, pero no puedo contener la tos testaruda. Al parecer, los alemanes se han retirado hacia la calle, a la espera de las víctimas a cierta distancia.

De repente, un desconocido aparece de la nada. Pasa un poco de agua alrededor en una enorme tetera y ofrece bienestar con aire paternal.

—¡Gente, por el amor de Dios! Piensen a lo que se están enfrentando. Tengan un poco de compasión de sí mismos.

El desconocido habla polaco muy bien.

—No crean en las historias sobre los campos de exterminio. Las familias se mantienen juntas y están siendo enviados a campos de trabajo en Trawniki y Poniatow.

Atragantándome con mis pulmones llenos de gas, trago el agua con avidez.

—No beban el agua —advierte un joven médico que está en nuestro grupo—. Solo servirá para llevar el gas hasta el estómago.

Él no prueba una gota de agua que se le ofrece, aunque está asfixiado con una tos seca.

—No crean en el desconocido —dice alguien más—. Es un provocador, un traidor que trabaja para los alemanes.

El que habla señala cómo se ve de limpio y fresco el desconocido y que ya cuenta con un grupo de personas que lo siguen. Solo queda un pequeño grupo de personas indecisas.

—Síganme —nos dice Ignatz. Nos abrimos paso a través de las ruinas en el 19 de la calle Mila de vuelta, donde nos encontramos con que la casa sobre nuestro búnker se ha quemado hasta los cimientos. Los ladrillos calientes brillan débilmente. Para alegría de todos, descubrimos una abertura discreta que conduce al sótano.

—Es un milagro de Dios —dice el abuelo Naftali, con su sublime fe intacta. Somos capaces de deslizarnos por la abertura agrandada, y cada uno de nosotros gatea hasta nuestro búnker subterráneo. Está increíblemente caliente. La base sólida de la casa no ha sucumbido a las llamas, pero el calor se siente como el fuego del infierno. Nos quitamos algunas de las prendas que se pegan a nuestros cuerpos sudorosos. Mitad inconscientes a causa del intenso calor, nos las arreglamos para aguantar hasta que cae la noche. Bajo el amparo de la oscuridad, nos arrastramos fuera del horno recalentado. La refrescante brisa de primavera me acaricia la frente sudorosa. Sin perder ni un valioso momento (las noches de primavera se están haciendo más cortas), nos preparamos para extinguir los restos del fuego echando agua sobre los ladrillos calientes.

El agua silba ferozmente al caer sobre los ladrillos al rojo vivo. Trabajamos frenéticamente hasta la madrugada, y cuando nuestro enemigo, la luz, suplanta la oscuridad, volvemos a nuestro búnker, que se ha convertido en un baño turco. Inmersos en la oscuridad total nos acostamos en el piso mojado como en una tumba. Grandes gotas calientes de agua caen desde arriba, quemando la carne, los brazos y la cara. Todo está en silencio, excepto por el sonido de la respiración pesada y el chapoteo de las gotas de agua que caen. En la oscuridad, alguien comienza a distribuir galletas húmedas y *farfel* horneado. Por suerte, nuestras provisiones no fueron dañadas por el agua, solo un poco por el humo.

Oigo un profundo y doloroso gemido escapar del pecho de alguien. Alguien se ha desmayado. La débil llama de una vela parpadea. El búnker se llena de vida al tratar de despertar a la persona que se ha desmayado.

Podemos oler el dulce aroma de gotas de valeriana; el agradable aroma a colonia nos refresca. En un momento todo se calma, y la luz vacilante de la vela se apaga. La oscuridad de la tumba desciende sobre nosotros.

La sed me atormenta. No hay saliva en mi boca, y mi lengua es como un bloque de madera.

"Así debe ser el infierno", pienso amargamente, bañada en mi propio sudor. Aprieto mis párpados tratando de escapar de la realidad opresora a la tierra de los sueños. Ruedas multicolores giran ante mis ojos cerrados, atacando a la oscuridad circundante. Poco a poco, asumen formas variadas. Pintan el cielo azul, las hojas verdes y rocían un arco iris de colores en los pétalos de las flores.

—¿Estás durmiendo? —pregunta Adek, que está acostado a mi lado. Se acerca a mi un poco más y siento su aliento caliente en mi oído.

—He decidido salir de aquí. No hay nada más que la muerte aquí para nosotros. Habla en un susurro muy bajo.

—He pensado todo mi plan. Por la noche, cuando vayamos de vuelta a la superficie, me voy a escabullir. Voy a tratar de encontrar un grupo de lucha y unirme a ellos. Estoy seguro de que podrán usarme para algo. ¿Quieres venir conmigo?

—¿Cómo vamos a ayudarles? ¿Qué podemos hacer con nuestras propias manos? ¿Y si los alemanes nos agarran y nos torturan y nos obligan a revelar la ubicación de nuestro búnker? —le pregunto en respuesta.

Una orden de nuestro grupo para abandonar el búnker interrumpe nuestra conversación. Desmayada por el calor y la sed, succiono el aire fresco de la noche. En los cielos oscurecidos, por encima de las casas carbonizadas del gueto, aparece la luna. Parece que mira hacia abajo con sorpresa y palidece ante la visión de esos fantasmas de dos patas que se arrastran fuera de un agujero bajo tierra, y luego se esconde con vergüenza detrás de una nube en movimiento.

Después de satisfacer nuestra sed enloquecedora, comenzamos verter agua sobre las brasas ardientes.

"Todo esto es inútil", pienso con amargura. "Solamente un milagro, un ataque aéreo, una invasión de un ejército por el aire o la repentina aparición del Mesías nos puede salvar". Desafortunadamente, no es probable que suceda un milagro. El amanecer está persiguiendo a la luna en el cielo y rápidamente extingue las últimas estrellas que quedan; un nuevo día ha llegado. Es hora de volver a bajar al búnker. Como de costumbre, Moshe nos cuenta para asegurarse de que nadie falta.

—Falta una persona —dice—. Probablemente se alejó demasiado y cayó en manos de los nazis. Amenazado de muerte, probablemente les dirá acerca de nuestro búnker. Lo van a torturar y lo obligarán a divulgar toda la información. Tenemos que salir de aquí inmediatamente. Los alemanes pueden aparecer en cualquier momento.

Mira a su alrededor con nerviosismo. El tiempo pasa, y nos quedamos parados sin poder hacer nada. ¿Qué vamos a hacer? ¿Dónde nos podemos esconder? Tiemblo de frío y de miedo. De repente, los ojos de Moshé se iluminan al pensar en un plan.

—Síganme —ordena. Corremos a través de los escombros y cenizas humeantes.

—Más rápido —dice Moshe. Oímos el estruendo ominoso de tanques, acompañado de explosiones ensordecedoras. Felizmente, llegamos a la panadería de Moshe medio consumida por las llamas. Entramos en un pequeño hueco debajo del horno, uno tras otro, en cuclillas, apretados lo más que podemos en el pequeño lugar, tratando de hacer espacio para todos. Con un tirón rápido, Moshe coloca una tapa por encima de nuestras cabezas. Una vez más, nos encontramos en la oscuridad total.

Hambrienta y cansada de verter agua sobre las cenizas toda la noche, caigo en un sueño ligero. ¿Es esto una fantasía o un sueño? La cocina es acogedora y brilla con felicidad. Sonriendo, las mejillas de mi madre se sonrojan con el agradable calor que emana del gran horno de azulejos. Mamá está horneando jalá para el sábado y pequeños bocaditos deliciosos para la escuela. El agradable aroma de las delicias al horno seduce los sentidos. Doy un mordisco a la masa crujiente con avidez. Un estruendo repentino en la tapa me despierta brutalmente de mi placentero sueño. Un bocado del jalá se me cae de la boca.

—*Alle sofort heraus!* —escuchamos desde arriba.

La luz del día viene fluyendo a través de la abertura, cegándonos. Las amenazantes bocas de los rifles negros nos miran.

—*Raus! Hände auf!* "¡Manos arriba!", —nos gritan. Uno tras otro, salimos de el escondite. Hombres fuertemente armados de las SS nos esperan en el patio. Maldiciendo en voz alta, nos empujan contra una pared quemada, llamándonos asesinos y judíos malditos. Otras personas obligadas a abandonar sus refugios ya están de pie de cara a la pared. Con las manos sobre la cabeza, de pie junto a los otros, soy la última en la fila. Todavía medio dormida y temblando de frío y de miedo, me apoyo en la pared de tierra desnuda.

"Este es mi final", pienso, casi sintiendo alivio. "Oh, Dios, por favor concédeme una última petición. Deja que comiencen a ejecutarnos por mi lado. Quiero ser la primera en morir, y no la última. No quiero ser testigo del asesinato bestial de mis seres queridos, el abuelo, Hela, Ignatz, Sevek, Lena y Adek. Tal vez la muerte por un disparo de bala no es tan dolorosa. Tiene que ser más rápido y más fácil que morir sofocada en una cámara de gas".

Mis pensamientos son interrumpidos por las palmas de alguien brutalmente manoseando mi cuerpo.

—¿Dónde han escondido sus armas? —ruge un alemán amenazadoramente, ordenándome dar la vuelta. Un hombre alto de las SS con botas de charol negras altas dice:

—El dinero, oro, joyas y otros objetos de valor deben ser entregados inmediatamente. Pongan todo en las bolsas proporcionadas.

Al decir esto apunta a unos gruesos sacos grises de patatas medio llenos de objetos de valor.

—Si no obedecen las órdenes les dispararemos —grita, sacudiendo su revólver amenazadoramente ante nuestros ojos.

Comienzan a registrarnos. Uno por uno, se llevan a los cautivos detrás de la pared. Desde el otro lado de la pared, escuchamos amenazas en alemán acompañadas por el sonido de un látigo y los gemidos de las víctimas. Conducen a otro grupo de víctimas en nuestra dirección desde la distancia a lo lejos. Están caminando hacia nosotros con paso inseguro. De repente, se dispara un tiro desde detrás de un montón de basura, hiriendo a un soldado que custodia a los prisioneros. El líquido escarlata estalla de su hombro, manchando el uniforme verde impecable. Una lluvia de disparos zumba a través del aire. Los cuerpos heridos caen al suelo, acompañados de gemidos y lamentos.

Alguien a mi lado susurra: *"Shemá Yisrael"*. Me cubro la cara con las manos. *"Itgadal V'Itkadash"*. Alguien recita la oración por los difuntos. Alguien responde: "Amén".

No me he recuperado del trauma aún, cuando me toca a mí ser registrada.

Están de pie detrás de la pared, sosteniendo dos bolsas grandes listas para recibir el botín. Los alemanes me ordenan que me quite la ropa. Buscan en la ropa con cuidado, asegurándose de no perder ni una solo escondite posible. Temblando de frío y de vergüenza, estoy medio desnuda delante del alemán. Llevo dos pares de bragas, unas de lino fino debajo y unas de lana encima. Un SS coge mi ropa interior con la intención de romperla. Muy molesta, instintivamente tiro de ellas hacia arriba. Él me mira y grita:

—¡Vístete mocosa!

Recogiendo apresuradamente mi ropa, me visto rápidamente. En ese momento me acuerdo aterrorizada de que mi madre había cosido los dólares americanos en la entrepierna de las bragas de lana. Un poco más arriba, en la banda elástica, está la cadena de oro del reloj de mi padre. Puedo oír la voz de mi madre una vez más, diciendo: "Cuida mucho de ello. Escóndelo, para utilizarlo cuando llegue el momento desesperado de necesidad. Si tu vida está en peligro, tendrás algo para salvarte".

Empujándonos y golpeándonos brutalmente, mientras nos gritan terribles maldiciones, los alemanes nos alinean en filas de cinco. La calle Mila está totalmente en ruinas. Nos llevan a la calle Zamenhof. Vigilados por soldados fuertemente armados, marchamos por el medio de la calle, víctimas indefensas ahuyentadas de sus escondites subterráneos por el humo y el fuego que han arrasado con todo el gueto.

A simple vista, no hay nada más que ruinas y llamas; las casas todavía crepitan con el fuego del infierno. Los edificios completamente quemados miran boquiabiertos en silencio fantasmal. Montones de ladrillos se enfrían gradualmente. La gruesa columna de humo negro invade nuestras vías respiratorias sin piedad y exprimen las lágrimas de nuestros ojos. Los marcos de las ventanas vacías nos miran con tristeza desde los esqueletos ennegrecidos de los edificios.

En la calle Zamenhof, un grupo mucho más grande se une a nosotros. Marchamos en silencio.

Podemos oír los pasos desiguales de los pies en marcha tamborileando sobre el pavimento, los silbidos de los latigazos, los gemidos de los que reciben los golpes y el rugido de las motocicletas. Sumida en el letargo, indiferente a todo el mundo, sin esperanza, nos acercamos al final de nuestro viaje: de *Umschlagplatz* a las cámaras de gas de Treblinka. El sol se asoma desde detrás de las nubes. Al encontrarse fuera de sintonía con este campo de batalla perdido, se retira detrás de las nubes cobardemente.

En frente del portón de hierro que conduce a la *Umschlagplatz*, me doy cuenta de un árbol solitario. Al ver la luz verde de las hojas jóvenes que retoñan en las ramas desnudas, algo se mueve dentro de mí. Mi corazón, que se había convertido en piedra, se derrite. Ya no puedo contener las lágrimas que se abren paso en mis ojos. Lloro amargamente.

—¿Por qué lloras? —me pregunta un soldado alemán que camina a mi lado.

—¡La primavera! ¡Mira! Digo espontáneamente, señalando el árbol en flor—. La vida está llegando a la vida, y yo voy a morir.

—No creas esas mentiras —dice el alemán, aminorando el paso un poco. Me mira con curiosidad, de la cabeza a los pies, y después de pensarlo por un minuto, dice:

—Eres joven. Probablemente te van a poner a trabajar.

Llegamos a la *Umschlagplatz* y nos conducen a un gran edificio. Nos empujan a una gran sala llena de gente. Está caliente y abarrotada. Nos sentamos apretados y juntos en el suelo sucio, prácticamente uno encima de otro. Constituimos una masa gelatinosa formada por mujeres, hombres y niños —todos a la espera de que llegue el tren. La oscuridad cae lentamente.

Llegan nuevas víctimas. La gran sala está cada vez más llena de gente y más caliente. Puedo oír el llanto de los niños hambrientos y los susurros calmantes de madres desesperadas que se mezclan con las discusiones sobre quién debe tener más espacio en el suelo.

Finalmente, todo está tranquilo. La gente ha caído en un sueño inquieto y vigilante. Solo la respiración regular de los durmientes perturba el silencio profundo. De repente, terribles gritos, maldiciones vulgares y la cegadora luz fría de linternas me arrancan del sueño. Unos ucranianos borrachos en uniformes negros entran al pasillo, pisando gente tirada en el piso. Mi abuelo ve de inmediato lo que va a suceder. Se acuesta encima de mí y extiende su abrigo como un par de alas de cóndor para ocultarme de los merodeadores borrachos. Tratando de evitar temblar, me acuesto inmóvil.

—Muévete pequeña —oigo a alguien decir con voz de borracho—. Vas a ser de alguna utilidad antes de que hagan jabón contigo. ¡Levántate y date prisa en hacerlo! Puedo escuchar las peticiones implorantes de las niñas, el llanto de las madres, los lloriqueos de los niños que se han despertado. Dominando este caos se oyen las explosiones salvajes de la risa demoníaca procedentes de los ucranianos borrachos y el olor a alcohol. Tiemblo de miedo. No me atrevo a mover un músculo. Mi corazón late como un millar de martillos. Trato de acallar los latidos salvajes, temiendo que me vayan a delatar. Sin cerrar un ojo ni por un segundo, paso las horas interminables bajo el aplastante cuerpo de mi abuelo, sumida en el miedo y la incertidumbre total.

CAPÍTULO 7

MAJDANEK

Muy temprano a la mañana siguiente, escucho el sonido de un tren que cada vez se oye más y más claro mientras rueda sobre los rieles de hierro. El silbato de la locomotora rasga el aire. El tren se detiene con un traqueteo de mal presagio. Parado en las vías, espera su carga. Los hombres armados de las SS se abalanzan por las puertas que se han abierto al máximo. Comienza un griterío ensordecedor:

—*Alle raus! Schneller! Weitermachen! Raus! Raus! Schweine Verfluchte!*

Bramando inhumanamente y blandiendo sus palos para asustarnos, nos golpean sin piedad. A culatazos, empujan a los niños que acaban de despertarse de su sueño.

El pánico se apodera de la masa. Una ola humana asustada nos empuja a través de la puerta del salón por las escaleras a un área cuadrada. Me aferro a la mano del abuelo con fuerza, mientras que Hela me agarra la otra, con temor a que en la confusión nos separemos.

Empujados brutalmente, a patadas y a golpes, nos alinean en posición de firmes. Con nuestras manos en alto, comenzamos a desplazarnos en la dirección de los vagones que esperan. La fila larga y sinuosa avanza rápidamente. Los ojos amenazadores de los rifles nos deslumbran con persistencia, mientras que los vagones de ganado devoran su carga humana. Ahora estoy a solo unos pasos de distancia del tren. Los empujones se calman un poco. La fila de personas se mueve más lentamente.

Los nazis empujan con fuerza a los que se han dispersado dentro de los vagones que están atestados, asegurándose de que no haya una sola pulgada de espacio desocupado. Cargan los coches hasta el borde. "¡Alto!", es escucha la orden. La fila en marcha se detiene. Los ucranianos cierran las puertas de los vagones de golpe, sellándolas con barras de hierro. Oigo un chirrido mientras cierran las puertas. La locomotora silba al ponerse en movimiento, llevando su carga orgánica. Los rostros exhaustos y pálidos de los condenados se asoman por las ventanas enrejadas de los coches.

Aquellos de nosotros que quedamos en el andén somos empujados de nuevo al edificio, que ya se está llenando de nuevas víctimas. Pasamos otro día aquí, manteniéndonos con el *farfel* seco que prudentemente el abuelo se metió en los bolsillos del abrigo cuando salimos del búnker.

Pasamos otra noche llena de miedo, tristeza y miseria en el piso sucio. Al día siguiente, cuando llega el tren, nos empujan de nuevo al andén.

El abuelo ve a un rabino que conoce en la multitud. Toma un puñado de *farfel* de su abrigo y lo mete en la boca del rabino. El pobre hombre está tan demacrado y encorvado por el cansancio que apenas puede mantenerse en pie. Nos alineamos en una fila, y el abuelo empuja al rabino delante de sí mismo tratando de protegerlo. La fila se mueve rápidamente bajo la atenta mirada de los hombres de las SS que están a ambos lados acompañados de perros feroces aullando. Las bocas abiertas de los vagones se tragan las masas desesperadas vorazmente. "¡Alto! ¡Alto!" La cadena humana se detiene rápidamente. Un alemán muy alto señala muy caballerosamente con la mano al rabino para que salga de la fila. Él se hace a un lado obedientemente. El alemán saca lentamente el arma de la funda y pone el cañón en la cabeza del rabino. La pobre alma se encoge de hombros convulsivamente y cae silenciosamente al piso. La sangre mana a borbotones de la herida.

Tiemblo de miedo por la vida del abuelo.

—No mires hacia atrás. Enderézate. Mantén la cabeza en alto. Camina en línea recta —susurro mientras camino detrás de él. Por último, nos subimos al vagón de ganado, que ya está repleto de gente. Indiferente a los empujones, los quejidos y los gemidos de la multitud apretujada y la masa de los cuerpos, beso la mano del abuelo con gratitud. Doy gracias a Dios por haberle salvado de la muerte. Las lágrimas corren por la cara horrorizada y pálida de Hela que está a mi lado. La pesada puerta se cierra. Las barras de hierro bajan de golpe. La oscuridad envuelve el tren. El perno se acomoda en su lugar. El silbido ensordecedor de la locomotora resuena, y las ruedas en las vías hacen un estruendo metálico. Poco a poco, el tren se pone en marcha.

Hace un calor sofocante y el vagón está repleto hasta lo imposible. No hay espacio para mover las piernas. Es imposible mover los brazos para limpiarse la frente. Nos aplastamos unos contra otros. El tren avanza lentamente con un ruido rítmico, un monótono clic clac. Con un repentino aumento de energía el tren toma velocidad haciendo que la masa de humanidad parada en el vagón se derriben unos sobre otros. Algunos se desmayan por el calor y el hacinamiento.

La sed quema nuestras tripas. Se oyen gritos implorando: "¡Agua, agua! ¡Gente, ayuda, mi hijo se está muriendo!"

Me doy cuenta que hay una ventana encima de nosotros. "Si tan solo pudiera pasar a través de esta apertura a la libertad", pienso contemplando la pequeña abertura cuadrada que permite que un fino rayo de luz ilumine los rostros pálidos y cansados en el interior del vagón. ¿Cómo me las arreglo para liberarme de esta masa que me atrapa y alcanzar la ventana? Luego saltaría del tren en marcha y rodaría sobre una estera suave de hierba para evitar romperme las piernas, y me escondería en un campo de gavillas de maíz. ¿Entonces qué? ¿Dónde busco refugio en esta zona hostil completamente desconocida? ¿Qué pasará con el abuelo? No va a ser capaz de pasar a través de esa ventana. ¿Tendría el coraje de saltar? ¿Sería capaz de esquivar una bala del rifle de los policías ucranianos que hacen guardia?

De repente, alguien cerca de la ventana interrumpe mis pensamientos diciendo en voz alta:

—Vamos en dirección a Treblinka —la aterradora noticia se propaga por el vagón en un instante. Las disputas sobre quién se queda con el espacio en el piso se detienen. Oigo fervientes oraciones, la gente pidiendo a Dios que tenga piedad de ellos. Los frenos chillan y el tren se detiene. El aire fresco que entraba por la ventana mientras el tren estaba en movimiento ha desaparecido, creando una situación de pánico. La gente trata de acercarse a la ventana para tomar aire. Un joven hace una pequeña abertura en las tablas del piso y pone su nariz, chupando el aire mientras todo el mundo lo envidia. Alguien cerca de la ventana compra una botella de agua a un polaco en las vías. El agua viscosa y verde, que se recogió de una zanja de drenaje en la calle, hace sus rondas de boca en boca. Bajo la atenta mirada del vecino, solo se permite un sorbo de la botella.

El tren se tambalea en marcha otra vez, tirando al abuelo al piso. Trato de levantarlo, pero es en vano. Se ha desmayado. Alguien se cae encima de él. Angustiada busco a Hela, pero no la veo. El tren toma velocidad y luego se tambalea hasta detenerse de nuevo, una vez más la gente sale volando y se cae. Puedo escuchar el sonido de disparos de fusil. Provienen de guardias alemanes disparando a la gente que salta del tren. El tren se detiene. Está completamente oscuro. Solo unas pocas personas todavía siguen de pie. He perdido la noción del tiempo. Me duele la cabeza por la falta de aire, el hambre y la sed. Siento un extraño peso en mi pecho. Una mano de hierro invisible me está apretando. Desgarro mi vestido para conseguir más aire. Siento que me voy a desmayar. Uso mi último gramo de fuerza para hacerme paso a través de los cuerpos inmóviles hacia la ventana.

—Sevek, ¿eres tú? —pregunto reconociendo su alta figura que bloquea la ventana. Me meto apretada entre Adek y Lena debajo de los anchos hombros de Sevek, que nos protege de aquellos que nos arrancarían de la ventana. Ávidamente respiro el aire dulce y fresco. Un tiro es disparado y un líquido viscoso y espeso salpica mi cara.

—¿Te alcanzó? —pregunta Lena, que está de pie junto a mí.

—¿Qué? —le pregunto, sin entenderla.

—La bala —dice ella.

La muchacha que está a mi lado se queja, y luego se derrumba. Un alemán en el andén disparó al vagón solo por el gusto de hacerlo, asesinando a la muchacha. La sangre caliente se coagula en mi cara. El tiempo se ralentiza. Las horas pasan con enorme lentitud. Todos hemos perdido la noción del tiempo.

Hay algunos que dicen que esta es nuestra segunda noche en el tren. Finalmente, escuchamos el sonido metálico del cerrojo que se abre. El resplandor de la luz fría de la luna entra por la puerta abierta.

El siniestro reflejo revela a la gente medio muerta en el interior del vagón y un montón de cuerpos sin vida. Una ola de aire frío se precipita en el tren. Luego gritos inhumanos:

—*Alle raus! Aussteigen! Aussteigen!*

Los golpes brutales de las porras de goma traen de vuelta a la vida a algunos de los cautivos. Uno por uno, saltan del vagón al andén. Prisioneros con uniformes a rayas están ocupados lanzando cadáveres fuera del vagón.

—¡Abuelo! —lo llamo mirando alrededor con inquietud. Finalmente lo veo que yace inmóvil, con la cabeza hacia un lado. Está tirado en el piso semidesnudo y sucio de orina y vómito. Limpio su rostro azul que aún está caliente. Trato de abrir sus pestañas, pero se cierran obstinadamente. Le pellizco las mejillas ligeramente y froto sus manos tiesas tratando de darles calor, pero sin resultado. Haga lo que haga, no puedo despertarlo de su letargo. Levanto sus brazos flácidos y los coloco alrededor de mis hombros, con la esperanza de que me sujete para facilitarme la tarea de cargarlo. Para mi desesperación completa, sus brazos no responden a mis esfuerzos y caen sin vida a los lados.

—¡Abuelo, despierta! ¡Tienes que levantarte! —le ruego débilmente. Miro a mi alrededor en busca de mi familia para que me ayuden, pero parece que han sido forzados a salir del tren con los demás. Con toda la fuerza que me queda, renuevo mis esfuerzos para llevarlo y sacarlo del tren, donde la muerte segura por un disparo le espera. Desafortunadamente, el cuerpo inerte no responde a mis esfuerzos sobrehumanos.

Un hombre con un uniforme a rayas me aleja de abuelo y me empuja fuera del tren. Trata de darme un buen consejo:

—No llores, pequeña. Déjalo morir en paz. Es demasiado viejo, y no van a dejarlo vivir aquí de todos modos.

—Mi abuelo ni siquiera tiene sesenta años —le grito amargamente mientras las lágrimas brotan sin poder evitarlo.

Comienza un caos en el andén: el sonido de disparos, las personas que se llaman unas a otras. Perros que ladran sujetos por hombres de las SS se suman a la confusión general y al terror. Nos alinean en filas, haciéndonos tropezar con los cadáveres. Con los brazos en alto sobre nuestras cabezas, somos escoltados por soldados. En la oscuridad se cierne una imagen: un cobertizo de madera pintado con cal blanca.

—¡Crematorio! ¡Estamos en Treblinka!

El murmullo atraviesa las filas. Uno de los prisioneros que limpian el andén rápidamente nos corrige, informándonos de que estamos en Lublin, en la antigua estación de tren, en el 7 de la calle Lipowa. Después de una breve búsqueda, encuentro a Hela en un edificio de dos pisos lleno de gente, ella está desesperada llorando por la pérdida de su padre. Lena, también llorando, nos dice que los hombres de las SS tomaron Sevek y Adek.

—¡Los han matado! ¡Es probable que ya no estén aquí más! —solloza desconsoladamente. Trato de calmarla, diciéndole que es posible que los hayan llevado a limpiar el tren.

Sin embargo, no puedo convencerla. Solo sigue repitiendo:

—¡Están muertos! ¡Están muertos!

Me consumo en un solo pensamiento, ¡agua! ¿Dónde puedo encontrar un poco de agua?

Mi boca está quemada, y mi lengua se siente como el cuero. Voy corriendo por las escaleras en busca de agua. Encuentro una ducha rota en el piso inferior. El agua gotea del grifo lentamente. La gente espera delante de la ducha tratando de conseguir algo del tesoro de valor incalculable dentro de sus bocas abiertas. Con toda la fuerza que me queda, me abro paso a la fuerza a través de la multitud hacia la ducha. Tengo éxito en conseguir dos gotas frescas en mi boca, pero no sacian mi sed ardiente.

Veo una mujer con un niño en sus brazos tratando de llegar a la ducha con una pequeña tetera. Sus esfuerzos parecen inútiles; es imposible pasar a través de esta multitud llevando un bebé. Le propongo un trato. Voy a llenar la tetera para ella si ella me deja usarla temporalmente. Vacilante, accede. Maniobrando hábilmente por encima de las cabezas de la multitud, me las arreglo para dejar caer un poco de agua en el recipiente. Temeroso de perder mi puesto estratégico, bebo todo el contenido de la tetera de un solo trago. Completamente empapada, repito el procedimiento anterior. Sujetando la tetera con fuerza contra mi pecho por temor a que alguien me la arranque de las manos, me alejo de la ducha.

El niño bebe con avidez toda el agua, y la madre me confía de nuevo la tetera, esta vez un poco menos vacilante.

Logro conseguir algo más de agua y empiezo a subir las escaleras. En el camino, se me hace familiar la cara de un señor cuya figura está envuelta en una camiseta lamentable de lino holgada y unos calzoncillos largos. Me detengo por un momento, tratando de recordar donde he visto antes esos amables ojos azules. De repente, lo reconozco.

—¡Abuelo! —grito abrazándolo. Me mira con curiosidad, y de repente sus ojos brillan con un sobresalto de reconocimiento. Me aprieta tiernamente contra su pecho. Dos gruesas lágrimas se escurren por sus mejillas pálidas. Le doy el agua y lo envuelvo en un abrigo gris que encontré.

Lo interrogo sobre lo que pasó después haberlo dejado inconsciente en el tren, pero no puede responder a mis preguntas. Solo después de la guerra pude saber que Sevek y Adek salvaron al abuelo de recibir un disparo, lo que prolongó su vida un día más.

Los alemanes habían seleccionado a Adek y Sevek, junto con el resto de los muchachos jóvenes en sus filas, y les ordenaron arrastrar a los muertos e inconscientes del vagón. Los hombres de las SS disparaban los que seguían vivos ahí mismo en el andén. Sevek reconoció al abuelo, respirando todavía, en lo alto de una pila de cadáveres. Al parecer, el impacto de ser arrojado fuera del vagón y la ráfaga de aire fresco lo despertó de su inconsciencia. Consiguieron el permiso del capo a cargo de la cuadrilla de trabajo para poder llevar a su padre hasta su hija, que ya estaba dentro del edificio. En el camino de regreso, se escondieron detrás de una pila de tablas, y de esa manera evitaron ser deportados al campo de concentración de Majdanek.

Después de permanecer en la clandestinidad durante unos días, se deslizaron fuera de su guarida, con hambre y sed, y se unieron a un grupo enviado a un campo de trabajo, donde sobrevivieron la guerra.

Estoy feliz de haber encontrado al abuelo y aliviada de que no estamos en Treblinka. Agotada por el viaje y los acontecimientos del día, me duermo en el piso sucio.

Al amanecer, escucho gritos y disparos. Una lluvia de golpes sobre mis hombros indefensos me despierta de un sueño. Nos sacan al frente de la casa, dispuestos en una larga fila de cinco por fondo y comenzamos a marchar. Es una marcha a Majdanek. Enormes pastores alemanes acompañan a los soldados, manteniendo la fila en un estado de terror constante. Tomados de la mano con fuerza, apoyándonos unos a otros, marchamos Ignatz, Hela, el abuelo, Lena y yo.

Hela tropieza con una piedra y se cae. Uno de los soldados suelta a su perro de la correa y lo exhorta a saltar sobre ella. El perro le clava los dientes en la espalda. Asustados, tiramos de Hela, que se convulsiona de dolor. La bestia agresiva no da tregua. Excitado por la risa de su amo, el perro se aferra a Hela. Finalmente el soldado ordena al perro que desista. El perro se sienta a los pies de su amo con un pedazo de carne humana y algunas piezas de tela colgando de su mandíbula. El alemán da unas palmaditas de aprobación al animal.

Sostenemos a Hela, que camina a trompicones hasta que llegamos a una cerca de alambre de púas. Dentro de la cerca, nos separan. A los hombres les ordenan formar una fila separada. Angustiadas, las esposas dicen un último adiós a sus maridos. Una madre llorando abraza a su hijo por última vez. Un río de lágrimas impotentes fluye en medio de los abrazos y las despedidas. Hela abraza a su padre, besando sus lágrimas saladas en la cara. Mi abuelo es clasificado entre los que son incapaces de trabajar y por lo tanto inservible. Nos damos cuenta de que sus posibilidades de sobrevivir son muy escasas. Él trata de consolarnos diciéndonos que todavía es fuerte y capaz de hacer muchos tipos de trabajo.

—Con la ayuda de Dios, la guerra se acabará pronto, y toda la familia se reunirá. Dios no va a permitir que reine la injusticia. Es imposible que estén matando a gente inocente —dice tratando de reforzar nuestra fe en Dios por última vez.

El abuelo coloca sus manos sobre la cabeza de Hela y luego en la mía. Sus labios murmuran bendiciones en la antigua lengua de nuestros antepasados.

—*V'yivorechecha Adoshem...*

Hay un último abrazo antes de que los soldados lo aparten brutalmente, arrancándolo de nosotros para siempre. Con los ojos nublados por las lágrimas, miro como se aleja esa figura que tanto quiero. Se vuelve una vez más y sonríe detrás de sus lágrimas, tratando de levantar nuestra moral. Su saludo con la mano es lo último que vemos. Después de la dolorosa separación, todos estamos confundidos y en un estado caótico.

—*Achtung! Achtung!* —suena una voz metálica—. Deben entregar su dinero de inmediato, todo el oro y los objetos de valor. ¡Cualquiera que sea sorprendido desobedeciendo la orden recibirá un balazo! *Erschossen!*

Las palabras resuenan amenazadoramente desde el altavoz; los ecos rebotan por el enorme vacío como un trueno.

Lena tiene un rublo de oro, que lanza aterrorizada en el saco con que circula un hombre de las SS. Hela, que lleva dólares estadounidenses y diamantes, vacila.

—¿He de entregarlo todo? ¿Qué voy a hacer? Tal vez lo voy a necesitar algún día para salvar nuestras vidas, y, luego, en nuestro momento de mayor necesidad, no tendremos nada.

Temerosas de lo que pueda pasarle, Lena y yo le instamos a entregar todo lo que tiene, por su propia seguridad. Con la esperanza de volver al mismo lugar, cavamos un pequeño agujero con nuestros pies, sin agacharnos o hacer cualquier cosa que pueda llamar la atención hacia nosotros. Hela lanza el pequeño paquete que contiene todas sus posesiones en el agujero, y luego rápidamente lo cubrimos con tierra. Me quedo los dólares y la cadena de oro de papá.

Un ensordecedor silbido hiende el aire. Nos alinean en una fila larga, que luego comienza a moverse lentamente hacia adelante. Dos hombres de las SS están de pie en los escalones de madera de las barracas. El proceso de selección comienza. Un golpe rápido de un bastón de mando decide el destino de un ser humano. Dios debe estar cansado, porque ha dado a Satanás un control completo sobre la humanidad. Solo unos pasos me separan de los que van a juzgarme. Puedo oír los sonidos monótonos claramente:

—*Links! Rechts!*

A la izquierda hay una enorme fila de mujeres y niños. Me doy cuenta que la señora Ziemba, la nuera de Reb Menachem Ziemba, está a la izquierda, con su hijo de siete años.

Llega mi turno. Me detengo frente a los alemanes. Aguanto la respiración. Mi corazón da un vuelco y deja de latir por completo mientras se alarga la espera silenciosa. Cada segundo parece una eternidad. La decisión está tomada: *Rechts.* El alemán señala hacia la puerta con un movimiento de su bastón. Cruzo el umbral con ansiedad en busca de Hela, que aparece en la puerta un minuto más tarde con Lena detrás de ella. Ambas entran en la barraca y nos abrazamos dando rienda suelta al llanto.

En la enorme barraca, hay montones de vestidos, abrigos, suéteres, botas y ropa interior femenina. Hay que desnudarse completamente y tirar la ropa en la pila correspondiente. Me quito mi ropa interior de lana mientras Hela y Lena me protegen, y luego la pongo en una hornilla que hay en un rincón de la barraca. La escondo entre las cenizas grises con la esperanza de poder recuperarla de la hornilla despúes del baño. Me quedo con el bolso de lino que contiene mis documentos, incluyendo mi valioso certificado a Palestina y una fotografía más querida para mí que cualquier otra cosa, de mi madre, mis hermanas y mi hermano. Cuelgo el bolso sobre mi hombro desnudo.

Una larga fila de mujeres camina en la dirección de la ducha.

—¡Abran la boca y mantengan las manos arriba! —grita un capo. Un hombre alto de las SS está en la entrada de la ducha. Balancea su porra de goma y revisa las bocas de las mujeres para asegurarse de que nadie ha ocultado nada. Ve el bolso de lino que cuelga de mi hombro y salta hacia mí. Le da un tirón arrancándolo y me deja marcada una raya roja en el brazo.

—Esos son mis *ausweis*, mis documentos —le digo tímidamente.

Se ríe diabólicamente.

—Las puertas del infierno están bien abiertas. No es necesario ningún documento allí.

Y lanza el bolso sobre un montón de coloridos vestidos.

"¡Adiós, querido padre! ¿Volveré a verte en la tierra de mis sueños?" Pienso tratando de aguantar las lágrimas en mis ojos. La ducha fría rompe mis pensamientos tristes. Después, nos dan "uniformes". Con cierta dificultad, saco una camisa de lino de las que usan los campesinos y me la pongo encima de mi cuerpo mojado. Es demasiado corta y demasiado amplia y está hecha de un tejido delgado con un diseño de flores grandes de color rojo. Grotescamente ataviada marcho detrás de Hela, que lleva un vestido de seda negro hasta los tobillos. Nos llevan a través de una segunda salida a una barraca diferente.

Schreibstube KL Majdanek, reza el cartel en la puerta. Aquí es donde los prisioneros son registrados. Se nos da a cada uno de nosotros un número de prisionero impreso en un pedazo de tela blanca. Cosemos el número en nuestras prendas. Tiene que ser sobre el pecho izquierdo.

Después del registro, nos alinean en filas de cinco por fondo frente a las barracas de madera. Suena un silbato. "¡Atención!", es la orden. Un grupo de hombres de las SS aparece en el lugar. Visten uniformes verdes y marchan rígidamente, con sus botas negras que reflejan la luz del sol. Se dispersan en todas direcciones, cada uno a una barraca diferente.

—*Achtung!* —ruge una muchacha con una banda en el hombro que indica que es la *blockalteste*, la más antigua de la barraca. Recta como una flecha, da su informe a la mujer de las SS.

La alemana nos cuenta cuidadosamente, escribe su total y examina la fila. En todas direcciones, hasta donde llega la vista, hay barracas y alambre de púas. Espaciados cada pocos metros a lo largo de la valla hay puestos de observación en los que se asoman las bocas negras de las ametralladoras.

Cuando el *appel*, o pase de lista, termina, los alemanes se van. Dos reclusas con uniformes a rayas, arrastrándose bajo el peso de un enorme caldero, se acercan a nosotras. Nos organizan en una sola fila larga y anuncian: "¡Sopa!" La palabra se propaga rápidamente a través de la fila. Puedo oír los gruñidos de las tripas vacías.

Siento intensos dolores de hambre. No he tenido un bocado para comer desde que el abuelo nos metió un poco de *farfel* de su bolsillo en la boca en la *Umschlagplatz*. Solo hay una cosa que me importa ahora. ¡Comida! Impaciente, me apoyo en un pie y luego en el otro. Finalmente es mi turno.

Veo el tazón de lata rojo medio oxidado que contiene un líquido claro y amarillento con un aroma desagradable y me siento tristemente decepcionada.

Al ver mi cara de desagrado, la muchacha que reparte la sopa dice con enojo:

—¿No te entusiasma mucho la sopa? ¿No es el delicioso caldo de tu madre? Bueno, es mejor que te acostumbres a esto, porque es el menú cada día. Si le vas a hacer ascos te vas a morir de hambre muy pronto.

"Bueno", pienso poniendo mis labios en el tazón de lata, "tal vez tan solo tiene mala pinta". Tan pronto como el recipiente toca mis labios, el sabor metálico y el aroma de las hojas podridas me repugna. Me invade el asco pero la urgencia de mi hambre es más fuerte que mi náusea. Tapándome la nariz con los dedos, vacío el líquido apestoso en mi garganta seca de un solo trago.

En este momento, la oscuridad ha caído. Es una noche fría de mayo. Se da la orden: "¡A dormir!". Nos arrean hacia las barracas. Miramos a nuestro alrededor buscando los colchones y las camas, pero la barraca está vacía.

—A partir de ahora esta es tu cama —ruge la *blokowa*, o guardia de la barraca, señalando el piso desnudo. Apagan la luz, y está muy oscuro en la barraca. Nos tumbamos en el duro piso. Temblando de frío, me acurruco con Hela. Ella trata de calentarme con su cuerpo.

Aunque estoy totalmente agotada, no puedo dormir. El recuerdo de la vida inestable que he estado viviendo pasa delante de mis ojos cerrados, como cuentas de colores: la marcha a través de las ruinas humeantes aún en llamas del gueto de Varsovia. La *Umschlagplatz*. El viaje de pesadilla a Lublin en los vagones de ganado abarrotados de gente. La marcha a Majdanek. El perro vicioso mordiendo la espalda de Hela. El rostro amarillento de mi querido abuelo con una sonrisa forzada. La selección. Los cuartos de baño. Me veo a mí misma de pie desnuda delante del alemán, despojada no solo de mis papeles, posesiones y de mi ropa, sino también de mi última pizca de dignidad.

Cuando me quité la ropa interior y me fui a la ducha, perdí mi individualidad. Roma Rothstein ya no existe. Cuando ella murió, una prisionera sin nombre nació, prisionera número 14512.

Todavía es de noche cuando los gritos inhumanos y los duros golpes nos despiertan para el *appel* de la mañana. Nuestros inodoros son barriles de madera sin ningún tipo de cubierta, alineados en una fila cerca del alambre que separa el campo de hombres del de las mujeres. Al ver a los barriles de madera que se supone que hemos de usar y los traseros desnudos de las prisioneras expuestos a todo aquel que quiera mirar, grito:

—¡Oh, no! ¡Yo no! No voy a ir al baño aquí.

Retrocedo con disgusto. Pero cuando mi estómago empieza a gruñir con retorcijones de la sopa de ayer, y mis intestinos exigen sus derechos, me rindo. Cierro los ojos y voy, siguiendo el ejemplo de las demás.

En frente de las barracas están distribuyendo algún tipo de bebida con un olor muy peculiar y sospechoso. Con una sensación de repugnancia completa, veo el líquido marrón en mi tazón de lata rojo.

—Pruébalo, no es tan malo —dice Hela, tratando de convencerme de que beba este líquido extraño. Me obligo a tomarme el contenido del tazón, con mucha dificultad—. Es muy importante tomar el líquido para humedecerte por dentro —dice Hela. Yo obedientemente trago el agua metálica y las hojas podridas para luego escupirla totalmente asqueada.

De pie en filas de a cinco por fondo, esperamos pacientemente a que aparezcan los guardias alemanes. El cielo se está poniendo gris poco a poco y las estrellas se están extinguiendo una a una; otro día sin esperanza está a punto de amanecer. Un viento helado sopla sin piedad entre las filas de muchachas que tiemblan. Movemos nuestros pies y frotamos nuestras manos juntas, aferrándonos estrechamente entre nosotras para mantener el calor. Finalmente, el sol atraviesa las nubes blancas como la nieve.

Un sonido siseante saturado de odio rasga el aire:

—*Achtung!* —grita la *blokowa*—. *Zahlappel*!

Damos un paso aparte y medimos la distancia con los brazos, formando una línea recta. Se acerca el personal femenino de las SS, medio dormidas y vestidas con largas capas negras que se parecen a las del diablo al inflarse con el viento. La muchacha con la inscripción *Blockalteste* en su brazalete da su informe a la alemana. Los transmite con una nitidez militar: tal y tal número muertos, tantos enfermos y tantos recién llegados. La mujer de las SS nos cuenta, comprobando el conteo físico contra el número de la tarjeta que la *blokowa* le ha dado.

Estoy en la primera fila. Mis ojos siguen a la alta figura femenina de las SS. Cuando pasa a mi lado me golpea con su guante de cuero. Me tambaleo bajo el golpe inesperado, mi mejilla arde. Suena el silbato. El conteo de las prisioneras ha terminado. Me consume la rabia contra los alemanes y contra el mundo que me rodea. Lloro por el injusto tratamiento que recibo.

—¿Por qué me ha pegado? Yo no he hecho nada malo. ¿Qué hice para merecer esto?

—De ahora en adelante, no preguntes por qué. No hay una respuesta. Te ofendes porque la bestia te golpeó la cara. Pero el llanto solo les da satisfacción —dice Hela tratando de consolarme.

Arbeitsformierung. Se forman grupos de trabajo.

A nuestro destacamento de trabajo le asignan limpiar una franja de tierra entre dos hileras de alambre de púas.

Arrancamos las hierbas de este largo y estrecho pasillo entre las vallas. Me agacho, obediente, en busca de los brotes. A nuestro alrededor, en la medida que el ojo puede ver, no hay pasto ni malas hierbas. Sorprendida, le digo a la mujer soldado que nos vigila:

—Disculpe, pero no hay malas hierbas aquí.

—*Schweine Verfluchte Jüdische*! ¡Maldita cerda judía! —responde la mujer de las SS furiosa—. ¿Estás ciega? —dice pateando una pequeña piedra de color gris con su bota.

—*Weitermachen*! Saca las malas hierbas —grita, y me golpea en la espalda con su bastón.

Haciendo exactamente lo que me ha dicho, no hago caso del golpe. "No le voy a dar la satisfacción", pienso apretando los dientes por el dolor. "Me da igual su brutalidad. No va a romper mi espíritu tan fácilmente". Cierro los ojos con fuerza para no llorar y continúo con la absurda tarea de arrancar malezas inexistentes. No está permitido ponerse en cuclillas y enderezar la espalda ni siquiera por un segundo. Hay que permanecer en una posición medio doblada. El tiempo se hace eterno.

Siento que mi columna vertebral se está rompiendo a causa esta postura tortuosa, y en mi espalda arde el golpe del bastón. A mi derecha hay una muchacha de cabello oscuro y ojos negros que está agachada como yo. Nunca la he visto antes. Sus ojos oscuros me miran de vez en cuando.

—¿De dónde eres? —le pregunto a mi compañera de miseria. No responde, solo asiente con la cabeza.

—¿Cómo te llamas? —le pregunto, pero de nuevo no hay respuesta. Le pregunto en yidis con el mismo resultado, y luego le pregunto:

—*Parlez-vous Francais?* —el resultado sigue siendo el mismo.

Un poco más tarde, renuevo mis esfuerzos para hacer contacto con la muchacha, pero ella simplemente sacude la cabeza para indicar que no me entiende. De repente, me doy cuenta de que es el día de reposo, y le susurro:

—¿Sabbat? —una amplia sonrisa ilumina su rostro. Sus grandes ojos oscuros brillan.

—Sabbat, Sabbat, Sabbat —grita con entusiasmo, arrojando la precaución al viento.

—¿Cholent? —le pregunto. Mi ruidoso estómago vacío me hace pensar en lo que más estrechamente relaciono con el Sabbat. Por desgracia, mi última palabra no evoca ninguna respuesta en la muchacha. La comida del Sabbat que los judíos europeos llaman cholent se conoce como hamim entre los judíos sefarditas. Me entero más tarde que mi compañera de miseria ha sido traída aquí desde la lejana Grecia. Esta muchacha judía de Salónica y yo solo tenemos una palabra en común: Sabbat. El silbato suena al final del trabajo. Una vez más es el momento de pasar.

Por fin, reparten la sopa tan esperada. Me decepciono bastante cuando veo lo que hay en mi tazón. Tengo mis sospechas acerca de este líquido maloliente con pedazos amarillos de nabo flotando. Tapándome la nariz trago un poco de líquido. Aparto de mi el tazón. Empiezo a comer el pan negro empapado que me han dado. Como poco a poco, tratando de prolongar la comida. Por desgracia, el pequeño trozo de pan no satisface mi hambre. Me resigno y cierro los ojos tratando de imaginar el olor a coliflor. Trago de un golpe el contenido del tazón. Mi antigua compañera de colegio, Riva Wegmaister, hija de un rico banquero de Varsovia, está sentada al lado mío. Riva empuja el tazón con repugnancia.

—Pruébalo, Rivuniu —suplica su madre—. No es tan terrible. Haz lo mismo que Roma. Tápate la nariz y bébetelo de un trago.

Mientras trata de persuadirla, me señala a mí. Pero Riva no está convencida.

—No, no quiero. No voy a comer esta sopa —repite obstinadamente. No se da cuenta de que la falta de una sola de esas escasas comidas pronto podría significar la diferencia entre la vida y la muerte.

Trato de convencer a mi amiga de que, aunque estamos aisladas del mundo y a merced de nuestros torturadores, tenemos dos opciones:

—Podemos rechazar cualquiera de sus raciones y morir pasivamente de hambre, o podemos luchar resueltamente para salvarnos. Tal vez sería más fácil morir que vegetar en este agujero, pero no nos rindamos como un grupo de cobardes. ¡Resiste, Riva! No les des una victoria fácil. Llena tu estómago vacío, incluso con este líquido repugnante.

Hago lo que puedo para convencerla, pero sin éxito.

Después de unos días en el campo de concentración, las personas que han venido en el transporte de Varsovia están hinchadas y tienen bolsas inflamadas bajo los ojos. Nos miramos las unas a las otras con aprensión. Nos consolamos mutuamente con el pensamiento de que no todo el mundo en el campo va a ser enviado a las cámaras de gas. Los que hemos venido de Varsovia somos mayoría. Los doctores del campo deciden que estamos sufriendo una reacción a la luz después del largo período que hemos pasado en los oscuros refugios subterráneos. La mayoría de nosotros no ha visto la luz del día durante más de un mes. Las muchachas que se niegan a comer el alimento del campo también tienen las piernas hinchadas.

La selección se va a realizar en base al aspecto de los pies de las prisioneras. Hay pánico en el campo. Algunas muchachas tienen éxito en conseguir un par de botas para cubrir sus piernas hinchadas al precio exorbitante de su porción de sopa o de la rebanada de pan diario. Cualquier persona con las piernas hinchadas está amenazada con la muerte en la cámara de gas.

Achtung! Appel! Caminamos lentamente en una sola fila, bajo la atenta mirada de los alemanes, que examinan cuidadosamente nuestros pies.

Se puede oír el monótono: *"Rechts, links"*.

Un gran grupo de muchachas con los pies hinchados por el hambre está de pie a la izquierda. Un hombre de las SS le dice a Riva que vaya a la izquierda, pero a su madre, que está de pie justo detrás de ella, se le ordena ir a la derecha. La angustiada madre extiende sus manos tratando de salvar a su hija que ha sido condenada.

—¡Rivunia, hija mía! —llora la madre desdichada—
¡Déjame ir con mi Rivunia, mi hija! —grita, tratando de
liberarse de mi abrazo.

Cuando Brigitta, la mujer de las SS a cargo de la
selección, oye el ruido, se da la vuelta y nos mira con
disgusto. Una llama diabólica arde en sus ojos azules
nórdicos. Una sonriente expresión irradia de su cara, y con un
poderoso tirón arranca a la mujer llorando de mis brazos. La
empuja brutalmente a la izquierda para que pueda estar cerca
de su hija, y pronuncia las palabras:

—Nadie te retiene aquí. ¡Puedes unirte a tu hija en el
himmelkommando, el comando de los cielos!

Madre e hija se abrazan.

La mañana fresca, carente de toda esperanza, ha
llegado. Como es costumbre, después del pase de lista de la
mañana, somos enviadas a diferentes tareas de trabajo. Hela y
yo somos asignadas a trabajar en la colina. Empujamos
carretillas pesadas llenas de tierra hasta arriba. El propósito
aparente de nuestro trabajo es nivelar el terreno y prepararlo
para una carretera. La piel de nuestras manos está en carne
viva o cubierta de ampollas. Hambrienta y medio
inconsciente por el esfuerzo sobrehumano que exige el
trabajo, sigo adelante con mi último gramo de fuerza. Pero
una lluvia de golpes rítmicos sobre mi espalda me trae de
vuelta a la plena conciencia.

—No voy a vivir para ver el final de este día
interminable —le digo a Hela mientras me esfuerzo con la
carretilla.

—Un momento —dice ella—. ¡Tienes que sobrevivir!
Mañana nos las arreglamos para conseguir una tarea fácil.

Absortas en nuestro trabajo, no nos damos cuenta de las nubes en el horizonte. De repente, son negras. Las explosiones de los truenos llenan el aire. La guardia y los *aufseherens*, los supervisores y los capos alemanes corren hacia el edificio más cercano a resguardarse del fuerte aguacero. Nos dicen a los prisioneros que si nos movemos abrirán fuego. Aún así, el trabajo se ha interrumpido, y bendigo la lluvia redentora mientras enderezo mis articulaciones doloridas. Las grandes gotas de lluvia bailan en el viento arremolinado. Aunque calada hasta los huesos y tiritando de frío, le doy gracias al Creador por habernos enviado esta maravilloso lluvia, este maravilloso milagro que me ha liberado de trabajo infernal. En el bombardeo de truenos y relámpagos, Dios me está diciendo que ha escuchado mis oraciones.

Busco un lugar para escondernos a mi alrededor. Me tiendo en el piso y tiro de Hela hacia abajo conmigo. Ponemos nuestras cabezas bajo una carretilla. Me aprieto con afecto en el seno de la madre tierra. Un agradable, acogedora calidez viene de la tierra. Las palabras de los poetas que hablan de las cualidades protectoras de la bondadosa tierra se están haciendo realidad. Aspiro el aroma dulce. Al día siguiente nos asignan a la *Scheissekommando*. Se trata del destacamento de la mierda. Asignadas a una carreta llena de excrementos humanos de las letrinas del campo, quedamos completamente cubiertas de heces y orina.

La carreta debe ser transportada a un prado, para luego vaciar su contenido regándolo en la tierra como fertilizante. Veinte muchachas empujan la carreta de madera, que desprende un hedor terrible. Uso mi mano derecha para ayudar a los demás a empujar la carreta, y mi izquierda para empujar a una muchacha que está de pie cerca. Dos prisioneras han sido atadas a la parte delantera de la carreta para tirar de la misma como un par de caballos. Todos nuestros esfuerzos son en vano; no podemos mover la carreta. Los guardias alemanes se enfurecen y no dudan en golpearnos en la espalda con sus porras de goma. Cuando se cansan, nos golpean con las culatas de los rifles. Con un esfuerzo supremo, sobrehumano, acompañado de gritos de apremiantes y órdenes ensordecedoras, la maldita carreta por fin se mueve.

El hedor nos da náuseas. Me dan ganas de vomitar, pero no tengo nada que vomitar. Mi estómago está vacío. Sin aliento, llegamos a la pradera con nuestro cargamento apestoso. Las ruedas se hunden en la suave tierra arada. Se da la orden de sacar el corcho de la parte trasera y empujar desde la parte trasera. La suciedad apestosa brota de la abertura con sonidos de gorgoteo y nos salpica.

El *scheissekommando* es en realidad uno de los trabajos más codiciados, ya que nos da la oportunidad de ver a nuestros hombres. Si tenemos suerte, podemos llegar a intercambiar algunas palabras con nuestros hermanos, esposos y padres, que traen sus carros llenos de desechos humanos al mismo lugar.

Veo a Ignatz entre los hombres con la carreta. Está buscándonos. Su rostro está pálido y demacrado. La piel cuelga de sus anchas mejillas. Cuando los soldados y los capos se mueven hacia un lado para escapar del hedor, Lena aprovecha la oportunidad para preguntar a Ignatz,

—¿Dónde están Adek y Sevek?

Rápidamente le responde:

—No están aquí conmigo. ¿Has guardado algo del dinero y objetos de valor?

—No he guardado nada —responde Hela—. Tenía miedo.

Ese día memorable fue la última vez que vi a Ignatz. Nos enteramos más tarde que murió en las cámaras de gas unos pocos días después de este encuentro.

Los transportes de judíos siguen llegando con una regularidad adormecedora. Buscamos familiares o conocidos entre los recién llegados. Tal vez alguien está todavía con vida. Las noticias de que los alemanes han perdonado las vidas de un grupo de madres jóvenes con sus hijos se propagan a través del campo; después del trabajo, corremos para ver la ocurrencia inusual. Detrás del alambre de púas, separadas de nosotras en una gran barraca de madera, están las madres con sus hijos. Entre ellos reconocemos a Tola de veinte años y a su hijo pequeño que tiene solo unos meses de edad. Comunicamos a su hermana Sarah la llegada de Tola. La alegría de Sarah no tiene límites. Por desgracia, una semana después, nos enteramos de que los alemanes van a liquidar esa barraca de familias. Tratamos de calmar a Sarah diciéndole que es solo un rumor sin fundamento.

Una noche, después de apagar las luces en la barraca, me cambio de un lado al otro, tratando de dormir en las tablas duras del piso. Veo una sombra alta en la oscuridad. Es Sarah, con el rostro empapado en lágrimas implorando que la ayudemos a salvar a su hermana. Esta noche van a mandar a todas las familias de esa barraca a la cámara de gas. Pasando por encima de los cuerpos dormidos, salimos de la barraca. En el campo, todo es silencio. Tola está parada al otro lado del alambre de púas, con su pequeño hijo en los brazos mientras la luz de la luna helada brilla en el pelo claro del bebé. La criatura dormida e inocente se aferra a su madre, sintiéndose segura en sus brazos.

—Tola, los alemanes van a liquidar la barraca de familias esta noche. Ven a nuestro lado. Vamos a sujetar el alambre y se puede pasar por debajo —dice Sarah, angustiada.

—¿Qué será de mi bebé? —pregunta ella, acariciando sus suaves mejillas cariñosamente.

—Déjalo en las tablas —tartamudeo, tratando de contener las lágrimas—. Está durmiendo de todos modos.

—Oh, no. No voy a hacer eso, incluso si tengo que perder la vida. Nunca dejaré que mi bebé muera solito.

Hay un temblor en su voz cuando habla, y lo abraza aún más.

Tola tiene una sola respuesta a los ruegos y argumentos de Sarah.

—No. Nunca. No vas a hacer que cambie de opinión.

Luego, aparentemente para hacernos sentir mejor, añade:

—Tal vez sea solo un rumor.

Al día siguiente, nos encontramos con la barraca vacía. Por "humanitarismo" puro y para evitar escenas desagradables, los alemanes han matado a las madres y los niños inocentes juntos. Tola y su hijo de ocho meses de edad de cabello dorado se encuentran entre las víctimas. Este asesinato premeditado a sangre fría no ha sido cometido por una tribu primitiva, sino por los ciudadanos de una nación que se enorgullece de su cultura superior.

Las selecciones siguen. Afortunadamente para nosotros, ni mis piernas ni las de Hela están hinchadas.

Una mañana, cuando ponemos las tablas que sirven de camas contra la pared, Hela encuentra un pañuelo verde de lana debajo de un tabla.

—Debe de haber sido dejado por alguien que ya no está —decide Hela, y lo utiliza para cubrir mis hombros, que tiemblan de frío. Desliza el chal debajo de mi vestido para ocultarlo de los ojos curiosos de las alemanas, que se apropian de cada pieza de ropa que no está asignada oficialmente.

—¿Por qué tengo yo el chal? —pregunto—. Tú lo has encontrado.

—Estás más delgada y más débil que yo y eres más propensa a coger un resfriado —responde Hela.

Pero no puedo aceptarlo. Me parece injusto para ella. Finalmente decidimos compartir el chal por igual. Hela promete que lo va a usar al día siguiente. Por la noche nos acurrucamos juntas y tratamos de cubrirnos con la pequeña tela triangular. A la mañana siguiente, cortando en seco cualquier conversación, Hela me envuelve en el chal con un solo movimiento.

Para mi desesperación indescriptible, me llega el período. Buscamos por todas partes una pieza de tela o un poco de papel. Pero no podemos encontrar nada adecuado. Incluso el papel se ha convertido en un lujo poco común. Como de costumbre, Hela tiene otra de sus maravillosas ideas. Arranca un trozo de mi larga camisa campesina de lino. Pero después de tres días de desgarrar pedazos de la camisa, solo queda un pequeño pedazo, apenas suficiente para cubrir mi pecho.

El sol se inclina lentamente hacia el oeste. El viento penetrante juega con nuestros endebles vestidos y se burla de nosotros sin piedad, congelando nuestros cuerpos.

Hoy estamos cargando cañas. Los hombres, metidos en el agua hasta el pecho, las han cortado del lago con guadañas. Nuestra tarea es tomar un puñado grande de cañas con rapidez y tenderlas en los campos segados. El rastrojo es afilado y nos corta las plantas de los pies como un millar de agujas. Mis pies se desollan con cada paso. Los hombres, que están de pie en agua fría hasta el cuello, envidian nuestro trabajo. El silbato suena.

Por fin llegamos al momento de la redención; este día de tortura ha concluido. Mojadas y hambrientas marchamos de regreso al campo. *"Links, rechts!"*, truena el capo. Reúno mis últimas fuerzas y trato de mantener el paso, de lo contrario seré castigada. Finalmente llegamos al portón. A la entrada, nos cuentan como siempre lo hacen cuando regresamos del trabajo.

Hoy sentimos una extraña excitación en el aire. Se puede palpar la ansiedad que corre a través de las filas. En esta lucha incesante por la existencia, hemos desarrollado una especie de sexto sentido. Sentimos el peligro.

—Selección —alguien susurra. La aterradora palabra se propaga a través de las filas como palabras en un cable de telégrafo. Nos olvidamos de nuestra hambre y fatiga. Trato de arreglar mi vestido mojado. Aliso el pelo con un pedazo de peine que pasa de mano en mano. Nos pellizcamos nuestras mejillas para darles a nuestros rostros pálidos y cansados un aspecto saludable. Nos alinean en filas de cinco, en un gran círculo. He estado demasiado envuelta en mí misma para notar un andamio en el medio del patio. Oímos la orden familiar: *Achtung!*

Nos enderezamos atentas. Recortada contra el horizonte, veo la figura orgullosa de nuestro amo y señor, el señor comandante del campo. Detrás de él viene la elite del campo de Majdanek. Marchan con orgullo, como si el mundo les perteneciese. Es como si el Señor les hubiese dado posesión y gobierno completo del mundo. Dos soldados bien armados conducen a una muchacha en grilletes. La joven mantiene su cabeza en alto; un rizo de ébano cae sobre su frente de alabastro. El alemán la empuja brutalmente a la horca. Le ordena subirse a la caja de madera. Los ojos grandes y almendrados de la prisionera miran a los asesinos con odio. El hombre de las SS mete la cabeza de la muchacha a través de la gruesa soga. El comandante del campo extiende sus piernas, cruza sus manos sobre el pecho teatralmente y dice algo a la muchacha que está a punto de ser ahorcada. Ella le escupe con desprecio. El alemán furioso maldice y se limpia la cara con un pañuelo blanco impecable.

Brigitta, una alemana alta envuelta en uniforme de las SS que está al lado del comandante, se acerca como un relámpago y golpea la caja con una fuerte patada sacándola de debajo de la muchacha. La joven cuelga inmóvil, a excepción de las piernas que se mecen. La gruesa cuerda se tensa alrededor del largo cuello de la víctima. Los ojos de la muchacha reflejan el miedo. Brigitta, muy orgullosa de sí misma, mira al comandante. Me congelo. Un susurro de alarma corre a través de las filas.

—Oh, Dios —dice alguien a mi lado. Se escuchan llantos leves.

—¡*Achtung*! —grita entonces la *blokowa*, desviando la atención de los testigos de este asesinato vergonzoso como si se tratase de un mero asunto cotidiano—. ¡Atención! El comandante va a hablar.

Con una gran seguridad en sí mismo, el nazi introduce ambas manos en su cinturón de cuero. Tiene una mirada de triunfo en su rostro mientras calibra la reacción de los que miran. Satisfecho con la impresión que la ejecución ha causado en los espectadores, comienza a hablar con un tono de borracho, arrastrando las palabras e insultando:

—Esta maldita cerda judía quería su libertad. No le gustaba estar aquí con nosotros. Cualquiera de ustedes que pueda estar pensando en la fuga, les vendrá bien tener en cuenta esta horca.

Hablando todavía saca un bastón de su bota brillante y señala el cuerpo de la muchacha.

—Para asegurarnos de que esta imagen se graba bien en sus mentes, permanecerán aquí en la misma posición durante toda la noche, hasta el *appel*.

Extremadamente satisfecho de sí mismo, termina su discurso diabólico y se aleja con un largo paso militar. Toda su comitiva le sigue sin mirar atrás, dejándonos en un estado de tristeza impotente mientras contemplamos el cadáver colgado en la horca. Un fuerte viento comienza a soplar, torciendo el cuerpo y obligando a la cuerda a clavarse más profunda en el cuello cortado. Sus ojos vidriosos estallan fuera de las órbitas y nos miran suplicantes, despertando un sentimiento de temor y desaliento en nosotras. Miedo, pena y un terrible sentimiento de temor me consumen. Lloro amargamente, cubriéndome la cara con las manos. Un gemido doloroso escapa del pecho de alguien. Otra persona ora con fervor. Una muchacha joven maldice a los asesinos, clamando al cielo por venganza. Otra persona recita una oración por los difuntos. Desde la oscuridad, llega la respuesta: ¡Amén!

La oscuridad de la noche desciende, dejándonos sin esperanza. Un penetrante viento juguetea a través de las filas de las mujeres. Nos aferramos unas a otras. Alguien menciona tristemente que es la noche del viernes. De repente, un pensamiento redentor toma forma en mi mente. Para desviar la atención de la horca y acortar la noche sin fin, voy a describir a mis compañeras como era un viernes por la noche en mi casa antes de la guerra:

"En contraste con la oscuridad de la noche, un mantel blanco como la nieve se extiende sobre la mesa. Las llamas doradas brillan en las velas que arden alegremente en los brillantes candelabros de plata. Esta habitación es muy cálida, segura y acogedora. Los platos de porcelana esperan pulcros a ser adornados con una deliciosa comida festiva. Mis hermanas pequeñas están sentadas en la mesa con sus vestidos de fiesta. Estamos esperando a que mi padre y mi hermano pequeño regresen de la sinagoga. Cintas de colores decoran el pelo recién lavado de las niñas y brillan bajo el resplandor bailarín de las velas encendidas".

Trato de crear una imagen del maravilloso ambiente familiar para mis oyentes deprimidas.

"Podemos escuchar el sonido de la llave en la cerradura", continúo con mi maravilloso cuento. 'Gut Shabbes', saluda mi padre al entrar en la habitación. Toma asiento encabezando la mesa, al lado de mi madre sonriente, que está vestida con un traje de fiesta. Con su voz melódica, canta *Aleijem Shalom*, saludando a los ángeles en la habitación. Nosotros los niños nos unimos a cantar la melodía que conocemos de memoria. Con su capota de seda, su largo abrigo negro ceremonial y su *shtrammel*, el sombrero jasídico de piel marrón, se ve majestuoso. Su rostro blanco y sus rasgos simétricos, delineados por una barba rizada y castaña, despierta poderosos sentimientos de respeto en nosotros. Nos bendice a cada uno. Detrás de sus gafas, sus ojos azules, los ojos de un padre amoroso, nos miran soñadores.

Cuando él se levanta, seguimos su ejemplo. Llena el gran cáliz de plata hasta el borde con el vino tinto. Cierra los ojos un poco, bendice apasionadamente el Sabbat Santo. ¡Amén! Respondemos a coro. Bebemos el vino dulce por turnos y recitamos la bendición por este maravilloso regalo que Dios nos ha dado.

Con mucho respeto, papá toma dos panes trenzados brillantes y frescos de un pañuelo blanco bordado con hilos de colores. Damos las gracias a nuestro Creador por el pan que hemos cultivado de la tierra. El pan jalá blanco y suave desprende un aroma acogedor. Papá lo corta en trozos grandes y lo reparte a la familia".

Hago énfasis en la comida con el fin de que mi historia evoque el sabor y el olor de la maravillosa cena, con la esperanza de aliviar el hambre de mis compañeras.

"Decorado apetitosamente con rodajas de zanahoria, el pescado relleno servido en una salsa dulce es excelente. El maravilloso aroma de un asado flota desde la cocina. Los largos fideos blancos nadan en el caldo amarillo. La piel del pollo bien cocido cruje bajo nuestros dientes. La deliciosa compota conserva el sabor de la fruta fresca".

Ya no hay oraciones, llantos o gemidos. Todo está en silencio. Nos abrazamos unas a otras, tratando de calentarnos con nuestros cuerpos. Las mujeres escuchan con atención mi historia de las mil y una noches. Se han olvidado de su hambre, y también de la muchacha en la horca. Oigo como tragan saliva y el apretujón de los labios secos.

Todos nos deleitamos en la maravillosa cena del viernes, en los deliciosos platos y el ambiente agradable de los tiempos de paz de nuestros hogares judíos.

Las últimas estrellas están desapareciendo del cielo nocturno cuando un silbido aterrador invade brutalmente mis reminiscencias celestiales y nos devuelve a la amarga realidad del campo de concentración. Cansadas de la noche sin dormir, hundidas en el barro, caminamos a gatas hasta nuestra barraca.

Al llegar a la entrada, arrastrando las piernas hinchadas, una desconocida se acerca a mí, encorvada y temblando de frío con un vestido largo y delgado.

—Niña —me dice con voz débil. Un par de ojos tristes, cansados e inteligentes se asoman por debajo de las largas pestañas—. Gracias por llevarme a su casa a una cena con su familia. Usted ha iluminado esta sombría noche oscura con la luz y la maravillosa calidez de su hogar y su familia. No soy judía. Mi abuela se convirtió al cristianismo cuando era muy joven. Las costumbres y tradiciones del pueblo judío son totalmente ajenas a mí. Esta noche me ha hecho conocer las tradiciones judías. Las pintó de hermosos colores y ha hecho los últimos minutos de mi vida agradables. Tiene talento, niña. Dios la bendijo con un extraordinario talento para describir las cosas. Yo soy escritora —diciendo esto, señala a sus piernas, que están hinchadas como un par de globos—. No voy a vivir para ver la libertad. Estoy condenada a muerte. —Su voz se quebranta un poco—. ¡Pero tú eres joven! —continúa agarrando mi mano—. Tienes que sobrevivir, ¿entiendes?

La mujer me mira profundamente a los ojos.

—Prométeme que vas a sobrevivir y a liberarte de este infierno, y que vas a contarle a todo el mundo lo que la bestia nos ha hecho aquí.

Dos gruesas lágrimas corren por su rostro demacrado. Las dos lloramos en silencio.

—¡Que Dios la proteja, niña! —añade mientras seca las lágrimas de sus mejillas húmedas. Se aleja cojeando con sus pies hinchados. Aunque sé que nunca voy a ver a la mujer de nuevo, sus palabras dejan una huella profunda en mi ser.

En ese momento, le declaro la guerra a la muerte. Más tarde, en momentos física y psicológicamente críticos en los que estoy a punto de darme por vencida, Hela luchará furiosamente para mantenerme con vida y me recordará la promesa que le hice a esa mujer: "¡Debes vivir! ¡Tienes que sobrevivir a cualquier costo! ¡Debes contárselo al mundo! Así lo prometiste".

Después de dos meses en Majdanek, nos adaptamos a las terribles condiciones de vida en el campo.

Aprendemos a evitar los trabajos más sangrientos y a mantenernos lejos de la muerte que nos acecha a cada paso. En una ocasión circula la noticia de que los nazis van a seleccionar a trescientas jóvenes sanas para enviarlas a un campo de trabajo. Esto sería diferente de Majdanek, que es un campo de concentración. Ante el temor de lo desconocido, decidimos que vamos a hacer todo lo posible para mantenernos al margen de los envíos. Hoy han seleccionado un número reducido de muchachas, pero no han elegido a Hela debido que aún tiene la herida de la mordedura del perro en la espalda. A pesar de mi miedo a lo desconocido, envidio a mi compañera de escuela Sarah Goldglass, que fue enviada a un campo de trabajo en Czestochowa.

Mientras tanto algunos puestos de trabajo buenos aparecen en el campo. Se hace posible trabajar bajo techo, lavando o cosiendo ropa. Por desgracia, no puedo obtener ninguna de estas posiciones. Miro con envidia a las que fueron escogidas para las tareas de trabajo más fáciles. Poco después, otras seiscientas mujeres son seleccionadas para el traslado. Pero, ¿a dónde? Debatimos de nuevo si deseamos o no ser voluntarias, aunque nadie tiene idea cuál es el destino de las seiscientas mujeres. Un traslado de gran tamaño es de por sí suficiente para despertar sospechas.

Estamos de pie formadas en la segunda fila. Todo el mundo se mueve hacia adelante, bajo la atenta mirada del capo. Los doctores de las SS de la comisión de salud están examinando de cerca las mujeres desnudas. Hela, Lena y yo retrocedemos con cuidado para que el capo que vigila la parte de atrás no se dé cuenta. Hemos logrado evitar los dos traslados anteriores, pero esta vez no podemos escapar. Nos movemos a la parte de atrás de la fila con la esperanza de que la cuota estará llena para cuando lleguen a nosotras. La *blokowa* y el capo no nos quitan el ojo hasta que llega mi turno. Sostengo mi ropa en la mano derecha y me paro frente a los médicos nazis; soy un carámbano desnudo. Me piden que me dé la vuelta para verme desde todos los lados. Toman su decisión: me seleccionan para el traslado. El secretario anota mi número de campo. Mis ojos siguen ansiosamente a Hela. Me preocupa separarme de ella. Cuando veo que la envían conmigo doy un suspiro de alivio. Nos abrazamos con alegría, sabiendo que no vamos a tener que separarnos. Solo cuando el alemán le dice a Lena que vaya a nuestro lado, escuchamos la orden de alto. La fila en movimiento se detiene. La cuota de las muchachas designadas para el traslado se ha llenado. Han elegido a setecientas.

—Lástima que no pudimos llegar a la final de la fila —dice Hela—. Podríamos haber evitado el viaje —añade en tono de lamento. Irónicamente, resulta que éramos parte del último traslado de judíos vivos que lograron abandonar el campo de concentración de Majdanek.

Cada una recibe un pedazo de pan negro con un poco de margarina para el viaje. En los traslados anteriores, una hija que no quería separarse de su madre podía cambiar su nombre y número con alguien que permanecía. Cuando los nombres y los números eran revisados antes de cargar el transporte, la gente a menudo se olvidaba de sus nuevas identidades, creando un caos. Para evitar estas complicaciones, los alemanes se llevan inmediatamente nuestro transporte al campo de hombres y nos aíslan de esta manera.

En el campo de hombres, la noticia de nuestra llegada se propaga rápidamente. Los hombres encuentran todo tipo de pretextos para visitar nuestra barraca. Todos están buscando a sus parientes. Preguntan acerca de sus seres queridos: madres, hermanas y esposas. Nosotras preguntamos con la esperanza de encontrar a algún familiar o conocido, pero nadie ha visto a Ignatz, Adek o Sevek. Un polaco de Varsovia se sienta en el piso junto a nosotras. Ha estado en Majdanek durante más de un año, encarcelado por hacer comercio ilegal. Tiene mucha curiosidad por enterarse de las últimas noticias sobre la capital. Nos regala dos piezas de pan y una pieza de pollo de verdad que decidimos guardar para el día siguiente.

Oscurece poco a poco. En un estado semiconsciente escucho al polaco que me cuenta por lo que ha pasado. Está completamente oscuro cuando los guardias nazis aparecen y sacan a todos los hombres fuera de la barraca. Cansada de todas las actividades del día, me tumbo en el piso, me acurruco junto a Hela y me duermo al instante. Es más de la medianoche cuando me despierto por los gritos salvajes, los rugidos, las maldiciones y los golpes brutales.

Medio dormida, con los ojos encandilados por las luces eléctricas, salto y me levanto del piso. Los hombres de las SS han irrumpido como perros rabiosos, iluminando con sus linternas en los ojos, cegándonos con los haces de luz.

Haciendo caso omiso de las mujeres que duermen en el piso, caminan sobre los cuerpos indefensos y abanican sus palos en todas las direcciones, acompañando los golpes con gritos aterradores: *"Raus! Raus, verfluchte Schweine!"* Nos empujan fuera de las barracas brutalmente. Nos alinean en filas de cinco por fondo y comenzamos la marcha. Soñolientas, marchamos por este mundo oscuro.

En el cielo lleno de estrellas, la luna pálida y cansada está tan avergonzada que se esconde detrás de una nube que se acerca. Los arbustos que crecen a ambos lados de la carretera nos susurran un triste adiós. Los altos árboles viejos adquieren forma humana. Abren sus largos brazos con ternura y las hojas de las ramas murmuran sonidos de aliento. Tengo miedo al otro mundo cuyos secretos son desconocidos para mí. Un pensamiento corre por mi cabeza: Tengo un poderoso deseo de seguir con vida.

—No quiero morir —le susurro a Hela, que está caminando a mi lado, absorta en sus propios pensamientos—. Huyamos.

—Pero, ¿adónde? —pregunta ella mirando a su alrededor—. Nos están vigilando de cerca.

El ruido de los motores ahoga sus palabras.

—Aunque logremos escapar de esta fila, lo cual es imposible de todos modos —señala con la cabeza hacia los soldados en motocicletas—, no podremos llegar muy lejos. ¿Quién nos va a esconder? Nadie nos va a abrir la puerta.

Diciendo esto, me mete un pedazo de pollo frío en la boca.

—Come del regalo que el polaco dio ayer. Lo estaba guardando para mañana, pero no hay un mañana para nosotras.

Un anillo de hierro invisible me ahoga. Me trago el pollo con gran dificultad. Acompañadas por ladridos de perros, nuestra fila llega a dos edificios idénticos. En uno de ellos hay un letrero en alemán que dice "Baño de hombres". En el otro hay uno que dice "Baño de mujeres". Los alemanes nos cuentan escrupulosamente y dividen nuestro grupo en dos. Una fila de cinco es conducida al baño de mujeres y la siguiente fila de cinco es conducida al el baño de hombres. Aunque es grande, la zona comienza a estar concurrida y mal ventilada. Estamos paradas en grupo comprimido, fuertemente apretadas. Hela sujeta mi mano con fuerza.

Mirándome fijamente a los ojos, tratando de darme y darse coraje, susurra algo en mi oído.

—No tengas miedo. No creo que vaya a ser doloroso. Probablemente no va a durar mucho. Pronto nos reuniremos con nuestros seres queridos.

Todo el mundo está mirando para arriba hacia las duchas. Hela intenta hablar con calma, pero sus ojos están llenos de miedo. Me dice algo más, pero el ruido de los gritos, gemidos y oraciones ahoga sus palabras. Mi amor por la vida despierta dentro de mí. Siento una gran añoranza por el sol, la tierra y la belleza de existir. "Shemá Israel", sale de mi garganta constreñida. "¡Oh, Dios Omnipotente de Israel, haz un milagro y sálvanos de las garras de Satanás y de la muerte segura!" Pido la ayuda de Dios mientras me agarro de Hela, que está llorando.

La cámara de gas: Nos salvamos por un milagro.

De repente, escuchamos el sonido del cerrojo de hierro. Se abren las anchas puertas del baño. Una ráfaga de aire fresco sopla hacia dentro. La luz de la luna ilumina la masa de gente agrupada. En el umbral aparece la figura de un oficial alemán.

—*Ruhe!* —grita con fuerza. Inmediatamente, todo el mundo se calla.

—Van a pasar la noche aquí en las duchas —el hombre de las SS continúa—. Mañana, serán enviadas a un campo diferente.

—Es un truco. Nos están engañando —se escucha en susurros. Desde uno de los rincones más alejados, alguien pide en voz alta:

—Por favor, abran al menos una pequeña ventana. Esto es sofocante. No hay aire para respirar.

Con una sola voz, gritamos nuestro apoyo a la muchacha. El alemán da órdenes de abrir una ventana pequeña en la parte superior. Una de las mujeres que está al lado del alemán besa sus botas en señal de gratitud. Sin estar completamente convencidas, dudando de las palabras del alemán, nos fijamos en la pequeña abertura a través de la cual entra un delgado hilo de vida. Pienso aterrorizada: "En un instante una mano traidora podría cerrar esa ventana e introducir el gas letal a través de las duchas y matarnos a todas".

Mientras pienso esto, mantengo mis ojos en la ventana.

Temprano a la mañana siguiente, mientras nos enfilamos hacia el tren, pasamos a otro grupo que se dirige a las cámaras de gas de las que milagrosamente acabamos de salir con vida. Un poco más tarde, averiguamos por medio de los hombres que trabajan en el andén que se había producido un pequeño "error", y que el grupo de mujeres que encontramos fueron gaseadas. Durante el recuento de cabezas antes de entrar en las duchas, el comandante alemán se había enterado de que el conteo estaba equivocado. Había recibido una orden de gasear a quinientas mujeres judías, no setecientas. El transporte al siguiente campo de concentración fue accidentalmente cambiado con el transporte a las cámaras de gas. En el último minuto, el "pequeño" error de contabilidad se corrigió. *Ordnung musst sein*! ¡Debe haber orden!

A veces una fracción de segundo puede parecer completamente insignificante en una vida humana, pero aquí fue la diferencia entre la vida y la muerte. Gracias a la disciplina alemana y la ironía del destino, hemos eludido a la muerte.

CAPÍTULO 8

AUSCHWITZ-BIRKENAU

Nos meten en un tren, y una vez más nos embarcamos en un viaje tortuoso e interminable a lo desconocido en un vagón de ganado. La locomotora traquetea, tirando de los vagones, acelerando y frenando. Chillan los frenos, el tren se detiene por un momento y luego recupera el paso. Se puede escuchar el monótono sonido metálico de las ruedas sobre los rieles de hierro. Hambrientas y cansadas después de nuestra noche de insomnio terrible en las duchas o, mejor dicho, cámara de gas, estamos acostadas juntas en el piso sucio del vagón de ganado. La sed nos abrasa. Nuestras piernas se sienten rígidas como la madera por la falta de ejercicio. Las duras tablas hacen presión en nuestras extremidades, que palpitan de dolor. No hay aire en el vagón sellado.

Suena el silbato de la locomotora, y el tren se ralentiza y se detiene repentina y violentamente. Saltamos fuera de los vagones que se abren y estiramos las piernas entumecidas. Nos alinean en filas de cinco por fondo y nos llevan a una puerta rotulada con un cartel que dice *Arbeit Macht Frei*, "El trabajo nos hace libres". Marchamos por la puerta al Infierno de Dante, que ahora se conoce con el nombre de *Konzentrationslager, Auschwitz-Birkenau, KLII Birkenau* para abreviar.

Nos arrean a un edificio grande de ladrillo de aspecto sospechoso y nos ordenan que nos desnudemos.

Nos llevan entonces a otra barraca donde los barberos nos están esperando. Bruscamente empujada hacia delante por la aglomeración de las personas detrás, me encuentro delante del barbero, que me agarra por el pelo y se pone a trabajar con unas tijeras grandes de sastre. Mis bucles castaños caen flotando silenciosamente al piso y se mezclan con cabello negro, rojo y rubio que luego es embutido en enormes sacos por otras prisioneras.

Acaricio mi cabeza rapada instintivamente. Bajo mis dedos siento las afiladas crestas de mechones de pelo que las torpes tijeras dejaron sin cortar. Me trago las lágrimas que vienen burbujeando hacia mi garganta.

—Levanta los brazos —grita el barbero impaciente. Comienza a recortar el pelo del resto de mi cuerpo. Un trapo humedecido en una solución oscura desinfecta los lugares que han sido afeitados. Luego nos empujan hacia el baño. El chorro de agua fría de las duchas nos brinda la oportunidad de saciar nuestra sed ardiente. Al parecer temerosos de darnos demasiada satisfacción, cambian el agua a caliente.

Después del baño "higiénico" nos llevan a una barraca. Temblando de frío, estamos en fila, esperando para recibir ropa nueva. Al azar me dan un vestido con un color bastante raro. Una de las jefas alemanas desdentada y gorda está delante de mí sosteniendo un cubo de pintura roja.

—¡Date la vuelta! ¡Que sea rápido! —me dice amenazadoramente. Antes de que pueda entender lo que está pasando ha pintado una cruz roja en mi espalda. Con un pánico creciente busco entre los cientos de mujeres, en busca de una cara conocida. Ansiosamente, miro a mi alrededor en busca de Hela. De repente, oigo su voz.

—Roma —me llama.

Me doy la vuelta y me encuentro de pie cara a cara con una muchacha desconocida con la cabeza afeitada. Reconozco unos ojos verdes mirándome desde ese rostro pálido y redondo.

—¿No me reconoces? —pregunta Hela. Nos abrazamos llorando. Están tratando de aplastarnos, no solo para destruirnos físicamente, sino también para erradicar nuestra esencia moral. Nos han arrebatado todo lo que apreciamos, y hoy llevan a cabo la tarea inhumana de despojarnos de nuestro cabello para privarnos de nuestra feminidad. Ahora nos obligan a ir otra barraca y nos alinean en filas de a cinco por fondo para el registro, el cual se ejecuta en orden alfabético. Presa del pánico veo como a Hela la alinean al frente, ya que su apellido, Frank, comienza con una F, mientras que el mío Rothstein, comienza con una R.

Una prisionera sentada detrás de una mesa, vestida de rayas azules y blancas, registra mi primer nombre, mi apellido y la fecha y el lugar de mi nacimiento. En la mesa de al lado, otra muchacha me espera con algo parecido a una jeringuilla en la mano. Me hace algunos pinchazos en el brazo izquierdo e inyecta unas gotas de tinta en los puntos de sangrado. Me tatúa el número de prisionera, 48915, y un pequeño triángulo —la mitad de la estrella de David— debajo del número para mostrar que soy judía.

Nos llevan a una barraca grande de ladrillo, casi totalmente oscura por dentro. El hedor desagradable del moho se eleva desde el suelo de cemento. Hay un laberinto de largos pasillos oscuros. A lo largo de ambos lados hay literas de cemento divididas por una pared baja de ladrillos. Nos amontonan a diez muchachas por compartimiento, y luego reparten unas mantas negras de olor y aspecto sospechoso. Las tenues luces se apagan. El espacio donde nos hacinan es tan escaso que tenemos que dormir prácticamente una encima de otra.

Al amanecer, un silbato y gritos horribles nos despiertan. Estoy familiarizada con la rutina de Majdanek. Medio dormidas, con hambre y frío, tiritamos de pie mientras se lleva a cabo el largo pase de lista, que dura varias horas. La *blokowa* cuenta una y otra vez. Anota el recuento cada vez con una generosa lluvia de gritos y maldiciones. A nuestro alrededor, hasta donde alcanza la vista, se ven barracas de ladrillo y filas de miserables esqueletos humanos con la cabeza rapada. Es un espectáculo que no inspira confianza. Algunas de las prisioneras llevan vestidos de civil, mientras que otras visten ropas a rayas con parches blancos que muestran un número de campo cosido en el pecho. Junto a mi número hay una estrella de seis puntas para mostrar que soy judía.

Las prisioneras usan diferentes triángulos de colores. Un triángulo rojo indica que es una prisionera política, uno verde que es una criminal y un triángulo negro representa a una prisionera alemana culpable de un crimen antisocial como, por ejemplo, la prostitución. Estas no son tatuadas, y después de que haber cumplido su condena serán liberadas. Los gitanos también tienen un triángulo negro. Los testigos de Jehová se distinguen por un triángulo púrpura. Como en el caso en Majdanek, este enorme campo de concentración está rodeado de alambre de púas, pero aquí en Auschwitz-Birkenau también está electrificado.

Soldados armados con ametralladoras guardan las torres de vigilancia cada pocos metros. Los largos cañones de las armas nos siguen dondequiera que vamos, como ojos monstruosos mirando a través de un abismo negro. Nunca me podré olvidar del humo omnipresente que forma un horrible borrón negro en el firmamento azul. Sus volutas oscuras se burlan de Dios, riendo descaradamente ante sus ojos. Las lenguas de fuego que escupen las altas chimeneas del crematorio se mofan de Él. Hay un olor perpetuo a pelo quemado y a grasa humana derretida.

Un fuerte silbido interrumpe mis pensamientos melancólicos.

—*Achtung! Abstand!* —ruge la *blokowa*. Aparece una mujer de las SS, una de la elite del campo. La *blokowa* le da el informe. Son tantos los recién llegados, tantos los enfermos, tantos los que murieron anoche. La mujer nos cuenta. Suena el silbato. El *appel* ha terminado. Corremos al baño, que consiste en unos orificios perforados en una gran losa de hormigón. Se han instalado lavabos enfrente de la fila de orificios. Está demasiado lleno de gente aquí; tienes que hacer lo tuyo rápidamente. Los capos nos aceleran con golpes en la cabeza y en las nalgas.

En frente de las barracas, el jefe de sala sirve en unos vasos oxidados un líquido pálido y amargo al que llaman té. A instancias de Hela, me lo bebo para humedecer mi garganta reseca. *"Arbeitsformierung!"* Nos alinean en comandos de trabajo. Hela y yo somos asignadas al comando número 103, con la tarea de romper piedras. Al ritmo de un grito estridente, *"rechts! links!"*, marchamos hacia la puerta principal. Una orquesta compuesta por mujeres demacradas vestidas con las rayas de prisioneras se encuentra en frente del portón tocando una marcha alemana. El área del portón es un hervidero de actividad mientras llegan los comandos de trabajo desde todas las direcciones. El comando número 103 consta de trescientas mujeres. Hay un líder responsable por cada grupo de cien mujeres, y una subdelegada por cada diez mujeres que tiene que anotar los números de las diez mujeres por las que se responsabiliza.

Conforme nos acercamos a la salida, cada muchacha a cargo de un centenar (*hundertschaft*) y cada una a cargo de una decena (*zehnerschaft*) levanta la mano con la lista de números escritos. El líder registra el conteo y compara los números. Las filas que marchan en formación militar, finalmente salen por la puerta. Desde aquí, nos recoge nuestra escolta de soldados armados que llevan perros ladrando. Avanzamos al ritmo que marcan los gritos: *links, rechts, zwei, drei, vier!*

De repente, se oye la orden:

—¡Alto! Quítense las botas —el polvo levantado por los zapatos de madera ha perturbado a los guardias alemanes y sus perros mimados. No es fácil para nosotras, que no estamos acostumbradas a caminar descalzas, y menos a marchar en orden marcial con los pies desnudos sobre el terreno áspero y rocoso. El suelo afilado hiere nuestros pies desnudos. Cada pocos minutos, alguien se tropieza con una piedra en el camino traicionero y ayudamos a la víctima a sacar la pequeña piedra alojada entre sus dedos mientras salta en un solo pie. Después de una marcha difícil, por fin llegamos al lugar donde se supone que debemos trabajar. Dobladas bajo la pesada carga, llevamos piedras de un lugar a otro.

Envidio a las mujeres afortunadas a quienes asignan el trabajo de moler las piedras, que es más fácil que llevarlas de un lugar a otro. Todo lo que tienes que hacer es convertir una piedra grande en otra más pequeña lanzando una contra la otra. Un viento incesante y perforador sopla arena y polvo en nuestros ojos, en nuestros labios resecos e incluso bajo nuestros ligeros vestidos. En el horizonte lejano, el sol se esconde más y más. Un silbato redentor rasga el aire, informándonos que nuestro día de trabajo esclavo ha llegado a su fin.

Hambrientas y exhaustas, apenas podemos arrastrarnos de vuelta al campo. Una vez más, sobreviene la interminable lista y el perpetuo conteo de los presos. Después del *appel*, la vida comienza de nuevo con el reparto de las porciones tan esperadas de sopa. Mis compañeras de miseria y yo recibimos nuestras tres cuartas partes de un tazón de sopa de nabo acuosa en un recipiente de hierro oxidado. Eso, junto con una barra de pan negro y pegajoso, supuestamente debe llenar ocho estómagos vacíos. Una de las muchachas de nuestro grupo mantiene el pan en sus manos reverentemente, mientras que el resto de ellas mira cómo lo divide cuidadosamente en trozos iguales con un trozo de cuerda.

Con el gran tesoro que he estado esperando durante todo el día, me deslizo en la litera y empiezo a comer, tratando de hacer que mi parte dure el mayor tiempo posible. Alguien sentada cerca dice que si comes poco a poco te sentirás más satisfecho. Trato de comer muy lentamente. Me trago la sopa de nabo a pequeños sorbos. Mi estómago vacío gruñe. Tristemente me doy cuenta de cómo la sopa desaparece de mi tazón rojo. Miro el trozo de pan en la mano con solemnidad. Despacio le doy un pequeño mordisco a este pan que parece hecho de arcilla. Tiene un sabor amargo, pero lo mastico durante mucho tiempo. "Es una lástima que Dios no creó a las personas para rumiar como animales de pastoreo", pienso con tristeza.

—Guarda la mitad para mañana —me insta Hela—. Si comes una pedazo pequeño con el líquido de la mañana hará que el desayuno parezca más como un almuerzo. Mi padre, tu abuelo, siempre decía que la comida de la mañana es la base de todo el día.

Encuentro tercamente todo tipo de razones para no tener en cuenta sus argumentos.

—¿Qué pasa si alguien roba mi pedazo de pan durante la noche? Abundan los ladrones. O incluso las ratas en la barraca. Se pueden comer mi pan. El mejor lugar para el pan es mi estómago —agrego, y trago la última miga.

Hela, que tiene mucha más fuerza de voluntad, esconde parte de su porción para el día siguiente. Coloca el trozo de pan bajo el plato, que guarda bajo su cabeza durante la noche. A la mañana siguiente, se ofrece a compartir la pieza de pan conmigo. Me niego y trato de convencerla de que no tengo derecho a su pedazo de pan. Pero ella con valentía y sin vacilaciones mantiene su postura y se niega a escuchar. Por último, no puedo resistir la tentación, aunque mi conciencia me mantiene al tanto de mi culpa. Me prometo a mí misma arrepentida que voy a guardar una parte de la porción de hoy para mañana.

Se desata una epidemia de sarna, una enfermedad tan contagiosa que incluso los más fuertes se ven afectados. Aparecen llagas en la piel acompañadas de una picazón terrible. Y uno no puede rascarse porque eso ayuda a que las llagas se extiendan rápidamente por todo el cuerpo. Un solo rasguño es letal. Las autoridades alemanas declaran la guerra a la sarna exterminando a aquellos que están infectados. La simple solución alemana es gasear a los presos enfermos. Ahora vivimos con el temor constante de las selecciones diarias para la sarna.

"Achtung!" ¡Selección! Temblando de frío y de miedo, estamos paradas desnudas delante de los médicos alemanes.

A cargo del grupo médico está el doctor Mengele, una figura que inspira temor. Este "ángel de la muerte" agarra un bastón con su mano cubierta por un guante blanco impecable. Agita el palo sin cuidado y como un autómata, de derecha a izquierda. En su voz sin expresión se pueden oír las palabras *links, rechts*. Esas palabras significan la diferencia entre la vida y la muerte. La fila de muchachas desnudas avanza a un ritmo más lento. Mi turno se acerca.

—Enderézate, no tiembles y no tengas miedo —dice Hela, que está de pie detrás de mí, tratando de animarme—. Si te llevan, no voy a dejarte ir sola. Me voy contigo —me asegura.

Mis ojos se fijan de manera compulsiva en el bastón. "¡Oh, gracias, Señor!" El bastón apunta claramente hacia la derecha. Vida. Tengo suerte.

Aunque no tengo más que piel y huesos, mi cuerpo es inmune a la sarna. Es muy extraño. Duermo al lado de muchachas que tienen la enfermedad. Me cubro con la misma manta, y sin embargo, por algún milagro, no estoy infectada por esta dolencia horrible. Esas pobres almas enviadas a la izquierda están condenadas a muerte. Ya no tienen nada que perder. Se permiten a sí mismos un último lujo y se rascan las llagas con abandono salvaje, abriendo heridas que supuran. Indiferentes a todo lo que les rodea, se dejan llevar al bloque 25, que está separado del resto del campo por un muro muy alto.

Esta es la barraca de la muerte. Bajo fuerte custodia, las víctimas son mantenidas en condiciones totalmente inhumanas, a la espera de una muerte que las librará de la esclavitud y el sufrimiento. Serán almacenadas hasta que puedan ser unidas al nuevo transporte que llegará de Europa occidental. No vale la pena para los asesinos malgastar el costoso Zyklon B, el gas venenoso, en este pequeño grupo de enfermos miserables.

A continuación nos vemos afligidas por otra plaga: ¡los piojos! Al parecer, los dioses egipcios están tomando su venganza por las diez plagas impuestas por el Dios de Israel a los egipcios en la época de Moisés. Un ejército de millones de pequeñas larvas aparentemente inofensivas invade nuestros cuerpos. Se arrastran por todas partes, mordiendo sin piedad y chupando nuestra sangre. Se cuelan sin compasión en cada rincón de nuestra ropa y en los pliegues de nuestras prendas. Ponen miles de huevos diminutos y se reproducen a un ritmo impresionante. Propagan los gérmenes del tifus por todo el campo. Tratamos de deshacernos de los ellos, pero sin éxito. En las condiciones antihigiénicas que nos vemos obligadas a vivir, es una tarea imposible.

Incluso el propio comandante en jefe le declara la guerra a los piojos. Se ponen en marcha intentos agotadores pero ineficaces de despiojarnos. *Entlausung* es la orden que se escucha, que significa desinfección en alemán. Por la noche, cuando regresamos exhaustas del trabajo forzado del día, nos empujan a los baños. Allí nos quitamos la ropa para que la sumerjan en una solución de color rojo derivada del Zyklon B. Después de bañarnos en agua helada, nos vemos obligadas a esperar desnudas junto a la bañera hasta que nos devuelven nuestras ropas, lo que solo ocurre después de un largo intervalo. Cuando volvemos a las barracas, que han sido desinfectadas con Zyklon B mientras estamos en el trabajo, nos encontramos, para nuestro gran pesar, que nuestras mantas y colchones han desaparecido. Se las han llevado para sumergirlas también en un desinfectante. Muchas de las muchachas pagan por la desinfección con sus vidas. Incluso la naturaleza conspira contra nosotras; tenemos que secar la ropa con nuestros propios cuerpos.

Ese otoño es muy húmedo, con lluvia torrencial constante. El campo se convierte en un enorme charco de barro. Al regresar al campo de concentración, después de un día de trabajo inclemente, los cielos están completamente velados por nubes pesadas y oscuras. En seguida comienza a caer una lluvia torrencial. Los destellos de los relámpagos, acompañados por el rugido de los truenos, rompen la oscuridad. Las siluetas de los cuerpos mojados se recortan contra la luz de los relámpagos. Empapada hasta los huesos, se me hace muy difícil tratar de marchar al compás de la música de la banda mientras mis zuecos de madera se hunden en el barro espeso.

La disciplina del campo de concentración no mejora nuestra situación. Somos castigadas sin piedad por la menor transgresión de las reglas del campo, por ejemplo, volver la cabeza durante el *appel*. Todas tenemos que pagar por la transgresión de cualquiera persona. Por ejemplo, si una de nosotras se equivoca, todas tenemos que arrodillarnos en el barro durante horas. Vivimos un infierno, sufriendo de frío, de hambre, de piojos, de sarna, de disentería, de diarrea, de hambre y de tifus. Las volutas rojas de humo que escapan por las altas chimeneas son un recordatorio constante de que no hay manera de salir vivo de aquí.

Luchamos ferozmente contra la muerte que nos acecha a cada paso. Cae la noche de nuevo, después de haber pasado dos días llenos de desesperanza y ansiedad en el campo Auschwitz-Birkenau. Las luces se apagan en la barraca y, poco a poco, los últimos susurros, suspiros y oraciones se calman. Nuestra guardiana de la noche, a la que hemos apodado "Mickey Mouse", está equipada con un batidor de alfombras con el que reparte libremente unos últimos golpes a las cabezas de las muchachas dormidas. Por un momento se oyen algunos gemidos, pero luego todo se sume en un silencio que apenas es roto por una tos ocasional. Solo se escucha la respiración rítmica de las prisioneras.

Aunque estoy agotada, no puedo conciliar el sueño. La dura litera hiere mi cuerpo huesudo. No puedo darme vuelta hacia el otro lado. Si cambio de posición despertaré a las nueve muchachas que comparten conmigo el compartimiento.

Para ahorrar espacio, nos acostamos de lado, cada una abrazada a la muchacha de al lado. Trato de llenar esas amargas noches sin dormir con buenos recuerdos. Con los ojos fuertemente cerrados, intento evocar imágenes de mi casa en la lejana Praga.

Me imagino a mí misma en el cuarto que compartía con mis hermanas y mi hermano. Puedo oír la respiración tranquila de Reginka y Justinka, mis dos hermanas menores, inmersas en su sueño. Me reclino en una cama blanca y pulcra y dejo que mi cabeza se hunda en una suave almohada. Una brisa cálida y agradable sopla ligera a través de las cortinas de encaje, trayendo en sus alas primaverales el aroma de árboles en flor y el repique alegre de las campanas del tranvía desde el otro lado de la avenida. Luego oigo el chirrido del tranvía que se detiene en la esquina de las calles Targowa y Zabkowska. Mañana por la mañana, a las 7:15 como siempre, tomaré el tranvía número 4 que pasa por los Jardines de Krasinski hasta llegar a Varsovia. Después de eso continuaré hasta Chavacelet, nuestra escuela en el 22 de la calle Swietojerska, que no está lejos de la parada del tranvía.

Cuando el tranvía arranca en el bulevar, dispersa rayos de luz que retozan alegremente en nuestra habitación. Luego el tranvía se marcha y con él los rayos de luz, dejando la habitación en la oscuridad más profunda. Solamente permanece el brillo amarillo de la lámpara de la calle para iluminar las cabezas dormidas de los niños. Desde la radio, en la habitación de al lado, viene la solemne música de Rimsky-Korsakov. Puedo oír la voz familiar de mi madre hablando en voz baja a mi padre. Es maravilloso estar aquí, en la seguridad de la acogedora casa de mi familia.

De repente, un silbido atraviesa el aire y me arranca brutalmente de la tierra de mis sueños. "*Aufstehen! Reveille!* ¡Levántate! ¡Ahora mismo!*", grita la *sztubowa* mientras arranca las mantas. "Ni siquiera le permiten a uno soñar en este lugar", pienso amargamente mientras salto de la litera. Deambulamos medio dormidas, asustadas por lo que pueda esperarnos.

Nos hacemos preguntas, pero, como de costumbre, no hay respuesta.

—¿Adónde nos llevan en mitad de la noche? ¿A una selección? ¿Al crematorio? —nos preguntamos unas a otras mientras aumenta nuestra aprehensión.

—Probablemente a las cámaras de gas —sugiere alguien—. ¿Se acuerdan de Majdanek, donde nos llevaban a ser exterminadas en mitad de la noche? —alguien asiente mientras salta de su litera.

Afuera está muy oscuro. Cae una lluvia ligera. Temblando de miedo y frío, marchamos por la calle principal del campo empujadas brutalmente por la *sztubowa*. La muchacha que va delante de mí ora fervientemente a Dios. Detrás de mí, alguien esta llorando en susurros, llamando a su madre para que la ayude. La amenaza constante de la muerte se ha convertido en una compañera muy cercana; yo ya no le temo. Indiferente a todo, camino junto a Hela, que se retuerce las manos en silencio. Nos llevan hacia la sauna.

—*Entlausung*! ¡Desinfección! Gruñe un funcionario alemán gordo que trabaja de capo en el baño. Doy un suspiro de alivio. Todas sentimos una enorme sensación de liberación y en nuestra alegría comenzamos a charlar entre nosotras.

Nos besamos y abrazamos y felicitamos mutuamente.

—*Ruhe!* ¡Silencio! —grita la *blokowa* amenazadoramente. Guardamos silencio. Pero un minuto más tarde, el baño resuena con el eco de miles de voces de nuevo.

La jefa enfurece. Agarra a cinco muchachas y ordena a la muchacha que trabaja como enfermera raparles el pelo al cero.

Nuestro cabello ha crecido de vuelta, lo que nos da una apariencia más femenina. Despojadas de cabello, nuestros rostros pálidos y demacrados adquieren una prominencia inadecuada. Con la apariencia de un esqueleto nos hacemos más vulnerables. Ese aspecto significa una muerte segura. Para mi terror indescriptible, Hela es una de las cinco desafortunadas. Una enfermera muy alta, con un triángulo rojo y un letra P en el pecho que la identifica como una prisionera política polaca no judía, camina hacia nosotras para llevar a cabo su tarea. Angustiada, Hela fija sus ojos en los de la enfermera. La mujer responde con misericordia a la súplica muda de Hela y la empuja de nuevo a la fila sin afeitarle la cabeza. Más tarde, Hela me explica que esta enfermera aria era Lena Bankier, una muchacha judía que fue su amiga en el Liceo, pero que ahora está en el campo haciéndose pasar por polaca.

—La primera vez que me encontré con Lena —me confiesa—, quise abrazarla instintivamente, pero el triángulo rojo con la letra P en su pecho me impedía hacerlo. Fingí que no la reconocía cuando pasé junto a ella. Guardé el secreto por miedo a que alguien la denunciara. Esta noche, Lena reaccionó noblemente a mi súplica muda. Al no cortarme el pelo, me ha salvado la vida.

Después de la guerra, en París, lograríamos enterarnos de lo que la había ocurrido a Lena: había sido deportada a Auschwitz-Birkenau desde una prisión en Bialystock como parte de un transporte mixto de judíos y polacos. Cuando el funcionario que registraba a los recién llegados se fijo en los prominentes rasgos arios de Lena y en su pelo rubio, decidió registrarla como aria para facilitar su vida en el campo. A diferencia de los judíos, los prisioneros arios no están sujetos a selecciones. Lena tiene su brazo tatuado, pero sin el triángulo que indica que es judía.

Su hermana Guta fue enviada a Auschwitz-Birkenau junto con nosotras en el transporte de Majdanek. Se reúnen solo por la noche para que ningún ojo curioso pueda detectar el parecido familiar entre ellas. Lena lleva un emblema en su pecho que la identifica como polaca, pero su hermana lleva la estrella de seis puntas cosida a su vestido de rayas. Cuando las dos hermanas sonríen es fácil percibir un surco que ambas tienen debajo de los ojos y que podría traicionar el secreto de Lena.

Pero a pesar de la precaución de las hermanas, alguien denuncia a Lena con el departamento político. Cuando Lena comparece ante la Gestapo, reniega firmemente ser judía. Si los alemanes descubren la verdad, la condenarán a la barraca de castigo especial, que está separada del resto del campo. A los reclusos de esta colonia penal no se les permite ningún contacto con otros prisioneros. Pertenecen a la *strafkommando*, una unidad penal que tiene que realizar trabajos forzados aún más devastadores. El trabajo tiene que realizarse a un ritmo extremadamente rápido durante catorce horas al día. No es fácil para Lena convencer a los alemanes de su origen ario. Exigen una prueba absoluta. Una señora mayor polaca salva a Lena, prometiendo bajo juramento que ella la conoce desde hace mucho tiempo y que es en realidad su madrina.

Una noche, un dolor insoportable en el abdomen me arranca del sueño. Trato de salir de los dormitorios maniobrando alrededor de la masa de cuerpos entrelazados. Un solo pensamiento me guía: llegar hasta el borde del campo donde se encuentran las letrinas. Trato de correr, pero es como si una mano invisible me estuviera frenando. Empuja y aprieta mis intestinos con espasmos poderosos. Finalmente, sujetándome el estómago adolorido, llego al lugar deseado.

Después de aliviarme, regreso a mi litera por el campo oscuro, iluminado solo por las rayas de luz cegadora que emana de los reflectores en las torres de vigilancia.

De repente, el traqueteo de un tren que se detiene rompe el silencio. Oigo las voces de personas que gritan en un idioma desconocido para mí. Oigo el llanto de los niños y escucho con creciente ansiedad, tratando de averiguar que idioma están hablando los recién llegados. ¿De qué país europeo vienen estos vagones con su carga humana? Lágrimas de tristeza e impotencia me ahogan. Enseguida todo está en silencio, un silencio sepulcral. Al día siguiente, las chimeneas del crematorio emanan humo con renovado vigor, traicionando el horrendo crimen que se había cometido allí aquella noche.

La mayoría de los transportes destinados al exterminio llegan durante los días de semana, mientras estamos fuera del campo con nuestros destacamentos de trabajo. Otros llegan en la oscuridad de la noche, cuando estamos durmiendo en las barracas. Cuando los transportes llegan los domingos, que son días en los que no vamos a trabajar, las autoridades alemanas declararan *blocksperre strenge*: un estricto toque de queda en todas la barracas. Las prisioneras tenemos prohibido salir bajo la amenaza de un castigo grave, ni siquiera para ir al baño. Tenemos que hacer nuestras necesidades en un cubo situado en una esquina de la barraca. Los nazis han deducido que nuestra presencia deambulando por el campo como cadáveres andantes es un espectáculo terrorífico. La visión de nuestros cráneos afeitados y cuerpos deteriorados crearía un ataque de pánico entre las víctimas que se dirigen a las "duchas" de exterminio. Esos días se alargan interminablemente; permanecemos dentro de la barraca apestosa, acostadas en el hacinamiento de nuestras literas.

Hay constantes peleas y riñas por el espacio, porque falta una almohada o un pedazo de pan ha desaparecido de alguna manera, o por una manta perdida. En esta feroz lucha por la existencia, tratamos de mantener nuestros estándares morales y comportarnos humanamente respetando a los demás y a nosotros mismos. Pero bajo las condiciones de vida infrahumanas del campo de concentración no es fácil comportarse humanamente. En mi tiempo libre trato de escapar de la realidad que me rodea. Me tapo la cabeza con la manta gris y huyo de la existencia desesperanzadora que me rodea a una tierra mágica de sueños.

Aquí los rayos dorados del sol se cuelan por las puertas abiertas del balcón. Las voces de los niños que juegan abajo en el bulevar alcanzan la habitación elevadas por las alas del céfiro. La maravillosa y delicada fragancia de las capuchinas que florecen en el balcón perfuma el aire del hogar.

—¡Tierra negra y húmeda, de la buena! —llama la voz del vendedor ambulante. Las campanas de los tranvías que pasan, el rugido de los taxis que surcan veloces y las voces de los *doroshka*, los conductores de caballos y coches en la calles de Varsovia, se funde en una agradable armonía urbana que llena mis oídos.

—¿Estás enferma? —me pregunta Hela preocupada, tirando de la manta que cubre mi cabeza.

Mi burbuja estalla. Desaparece el dulce sueño de años pasados cargados de belleza mientras regreso a la pesadilla que es esta realidad.

A consecuencia de la suciedad y de los piojos estalla otra epidemia de tifus. Los piojos hinchados con sangre contaminada trabajan sin descanso, propagando la peste e infectando a las prisioneros con la terrible enfermedad. Los alemanes tratan de combatir la enfermedad matando a los que están enfermos. Nos someten a selecciones más rigurosas. Hablando en términos sencillos, nos están masacrando. Las barracas se vacían de sus habitantes, pero no por mucho tiempo. Tan pronto como una barraca se vacía, se rellena con los recién llegados de todas las naciones de Europa. Llegan judíos de Hungría, Francia, Holanda, Bélgica y Grecia.

Particularmente desoladora es la situación de las griegas. Arrancadas del cálido clima mediterráneo, de lugares como Salónica, no pueden tolerar el frío. Al no hablar yidis —que al menos les ayudaría a entender el idioma de los asesinos—, no obedecen las órdenes al instante, y por lo tanto están sujetas a frecuentes palizas. Y como nosotras no hablamos su idioma, se nos hace muy difícil explicarles las regulaciones y las rutinas del campo. Así que empiezan a morir como moscas al poco tiempo de entrar al campo de concentración. El hambre, la enfermedad y la selección se convierten en los brazos ejecutores.

El invierno de 1944 es inusualmente frío.

—Oh, Dios mío, ¿hemos pecado tan atrozmente para merecer este castigo inclemente? —pregunto con lágrimas en los ojos. Las lluvias torrenciales de otoño se convierten en nieve. Cuando era niña, solía saludar a la nieve como a una vieja amiga, pero ahora el semblante benigno de la nieve se transforma en el rostro burlón de un enemigo intratable. Enojada, la nieve sopla su polvo helado en nuestros ojos, congela nuestros cuerpos demacrados, escurre sus copos helados bajo nuestras ropas y se aferra a nuestros zuecos de madera, convirtiendo el caminar en una ardua tarea. Caminamos como sobre pilotes. Cualquier resbalón azuza a los perros que nos escoltan, que luego nos ladran salvajemente. Y la jefa enfurecida nos golpea en la cabeza con su bastón.

¡Horror! ¡Tengo fiebre! No tengo hambre, pero una sed fervorosa me quema las entrañas. Todo mi cuerpo está ardiendo. Mis labios están partidos y mi lengua se siente como un tronco reseco. Para saciar mi sed, bebo cualquier líquido que cae en mis manos. Bebo el agua de color amarillo sucio de la sala de lavado, que está contaminada con hierro, y me la trago mezclándola con nieve fría refrescante. Como resultado, contraigo disentería y una diarrea terrible. Sufro de tenaces calambres intestinales.

—Probablemente tienes el tifus —es el terrible diagnóstico de Hela. Pero me permite quedarme acostada en la litera dentro de la barraca—. Tienes que seguir yendo a trabajar para que nadie sepa que estás enferma.

Mis súplicas y ruegos no funcionan. Me quejo de que no tengo fuerza para ir a trabajar, de que no soy capaz de realizar las tareas, ya que apenas puedo tenerme en pie. Pero Hela no vacila.

—Sabes que si te quedas aquí, estás perdida —dice Hela mientras seca el sudor de mi frente, tratando de convencerme, recordándome que durante las horas de trabajo los alemanes visitan inesperadamente las barracas para cazar a las que están demasiado enfermas para trabajar. Las enfermas son enviadas al bloque 25, el vestíbulo de la muerte, del cual no hay retorno; cuando llega un nuevo transporte, los enfermos del bloque 25 se añaden al grupo seleccionado para las cámaras de gas.

Al día siguiente estoy en el trabajo, tratando de mantener el equilibrio mientras me hundo bajo el peso de los ladrillos que entrego a los hombres que están construyendo algo. Tomo puñados refrescantes de nieve y los meto en mi boca reseca. Reúno el coraje suficiente para pedir al alemán a cargo de la cuadrilla de trabajo que me cambie a otra tarea, como el de trabajar con palas. Creo que será más fácil para mí, ya que no requiere caminar. Tienes que llenar una carretilla a paladas, que luego es acarreada por otros prisioneros. Como respuesta recibo una patada de la bota del hombre de las SS, que me lanza colina rodando abajo sin que yo pueda hacer nada.

Con un gran esfuerzo levanto mi cabeza febril al día siguiente, una mañana helada de enero de 1944. Hela, muy alarmada por mi condición, me arrastra fuera de la litera con todas sus fuerzas. Por desgracia, mis piernas se niegan a sostenerme. Mil martillos me aporrean la cabeza. De milagro, me las arreglo para mantenerme de pie durante el paso de lista. Después del *appel*, Hela me arrastra a una formación que está yendo al trabajo. De repente, me mareo. Luces multicolores bailan ante mis ojos. Luego todo se oscurece. Puedo sentir cómo pierdo el conocimiento.

Cuando me recupero del desmayo, la *schreiberin* de nuestra barraca, una judía de Checoslovaquia, me está examinando. Al ver las manchas en mi brazo, me grita en alemán mientras escribe el número tatuado en mi brazo.

—¡Cerda polaca, tienes el tifus! ¿Qué haces todavía en mi barraca? ¡Vete al hospital!

Hela suplica para que no me envíen al hospital del campo, dice que la enfermedad ha casi llegado a su fin. Ella le jura a la *schreiberin* que me siento mejor y que soy capaz de trabajar, pero es en vano. No lleva a ninguna parte. La mujer me pone con un grupo de prisioneras enfermas y nos conduce directamente al campo de cuarentena.

Después de una difícil marcha de veinte minutos hasta la zona de los enfermos, apenas puedo mantenerme de pie. Una vez dentro de la barraca médica, me ponen en una larga fila de literas de madera llenas de mujeres enfermas a la espera de ser admitidas. Me siento en un rincón de la cama, apoyada de espaldas contra la pared. Estoy completamente agotada; no pasa mucho tiempo antes de dormirme. Un poderoso empujón de la *schreiberin* me despierta de mi siesta ligera.

—¡Levántate, mierda sucia! —grita directamente en mi oreja.

—¿A dónde? —le pregunto, medio inconsciente.

—¡Al bloque 25! —responde con dureza.

Inmediatamente me despierto completamente. Salto y me pongo de pie como fulminada por un rayo. Estoy en estado de pánico, terriblemente asustada por la muerte que me aguarda. Corro hacia la doctora —ella misma es una prisionera— que se encuentra detrás de la mesa.

—¡Doctora! Se lo ruego, no me envíe a la muerte. Soy joven. ¡Quiero vivir! —le digo en polaco.

Ella me entiende y pregunta:

—¿Dónde has estado hasta ahora, niña? El hospital está desbordado. No hay espacio. Por desgracia, no hay nada que pueda hacer por ti.

Caigo a sus pies, abrazándolos mientras grito con voz llorosa:

—¡Sálveme, señora!

Finalmente, ella cede, y para mi alivio indescriptible tacha mi número de la lista de la muerte.

Cuando llego a las barracas del hospital, me afeitan el pelo, que ha vuelto a crecer, y me asignan desnuda como estoy a una litera con otras dos mujeres enfermas acostadas en unas estrechas tablas. Estamos echadas, pegadas una a la otra por el sudor de nuestros cuerpos febriles. Inmediatamente caigo en un sueño profundo. La enfermera que reparte las bebidas me despierta. Con una sed ardiente, bebo ansiosamente el líquido putrefacto de un solo trago. La muchacha tumbada a mi lado hace lo mismo. La otra acostada a nuestros pies, no responde a nuestras llamadas. No se mueve. Tratamos de despertarla para el desayuno, pero sin éxito.

Está en un sueño profundo. Trato de moverla ligeramente. Sus pies están muy fríos.

—¡Despierta! —le digo con voz débil—. Están repartiendo las bebidas.

Sin embargo, no hay respuesta. No se mueve. Llamo a una de las prisioneras que trabajan como enfermeras, pidiendo ayuda. La enfermera echa un vistazo a la muchacha y confirma con indiferencia mi sospecha de que está muerta. Estoy demasiado débil para seguir el ejemplo de mi vecina y bajar de la litera, así que me quedo arriba, compartiendo el sitio con el cadáver. Extrañamente, no siento ningún temor. Mirando al ángel de la muerte a la cara, nos hacemos amigas sin reservas. Ya no la temo. Incluso tocar a una persona muerta no me molesta.

Continúo durmiendo y pierdo la noción del tiempo. No sé cuánto tiempo me quedo allí con la muchacha muerta, pero al final la bajan de la litera para echarla en un enorme montón de cuerpos rígidos desnudos. Después del *appel* de la mañana, llevando el conteo del número de cadáveres, el *leichenkommando*, el comando a cargo de los cadáveres, aparece para subir los cuerpos desnudos en carretillas y transportarlos al crematorio, donde serán convertidos en cenizas grises.

En el medio de la noche, me despierta una sed que me abrasa la garganta.

—Agua, agua —susurro a través de mis labios resecos por la fiebre. Nadie responde a mi petición. Con gran dificultad, bajo de mi litera.

La barraca está oscura. De vez en cuando el silencio se ve interrumpido por fuertes ronquidos y gemidos de dolor. Alguien delirando con fiebre llama a su madre. Desde uno de los rincones más lejanos, oigo un llanto doloroso. No hay agua en la barraca. De repente, me doy cuenta de una pila de tazones de lata oxidados apilados en un rincón. En cada uno queda una última gota de agua de haber sido enjuagados. Humedezco mi lengua reseca. Empiezo recogiendo cuidadosamente las preciadas gotas dejándolas caer en un tazón.

De repente alguien me da un puñetazo en el brazo. La taza se me cae de mis manos. El preciado líquido cuidadosamente recogido cae al piso de cemento.

—¿Qué haces dando vueltas en la noche, miserable *muselman*, muerta andante? —grita furiosa la guardia de la noche. Me empuja brutalmente, ordenándome regresar a mi litera. Casi llorando me pongo la manta sobre la cabeza, tratando de conciliar el sueño. En la madrugada, alguien me quita la manta de un tirón y me arranca del sueño.

—¡Levántate para ser examinada por el médico! —gritan las enfermeras. La misma doctora polaca que me envió aquí hace las rondas, examinando a las mujeres enfermas.

—¿Cómo te sientes, niña? —pregunta mirándome amablemente.

—No tengo ninguna fuerza. Casi no puedo sostenerme de pie —le respondo con voz débil.

—No tienes más fiebre —dice ella, tocando mi frente—. Probablemente la crisis ha pasado —añade mientras anota el número de mi brazo.

—¿A dónde me envía, doctora? No puedo trabajar todavía —le digo.

—Si tus pies pueden moverse, sal de aquí lo más rápido que puedas.

Con esas palabras, me da el alta de las barracas del hospital.

—Por favor, deje que me quede aquí un día más, para que pueda dormir un poco —le ruego.

—No, niña. ¡Si valoras tu vida vete de aquí!

Luego, en voz baja agrega:

—Estás en grave peligro aquí. Va a ver una gran selección. ¡Mengele va a purgar el hospital hoy!

Con estas palabras, lanza una manta sobre mi cuerpo desnudo y tembloroso y me pone junto a otras cuatro muchachas que apenas pueden mantenerse en pie. Nos dan zuecos de madera, el botín que han conseguido del transporte holandés, y nos ordenan ir al baño para recoger el resto de nuestra ropa. Con estos pesados zuecos en los pies, no paro de resbalar y caer en la nieve congelada. Con cada paso, la madera se incrusta en mis pies desnudos, dejándolos en carne viva. Hasta el día de hoy, todavía tengo las cicatrices. Me estremezco de la helada que penetra con facilidad a través de mi endeble manta. El camino hacia el baño es interminable. Al llegar a nuestro destino, descubrimos que el baño de la barraca está desierto. Está amueblado con bancos de madera dispuestos como gradas en un anfiteatro.

Mi cabeza da vueltas; todavía enferma y vencida por el cansancio, no puedo pensar. Todo lo que quiero hacer es acostarme. Hay una estrecha escalera de madera que empiezo a subir. Casi no puedo respirar. La fila más alta de bancos, justo debajo del techo, parece ser el lugar más seguro para descansar. Apoyo mi cabeza, pesada como una bola de plomo, en la madera dura y fría. Me quedo dormida al instante. Paso una noche memorable en esta barraca con las otras muchachas del hospital. Hemos sido dadas de alta del hospital, pero aún no nos han asignado ninguna otra barraca. No existimos. Nadie nos está vigilando. Dormimos en paz mientras se lleva a cabo la infame selección del mes de enero, completamente olvidadas por las autoridades del campo. Por pura coincidencia, el ángel de la muerte pasa por encima de nosotras sin tocarnos, arrebatándonos así de las fauces traicioneras de la muerte.

Temprano a la mañana siguiente, las prisioneras que trabajan en los baños de la barraca nos despiertan, sorprendidas de encontrarnos allí.

—¡Oigan, fantasmas!, ¿qué están haciendo aquí? ¿Qué se cuenta en el otro mundo? —se ríe una de ellas.

—Por lo visto el mundo celestial no es tan bueno. ¡Han decidido volver aquí a la primera oportunidad! —añade otra.

Impresionadas por nuestra increíble buena fortuna, nos visten y nos inscriben en el campo de cuarentena. Débil y separada de Hela, que está en el *arbeitslager* —el campo principal de trabajo—, todavía me siento enferma y tengo dificultad para oír a causa del tifus. Me paso los días sin hacer nada, tirada en los tablones de madera llenos de piojos. Veo accidentalmente mi reflejo en un pequeño cristal en la entrada del baño, y la imagen me llena de pánico. Tengo miedo del reflejo que veo en el espejo. En ese panel sucio, veo una desconocida de rostro cadavérico y cabeza rapada que me mira con unos ojos sin vida. Busco detrás de mí con la esperanza de que sea el reflejo de otra persona. Pero no hay nadie más: es mi propio reflejo.

Padezco de una diarrea frecuente que me desgarra las entrañas. El hambre insoportable y la sed ardiente luchan dentro de mí. Mis pies congelados ya no me obedecen. Los piojos, intrusos diabólicos, drenan hasta la última gota de sangre de mi cuerpo, abriéndose paso a través de mi carne. La naturaleza no ayuda: nos envía heladas y borrascas cargadas de nieve.

Una noche, no puedo reprimir mi ansiedad por el largo silencio de Hela, así que decido hacerle una visita. La helada feroz pellizca mis orejas y ataca mi cabeza rapada.

Arrastrando los pies con dificultad, me las arreglo para mantener el equilibrio en los parches de nieve helada en el suelo. Temblando de frío, llego a esa sección del campo. Completamente agotada, entro en la barraca donde se supone que Hela ha de estar. Para mi horror, el tifus la ha noqueado. La encuentro desmayada y bañada en sudor.

—Agua, agua —brota en un susurro casi inaudible la suplica de sus labios.

—El agua se congela en las tuberías, y no hay agua en el baño. Puedes ahorrarte el trabajo —me dice una muchacha que yace junto a ella en voz baja.

—La arrastramos al trabajo todos los días —interviene su vecina más cercana—. Dejarla aquí en la barraca sería un asesinato.

Recojo un poco de nieve limpia en un recipiente y humedezco sus labios resecos. Trato de enfriarle la frente con la nieve. Está delirando por la alta temperatura. Hela llama a su madre y su hermana Paula.

—Soy yo, Roma —le digo, angustiada, pero no me reconoce.

Impotente, la beso y me arrastro de vuelta a mi barraca. Muy angustiada ante la idea de que Hela pueda morir, le ruego apasionadamente al Señor. Temiendo lo peor, le pido misericordia a Dios. Dos días más tarde, cuando puedo arreglármelas para volver a verla, la encuentro en mejores condiciones. No tiene fiebre, pero todavía está agotada por la lucha contra la enfermedad. Al ver mi mirada preocupada, ella trata de animarme.

—No te preocupes, probablemente he pasado la crisis. Me siento mejor cada día —me asegura Hela con una voz débil, tratando de calmarme.

El invierno de 1944 es muy duro. Estamos sometidas al hambre, el frío, las selecciones despiadadas y las olas de epidemias causadas por las terribles condiciones.

Comienza una oleada de suicidios. Sin esperanza de un mañana mejor, muchos prisioneras eligen una muerte rápida por electrocución en lugar de esperar una muerte horrible en la cámara de gas. Ver una mano de una muerta empuñando los alambres de la cerca eléctrica se ha convertido en algo habitual.

La idea de poner fin a esta miserable vida comienza a germinar en mi mente. Se incuba a traición en mi corazón y comienza a crecer, desplazando a cualquier chispa de esperanza. Este pensamiento infernal me tienta constantemente y no me da paz. Trato de correr más rápido que él, pero me abruma. Se burla de mí: "¿Vale la pena todo este tiempo luchando para aferrarte a esta desgraciada brizna de vida terrenal? ¿No sería más fácil abandonar las armas, capitular, y poner fin a esta existencia vegetativa y podrida? En el cielo, estarás limpia, caliente y segura. El amor y la paz reinan allí. La miseria de este mundo no alcanza las alturas. Corre a reunirte con tu familia, a los brazos de tu madre. Vierte tu amargura acumulada sobre su pecho.

El eco de los zapatos de madera en el suelo de cemento interrumpe mis pensamientos sombríos. Una ráfaga de aire frío pasa de lleno a través de la puerta abierta de par en par. Gritos furiosos y maldiciones rasgan el apacible silencio de la noche.

—¡Eres una cerda! ¡Una *muselman*! Te voy a enseñar a mear detrás de las barracas.

El silbido del bastón se mezcla con el sonido de gemidos quedos. La pobre víctima, al parecer incapaz de llegar a los cuartos de baño a varios metros de distancia de las barracas, se vio obligada a dejar su carga en el camino, lo que no escapa a la mirada vigilante de la guardia nocturna. Estos accidentes son una ocurrencia diaria, y aunque nunca estoy directamente involucrada en incidentes de este tipo, influyen en la decisión que pesa sobre mi.

La noche siguiente confronto a Hela, que ya ha recuperado parte de su salud, y le propongo que me acompañe en el camino a otro mundo mucho mejor.

—Allí vamos a reunirnos con toda nuestra familia entera. Mira, todos están ahí, esperando por nosotras —le digo, apuntando a las estrellas de plata que centellean alto en el cielo—. Solo Dios sabe si esta maldita guerra ha de acabar alguna vez. E incluso si Hitler es finalmente derrotado, la probabilidad de sobrevivir hasta entonces es mínima. Todo el mundo sabe que nunca nos dejará sobrevivir. Hitler se va a asegurar de asesinar hasta el último testigo de sus horrendos crímenes. Así que, ¿por qué deberíamos seguir sufriendo en este infierno? Un ligero toque del cable será suficiente para poner fin a nuestra miseria. ¿Por qué debemos seguir soportando el dolor sin fin?

—Tienes razón —asiente Hela—. Pero —añade—, ¿tiene permitido un ser humano vivo el lujo de renunciar a la esperanza? Vamos a esperar un día o dos. Tal vez algo va a cambiar, tal vez un milagro. Es imposible que el mundo se haya olvidado de nosotras por completo. Tal vez alguien finalmente interceda por nosotras. Siempre tendremos tiempo para morir. Hemos luchado tanto tiempo. ¿Podemos renunciar de manera tan cobarde y darles a nuestros enemigos esa gran satisfacción? No perdamos la fe. Después de la oscuridad viene la luz.

No del todo convencida, vuelvo a mi barraca. En la oscuridad impenetrable aparece la imagen de mi querida madre. Sus ojos de color violeta y la cara pálida resplandecen con un brillo maravilloso. Me mira con compasión. En sueños, empiezo a ver las caras apacibles de mis hermanas más a menudo. Sonríen y me animan a unirme a ellos, diciendo en voz alta, "Ven a nosotros. ¿Por qué dudas tanto?"
Me susurran en voz baja. "Es maravillosamente cálido. Todos estamos esperando". Las visiones nocturnas confirman mi decisión. Hela permanece indecisa, vacilante. Se le ocurren todo tipo de pretextos para posponer la decisión final.

Pero los días pasan sin cambio y sin ofrecer ninguna esperanza de un mañana mejor. Yo no tengo el coraje para poner fin a mi vida por mi cuenta. Tengo miedo de enfrentarme a la muerte totalmente sola. ¿Es más fácil hacer frente a la muerte acompañada? No quiero separarme de Hela. Cuando la visito de nuevo con un ingenioso plan para el suicidio, ella me rechaza impaciente con estas palabras:

—Por favor, déjame en paz. No me tientes más. Quiero vivir. Tengo un montón de tiempo para morir.

Enojada y decepcionada, vuelvo a mi barraca y a mi dormitorio. La noche siguiente, un dolor agudo en el abdomen me despierta. Luchando, me las arreglo para bajar de la litera. Mis pies congelados se niegan a obedecerme. Mis piernas son de goma, y mi pesados zapatos de madera se hunden en la nieve profunda. A cada paso, un nuevo montón de nieve se aferra a mis zapatos. Camino por las calles del campo dormido como sobre pilotes. La luz fría de la luna ilumina el camino tortuoso a la letrina. Me deslizo y caigo en la nieve. Los calambres en mis entrañas exigen sus derechos. Por fin llego a mi destino. Un viento penetrante sopla desde los agujeros negros que sirven como inodoros. No hay agua en los lavabos. Los tubos están congelados. Me lavo las manos en la nieve, y sin pensar en nada, me pongo en movimiento hacia el alambre de púas tachonado con reflectores.

Para llegar al alambre electrificado, tengo que bajar una zanja profunda que se extiende alrededor de los cables para subir de nuevo del otro lado del barranco. Me pregunto si seré capaz de hacerlo. Cruza entonces mi mente la idea de que esta es una verdadera proeza para alguien debilitado por el hambre y la enfermedad. Ruedo hacia abajo por la nieve hasta el fondo de la zanja. Trato de subir al otro lado con toda la fuerza que me queda, pero no puedo hacerlo. Me caigo de nuevo hasta el fondo. De repente una bala rompe el silencio de la noche. Los silbidos de los proyectiles pasan junto a mi oreja. Me levanto de mi letargo. Tiemblo, dándome cuenta de que la bala era para mí. "El soldado de la torre de vigilancia me disparó porque piensa que estoy tratando de escapar", pienso intentando salir de la zanja tan rápido como puedo. "No quiero morir. Quiero vivir".

Ese pensamiento se apodera de mi. Siento una extraña sensación de excitación, rápidamente recupero mi fuerza. Feliz ante la idea de que la muerte ha pasado cerca de mi, corro a la barraca tan rápido como puedo. Siento con alegría los latidos de mi propio corazón. Ahora, enamorada de la vida, inhalo el aire frío y refrescante de este mundo con impaciencia. El campo dormido se ve diferente. Envuelto en un manto blanco de nieve, el campo se ve especialmente limpio e incluso festivo. La misma luna vieja está sonriendo con benevolencia. Las estrellas de plata en el cielo me parpadean con alegría.

Al amanecer, una visitante me sorprende. Hela me despierta de un sueño profundo. Ha cruzado hasta mi campo en la oscuridad, para buscarme. Se ve muy preocupada.

—Gracias, oh Señor, por dejarme verla aún con vida —exclama al besarme—. Tuve una premonición.

—¿Sabes qué? —le digo—. He pensado en lo que siempre dices, y he llegado a la conclusión de que tienes razón. Tenemos suficiente tiempo para morir. Ahora tenemos que seguir luchando por nuestras vidas. Tengo que mantener mi palabra y cumplir la promesa que hice a la periodista en Majdanek. Le prometí que iba a decirle al mundo lo que hicieron con nosotras aquí.

Caigo en la cuenta de lo peligroso que era para mí quedarme en el campamento de cuarentena por las frecuentes selecciones.

Hela está encantada con mi nueva actitud de vivir, y no pasa mucho tiempo antes de que me ponga a prueba. Me insta a acercarme a la *blokowa* y tratar de convencerla de que he recuperado mi fuerza y puedo hacer cualquier trabajo, no importa cuán extenuante. Escéptica me observa de pies a cabeza y finalmente cede a mi petición: me asigna a un campo de trabajo. Al día siguiente me transfieren junto con otras muchachas que están en condiciones de trabajar.

Después del *appel* de la mañana, empiezo a tener dudas de si voy a ser capaz de hacer el trabajo pesado de construcción de carreteras. Mientras dudo, la *sztubowa,* una muchacha rusa de mejillas rosadas en la flor de la salud, asiente con la cabeza en dirección a la puerta y me indica con un gesto que entre en la barraca. Sin pensarlo dos veces me deslizo cuidadosamente en la barraca sin llamar la atención de nadie. La muchacha rusa me empuja sobre la litera y lanza un colchón sobre mí. Luego estira cuidadosamente la manta y se va.

Doy gracias al Señor por haberme enviado este ángel de la guarda en la forma de una muchacha rusa y me duermo. Me despierto de la siesta con un susurro:

—*Dziewuska,* Pequeña —cuidadosamente levanto el colchón y miro desde mi escondite. De pie junto a la cama está mi salvadora, con un plato de sopa caliente en sus manos.

—Entra en calor —dice en un tono resonante pero tierno, en ruso, mientras me entrega la sopa caliente. De esta manera, logro pasar toda una semana convaleciente bajo la protección de esta rusa de corazón generoso. Su comportamiento restaura mi fe en el mundo y en los seres humanos, y también revive mi propia confianza en mí misma. Por las noches, visito a Hela, que, gracias a Dios, está recuperando su salud.

Nos adaptamos a este infierno en vida llamado Auschwitz-Birkenau porque hemos desarrollado una resistencia a la dureza de la vida en el campo. Aprendemos cómo librarnos, hasta cierto punto, de las asignaciones de trabajo más agotadoras. Aprendemos a evitar a los capos y *blokowas*. También aprendemos a mantenernos fuera de la vista de ciertos alemanes y a hacernos invisibles. Aprendemos a operar en el mercado negro y lo que constituye la tasa ilegal de intercambio, como dos cigarrillos para una porción de pan. Las muchachas que trabajan en las tierras traen de vuelta cualquier cosa que pueda comerse, incluyendo unas hojas con un sabor amargo. Las muchachas griegas inventan un plato hecho de manzana podrida y rábano picante viejo.

Las que trabajan clasificando las patatas en el *kartofelbunker*, el almacén de patatas, roban lo que pueden. En la jerga del campo, esta actividad se conoce como "organizar" unas patatas.

Las pocas afortunadas que trabajan en el *bekleidungskammer*, el almacén de la ropa, o en el *schuhkammer*, el de clasificar los zapatos, "organizan" ropa y zapatos. Las mejores ropas, por supuesto, son enviadas al Tercer Reich, pero los trapos gastados se dejan para las prisioneras que "organizan" todo lo que sea posible: ropa, ropa interior, incluso zapatos.

Cuando se trata del negocio del contrabando, las más afortunadas, las que pertenecen a la burguesía del campo, son aquellas que trabajan en *"Kanada"*: desempacando las maletas y los baúles que vienen en los transportes confiscados por las SS. Al representar la "riqueza" en el campo, a esta área se le asigna como apodo el nombre de ese país — increíblemente rico e inalcanzablemente seguro— de América del Norte.

Para apaciguar el hambre que nos oprime constantemente, Hela y yo decidimos comenzar a hacer trueque para complementar nuestra dieta magra. El sábado al terminar el trabajo, después de haber recibido nuestra doble porción de pan para el sábado y el domingo, comemos solo una porción del pan. La porción individual no nos satisface, pero cambiamos la parte restante por tres cigarrillos. Luego intercambiamos dos de los cigarrillos a una capo alemana por una porción de pan. Al parecer, desde casa le envían paquetes que abastecen su necesidad de alimentos, pero los cigarrillos no están permitidos en el campo de las mujeres. Nuestro beneficio es el cigarrillo que queda; más tarde, lo canjeamos por otra media porción de pan.

A menudo llevamos nuestra mercancía a las barracas que albergan a los prisioneros que trabajan en la fábrica de municiones. A veces, a estos trabajadores se les da un bono, con el que pueden ir a una cantina y cambiarlo por remolacha agria, caracoles salados, agua mineral, hojas de papel y sellos. Los judíos tienen prohibido escribir cartas, pero no importa, porque no tenemos a nadie a quien escribir de todos modos. El valor de mercado de un bono en el campo es igual a una porción de pan. Hacemos una propuesta a Dora Alter, que está sentada en la litera. Le damos una porción de pan por su bono. Se niega a tomar la porción de pan, pero generosamente nos da su bono como un regalo.

Estamos en éxtasis y hacemos una promesa de que nunca olvidaremos su maravilloso gesto. Intercambiamos el bono por dos patatas crudas, que pelamos, lavamos y cortamos en trozos delgados, las ponemos en un pedazo de pan. Estas crujen como los pepinos verdes entre mis dientes aflojados por falta de vitaminas. Hacen una fiesta maravillosa y contribuyen valiosos nutrientes a nuestra dieta. Juramos solemnemente que si salimos de esta y recuperamos nuestra libertad no vamos a desdeñar las patatas crudas.

Al día siguiente nos "organizamos" una manzana, con la que alimentamos a Lena, que está padeciendo el tifus y está delirando con fiebre alta.

Para mi horror indescriptible, a Hela le brota un absceso en una pierna. No se sabe si es el resultado de la desnutrición o de la presión de subir a la litera de arriba. La roncha enrojecida y caliente se extiende desde el pie hasta encima de la rodilla. El pie se niega a hacer lo que Hela lo quiere. Como no es capaz de trabajar, la *blokowa* la envía a la zona hospitalaria.

Estoy bastante alarmada por el estado de salud de Hela. La visito cada noche después del trabajo. El médico a cargo, una prisionera, me aconseja que "organice" una inyección contra la infección tan pronto como pueda. "Dios mío. ¿Cómo y dónde voy a encontrar este medicamento? ¿Y qué puedo canjear por el?", me pregunto, completamente angustiada. Esa noche no soy capaz de cerrar los ojos. Sigo pensando y tratando de hacer un plan.

Al día siguiente, después del *appel* de la mañana y las formaciones de trabajo, evito la fila para el comando de construcción de carreteras que se asigna a mi barraca y me cuelo en el comando de otra barraca que trabaja en la clasificación de patatas. Nuestro trabajo consiste en escoger las buenas, que van a la cocina de los hombres de las SS. Las malas y podridas son asignadas a la cocina del campo. Aprieto los dientes debajo de la carretilla llena de patatas, que cargamos en un camión. Es un trabajo duro, pero no es afuera y lo que es más importante, es rentable. Siempre se pueden "organizar" unas patatas, y en el mercado del campo, tres patatas pueden ser canjeados por una porción de pan.

Observando el comportamiento de las trabajadoras que llevan aquí ya un tiempo, aprendo a ocultar las patatas partidas por la mitad a lo largo de la manga de mi abrigo. Después del trabajo, los alemanes nos registran al salir del búnker. Si encuentran una sola patata, es probable que nos administren una severa y cruel paliza. Tengo la suerte de poder sacar unas valiosas patatas de contrabando, que le entrego a una de las muchachas que trabaja en *Kanada* a cambio de un pañuelo de seda de colores. Regalo el pañuelo a una doctora holandesa esa misma noche. A cambio, ella "organiza" un medicamento, no sé cómo y de quién, y lo inyecta en Hela de inmediato.

Feliz de haber encontrado esta nueva fuente de ingresos, me sumo con entusiasmo al destacamento de trabajo del almacén de patatas cada mañana. En el trabajo, me hago amiga de una muchacha de Cracovia llamada Danuta Groch, que fue enviada aquí porque fue sorprendida participando en actividades clandestinas. Mientras clasificamos patatas, nos divertimos con recuerdos de nuestras casas y recitando poemas de poetas polacos. Danusia, que es mucho más sana y más fuerte que yo, me ayuda tanto como puede. Muy a menudo, carga ella las patatas en el camión, a pesar de que es mi trabajo. De vez en cuando, recibe paquetes de su casa con comida y me trae un pedazo de cebolla o un diente de ajo, productos que consideramos ricos en vitaminas.

Danuta también me deja dormir sobre una pila de patatas y monta guardia para que no me descubran. Si escucha pasos, me despierta. Desarrollamos una amistad genuina entre nosotras. Me las arreglo para contrabandear las valiosas patatas regularmente. Entonces las cambio por pan, que comparto con Hela en su cama de hospital. También traigo todo tipo de regalos para la doctora y las enfermeras, que como pago cuidan especialmente bien de Hela. Por tres patatas, la muchacha que trabaja en la lavandería nos lava la ropa sucia. "Organizo" dos suéteres de lana, uno para Hela y otro para mí. Me siento rica. Tengo un ingreso estable, lo que hace la vida mucho más fácil y nos permite protegernos del hambre y del frío.

Mi principal problema, ahora, es la *blockalteste* checa, la más antigua de la barraca, la que se llama Ela. Tiene la reputación de darle puñetazos a la gente en la nariz. Cualquier víctima que cae en sus manos crueles no tiene ninguna esperanza de salvar su nariz de ser mutilada. Su experimentado puño sabe encontrar el camino directo para golpear justo en el medio de la nariz de la desdichada víctima. Lamentos, quejidos, gemidos y súplicas de piedad son inútiles. Ela no deja a su víctima hasta que termina su trabajo bestial. No se conmueve de compasión al ver a borbotones de sangre, por el contrario, se siente incitada a golpear con más furia. ¡Ay de aquel que cae en su poder! Esa persona no va a salir con la nariz completa. Todos los días, durante el *appel*, tanto en la mañana como en la tarde, ella busca, olfatea y maldice a cualquiera que falte en el comando 103.

Pongo cara de inocente y mantengo la boca cerrada, tratando de evitar su mirada. Soy muy cautelosa y hago todo lo posible para evitar caer en conflicto con ella. Cada mañana, me cuelo en la tarea de las patatas, y doy las gracias a Dios y a Danusia por cada día que paso allí. Sin previo aviso, oímos un silbido. El trabajo se ha terminado. Danusia me aconseja que oculte las patatas cortadas en mi vientre, bajo la faja de goma que he "organizado" con esas benditas patatas. Con mucho cuidado las coloco con la parte abultada contra mi estómago, para que los guardias no sientan nada cuando me registren. Me pongo un suéter y meto unas cuantas patatas más en las mangas.

Nos paramos con las manos arriba para ser registradas. El alemán que me registra no siente nada sospechoso. Extremadamente satisfecha de mí misma, mientras marchamos en formación, planeo lo que voy a comprar con las patatas de contrabando. Algunas de las muchachas más fuertes acarrean una olla de cincuenta litros de sopa, que traemos con nosotras al trabajo todos los días. Ahora la olla que arrastran está llena de patatas. Este contrabando, bastante más grave, lo lleva a cabo la capo.

De repente, una columna de hombres que regresa de trabajar pasa y murmura palabras de advertencia:

—Caliente, caliente está ardiendo —Están tratando de indicarnos que hay registros en la puerta de entrada al campo de mujeres. La mala noticia se propaga rápidamente entre nosotras, comenzando el pánico. En un instante, los dos profundos barrancos a ambos lados de la carretera están llenos de patatas. Los guardias que nos escoltan dicen en broma que las patatas están cayendo del cielo.

Al igual que todos los demás, me deshago de las patatas que he escondido en las mangas de la chaqueta, pero no puedo alcanzar las de mi estómago mientras estamos marchando.

—¿Qué voy a hacer? —pregunto a Danusia.

—Nada —responde ella—. No puedes aflojar el cinturón y levantar tu vestido para soltar las patatas mientras estamos marchando. Cálmate, y deja de mirar con esos ojos llenos de miedo. Son un claro indicativo. Mantén la cabeza en alto. Marcha derecha y con confianza.

En la puerta, se puede sentir un nerviosismo general, y no es solo la aprehensión diaria. Los comandos de trabajo están regresando de diversas asignaciones de trabajo de diferentes lugares. Parece como si todo el alto mando militar alemán nos estuviese esperando en la puerta, y el pánico se extiende entre las mujeres. Hay hombres altos y arrogantes de las SS, a los que odiamos de todo corazón. También hay figuras en uniformes verdes manchados de sangre humana, con malvadas esvásticas en sus brazos.

Bien alimentados y muy satisfechos de sí mismos, sus hocicos sobresalen terroríficamente debajo de los sombreros de oficiales de la muerte. Sus piernas, envueltas en pantalones de montar y botas negras, están bien separadas. Agitan látigos de goma y se asemejan a carnívoros hambrientos al acecho de sus presas. El miedo hace que sienta que mis piernas son de goma. Disminuyo el ritmo. La columna se está dispersando.

—Muévete hacia adelante. No des un paso atrás. Camina con audacia y actúa segura de ti misma —susurra Danusia, tratando de darme coraje.

—¡Abre tu abrigo bien! ¡Pon tus brazos en alto! —Me ordena Danka mientras me empuja hacia el alemán que está registrando. Este revisa mi cuerpo, pero no halla las patatas escondidas en mi vientre.

¡Pasa! —gruñe. Doy un suspiro de alivio y sigo adelante, encantada de que no ha descubierto las patatas.

Estoy tan aliviada que bajo la guardia, olvidándome de Ela, la más antigua de la barraca, que está al acecho. Primero me patea, luego me agarra con por los brazos y me sacude con todas sus fuerzas, y antes de saber lo que está sucediendo, su puño está en mi nariz. Chispas multicolores bailan ante mis ojos. Un chorro de sangre comienza a fluir de mi nariz. Me tambaleo, perdiendo el equilibrio de la fuerza del golpe. La furia de un demonio la consume y me pega sin piedad con sus puños en cualquier parte de mi cuerpo que logre alcanzar. Sus puñetazos me dan en la nariz, los dientes, sin perdonar a la cabeza, la espalda y los hombros. Maldice en checo, me llama cerda polaca.

Todas las mañanas, mientras arrean a los prisioneros a sus grupos de trabajo asignados, ella me vigila para asegurarse de que voy para el trabajo con mi formación. Nunca está demasiado ocupada para no golpearme en la nariz. Mientras me propina el puñetazo diario, su mirada está llena de odio. Hinchada de los golpes regulares, mi nariz sangra sin parar. Ela me acompaña hasta la puerta de salida personalmente. Me guarda celosamente y continuamente me obsequia con maldiciones en checo, húngaro y alemán. Se queda conmigo todo el camino, hasta que pasamos el *Blockfuhrer Stube*. Una vez que llegamos a este punto, confía en que no voy a huir. Aquí, podría recibir un disparo.

Conociendo el sadismo de Ela, las muchachas prevén un final amargo para mí.

—Va a matarte —dicen, mirando mi rostro desfigurado con lástima—No vas a salir de sus garras con vida.

Pero ser transferida de una unidad a otra no es fácil. Incluso si tienes influencia o conexiones, el proceso se enreda con todo tipo de papeleo. La única manera de sacarme a Ela de encima es volver al hospital del campo.

—Tienes que fingir que estás enferma —me dicen las prisioneras mayores, con más experiencia.

—Entonces Ela tendrá que enviarte al hospital, y después de una corta estancia allí, te asignarán de nuevo al campo de trabajo. Pero ten cuidado de que no ser enviada de vuelta a la barraca de Ela —me advierten.

Empiezo a quejarme de dolores de estómago y diarrea crónica, y en respuesta a mis quejas, la administradora me lleva a la zona hospitalaria. El médico alemán a cargo del hospital, escucha mi queja de que voy al baño diez veces por la noche y quince veces durante el día. Al ver mi flaco, huesudo cuerpo y mi nariz golpeada, me cree y diagnostica mi enfermedad como disentería. Soy admitida a las barracas del hospital. Después de un baño de agua fría, me quitan mi ropa buena, con tanto esfuerzo "organizada" con patatas y me ponen a dormir desnuda, compartiendo la manta con una polaca.

Nuestra dieta consiste en un pedazo de pan viejo y chucrut, que hace la diarrea aún peor. Esta escasa porción solo se da una vez al día. De acuerdo con la práctica médica alemana, el hambre es el mejor medicamento para la disentería.

Mi compañera de cama parece ser una adivina. Las enfermas y medio enfermas hacen cola en frente de la cama, esperando pacientemente a que ella les de una buena noticia.

Por un pedazo de pan, un diente de ajo, un trozo de cebolla y otras delicias, la adivina predice un futuro color de rosa para las suplicantes. La empresa genera un atractivo ingreso. Las polacas en el campo pueden recibir paquetes de casa, y con gusto comparten sus tesoros a cambio de una profecía de esperanza.

Después de que he estado allí un par de días, la adivina de buenas fortunas es dada de alta del hospital. Para entonces ya he aprendido el arte de la adivina para predecir un futuro alegre. Les digo a mis clientas que la guerra se acabará pronto. Veo una línea de larga y feliz vida en la palma de cada mano. También predigo que mis clientas se reunirán con sus familias. Dispenso amor, riquezas y felicidad generosamente. Pronto me gano la plena confianza de mis clientas, que me confiesan sus sueños más íntimos y fantasías. Aunque prospero en mi nueva carrera de adivina y hago muchas buenas amigas polacas, no soy ajena al siempre presente peligro de la selección en las barracas del hospital, así que decido salir.

Con la ayuda de Mala, una judía belga que trabaja en el campo como mensajera, consigo con éxito meterme en la barraca donde las muchachas tienen asignado recoger las ortigas. A todo el mundo le agrada Mala y es bien conocida por todos, incluso los alemanes. Ella está dispuesta a utilizar sus conexiones de la mejor manera para ayudar a cualquier persona que le pida ayuda.

Hela se siente mucho mejor, consigue el alta hospitalaria y es asignada a la misma barraca que yo. Por fin estamos juntas de nuevo, lo cual nos hace indescriptiblemente felices.

La primavera está llegando a su fin. Todos los días, salimos del campo para trabajar en un área que es una tierra de nadie entre el mundo del campo de concentración y el mundo de la libertad. Nuestro trabajo consiste en recoger las ortigas que crecen allí y meterlas en grandes cestas de mimbre. Las malas hierbas salvajes nos queman las manos y los pies descalzos. Cuando sumergimos nuestras manos en carne viva en el agua, se siente como si una corriente eléctrica circulase por ellas.

Cada vez que una cesta se llena de ortigas, tenemos que enviarla para su inspección. Rosel, nuestra capo alemana, una mujer condenada al campo por prostitución, pisa la canasta con sus botas altas de oficial. Aplasta las ortigas con sus pesadas botas y en un momento reduce el tamaño del contenido de la cesta a un cuarto de su tamaño inicial. Riendo triunfante, con la boca muy abierta revelando sus encías sin dientes, ordena con voz ebria:

—*Weitermachen*! Tienen que recoger más ortigas para llenar esta cesta.

Mientras grita sus órdenes, Rosel reparte empujones y golpes sin tacañería. Su comando tiene la reputación de mostrar una buena ganancia.

Es posible encontrar hojas de sabor agrio comestibles entre las ortigas. Las muchachas griegas nos enseñan cómo reconocer esta rica fuente de vitaminas que se parece a la acedera. Tampoco es raro que encontremos una raíz de rábano picante enterrada profundamente en el suelo. Incluso a veces es posible encontrar una jugosa manzana entre las ortigas que crecen debajo de los manzanos. Cuando Rosel ve a alguien masticar, la abofetea y ordena a la pobre víctima que escupa el bocado de su hambrienta boca. Cuando buscamos las ortigas, tratamos de meternos bajo el árbol con la esperanza de encontrar una manzana. Cuando Rosel ve esto monta en furia y empieza a insultar:

—Malditas putas judías. ¿Dónde crecen las ortigas, en los árboles o en el suelo?

Y sin embargo, a pesar del escrutinio de Rosel, a veces me las arreglo para meterme algo en la boca sin que ella se de cuenta, lo que satisface mi hambre ligeramente: hojas amargas, una manzana y de vez en cuando un trozo de rábano picante. A veces colamos unas pocas manzanas al campo, que luego cambiamos por una rebanada de pan. Llevamos las cestas de ortigas a la cocina de los hombres en Auschwitz, donde, después de ser cocinadas, los ácidos se neutralizan y se pueden comer. En el camino, pasamos por delante de casas blancas y limpias.

—¿Hay todavía gente que vive en casas y no en barracas? —pregunto, para sorpresa de Hela—. Parece que no todo el mundo está encarcelado en Auschwitz. ¿Me engañan lo ojos o eso que se ventila en la cerca son edredones de seda y almohadas blancas como la nieve? Las personas que viven en estas casas bonitas deben dormir en camas limpias. En sus jardines brillan la flores de colores.

—Las familias de los hombres de las SS viven en esas casas —dice Hela—. Son los mismos hombres de las SS que hacen su trabajo como asesinos en el campo.

Al ver a los niños jugando en el verde césped, siento un enorme peso en mi corazón. Me siento oprimida por una pregunta sin respuesta: "¿Por qué, Dios mío? ¿Dónde están tus hijos, nuestras jóvenes madres, hermanos y hermanas? ¿Por qué permites esta injusticia?". Por desgracia, la palabra "justicia" no tiene sentido en este mundo de asesinato legalizado. La palabra no existe en el léxico alemán.

Como el Ángel de guante blanco de la Muerte, el propio doctor Mengele, lo expresa, *warum kein ista Hier* "¡Aquí, no hay un porqué!"

La cocina del campo de Auschwitz, donde entregamos la ortiga, es en realidad un campo de muestra. Cuando los representantes de la Cruz Roja Internacional visitan el complejo, el *lagerkommandant* los trae a este pulcro campo de trabajo. Los barriles de agua se alinean perfectamente en frente de las barracas recién pintadas.

Prisioneros de aspecto sano, con uniformes limpios a rayas azules y blancas, trabajan en la cocina. Cuando ven nuestros cuerpos demacrados, se conmueven con piedad de nosotros y nos pasan en secreto un pedazo de pan o una taza de sopa caliente.

Las cosas no están tan mal en el *brennerkommando*, o destacamento de las ortigas. El verano ha pasado rápidamente. Puedo sentir la cercanía del otoño en mis huesos. Ráfagas de viento muy frío desnudan las hojas rojas y amarillas de los árboles. Amenazadoras nubes negras se ciernen sobre nosotras. Cuando viene la tormenta furiosa, no perdona. Caladas hasta los huesos y tiritando de frío, vadeamos metidas hasta las rodillas en el barro, recorriendo los campos para recoger las pocas ortigas que quedan.

Ahora rara vez encontramos una manzana podrida. La creciente incertidumbre y la ansiedad se apropia de nuestros corazones. "¿Qué destino nos espera? ¿Qué están planeando hacer con nosotras cuando el invierno finalmente se instale y no nos necesiten más? ¿Nos permitirán vivir? Y, si lo hacen, ¿qué tipo de trabajo diabólico van a inventar para nosotras? Quizá simplemente nos eliminen". Estas tormentosas preguntas nos persiguen.

Cae la primera. Esos copos de nieve, amigos queridos que con tanto deseo esperaba durante los días de mi niñez , ya no me traen tanta alegría. El mundo entero parecía un lugar tan puro, cubierto en su inmaculado velo blanco. Se formaban entonces alegres peleas de bolas de nieve en frente de la escuela. Se hacían paseos en trineo por una colina en el parque del barrio de Praga y se daban clases de esquí en un centro turístico de invierno en Zakopane. Estos recuerdos son como imágenes de un pasado de fantasía. En estas condiciones trágicas incluso este viejo y buen amigo de la niñez cambia su agradable rostro. Dios ha hecho una alianza con nuestro enemigo mortal. La nieve presagia el hambre y el frío y la muerte que los acompaña.

El comando de las ortigas se disolvió. Esto significa que el pedazo adicional de pan que recibíamos de los hombres cuando les llevábamos las ortigas no es nada más que un dulce recuerdo. El hambre es el rey en nuestros estómagos vacíos. Hemos sido asignadas a la *aussenkommando*, el destacamento de trabajo fuera del campo.

Todavía es noche cerrada en la barraca cuando un agudo silbido perturba la calma de la noche y brutalmente me arranca de un sueño profundo.

—*Reveille! Aufshtehen!* —grita la guardia nocturna mientras arranca las mantas de las muchachas dormidas de un tirón. Saco la ropa de abrigo de debajo del colchón y me la pongo rápidamente sobre mi cuerpo tembloroso. Salto de la litera, tratando de esquivar los golpes de la *nachtwache*. Los baños están atestados y es insoportable. Las prisioneras de todas las barracas convergen en esta barraca de agujeros alineados que sirven de retrete. Todos los agujeros ya están ocupados. "Me quedé dormida", pienso enojada conmigo misma. Sostengo mis entrañas doloridas, esperando impaciente a que uno de los agujeros quede vacante.

Con un esfuerzo supremo, me las arreglo para llegar al fregadero para lavarme las manos y la cara.

De repente, oímos los silbidos y los gritos que acompañan el paso de lista: *Zahlappel*! Una de las muchachas sale del inodoro corriendo a toda prisa.

—¡Ella me robó el pan! —grita alguien.

"Probablemente esa que corría tan rápido fue la ladrona", pienso con disgusto.

En las barracas la *sztubowa*, u ordenanza, distribuye el desayuno en forma de un líquido verde turbio con un sabor y un olor muy sospechosos. Trato de beber este líquido espantoso. Estamos en filas de cinco por fondo, a la espera de nuestros amos y señores, mientras temblamos por el frío penetrante. Poco a poco y de mala gana, un nuevo día gris y sin esperanza está amaneciendo.

Por último, aparece un grupo de hombres de las SS muy satisfechos de sí mismos. Son muy felices aquí, ejerciendo señorío sobre nosotras. Asesinar víctimas desarmadas es mucho más seguro y más agradable que enfrentarse a un enemigo armado en el frente oriental. Al frente del portón los soñolientos miembros de la orquesta con los dedos enrojecidos tocan con tristeza una marcha alemana. Trato de marchar al ritmo de la música. El alemán detiene nuestra columna. El *arbeitdinstfuhrer* inspecciona las filas, nos revisa, arrancando un suéter o una bufanda o un trapo envuelto alrededor de una mano lesionada como vendaje improvisado.

"¿Dónde estás, Dios misericordioso?", pienso amargamente, mirando a las nubes negras que cuelgan ominosamente sobre nuestras cabezas. "Sal de tu escondite, oh Dios, nuestro Padre. Ten piedad de nosotros. ¿Los gritos de las madres agonizantes no llegan al cielo? ¿No oyes los gritos de los niños arrancados de los brazos de sus madres? ¿Por qué no respondes a las oraciones y gemidos de masas de personas que mueren en cámaras de gas? Al parecer, tu corazón se ha convertido en piedra, indiferente a nuestro sufrimiento y al de todo el mundo".

Las carretillas de madera llenas de tierra húmeda son muy pesadas. Tratamos de mover un rodillo grande para aplanar la tierra nueva pero sin suerte. Las porras de goma siguen cayendo sistemáticamente en nuestras espaldas. Con un esfuerzo común e inhumano, movemos el maldito rodillo. "*Weitermachen*", grita el capo infatigable. En algún lugar en lo alto, sobre las alas del viento, unos copos de nieve blancos bailan en el aire y caen al suelo. Abro la boca y saco la lengua seca, tratando de atrapar un copo de nieve. Estoy tan ocupada con mi búsqueda que no me caigo en cuenta de inmediato de la presencia de un soldado. Solo me doy cuenta de que está allí cuando me da un poderoso golpe en la barbilla que me obliga a cerrar la boca sobre la lengua extendida.

La deslumbrante blancura de la nieve nos cubre a nosotras y a la carretera. Dios debe estar avergonzado de su propia impotencia y ahora está tratando de enterrar la evidencia de su mundo criminal bajo una manta nívea. En su ira, sopla los vientos helados. Grandes copos de nieve flotan sobre nuestras espaldas y se adhieren a los zapatos de madera. Caminamos como encima de pilotes, esqueletos, fantasmas humanos cubiertos con sudarios blancos. A medida que la tormenta arrecia cada vez con más fuerza, se hace imposible continuar a pie. Escuchamos el silbato. Se interrumpe el trabajo. Nos empujan dentro de un par de cobertizos cercanos.

—Deben tener miedo de que una de nosotras trate de escapar al amparo de la nieve —alguien observa—. De lo contrario nos habrían dejado fuera.

Me empujan dentro hasta un rincón en el fondo del cobertizo y me siento feliz de poder apoyarme en la pared. La nieve se derrite en mi abrigo. El cobertizo de madera está lleno de gente y hay un olor a humedad, pero el frío, el viento helado penetrante no es capaz de llegar hasta aquí. Los cuerpos de las muchachas a mi alrededor, entrelazados entre sí, generan un calor bienvenido. Me froto las manos congeladas, y la sangre comienza lentamente a circular otra vez por mis pies. Me pongo en cuclillas y ruego al Señor que prolongue la tormenta.

Cierro los ojos y enseguida me llenan sentimientos de profunda serenidad. ¿Estoy soñando o se trata de una visión? Estoy sentada en la mesa, rodeada de mi familia. El agradable aroma de la cocción de la comida flota desde la cocina. El calor acogedor irradia desde el horno grande. Me siento tan bien y tan segura dentro de mi círculo familiar.

Los vientos helados que se cuelan brutalmente a través de la puerta abierta del cobertizo rompen la burbuja de mi dulce sueño. Recupero rápidamente el sentido y me pongo de pie. Estoy de vuelta en la amarga realidad de la fría y sucia barraca del campo de exterminio de Auschwitz-Birkenau. La barraca está desierta. Las muchachas deben haber vuelto al trabajo. "Debo haberme quedado dormida", pienso asustada .La corriente de aire frío me espabila. "¿Cómo puedo salir de aquí y unirme al destacamento de trabajo sin ser vista?", me pregunto.

De repente, las tablas de madera detrás de mí crujen; todo se sacude. Del otro lado de la pared, puedo escuchar un gemido y palabras en alemán. "Por favor, déjame. Tengo miedo que alguien nos descubra".

Reconozco la voz borracha de nuestra jefa alemana.

"Un minuto más. Sé buena", contesta la voz de un alemán con un gruñido. Estoy sin habla por el miedo.

"Si me encuentran, el soldado me va a disparar y dirá que estaba tratando de escapar", pienso mientras me aferro a la pared que vibra. Paralizada por el miedo, escucho las voces al otro lado. Por último, me siento aliviada al oír pasos ligeros. Oigo el quejido de las bisagras al abrirse una puerta y luego todo se queda tranquilo.

Por suerte, el capo no me ha visto. Me las arreglo para unirme a mi destacamento de trabajo. Todo el mundo sabe que un día y una noche suman veinticuatro horas, y que una hora tiene sesenta minutos. Pero en el planeta Auschwitz-Birkenau, cada minuto es igual a una hora, y cada día tiene la duración de un año entero. En cada minuto y en cada paso, una muerte horrible yace al acecho. Para mantenernos fuera de sus garras se necesitan los agudos sentidos de un zorro para olfatear el peligro inminente. Hay que orientarse al instante y luego actuar con rapidez y decisión en situaciones peligrosas. Pero incluso si te las arreglas para hacer todas esas cosas, no está garantizado que sobrevivas. Sobrevivir un día más no encierra ninguna promesa

Estoy en una fila, lista para marchar por la puerta. Los alemanes están en frente de la oficina administrativa contando los destacamentos que marchan al trabajo. Están registrando a las muchachas, arrancando sus ropas para asegurarse de que nadie ha "organizado" un pedazo de tela. El viento sopla azotando a través de mi delgado abrigo, penetrando directamente a la médula de mis huesos. Muevo los pies tratando de calentarlos un poco.

—Hoy voy a desaparecer del trabajo —le susurro a Hela, que está de pie junto a mí. Tengo frío y hambre, y me siento muy débil—. No voy a poder hacer este inhumano trabajo de carretera.

—¡Estás loca! —susurra Hela en respuesta—. La capo te encontrará y te golpeará hasta matarte.

Miro a mi alrededor con cuidado. La capo está ocupada chismorreando con la capo de otro destacamento. Aprovecho la oportunidad y escapo de la fila. "No voltees la cabeza", pienso. Camino despacio, para no atraer la atención sobre mí. Voy hacia el baño. Me parece oír pasos detrás de mí, acercándose. Mi corazón deja de latir.

Pero no me detengo y no me doy la vuelta.

La capo se apodera de mí. Siento su mano de hierro en la espalda. Me ha atrapado, y ahora me cubre de golpes con gran generosidad, dejando que caigan donde sea, siempre y cuando sea en mi cuerpo. No depara en los insultos y las maldiciones. Loca de ira, reparte fuego y azufre. Me golpea en la cabeza, la cara, la espalda y la nariz. Siento que me voy a desmayar y mis pies no me sostienen. Sangre pegajosa brota de mi nariz y mi boca. Brutalmente me arrastra de nuevo a la fila. Hela llora en silencio. Cuando llegamos al baño, parece que es demasiado tarde.

—¡Judía piojosa! ¡Ahora lo pensaras dos veces antes de tratar de escaparte de mí! —grita la capo satisfecha mientras regresa a encabezar la columna.

Hela trata de detener la sangre que mana de mi boca. "Esa perra me arrancó un diente. Ahora no tengo nada que perder", pienso, más decidida que nunca a escaparme. Logro alcanzar al baño con éxito, y después de lavarme la cara de enjuagarme la sangre de la boca, me escondo detrás de la barraca con la esperanza de que me proteja del viento y de los ojos de alemanes, *blockowas* y capos. Prefiero sentarme sin moverme detrás de la barraca a cargar piedras pesadas.

Sin que realmente quiera hacerlo, empujo la lengua en el espacio donde antes estaba mi diente. La pérdida de un diente me molesta sobremanera. Pero aún así prefiero perder un diente a la vida. "De todas maneras", pienso para consolarme, "no tengo nada de comer, así que, ¿de qué me sirve tener o no tener un diente? Si logro preservar la vida y encontrar comida, entonces seguro que también podré encontrar un diente. Me pongo en cuclillas y cierro los ojos, tratando de no pensar en la pérdida. Una vez más, opto por huir de la realidad, alejándome a toda prisa del entorno que me rodea y me aprisiona como una garra alrededor de mi garganta.

Me escondo dentro de la única coraza que poseo: detrás del muro de recuerdos de mi antiguo hogar. Pero una vez más el desgarro del silbato que llama para el paso de lista me arranca de la maravillosa tierra de mis sueños. *"Zahlappel. Alle Juden austretan!"* Las palabras retumban de manera ominosa por el campo. ¿Qué voy a hacer? ¿Dónde me puedo ocultar? ¿Cómo voy a hacer para escaparme de estas redadas que se hacen para atrapar a los que se han quedado, incapaces de trabajar, los enfermos y los débiles? Aterrorizada, rezo en silencio. "¡Dios amado, envíame una idea salvadora!". Me abrazo a la madera mientras rezo "¡Shemá, Israel: hazme invisible a sus ojos!". En ese mismo momento, un pastor alemán me descubre con su olfato. El maldito animal de las SS ladra furiosamente mientras arrastra a su dueño hacia a mí.

—*Schmuckstuck, du Muselman.* ¿Qué haces aquí? —gruñe el alemán enfurecido mientras me ordena acompañarlo. La larga fila de cuerpos desnudos temblorosos espera enfrente de los baños. La guarda del campo me ordena quitarme la ropa. La fila avanza rápidamente mientras desaparece por la puerta del baño. Me llega el turno de cruzar la puerta del infierno. El doctor Menguele está de pie en una plataforma elevada, indicando con su bastón como al descuido, como un director que dirige una orquesta con su batuta. Monótonamente pronuncia su sentencia: "*Links. Rechts.*" Temblando de miedo y cubierta por un sudor frío, trato de en vano de recobrar la compostura. Con mis ropas envueltas en bulto bajo el brazo, volteo para mirar al Ángel de la Muerte, que está de pie en su pedestal. No puedo apartar los ojos del bastón que distribuye la vida y la muerte. El bastón se detiene en mi hombro. Permanezco inmóvil.

—*Wie alt bist du?* ¿Cuántos años tienes? —escucho la pregunta que sale de la boca del Ángel de la Muerte.

—*Dreinzehn.* Trece —respondo en un susurro vacilación, aunque en verdad ya tengo diecisiete.

—*Rechts!* —pronuncia la sentencia

"Gracias a Dios". El bastón apunta al lado que significa vida. El corazón paralizado en mi pecho comienza a latir de nuevo. Me retiro a toda prisa con mis ropas, tratando de evitar la mirada envidiosa de las víctimas que están a la izquierda. La *blockowa* anota los números tatuados en su cuaderno. Todos serán inscritos en el bloque 25, las barracas de la muerte. Las víctimas de la selección de hoy se unirán al transporte de judíos que llegue esta noche.

Poco después de que regresamos del trabajo, se oyen noticias que circulan por el campo sobre diez muchachas que hacen falta para realizar trabajos ligeros. Un destacamento pequeño significa un buen trabajo. Alguien riega el rumor de que el destacamento será asignado a la villa del comandante del campo, Josef Kramer. Limpiar casas alemanas es un trabajo mucho mejor que realizar labores en el campo. Las muchachas corren a los baños, donde el mismo doctor Menguele conduce personalmente la selección para este comando refinado.

"¿Dónde está Hela?", pienso enojada. La busco por todas partes: en los retretes, en los dormitorios. No quiero presentarme ante el doctor Menguele sin Hela, porque cambiar de destacamento de trabajo significa cambiar de barraca, con lo cual me vería separada de ella. Las dos queremos evitar esto a todo lugar. Finalmente, la encuentro en otra barraca, donde estaba cambiado su porción de mermelada por un pedazo de pan. La tomo de la mano y la arrastro al baño mientras le explico lo que sucede.

Cuando llegamos a los baños es demasiado tarde. La selección ya se ha hecho.

Diez muchachas marchan triunfalmente saliendo del retrete, escoltadas por "su excelencia", el doctor Mengele. Las muchachas que no han sido elegidas miran con envidia a las pocas seleccionadas. Más tarde nos enteramos de que estas muchachas fueron elegidas como sujetos para los experimentos diabólicos del doctor Mengele. Los alemanes habían soltado los rumores de una tarea de trabajo ligera como estratagema para atraer voluntarias. Ni una sola de esas desafortunadas víctimas sobrevive a los experimentos. Todas ellas mueren de una muerte horrible como cobayas expuestas al bisturí inmisericorde del doctor Mengele.

La existencia humana es un misterio. ¿Fue la mano de Dios o mera coincidencia que no haya podido encontrar a Hela? Ese accidente nos salvó a las dos de una dolorosa muerte.

El domingo, se nos informa que hay un *blocksperre*, un estricto toque de queda. Hoy no trabajamos, y no está permitido salir de las barracas. Cualquier infracción acarrea un severo castigo. No está permitido ir al baño, y tenemos que hacer nuestras necesidades en un cubo puesto en la esquina de la habitación. Los alemanes tratan de mantener las apariencias en lo posible, dadas las circunstancias, con el fin de no perturbar la paz mental de las nuevas víctimas, y de esta manera evitar que se cree una resistencia y pánico en los que están sujetos a ir a las cámaras de gas.

El silbido de un tren que se aproxima es una puñalada en el corazón. A veces, en medio de la noche, mis oídos escuchan murmullos en un idioma extranjero, algunos balbuceos internacionales o el sonido de la risa de un niño. Son judíos, nuestros hermanos de diferentes países europeos que van camino al exterminio. Estas voces que viven despreocupadas pronto serán silenciadas para siempre. Un silencio de muerte reinará supremo. Las altas chimeneas eructan humo con renovado vigor. El viento llevará el olor a pelo quemado y a grasa humana derretida por todo el mundo.

Encerrados en una barraca congestionada, hacinadas en sus alojamientos inadecuados, las muchachas se pierden en sueños después de una semana de trabajo duro. Conversan y comparten sus recuerdos. Me pongo la manta sobre la cabeza y me relajo en la semioscuridad. Trato de ocultarme, de huir de la dura realidad. Me sumerjo en el mundo maravilloso de los sueños. Floto en las olas de un mundo mejor y más bello. Aquí es liviano y tranquilo. Retorno a mi querida familia en este maravilloso mundo de los sueños.

De este mundo de colores resplandecientes me expelen a la realidad incolora y gris.

—¡Levántate! ¡No duermas! —La voz excitada de Hela me arranca de mi trance. Parpadeo, trato de entender lo que está tratando de decirme—. Janeczka de Janow Lubelski conoce a mi hermano Heniek —me dice. Los grandes ojos azules de Janeczka me miran desde la litera contigua. Es una muchacha privilegiada conocida por todos en el campo, la muchacha de los cabellos dorados que trabaja como *lauferin*, o mensajera, del campo.

—En Janow, todos adorábamos a Heniek —dice Janeczka sonriendo sinceramente—. Durante las noches largas y frías de invierno, cuando esperábamos hambrientos y preocupados lo que nos traería el mañana, Heniek solía animar a todo el pueblo cantando y bailando danzas españolas. La gente se olvidaba de sus preocupaciones durante unas horas.

Mi querido tío Heniek se había instalado en Janow con su esposa, Ida, y su hija de seis años, Gelusia, mucho antes de que se liquidara el gueto de Varsovia. Se había instalado en Janow con la esperanza de que sería más fácil obtener comida y sobrevivir en un pueblo pequeño que en el gueto de Varsovia. Heniek era un graduado de la Escuela de Ballet Anna Wysocka, en Varsovia, y uno de los tíos favoritos de todos los niños en la familia. Le gustaba enseñarnos a bailar y nos ayudaba con los ejercicios. Desafortunadamente, Janeczka no puede darnos más información sobre lo que pasó con Heniek y su familia.

—Me agarraron y me enviaron al campo de concentración antes de que se liquidara el gueto de Janow —nos explica—. Pero he oído que los alemanes fusilaron a todos en el gueto. Probablemente asesinaron a toda mi familia con el resto de los judíos de Janow.

Janeczka habla con la voz quebrada, y sus grandes ojos se llenan de lágrimas.

La imagen de Heniek me viene a la mente. Había sido muy guapo, con sus rizos negros y sus ojos verdes chispeantes y llenos del espíritu de la vida. Su carrera de bailarín antes del matrimonio nos hacía sentir orgullosos a los niños, pero horrorizaba a nuestro abuelo religioso.

—¿Cómo puedo ayudarte? —pregunta Janeczka cuando ha terminado su historia mientras se seca las lágrimas de los ojos. Hela me señala y le pregunta si puede lograr que yo entre a un destacamento de trabajo más fácil que me permita permanecer bajo techo.

—Roma no va a sobrevivir el invierno si continúa en el comando 103 —explica Hela con la preocupación marcada en su voz.

—Haré lo que pueda por ella —promete Janeczka, y toma nota del número de prisionera tatuado en mi brazo.

Los días largos y sombríos se alargan para derramarse en noches frías y sin esperanza. Hacemos todo cuanto se nos ocurre para zafarnos de la soga que se sigue apretando alrededor de nuestras gargantas. Cada día que vivimos es una victoria más sobre la muerte, que está constantemente al acecho.

Una mañana helada, la *blockowa* llama mi número:

—*Häftling 48915*! ¡Prisionera 48915! *Austreten*! —anuncia ceremoniosamente.

Me pongo rígida de miedo. "Este debe ser el final", pienso, y digo adiós a Hela.

La *blockowa* me lleva a la barraca habitada por los elegidos que trabajan en el *bekleidungskammer*, el almacén de ropa. Cuando regreso esa noche, Hela está agotada por la ansiedad que ha sufrido por mi. Le explico que Janeczka ha cumplido su promesa, y que gracias a su *protektzia*, me han asignado al mejor destacamento de trabajo en el campo. Cuando oye la noticia, Hela no puede contener su felicidad.

—Trata de trabajar con eficacia y rapidez, para que no te echen de este trabajo tan deseado —me instruye Hela—. Recuerda que no debes soltar ese puesto. Cuanto más tiempo permanezcas allí, mejor. Por lo menos trata de mantenerlo durante el invierno. ¡Tu vida depende de ello!

En realidad, el *bekleidungskammer* es la segunda mejor tarea en el campo, y también la más rentable, después de *Kanada*. Las muchachas que trabajan allí son parte de la elite del campo. Las esposas, hermanas y amigos del *sonderkommando* están empleadas allí. El *sonderkommando* se compone de hombres cuyo trabajo es eliminar los cadáveres que han sido gaseados. Tienen la tarea de alimentar los hornos crematorios con los cadáveres gaseados.

Una prisionera checa, una gentil llamada Schmidt, es la capo. Antes de la guerra había sido la secretaria de Benesh, el presidente checo. Aquí, en Birkenau, gobierna en solitario en el *bekleidungskammer*. Al estar pagada por los hombres que trabajan en el *sonderkommando*, presta especial atención a las mujeres que vienen recomendadas. A cambio de sus favores no escatiman en pagos de oro y otros objetos de valor. Los trabajadores del *sonderkommando* encuentran joyas ocultas en la ropa de las víctimas recién llegadas. La condena para los "organizadores" de estos tesoros es la muerte, ya que todos los objetos son oficialmente propiedad del Tercer Reich.

Las trabajadoras de la *bekleidungskammer* pertenecen al grupo llamado *kinder protektzion*, o las niñas protegidas. Durante el invierno, no tienen que estar de pie a cielo abierto por largas horas en las heladas y la nieve durante el *appel* de la mañana y de la tarde. Trabajan dentro de un edificio, y no están sometidas a las selecciones. Están limpias y saludables, y no parecen sufrir de hambre. Pueden hacer uso gratuito de la lavandería, donde se bañan en agua tibia casi todas las noches. En el contexto de las condiciones del campo en general, el trabajo no es difícil. El trabajo principal, que se realiza en el interior, consiste en clasificar la ropa de los judíos recién llegados de toda Europa, la mayoría de los cuales han sido asesinados en las cámaras de gas de Auschwitz-Birkenau.

Cada día, los camiones aportan nuevas pilas de ropa de todo tipo: abrigos, chaquetas, suéteres, coloridos vestidos de seda pura y sábanas cosidas a mano. Hay ropa de todos los tamaños y todavía llevan el aroma de la vida. Me vence la tristeza ante la visión de una pequeña bufanda todavía cálida, con la fuerza de la vida de su antiguo dueño. Hay bragas y medias de niñas esparcidas alrededor de mi mesa de trabajo.

En el *schuhkammer* que está cerca, las muchachas clasifican y emparejan los zapatos. Botas altas y orgullosas están erguidas junto a los zapatos marrones más modestos, con tristes cordones colgantes. Brillantes zapatos de cuero negro lloran silenciosamente por sus antiguos propietarios y, junto a ellos, en un estado de desorden, están las botas de esquí. Zapatos sin tacón se apilan hasta el techo. Entre los zapatos huérfanos, un zapatito blanco de un niño pequeño se desliza hacia abajo de la pila como si buscara a su madre. Por último, encuentra refugio junto a una bota de goma.

Me ponen en una mesa donde se supone que debo ordenar la ropa interior de las mujeres. Mi tarea es ordenar las prendas rápidamente y hacer un paquete. Empiezo a clasificar las camisas. Algunas están hechas de lino grueso, como las que se usan en los pueblos, otras están hechas de tejido de punto de seda, con bordados y adornos delicados, como las que se usan en la ciudad. Recojo las bragas y las reúno en un montón. La mujer de las SS, Brandel, nuestra *aufseherin* alemana, o supervisora de la cámara de ropa, pasea entre las mesas como un sabueso, escudriñando cada rincón para asegurarse de que nadie va a robar los bienes de los alemanes. Las prendas más deseables son propiedad legal del Tercer Reich; los artículos raídos y desgastados están reservados para los prisioneros. Los diablos asesinan a los inocentes y luego roban sus pertenencias.

Las muchachas que trabajan aquí tienen las mejores prendas. "Organizan" suéteres, bragas, bufandas, incluso zapatos, y luego intercambian estos milagros por patatas, pan, un trozo de jabón o manzanas, cuando están en temporada. De esta manera, pueden conseguir más alimentos que los que ofrece el menú del campo. Después de la jornada de trabajo, nuestra capo, Schmidt, revisa a las muchachas de una manera superficial, simplemente como una formalidad. Como está bien remunerada por el *sonderkommando*, se hace la vista gorda con el contrabando, que aquí es una forma de vida. Pero conmigo se esmera en registrarme escrupulosamente. Molesta por no haber encontrado nada —lo que le hubiera dado la excusa perfecta para despedirme de la *bekleidungskammer*— se consuela insultándome, llamándome desde *muselman* hasta *schmuckstück*. Sin embargo no puede hacer nada: el *arbeitdinstfuhrer* alemán (el líder de trabajo) me ha asignado a este destacamento porque Janeczka le rogó que lo hiciera. Como la capo no recibe ningún pago por tenerme aquí, mantiene una estrecha vigilancia sobre mí y no se toma la molestia de ocultar su disgusto.

Mi tez gris cenicienta, las bolsas hinchadas debajo de mis ojos y mi cabeza rapada no me ayudan a congraciarme con nadie. "¿Qué está haciendo esta miserable perra aquí? Está ocupando un lugar precioso que podría estar siendo pagado". Puedo leer el sentimiento en sus ojos, en las miradas de desprecio que me da.

Todos los días, Hela me advierte que tenga cuidado.

—Te lo ruego —me dice—. No "organices" nada desde la *bekleidungskammer*. No le des a la *schmidowa* la satisfacción de encontrar una capa extra de ropa en tu cuerpo. Te denunciaría a los alemanes y haría que te expulsen, y entonces Janeczka no podría ayudarte. Por lo menos trata de pasar allí el invierno, que es el peor momento para las selecciones.

Tomo lo que dice Hela muy en serio, y solo organizo un par de bragas para ella, porque sufre de disentería severa, y a veces no puede llegar al baño a tiempo. Cada mañana me voy a trabajar sin ropa interior. En el trabajo, espero mi oportunidad, y cuando nadie está mirando, rápidamente me pongo un par de bragas en mi trasero congelado para poder traérselas de vuelta a Hela. Por la noche, cuando está oscureciendo, me encuentro con Hela que me espera con la cara llena de lágrimas. Desesperada, me dice:

—No he podido llegar a tiempo al baño otra vez hoy.

—Vas a estar mejor muy pronto —trato de asegurarle—. Mastica este carbón. Parará la diarrea.

Le pongo un trozo de carbón del horno de nuestra barraca en la boca. De vez en cuando, cuando Hela no necesita unas bragas, se las doy a Lena, que está sufriendo del tifus.

Además de las bragas de bajo costo, mi nueva posición viene con algunos otros privilegios. Las trabajadoras de la *bekleidungskammer* tienen acceso gratuito al baño. Todas las noches, después del trabajo, gozo de una ducha caliente en la casa de baños. Un cuerpo limpio hace que el alma se sienta mejor. También la barraca está limpia. Un horno de ladrillo irradia un calor maravilloso por toda la habitación. No tengo que atender al *appel* por las noches. Brandel, la *aufseherin* alemana, nos cuenta bajo techo, mientras todavía estamos trabajando.

Y lo más importante de todo: no estoy sometida a las selecciones. En estas condiciones, es casi posible empezar a sentirse humano de nuevo. Parece que todos estos privilegios han sido comprados por Schmidt, quien soborna a los hombres de las SS con costosos regalos del botín que recoge desde el *Sonderkommando*.

Consternada me doy cuenta que un absceso aparece bajo mi brazo inesperadamente. La úlcera crece y se hincha dolorosamente bajo mi brazo izquierdo. Con creciente terror, escucho los pasos ligeros de Schmidt que se acercan. Se detiene en mi mesa y me apuñala con su mirada de odio. Me quedo mirando la mesa y trato de trabajar de forma rápida y honestamente, aunque el indeseable absceso me produce un gran dolor. Aprieto los dientes para no gemir de dolor.

—*Schmuckstück*! —gruñe amenazadoramente—. ¿No te atrevas a venir a trabajar nunca más. No quiero ver tu cara de nuevo, *muselman*.

Escupe las palabras con los dientes apretados y se marcha, y me deja en estado de pánico.

"¿Cómo voy a darle la noticia a Hela? ¿Dónde voy a conseguir bragas frescas? Cuando llegue a la selección, y me obliguen a dar la vuelta con los brazos para arriba, delante de los médicos, los alemanes seguramente verán el enorme absceso bajo mi brazo, y esta vez el doctor Mengele sin duda no me dejará pasar la selección. Soy una candidata segura para el crematorio". Siento el nudo corredizo que me estrangula apretando más y más fuerte alrededor de mi garganta. Parece que esta vez no podré escaparme de las garras de la muerte.

Por la noche, volviendo del trabajo, contemplo la miserable existencia terrenal que me rodea. Todo lo que puedo ver es suciedad, podredumbre, barracones desmoronados, ríos de lágrimas y miseria humana sin fin. Una columna de esqueletos humanos, totalmente agotados y arrastrando los pies, vuelve del trabajo de esclavo. Humo negro y grueso y llamaradas rojas de fuego estallan en las altas chimeneas.

"No le temo a la muerte", decido finalmente. Marchando hacia las barracas después del trabajo, me he acostumbrado a caminar con la muerte como mi compañera constante, siempre al acecho, traicioneramente, para llevarme lejos. Como si leyera mi mente, la muchacha eslovaca que marcha en mi columna me saca de mis meditaciones.

—No te preocupes, *dievushka*, no te preocupes, niña. Ven a trabajar mañana —dice en su suave dialecto eslovaco—. Schmidt se habrá olvidado de ti. Solo trata de mantenerte apartada de su camino.

Para evitar que Schmidt me eche de su comando tengo que trabajar rápido y eficientemente. Pero antes que nada, quiero deshacerme del molesto absceso.

—Ábrelo —le ruego a Hela. Hela pide prestado un cuchillo pequeño a alguien y lo utiliza para quitar el pus quirúrgicamente. Una masa de grueso pus amarillo se mezcla con el color rosa de la sangre que estalla del absceso. La cirugía es dolorosa, pero despúes me siento muy aliviada.

Al día siguiente me voy a trabajar, pero trato de evitar a Schmidt. En mi afán por permanecer fuera de su camino, cuento los largos minutos. No puedo soportar más la tensión y quiero salir del comando. Por la noche, trato de convencer a Hela de que en algún momento Schmidt va a echarme del comando, y de que de alguna manera se las ingeniará para que me castiguen también.

—No —Hela insiste—. No se puede ceder. Cada día que pasas en la *bekleidungskammer* es una victoria. Aguanta y permanece allí todo el tiempo que puedas

En el campo la muerte está rabiosa, instigada por su más fiel emisario, el doctor Mengele. La muerte gobierna suprema, y cada día recoge una rica cosecha. Las autoridades del campo tratan de detener la propagación de una epidemia de tifus. Aceleran el ritmo de las selecciones para eliminar a los que propagan la infección quemándolos en los hornos.

Cada día voy a trabajar con el corazón en un hilo. Algunas de las muchachas sienten lástima por mí y tratan de ayudarme con sus propios cuerpos, cubriéndome cuando entramos y salimos de trabajo, poniéndose entre Schmidt y yo, así paso desapercibida. Me mantienen informada acerca de sus cambios de humor. Las trabajadoras experimentadas conocen a su capo por dentro y por fuera. Cuando aparece en la mañana con los ojos rojos, saben que ha tenido una noche de insomnio. Cuando actúa nerviosa y husmea alrededor de las trabajadoras, se dan cuenta de que ha tenido algún tipo de encontronazo con uno de sus novios del *sonderkommando*. En este caso, tratan de mantenerse fuera de su camino, y envían una alarma sobre su temperamento agresivo al *sonderkommando* a través de sus propios canales secretos.

Una carta de amor de su amigo, recibida a través del alambre de púas, suaviza las aguas turbulentas al instante. Todas respiramos aliviadas cuando vemos a Schmidt regresar con buen ánimo. Una semana pasa sin problemas, y entonces empieza a alborotarse de nuevo. Cuando el trabajo está terminado y estamos saliendo de la barraca, viene a olfatear otra vez en busca problemas. Cuando me ve entre las otras muchachas, me agarra por el brazo y me golpea con toda su fuerza, y dos enormes chichones brotan de mi cara. Vuelve a soltar sus insultos, desde *muselman* hasta *schmuckstück*, y me prohíbe una vez más que vaya a trabajar al día siguiente.

Esta vez decido que he tenido suficiente. Pero mis compañeras de trabajo me instan a quejarme con Brandel, la mujer de las SS, por la decisión arbitraria de Schmidt.

—*Frau Aufseherin* Brandel, la comandante del *bekleidungskammer*, es una rival acérrima de Schmidt —me dicen las muchachas—. Está luchando con ella por autoridad para marcar su propia superioridad. Probablemente le gustaría anular la orden de Schmidt permitiéndote trabajar aquí.

Las muchachas elaboran un plan astuto. Una de mis tareas es recoger la ropa sucia que ha sido clasificada y ponerla delante de la barraca. Al mismo tiempo, la rutina de Brandel es tomar informes del campo. Esto me dará una buena oportunidad de informar a la mujer de las SS sobre la decisión de la capo.

Está oscureciendo. La jornada laboral está llegando a su fin, y el momento decisivo se acerca. Puedo oír el silbato para *zahlappell* en la distancia. Con dedos temblorosos, ato con nerviosismo el último paquete. La rusa que trabaja frente a mí me dice algo. No la miro. En voz baja, susurro las palabras del discurso en alemán que las muchachas han compuesto para mí: *"Häftling 48915 meldet: Frau Aufseherin, Bitte. Frau Schmidt erlaub mir nicht zur arbeit kommen!* (La prisionera 48915 solicita su atención, señora capataz, por favor: ¡La señora Schmidt me prohíbe ir a trabajar!) Cuando ella me pregunte: *"Warum?"* He de contestar: *"Ich weiss nicht warum"* (no sé por qué).

El trabajo está terminado. La puerta chirría cuando se abre. El aire frío se precipita en la barraca. Frau Brandel cierra la puerta detrás de ella. Agarro la bolsa de la ropa sucia nerviosamente y la arrojo sobre mi espalda en un solo movimiento rápido, y luego corro a poner al día a la alemana. El campo resplandece brillantemente bajo su blanco manto de nieve. Columnas grises de prisioneros permanecen inmóviles, esperando el *appel* de la noche. La capa de color negro de la mujer de las SS ondea al viento como la capa de Mefistófeles.

Aterrorizada, llamo a la alemana que está caminando a un ritmo rápido.

—*Frau Aufseherin, Bitte* —le digo. Se da la vuelta y me mira con una mirada curiosa—. Frau Schmidt…

Mi garganta, que se sacude por los sollozos amargos, apenas logra producir las palabras. Ella me escucha y girando sobre sus talones, gruñe:

—Ven mañana a trabajar.

Los crujidos de la nieve bajo las botas militares de la mujer de las SS se desvanecen rápidamente en la distancia. Secando las lágrimas de mis mejillas, vuelvo a la barraca. Todos los ojos se vuelven hacia mí, miradas de interrogación de mis amigas que me quieren bien. Sonriendo a través de las lágrimas les informo de que todo ha salido bien. Al día siguiente espero con impaciencia la llegada de mi redentora.

Por fin, oigo sus pasos marciales que se acercan. Detrás de ella, casi corriendo con pasos remilgados, viene Schmidt.

Se detienen frente a mi mesa. Durante un largo minuto se paran allí viéndome trabajar. Mi corazón late como mil martillos. Trato de mantener la calma. Mis manos trabajan con rapidez y precisión. Bendigo a Hela en mi mente por haber reventado el absceso bajo el brazo. Schmidt llama a la *aufseherin* checa judía que es nuestra supervisora y mantiene el registro de nuestra producción diaria en el trabajo.

La muchacha está rígida en posición de firme.

—¿Cuántos paquetes hace y ata la prisionera durante la jornada de trabajo? —le pregunta Brandel con una voz oficial mientras me señala a mí.

La muchacha abre su cuaderno y lee unos números altos e inexistentes que atestiguan mi eficiente productividad en el trabajo. Sin mostrar mi sorpresa, mantengo la cabeza abajo y sigo trabajando con total dedicación. Las dos abandonan la mesa. Brandel le habla a Schmidt con fuerza, pero en voz baja. Doy una mirada de agradecimiento a la muchacha con el cuaderno. "En este momento", pienso, "mi destino se decide".

Brandel regresa a mi mesa.

—Marcha detrás de mí —gruñe. Tiemblo.

"¿Adónde me llevará?", me pregunto temerosamente. La sigo hasta el final de la barraca.

—De ahora en adelante, tendrás que trabajar aquí —anuncia—. No quiero que estés donde ella pueda verte siempre —añade.

—*Danke schön* —le respondo alegremente. Me quedo en este nuevo puesto por el resto del invierno. Cuando la fuente de la ropa y el calzado comienza a secarse debido a que los transportes están llegando con menos frecuencia, los rumores comienzan a circular que la operación *bekleidungskammer* será cortada. Estoy contenta con la expectativa de que pronto seré liberada de este trabajo.

"La guerra debe estar llegando a su fin", pienso "tal vez los nazis han detenido sus asesinas actividades criminales".

Brandel y Schmidt van de mesa en mesa, despidiendo a las muchachas del trabajo. Ambas se detienen en mi mesa. Schmidt me mira con desprecio, se gira hacia la mujer de las SS, y se burla,

—No vamos a mantener esta *schmuckstück* aquí —sin esperar respuesta, le dice a la funcionaria que tache mi número de prisionera de la lista de trabajo. Así termina mi carrera en el *bekleidungskammer*.

El invierno está llegando a su fin, y la nieve derretida es un gris desastre mugriento. Llegan fuertes vientos y molestas lluvias. Estoy asignada a trabajar en la tierra, en el *aussenkommando*. Después de largas consultas y preparaciones, Hela y yo nos armamos de valor para enfrentarnos al *arbeitsdienstfuhrer*, el hombre de las SS a cargo del trabajo. En comparación con otros funcionarios del campo, él es considerado más humanitario. Solicitamos ser asignadas a un trabajo bajo techo. Firmes y con las mangas remangadas para exponer nuestros números de prisioneras, recitamos la solicitud bien ensayada de forma simultánea en alemán:

—*Häftling 48915 und Häftling 48632 meldet ...*

—¿Cuánto tiempo han estado en el campo? —nos pregunta él.

—Dos años —contestamos, señalando a nuestros números para corroborar nuestra afirmación de que pertenecemos a la minoría de prisioneras que han durado tanto tiempo.

—Dos años —repite, mirándonos con admiración no disimulada. Percibo una pregunta no formulada en sus ojos: "¿Y todavía están vivas?". Pero en lugar de eso, dice:

—Voy a ver qué puedo hacer por vosotras —y desaparece en el *blockfuhrerstube*, la oficina del supervisor.

Se las arregla para conseguir algo. Unos días más tarde, la *blockowa* grita nuestros números y nos dice que hemos sido asignadas para trabajar en el *weberei*, la tienda de tejidos. En este lugar, las muchachas tejen largas trenzas de un surtido de trapos, papeles y goma en descomposición. El producto final se utiliza como mecha para el ejército alemán.

La capo me dice que me pare ante una mesa de madera, subrayando la orden con un empujón despiadado. Luego añade de manera amenazante:

—En este taller se espera de ti un día de trabajo honesto y productivo. No te envidiaré si no llegas a completar la cuota diaria de mecha.

La mujer refuerza su consejo agitando su puño en mi cara. Me siento en un banco duro frente de un clavo oxidado que sirve para sujetar el trenzado por un extremo. El trabajo no es fácil. El papel sucio y los trapos grasientos se deshacen al tocarlos y se aferran obstinadamente a mis dedos inexpertos.

"Tengo que trabajar rápidamente para llenar mi cuota. El trabajo bajo techo es una bendición en comparación con el trabajo del *aussenkommando*. Es más fácil que empujar las aplanadoras o llevar pesados carros llenos de tierra húmeda para construir carreteras". Me recito esta letanía tratando de mantener mi espíritu. "Tengo que permanecer aquí todo el tiempo que pueda", decido mientras trato desesperadamente de estar al día con el trabajo. Después de estar sentada en el duro banco de madera todo el día, mi trasero huesudo está adolorido. Solo con el mayor esfuerzo puedo enderezar mi columna vertebral. Hela está aún peor. A ella la asignan a la máquina de tejer, un trabajo que le obliga a estar de pie todo el día.

Todos los días, cuando regresamos del trabajo, pasamos una fila de prisioneros varones que van escoltados por soldados alemanes hacia varios puestos de trabajo. Una fría tarde, los soldados alemanes armados y sus perros nos conducen a la puerta de entrada. Nos entregan a la *arbeitdinstfuhrer* para ser contadas. En cuanto cruzamos la puerta, una criatura que infunde terror a todo el mundo en el campo, el doctor Mengele, el Ángel de la Muerte, aparece de la nada. Se coloca a la cabeza de nuestro comando y nos conduce a no sabemos dónde. Aunque estoy agotada, trato de mantener en el paso con la cadencia que grita la capo: *links, rechts...*

—¿Por qué nos están llevando a la sala del hospital? —susurra Hela —. Vamos a salir de aquí.

Sin pensarlo dos veces, me escapo de la fila detrás de Hela. Afortunadamente, la capo no nos ve, y nos mezclamos con otro grupo de muchachas que se dirigen a las barracas. Me enteré más tarde que el doctor Mengele y sus sádicos ayudantes médicos tomaron sangre de las prisioneras que habían sobrevivido al tifus. Querían usar la sangre para inmunizar a los soldados alemanes que combatían en el frente ruso.

Las chimeneas del crematorio se calientan de nuevo. Una vez más, el silbido de las locomotoras que se aproximan rompe el silencio de la noche. Una vez más se puede escuchar el ruido de los frenos y las voces que llaman unos a otros en lenguas extranjeras. Escuchamos con atención. "Húngaro", dicen las checas, que están familiarizadas con el idioma húngaro. Al día siguiente, las barracas que han sido vaciadas por el tifus y las selecciones están de nuevo repobladas con muchachas judías sanas y jóvenes. Los números de la prisión han llegado una cantidad tal, que los alemanes tatúan a los recién llegados con una serie nueva de números, esta vez precedidos por una gran letra A.

Los alemanes tienen trucos para engañar a los recién llegados y para calmarlos tanto a ellos como a los judíos que quedaron atrás. Distribuyen tarjetas postales e instruyen a los nuevos presos que escriban a sus familiares en Hungría que son felices y que han llegado a un campo de trabajo. Tratamos de evitar que escriban esas cartas. Les decimos a los húngaros que las cartas ponen sus familias en peligro. Al principio están confusos y son difíciles de convencer. No saben qué creer. Tenemos que actuar con rapidez para demostrar que lo que les hemos dicho es cierto. Nos vemos obligados a ser brutales y contundentes. Señalamos al humo y las lenguas de fuego bramando de los hornos de ladrillo.

Transportes frescos siguen llegando desde Hungría. Campos nuevos, B y C, se añaden a los ya existentes. Esto crea una necesidad de nuevas *blockowas*. El *lagerelste*, el director del campo, elige entre las prisioneras que han estado aquí más tiempo para llenar esas cómodas posiciones, puesto que ya conocen las reglas y las regulaciones del campo. Hela rechaza la oferta, protestando que no quiere separarse de mí.

El *lagerelste* le asegura:

—Van a gestionar que seas enviada al Campo B.

Hela se niega obstinadamente a aceptar la tentadora propuesta. Como *blockowa* viviría en condiciones mucho mejores. La *blockowa* tiene un espacio cerca de la entrada de la barraca separado del resto y que comparte solo con la *schreiberka,* o secretaria del campo. Tiene una cama limpia y libre acceso a la bañera. También está exenta de trabajo físico de baja categoría. Su único deber es mantener el orden en la barraca que alberga a mil muchachas.

La asignación también implica el uso del puño. Tiene que levantar a las muchachas y hacer que estén listas para ser contadas en el *appel.* Tiene que reportar a cada persona enferma. Y tiene que llevar a las enfermas a la sala del hospital, por lo general en contra de su voluntad, porque una vez allí, tienen más probabilidad de ser eliminadas.

—No, yo no quiero ser un instrumento de los alemanes. No quiero ser una colaboradora. No voy a torturar a mis hermanas —anuncia con decisión cuando trato de convencerla de que tome el trabajo.

—Yo no quiero manchar mis manos —responde—. Dios no nos ha abandonado todavía, así que esperemos que continúe manteniéndonos bajo su ala protectora.

Una mañana, camino al trabajo, pasamos al lado de una columna de hombres que van en la dirección opuesta. A medida que nos pasan, oigo un susurro: "¡Varsovia. Varsovia!". Instintivamente, levanto mi brazo.

—¿Alguien pregunta acerca de Varsovia? —pregunto a Hela, que se marcha a mi lado.

—No —responde ella—. No escuché nada. Es probable que sea producto de tu imaginación fértil, mi querida soñadora.

No sé por qué no puedo mantener mi mente en el trabajo hoy. Los recuerdos se agolpan en mi mente con una vitalidad regenerada. Las chispas de esperanza que creía extinguidas arden de nuevo.

—Helushia —digo—, tal vez sea uno de tus cuatro hermanos.

—Sabes tan bien como yo que asesinaron a medio millón de personas del gueto de Varsovia en Treblinka. ¿Por qué deberíamos engañarnos? Y la misma suerte se repartió a los judíos de Varsovia, que fueron llevados a campos de Majdanek, Poniatow y Trawniki. La mejor evidencia que tenemos, sin llegar a ver realmente los cadáveres, es toda la ropa en los almacenes de Auschwitz-Birkenau.

Hela destroza mis esperanzas. Pero en el camino de vuelta del trabajo, oigo la palabra "Varsovia" de nuevo, y esta vez una piedra envuelta en un pedazo de papel es arrojada a la fila. Echo una mirada de triunfo a Hela. Una de las muchachas toma el paquete a toda prisa y me lo da. Trato de desenvolver la piedra con cuidado para no romper el papel. La carta parece ser de Moshe, el panadero del 19 de la calle Mila, al que habíamos escondido en nuestro búnker durante el levantamiento en el gueto.

Ha escrito el primer y segundo nombre de su mujer y el nombre de su hijo, y pregunta si sabemos lo que pasó con ellos. Al día siguiente, nos las arreglamos para llegar hasta el borde de nuestra columna con una carta para Moshe. Estamos esperando que aparezca la columna de los hombres. Vemos a un grupo de hombres que marchan en nuestra dirección. Se están acercando rápidamente. Los vemos con más claridad. Podemos distinguir siluetas individuales en rayas azules y blancas. Mirando a mi alrededor con cuidado, levanto mi brazo y empujo la carta hacia el grupo que marcha. A cambio recibo un objeto pequeño, que escondo en el bolsillo del abrigo.

Siento el pequeño paquete, tratando de adivinar lo que contiene. No puedo esperar hasta que se nos permita ir al baño. Nuestra alegría no tiene límites cuando descubrimos los tesoros en el paquete. ¡Cigarrillos! A la vista de semejante riqueza, me invade una sensación de gratitud hacia nuestro benefactor. Tres cigarrillos pueden ser canjeados por una porción de pan, y aquí tenemos un paquete entero. ¡Somos ricas! El destino nos ha sonreído.

—Ya ves —dice Hela, besándome—. Nunca se debe perder la esperanza. Nunca se sabe de dónde puede provenir la salvación.

De una manera misteriosa, nuestro Salvador, encarnado en el cuerpo de Moshe, nos ha enviado estos valiosos cigarrillos. Son un tesoro en el campo que nos permite adquirir un pedazo de pan y un plato de sopa de las polacas o alemanas que reciben paquetes de comida de casa. Todas desprecian la comida del campo y están dispuestas a intercambiar sus porciones de alimentos por cigarrillos. También podemos comprar un suéter caliente de las muchachas en el *bekleidungskammer* y unos buenos zapatos organizados por las muchachas que trabajan en el *schuhkammer*. Las muchachas que trabajan en la lavandería nos lavarán la ropa en secreto si podemos pagar.

Nuestra situación mejora. Recibimos un mensaje que dice que vamos a recibir un paquete al lado de los alambres de púas después del anochecer. Después de una larga y angustiosa espera, vemos un paquete lanzado en nuestra dirección, pero no sabemos exactamente de dónde proviene. A veces nuestro benefactor envía cigarrillos que nos entrega el carpintero o cerrajero que trabaja en nuestro campo.

Un día se nos informa que Moshe nos visitará al día siguiente. Hela paga a la *blockowa* para que nos deje quedarnos en la barraca a limpiar. Nos apresuramos a la barraca donde Moshe está trabajando con los carpinteros, reparando la puerta. Mientras martilla clavos en la puerta podrida, trata de intercambiar algunas palabras con Hela. Yo estoy de guardia para asegurarme de que ningún invitado no deseado sea testigo de esta conversación prohibida. En Auschwitz-Birkenau, cualquier comunicación entre un prisionero masculino y una prisionera femenina es un delito penado por el agujero oscuro o trabajos forzados en *strafkommando.*

El resto de los carpinteros desaparecen. Han sido sobornados por Moshe a abandonar la zona para no ser testigo de esta gran transgresión. Moshe explica que tiene contacto con polacos que trabajan como obreros libres en Alemania. Él les trae ropa y zapatos organizados por los prisioneros que trabajan en *Kanada* y el *bekleidungskammer,* y luego los canjea por pan y cigarrillos. Nos revela un gran secreto: existe una organización clandestina en el campo, en la que él trabaja como mensajero para el mundo exterior, y nos habla de sus heroicos esfuerzos. Susurra en una voz apenas audible acerca de sus intentos de enviar noticias sobre el asesinato de judíos al mundo libre. Nos dice que ellos han coordinado la fuga de varios presos acusados de persuadir a las fuerzas armadas británicas para bombardear las cámaras de gas, los crematorios y las vías del ferrocarril que conducen a los campos de exterminio.

Escuchamos las historias de Moshe con gran curiosidad e interés, como si escucháramos los cuentos de Scheherezade.

—Solo tienen que resistir —nos dice—, y habrá un mañana.

A su partida, trata de levantar nuestros espíritus.

El verano de 1944 se va a acercando al otoño. Los transportes llegan con menos frecuencia. Las elecciones cesan y los hornos se apagan. Las llamas hambrientas rugían en las chimeneas hace tan solo unos días. Un viento enfermo sopla con el hedor de la grasa y el pelo quemado. Circulan rumores susurrados acerca de una devastadora derrota alemana en el frente ruso y una ofensiva masiva por los aliados. La gente está empezando a sentirse más a gusto. Los hombres del *sonderkommando*, se dice, están desmantelando los hornos en el crematorio. Nuestras esperanzas de un mejor mañana comienzan a elevarse.

Entonces recibimos una noticia de que nos golpea como un relámpago. Para evitar la formación de un movimiento de resistencia, las SS han gaseado a los judíos que trabajaban en el crematorio No. 2. Nuestra burbuja ha estallado y nuestra euforia se viene abajo. La ansiedad y el presentimiento de la muerte sustituyen nuestro optimismo. Para ocultar todos los rastros de su crimen, la administración del campo ha decidido asesinar a todos los testigos. Todavía nos estamos recuperando de esta noticia, cuando nos enteramos de que vagones cargados de zapatos y ropa están llegando de Majdanek. Los alemanes han liquidado todos los prisioneros judíos restantes. En K.L. Majdanek han hecho *Judenrein*, y pronto —dicen los pesimistas— le llegará el turno a Auschwitz-Birkenau. Nuestras gafas de color de rosa han sido bruscamente destrozadas.

No se ve nada más que caras tristes y miradas de preocupación. ¿Qué están planeando hacer con nosotros? Deben estar planeando la misma suerte para nosotros que la que han tenido los judíos de Majdanek. ¡Exterminio!

Un día de octubre sombrío y frío llega a su fin. Ya ha pasado el *appel*. Luego de comer mis raciones, estoy intentando sacar de debajo de mi colchón una pastilla de jabón que me dieron a cambio de algunos de los cigarrillos de Moshe. Quiero lavar el polvo que traigo en mi cuerpo del taller. De repente, oigo una explosión ensordecedora. Las barracas de madera se sacuden por la fuerza. Las luces se apagan. Reina la oscuridad, luego el pánico. La gente corre en todas direcciones. Se pueden oír los gritos de las *blockowas*:

—¡Todo el mundo a los bloques!

Silbatos estridentes suenan en todas partes. Las capos están gritando:

—*Blocksperre Strenge*! ¡Toque de queda estricto!

Las sirenas están gimiendo. Alguien ha escapado del campo.

Instintivamente, nos susurramos unas a otras deseando a los fugados la mejor de las suertes: *Reise Glückliche! Bon voyage!* Nos apretamos juntas y nos convertimos en un solo par de ojos y oídos. El ruido de los tanques, el fuerte pisar de botas militares, disparos de cañón, órdenes a voces y los gritos de los heridos llegan a mis oídos sensibles.

Todo tipo de ideas van a la máxima velocidad a través de mi mente. "Tal vez sea el ejército ruso, y están luchando para tomar el campo. Tal vez los ejércitos aliados se han lanzado en paracaídas desde el Oeste". Fantaseo las posibilidades. *Shemá Yisrael*, oigo a alguien orando en la parte de atrás. Incluso aquellos con las imaginaciones más fértiles no se atreven a creer que de verdad pueda haber resistencia desde el interior del campo. ¡Resistencia organizada en el campo de exterminio de Auschwitz-Birkenau!

El mundo libre permanece insensible, haciendo oídos sordos a nuestras peticiones de ayuda. Durante dos años, columnas de humo espeso y lenguas rojas de fuego han brotado de esas chimeneas del crematorio. Al parecer, esas chimeneas no son lo suficientemente importantes como para desviar algunos bombarderos a pocos kilómetros de sus objetivos designados. No es factible militarmente.

Sin embargo ahora los prisioneros oprimidos descubren que es posible montar nuestra propia resistencia. Tras el asesinato despiadado y traicionero de doscientos *sonderkommandos*, los clandestinos de Auschwitz-Birkenau deciden entrar en acción, tomando la iniciativa en sus propias manos, y tratan de demoler la máquina de muerte maldita por su cuenta. Veinte muchachas de confianza que trabajan en la fábrica de municiones Union-Werke son elegidas para esta misión peligrosa, ya que tienen acceso a los productos químicos con los que se fabrican los explosivos. Arriesgan sus vidas para infiltrar pólvora al campo.

Conozco a Ruzka Robota del *bekleidungskammer*. Trabajando de mensajera, transporta los materiales de las muchachas de la fábrica de municiones a los hombres de la *leichenkommando*, la escuadra de entierro. Cada día, entran en el campo de mujeres con sus carretillas y recogen los cadáveres de mujeres que han muerto de causas naturales, tales como el hambre, el tifus, la disentería e incluso el suicidio en los cables eléctricos. Apilan los cadáveres encima del valioso material y pasan el contrabando a los hombres del *sonderkommando*. Luego, bajo el amparo de la noche, fabrican la dinamita.

Por fin llega el momento tan esperado. El crematorio Nº 3 ha volado en pedazos. En una explosión de triunfo, esas chimeneas de ladrillo que habían sido la fuente de tantas lágrimas amargas se desmoronan en escombros. Los rebeldes cortan el alambre de púas electrificado alrededor del campo. Seiscientos hombres logran escapar, pero, por desgracia, la mayoría de ellos son luego olfateados por los sabuesos y recapturados. Sin embargo, incluso si no se hubieran escapado, el campo está rodeado de alemanes y polacos hostiles. Sus cabezas rapadas, los uniformes a rayas y los brazos tatuados no hacen tarea fácil para los fugados fundirse con el resto de la población general.

La insurrección heroica termina en una ejecución en masa. Más de mil personas son asesinadas. Con el uso de métodos brutales de tortura, las SS llegan a la pista de Ruzka Robota. Pero la valiente Ruzka no sucumbe a las amenazas, a las promesas traicioneras o la tortura inhumana. Recibe toda la carga de castigo sobre sí misma. No delata a sus amigos. Es ahorcada con otras cuatro muchachas. Las historias de sus hazañas y el heroísmo de nuestros rebeldes circulan alrededor del campo por mucho tiempo. Pero el estado de ánimo en el campo es el de la tristeza. Hablamos de nuestros héroes caídos con gran respeto y rendimos honor de su memoria.

Aunque en términos generales me encuentro deprimida, una pequeña chispa de esperanza sigue encendida en mi corazón. Pero una ansiedad extraña y misteriosa me posee. Tengo la sensación de que estamos en el umbral de algún tipo de cambio incalculable. Después de un breve interludio, las sirenas comienzan de nuevo.

—*Glückliche reise! Bon voyage*! —todo el campo canta en voz baja, deseando a los fugitivos un viaje agradable. Los rumores de la huida de Mala corren por el campo a la velocidad del rayo. Se escapó del campo vestida con un uniforme de mujer de las SS acompañada de un prisionero polaco vestido con un uniforme de oficial alemán.

La historia circula en susurros por todo el campo. Mala es una judía belga que habla alemán con fluidez y trabaja como mensajera. Vemos a menudo a esta muchacha de veinticuatro años, inteligente agradable y festiva, cuando llega al campo con las cartas y las órdenes de la administración del campo. Siempre tiene una palabra agradable que comunicar. Siempre nos escucha y trata de ayudarnos a todos. Usa su posición y sus contactos con las autoridades del campo para hacer todo el bien que sea posible. Cualquier cosa que pueda hacer para ayudar a las muchachas, ella lo hace. Se lleva a prisioneras del Campo B al Campo C, y viceversa, tratando de reunir a las hermanas que han sido separadas o a madres e hijas que desean vivir y trabajar juntas.

A veces deja que una prisionera que no puede hacer un trabajo duro sea transferida a un trabajo más ligero bajo techo. A menudo sabe de antemano cuando va a ocurrir una selección y advierte a sus amigas cercanas. Hay razones para creer que incluso ha arriesgado su propia vida para sacar a alguien de la cámara de gas tachando un nombre anotado en una selección o borrando el número de una prisionera que había sido condenado a muerte. También ayuda a los pacientes en el hospital buscando sus medicamentos, y nadie puede entender cómo lo hace. Como consecuencia, Mala es muy estimada y querida por todos en el campo.

Al pasar por el portón principal, al día siguiente del atentado, me doy cuenta de que no está en su lugar habitual junto a la *arbeitsdinstfuhrer*, o líder de trabajo, que cuenta a los prisioneros en su marcha al trabajo. Mientras camino a mi puesto, le ruego a Dios que la proteja.

"Oh, Dios todopoderoso, muéstranos tu compasión. Defiéndela de todo mal. Llévala bajo tus alas protectoras. No dejes que caiga en las manos de los asesinos alemanes. Ella sabe tanto sobre sus actos traicioneros y sus planes engañosos, que al contar su historia sacudirá probablemente al mundo libre; sin duda vendrán a ayudarnos".

Los días llenos de ansiedad pasan lentamente. Mala es el tema principal de conversación en el campo. Ha pasado una semana desde que se escapó. Llenas de esperanza, hacemos rodar fantasías increíbles. Seguramente debe estar a salvo ya.

Tal vez ya está en Inglaterra. Probablemente ya a dado un informe de nuestra miseria. Una segunda semana pasa. Cada día, esperando solo con impaciencia algún cambio drástico en nuestra condición gracias a la fuga de Mala: un bombardeo al campo, soldados paracaidistas británicos que destruyen rápidamente los crematorios. Así son las fábulas y los milagros que soñamos. Por desgracia, la realidad sigue siendo la misma.

Entonces, una tarde, después del *appel* diario, una orden ominosa se anuncia:

—*Alle Juden austretan*! ¡Selección! La orden es como un rayo eléctrico de miedo que pasa a través de todas las muchachas. Con dedos temblorosos, comienzan a darse masajes a sí mismas, se pellizcan sus mejillas huesudas para que se vean más saludables. En sus ojos está la mirada de un animal presa del pánico acosado por un depredador. Nos llevan a un espacio muy abierto, donde, para nuestro horror, todo el personal alemán asesino está reunido.

Nuestra Mala también está allí de pie. Se ve muy pequeña, de alguna manera, y ha cambiado de tal manera que casi no reconocemos a esta hermosa muchacha. Su vestido está desgarrado y sucio, y apenas puede mantenerse de pie. Con un gran esfuerzo, levanta la cabeza. Ahora puedo ver su cara ensangrentada, que ha sido golpeada hasta hacerla trizas, bárbara hazaña de los asesinos alemanes. Ella levanta su mirada laboriosamente, mostrando sus grandes ojos azules.

Aunque sus ojos están llenos de sangre, todavía conservan su sentido de orgullo. Un dolor indescriptible se apodera de mi corazón, y la amarga tristeza llena mis pensamientos. Lágrimas de impotencia vienen a mis ojos. "Oh, Dios despiadado, ¡nos has engañado otra vez! Nos traicionas descaradamente. ¿Por qué estás sordo a nuestras oraciones una vez más y no respondes a nuestro sufrimiento?"

Mis pensamientos son interrumpidos por el sonido de voces y una súbita conmoción entre los reunidos aquí. Una fuente de fluido escarlata brota del brazo blanco de Mala.

—Se ha cortado las venas —dice alguien en la fila.

Kramer, el *lagerkommandant* que está a su lado, salta sobre ella. A punto de perder el conocimiento, Mala golpea al alemán.

—¡Estás jugando a ser la heroína! —ruge el hombre de las SS con furia, mientras sujeta sus brazos sangrantes hacia atrás—. ¿Crees que puedes cometer suicidio, mentirosa traidora? ¡No vas a acabar así de fácil! No creas que estamos aquí para ponerte las cosas fáciles —le grita con enojo.

—¡Asesino! —Mala clama con voz débil—. Tu fin está cerca. Vas a pagar por todo nuestro sufrimiento.

El enfurecido alemán la golpea en la cabeza con el revólver y la empuja brutalmente. Mala tropieza y cae al suelo. Alguien grita una orden.

—¡No! Ella es material para el crematorio —ruge Frau Dreksler, de las SS, con una voz que palpita de odio—. ¡Quemen viva a maldita la judía!

Las muchachas la colocan cuidadosamente en una carretilla sucia.

—¡Resistan! El día de la liberación está cerca —grita Mala moribunda con su último aliento.

—Cállate, cerda —grita uno de los alemanes furiosos y empuja la carretilla llena de sangre con todas sus fuerzas. El *appel* se termina antes de tiempo, y llorando en silencio todas nos volvemos a las barracas, completamente rotas. Esta heroína está consagrada en mi corazón para siempre con respeto y honor. Que su alma descanse en paz.

CAPÍTULO 9

BERGEN-BELSEN

Las llamas del crematorio vuelven a calmarse. Todo el mundo habla, aunque en voz baja, del avance del frente ruso y la eventual evacuación del campo. De hecho, están enviando a algunos prisioneros fuera. Hela y yo volvemos a nuestros viejos principios de evitar cambios. Tememos a lo desconocido. Hacemos todo lo posible para evitar que nos envíen a otro campo. Aunque solo sea por la ayuda que recibimos de Moshe, sin duda un incentivo para permanecer en Auschwitz-Birkenau. Somos prisioneras veteranas y sabemos lo que se cuece en este campo.

Lo bajo de la cifra tatuada en nuestros brazos sorprende a la gente y gana el respeto y la simpatía de nuestras compañeras de prisión, así como de los verdugos alemanes. Para ellos no tiene ningún sentido arrastrarnos hasta Alemania cuando nuestro rescate está prácticamente en la puerta. Pero no somos dueñas de nuestro propio destino, y al final nos alcanzan. No podemos evitar que nos envíen fuera del campo.

Una mañana gris de noviembre en 1944, nos cargan en un tren lleno de polvo de cemento. Una vez más, hacemos un viaje largo y frío a lo desconocido en vagones de ganado sellados y sin comida. Es imposible juzgar cuánto tiempo ha pasado cuando escuchamos el silbato de la locomotora y sentimos el tirón de los frenos en los vagones.

El tren se detiene en una pequeña estación secundaria. ¿Adónde nos han traído? Las bisagras suenan y una corriente de aire frío sopla dentro el vagón cargado. Aliviada, enderezo mis piernas, rígidas después del largo viaje. Ávidamente trató de llenar mis pulmones del aire refrescante. "Celle", indica el cartel de la pequeña estación. Nos llevan a través de aldeas alemanas, entre bosques y prados. Muchos peatones caminan con indiferencia, tratando de no ver estas apariciones polvorientas. Nos conducen a través de un alambre de púas hacia otro campo de concentración, Bergen-Belsen, y allí nos empujan dentro de una enorme tienda de campaña.

A todos nos dan dos mantas grises delgadas que no están muy limpias. Nos ordenan a dormir. Pero, ¿dónde? No hay nada en la tienda remotamente parecido a una cama. Bajo nuestros pies solo está el suelo de tierra negra húmeda. Un colgajo de tela mojada sobre nuestras cabezas gime con cada ráfaga fuerte de viento. Desamparadas, nos han abandonado a nuestra suerte. Estamos hambrientas, congeladas hasta la médula y completamente desorientadas, y en un instante la oscuridad total nos envuelve. De pronto se me ocurre una idea genial: propongo a cuatro muchachas que están a mi lado construir un alojamiento común extendiendo cinco mantas en el suelo, abrazarnos unas a otras y después cubrirnos con las mantas restantes.

Las otras muchachas en la tienda hacen lo mismo. Este nuevo campo de Bergen-Belsen es primitivo y está situado en un bosque profundo. En la medida que la vista alcanza, hay grandes tiendas de campaña negras sacudidas por el viento. Muy por encima de nosotras, las ramas se mecen en los árboles centenarios. Hay un millar de muchachas en tiendas de campaña precariamente montadas.

Nuestra dieta diaria consiste en una rebanada de pan pastoso y una taza de sopa de nabo aguada. Sentimos pesar por haber sido arrastradas en ese transporte.

—Afortunadamente, hemos ganado algo de peso últimamente. Gracias a Moshe, tenemos un poco más que piel y huesos —me consuela Hela.

El hambre, nuestro vieja amiga, aparece de nuevo. Se burla de nosotras y se revuelve en nuestro interior; nos mira directamente a los ojos. Ahora me consumo por un solo deseo: bañarme para quitarme el polvo de cemento del vagón que me da picores. Se ha filtrado en mi ropa y se ha pegado a mis articulaciones, se ha metido en mi pelo, me ha obstruido los poros y se ha instalado en las grietas más remotas de mi cuerpo. Hasta ha alcanzado mis ojos apelmazando mis pestañas. Pero no aquí hay ningún lugar para bañarse. Solo hay dos grifos debajo de un árbol, conectados a unas tuberías oxidadas. Cada uno de estos grifos produce un chorro de agua triste y muy delgado. Los supervisores alemanes prometen llevarnos a los baños. Pero parece que el comandante de este nuevo campo no sabe qué hacer con nosotras.

Lo único que se le ocurre, por lo visto, es la instrucción militar, así que nos instruyen constantemente. Todos los días apuntan nuestros números de prisioneras. Asombrosamente, el comandante no nos trata tan mal. Simplemente nos alinean y nos cuentan todo el tiempo. Los días fríos y grises pasan sin que nos asignen ningún tarea. Al parecer, no se les ocurre ninguna forma de mantenernos ocupadas. Está claro que no habrá ningún baño, así que decido tomar el asunto en mis propias manos. Armada con un trozo de jabón, un tesoro traído de Auschwitz-Birkenau, Hela y yo nos dirigimos hacia uno de los dos grifos. Ignorando el viento helado, me quito la ropa. Temblando de frío, trato de atrapar algo del agua que gotea del grifo. El viento salpica airadamente las gotas por todas partes. Tratando de ayudarme, Hela lucha valientemente con el tubo oscilante, esforzándose por mantenerlo en un solo sitio. El jabón se congela al instante en mi piel. Helada hasta los huesos, termino mi baño heroico que jamás olvidaré.

Entonces le toca el turno a Hela y la ayudo a bañarse. La noche es oscura, sin luna, y en nuestra tienda reina una negrura impenetrable. Nos acostamos tiritando en la tierra húmeda. Anidamos una junto a la otra para mantener el calor. Hago mención de nuestros alojamientos en Auschwitz-Birkenau, que eran difíciles pero estaban secos. "Cuando llegue el invierno", pienso, "seguramente moriremos expuestas a los elementos y al hambre. No son necesarias las cámaras de gas aquí".

Decido masajear la espalda congelada de Hela. No hay más peleas sobre quién debería tener más espacio. En su lugar, oigo oraciones susurradas en tonos tenues. Poco a poco, llega el silencio. Oigo gemidos desoladores que proceden de un lejano rincón de la tienda. Un profundo suspiro se escapa del pecho de otra persona. Al final, todo está en silencio, excepto el incansable susurro del viento entre los árboles. El viento sopla a través de la tienda de campaña y debajo de las mantas, enfriando nuestros cuerpos exhaustos, burlándose de nosotras con risa alemana. "El viento debe haber hecho un pacto con el diablo", pienso con amargura.

Tratando de calmar el temblor, me acurruco más cerca de Hela, que está dormida, y siento su cálido aliento en mi cuello. Apenas me he quedado dormida cuando los fuertes baquetazos de los truenos me despiertan. Explosiones ensordecedoras irrumpen en el aire y nos sacuden hasta las raíces. Asustadas y semiconscientes, nos levantamos de un salto de la tierra mojada. Una oscuridad como la de la plaga de Egipto nos rodea. Los truenos estallan en la distancia, y los relámpagos nos ciegan con su fría luz acerada. En la oscuridad, veo las apariciones humanas que comparten mi suerte, empapadas y temblando de frío. El colgajo rasgado de la tienda de campaña flamea sobre nuestras cabezas como una bandera de luto. El viento envolvente exhala ráfagas heladas. Las ramas de los árboles se quiebran con estruendo y caen al suelo.

—¡Están bombardeando! —grita alguien.

—¡Es un terremoto! —dice otra persona.

Las nubes negras que conspiran para aumentar nuestra miseria derraman ríos. Todo alrededor es caos, pánico y confusión. Es difícil orientarnos. "Es el fin del mundo", pienso aterrorizada. No hay lugar para escondernos de los elementos enfurecidos. Permanecemos de pie, apiñadas, con frío y empapadas, como una sola masa infeliz. No sé cuánto tiempo permanecemos ahí desamparadas, hundidas hasta los tobillos en el barro, abandonadas a merced de la furiosa tormenta. Por la mañana, llegan los alemanes empapados como nosotras y nos llevan a unas barracas de madera. Me siento como si hubiese entrado en el Arca de Noé.

Todas estamos de acuerdo en lo diferentes que son los alemanes aquí de los de las SS en Auschwitz-Birkenau. Nos sorprende ver que los soldados en Bergen-Belsen en realidad se comportan como seres humanos. No nos torturan, no nos insultan o maldicen y no nos golpean. No saben muy bien qué hacer con nosotras o qué tipo de trabajo asignarnos, por tanto nos dejan en paz. Nos tumbamos en nuestros alojamientos de madera durante seis días en completa ociosidad.

Hago amistades con las muchachas judías de Cracovia que han sido traídas desde el campo en Plaszow. Resguardadas de la intemperie, en nuestras cabañas de madera, nos entretenemos con los dulces recuerdos del hogar y la escuela, y con los versos de los poetas polacos. Pero el sistema digestivo también exige sus derechos. Nuestra fiel amiga no renuncia a nosotras, ni se olvida de que existimos. La dieta inadecuada del campo no satisface nuestras necesidades. El hambre sigue royendo nuestras entrañas. Los árboles, ahora desnudos de hojas, ni siquiera pueden complementar nuestra dieta.

Debilitadas, nos tumbamos en nuestras literas. Ya no tenemos fuerza para recitar poesía. Incluso hablar es demasiado esfuerzo. No hay cámaras de gas aquí y no hay chimeneas en el horizonte. La gente simplemente se muere de hambre. Los cadáveres son arrojados a un profundo barranco. En enero, llega un grupo de prisioneros de Auschwitz-Birkenau. Agotados por la larga marcha, miserables en general, se asemejan a esqueletos descarnados que difícilmente pueden levantar sus pies. Envidian nuestro paraíso.

Escuchamos consternadas sus historias escalofriantes de la larga marcha desde Polonia a Alemania. Presas del pánico y a toda prisa, los alemanes despertaron a todos los prisioneros de Auschwitz-Birkenau y los arrearon sin tregua a través de las carreteras congeladas. Sin el más mínimo remordimiento ni vacilación, los nazis disparaban a los que eran demasiado débiles para continuar. Las carreteras estaban llenas de muertos.

—Mataron a mi hermana mientras estaba en mis brazos —nos dice una muchacha. Por su cara pálida y huesuda resbalan las lágrimas mientras llora histéricamente—. Dios mío, tuve que dejarla ahogándose en un charco de su propia sangre —dice, mientras entierra el rostro en sus manos.

—No había manera de que pudiéramos escapar —dice otro—. Fuimos conducidos por una escolta de soldados fuertemente armados. Cuando caía la noche, nos metían a empujones en los establos cercanos, pero no nos dejaban pasar allí mucho tiempo. Con estos uniformes a rayas o un abrigo con una cruz roja pintada en ella, ¿adónde podríamos escapar? Éramos demasiado visibles.

Los alemanes y los polacos que habitan a lo largo del camino son en gran medida antisemitas y no están dispuestos a ayudar a fugitivos judíos.

—No hay que perder la esperanza —dice alguien en una de las literas superiores—. Los alemanes se están retirando. ¡Están huyendo de los ejércitos aliados! ¡Aguanten! El final está a la vista. Los asesinos están desmontando o quemando los crematorios. Es la mejor prueba de que están tratando de borrar los traicioneros crímenes que cometieron, por los que pagarán muy caro. Nuestra liberación está cerca.

Las chispas de esperanza comienzan a brillar en los ojos de las muchachas, que hasta ahora habían estado sumidas en el aburrimiento. Todo el personal de Auschwitz-Birkenau ha llegado con estos recién llegados a Bergen-Belsen, incluyendo a Kramer, el *lagerkommandant* que está a cargo de todo el odiado personal de Auschwitz-Birkenau. Por supuesto, el personal alemán prefiere ser asignado a Bergen-Belsen que a una misión en el frente. Hay montones de capos, *blockowas* y *sztubowas*. De repente, lo que había sido un pequeño campo en letargo se convierte en un lugar abarrotado y retumba con sonidos de silbatos y maldiciones. Una vez más, podemos escuchar las órdenes diabólicas de las SS. Una vez más, hay rabia, miedo general y porras de goma. El rigor del régimen de Auschwitz-Birkenau ha llegado a Bergen-Belsen.

Los dueños de las empresas, propietarios de varias fábricas, minas de carbón y otros tipos de negocios, se presentan para alistar batallones para el trabajo esclavo. Estos nos escudriñan en el *appel*, como mercancía viva, insinuando que están seleccionando a los trabajadores para tareas fáciles.

Hela y yo no tenemos mucha confianza en nuestros "benefactores". No confiamos en sus generosas promesas. Como siempre, tenemos miedo a lo desconocido y no nos permitimos ser tentadas por la posibilidad de un trabajo fácil. Nos agarramos fielmente a nuestro principio ya comprobado y decidimos permanecer donde estamos a cualquier precio. Pero eso es más fácil de decir que de hacer. Tenemos que mantener la guardia en todo momento. Encontramos todo tipo de excusas para evitar ir a los *appel* donde se seleccionan a los trabajadores. Buscamos desesperadamente un trabajo que evite que seamos deportadas del campo.

Finalmente, Dios me inspira con una gran idea. Me armo con un trapo y una escoba y me designo a mí misma como la limpiadora oficial de las letrinas. Como prisionera que hace este tipo de trabajo esencial, soy inmune a cualquier otra mano de obra esclava. Esta es la remuneración de mi empleo en el campo: evito los *appel* de selección de trabajo. Adornada con un brazalete amarillo que dice: *Toiletten,* me he convertido en intocable, inaccesible para los industriales que visitan el campo frecuentemente. Limpio celosamente los agujeros de las letrinas y las literas sucias. Friego la orina maloliente del piso de cemento. Mantengo a Hela, que todavía está sin trabajo, oculta a mi lado. Mientras decenas de miles de nuevos prisioneros siguen llegando, los alemanes empiezan a montar las nuevas cocinas.

Se corre la noticia rápidamente de que se necesitan trabajadoras para trabajos buenos en la cocina. Hela, que tiene una cara bonita y redonda, da una mejor impresión que yo. Se ve más fuerte y más saludable. Yo estoy demacrada, y mi cara se ve pequeña y pálida. Ambas decidimos que no tengo la oportunidad de conseguir uno de los puestos de trabajo en la cocina, así que continuaré trabajando como limpiadora de las letrinas.

Hela intenta su suerte en la cocina. Pasa varias horas en una fila frente a la cocina. Hay una helada crepitante que congela los pies. Después de tantas largas horas en la fila, la desesperación comienza a apoderarse de las muchachas. Se empujan unas a otras, y algunas tratan de llegar al frente de la fila empujando y pasando a las que tienen delante. Estallan riñas violentas y maldiciones, y se insultan vilmente. A veces, los altercados detonan en peleas físicas.

Un día Hela regresa muy golpeada. Trato, sin mucho éxito, de detener el flujo de sangre de su nariz rota.

—Tal vez es mejor que me olvide de intentar conseguir trabajo en la cocina —dice con un aire de resignación—. No vale la pena que me mate y las perspectivas son muy escasas de todos modos. Cuatro de las cocinas están llenas, y mañana van a elegir a los trabajadores para la quinta y última cocina. Pero al día siguiente, Hela salta de la litera al amanecer para probar suerte una vez más.

Finalmente, lo consigue. Después de muchas dificultades, eligen a Hela para trabajar en la cocina. Llevar ollas de hierro cargadas con cincuenta litros de sopa no es realmente una tarea fácil. Incluso mezclar la sopa con un cucharón de cinco kilos es una tarea ardua. Pero este es un trabajo que vale la pena, ya que trabajar cerca de los hornos te mantiene caliente, y es un trabajo que te excusa del *appel*. Y lo que es más importante: se puede satisfacer el hambre con una porción extra de sopa. Aunque coger comida de la cocina es una transgresión que conlleva un severo castigo. Sin tener en cuenta el peligro que corre, Hela intenta traerme algo de comer.

Hela hace oídos sordos a mis súplicas de que no arriesgue su vida para conseguir algo de comida extra para mí. Le ruego que detenga el contrabando, pero es en vano. Continúa haciéndolo.

—No voy a dejar que tengas hambre —dice con decisión. Un día, coge un pedazo de carne grasa de la cocina de los hombres de las SS. Cuando me encuentro con ella en las letrinas, donde son conducidas todas las trabajadoras de la cocina en un momento determinado, Hela saca el tesoro de debajo de su vestido. Temblando de frío y de hambre, me trago la carne de un bocado.

—Te sentirás más sana y más fuerte. Eso es comida con vitaminas y calorías —dice, alabando su hallazgo. Por desgracia, mi sistema digestivo está delicado y no es capaz de tolerar este lujoso exceso que me aflige con cólicos severos y diarrea. Hela se molesta un poco y no repite el experimento.

Nuevos transportes siguen llegando de otros campos en toda la Europa ocupada, a medida que los nazis tienen que llevar a sus víctimas más adentro en Alemania. Entre los recién llegados están algunas mujeres gentiles de Varsovia que nos hablan tristemente sobre la sangrienta revuelta en la capital, el Levantamiento de Varsovia. Nos cuentan cómo el ejército soviético esperaba al otro lado del Vístula, en mi barrio natal, Praga, en lugar de contribuir con la sublevación. Debido a su falta de acción, los nazis lograron reagruparse y aplastar la revuelta.

También entre las recién llegadas hay judías de Hungría, que cubiertas por el polvo del camino y vencidas por la fatiga apenas pueden arrastrar los pies. Con sus voces cansadas, comparten las últimas noticias del mundo libre. Nos aseguran que el Tercer Reich pronto caerá.

Las recién llegadas nos miran con un miedo no disimulado. Podemos leer el desconcierto y la repugnancia en sus ojos. Nos ven más como si fuéramos criaturas de otro planeta. Pero ellas mismas están pasando por la tortura de aclimatarse a las epidemias que han comenzado de nuevo con renovado vigor, sembrando la muerte por todas partes. Los piojos florecen sin control, extendiendo la pestilencia. El tifus es un aliado de confianza de los bárbaros alemanes, y ahora está produciendo una rica cosecha. Las recién llegadas, que no están acostumbradas a las condiciones inhumanas, se ven diezmadas. Nosotras, las viejas, las prisioneras que ya hemos sufrido las epidemias de tifus en Auschwitz-Birkenau, somos inmunes a sus garras mortales.

El hambre derriba al más fuerte. El tifus, la disentería, la tuberculosis y el hambre combinados hacen el trabajo que antes hacían las cámaras de gas. Las pilas de esqueletos amontonados entre las barracas crecen a un ritmo alarmante. Los cuerpos se amontonan sin orden ni concierto, con las cabelleras afeitadas y los ojos hundidos y sin vida. Ya no les temo. A la vista de la zanja llena de cadáveres, solo siento tristeza y un dolor opresivo. Una madre se niega a desprenderse de su hijo de doce años, y nadie puede entender por medio de qué milagro se las ha arreglado para conseguir meter al muchacho en el campo de las mujeres. Hacemos nuestro mejor esfuerzo para ocultarlo. Durante el *appel*, lo escondemos en la fila de atrás. Con un vestido de flores, se queda temblando al lado de su madre. Mirando desde detrás del pañuelo de colores atado alrededor de su cabeza hay un rostro pálido, infantil, con los ojos grandes y asustados de un animal cazado.

Un día, mientras limpio las letrinas como de costumbre, me doy cuenta de una muchacha medio desnuda que se baña en el agua que gotea. Observo con envidia su espalda bronceada, con áreas más claras que muestran el uso de un traje de baño. "Qué suerte", pienso. "No hace mucho tiempo, ella era libre y podía bañarse en los rayos dorados del sol". La miro de cerca, y entonces reconozco su cara.

—¡Regina! —grito—. Soy yo, Roma. Tu amiga de la escuela de secundaria Chavacelet.

Finalmente, después de un minuto, me reconoce y nos abrazamos. Nuestra alegría es inmensa. Es la misma Regina Lamsztein con quien había terminado mis estudios en el gueto de Varsovia. Después de que Regina dejó Varsovia para irse a vivir con sus familiares en Dzialoszyc, perdimos el contacto. Enseguida y bañadas en lágrimas nos contamos las tristes historias de cada una.

—¿Tal vez tú sabes lo que le pasó a mi madre, que se quedó en el gueto cuando mis hermanas y yo nos fuimos? —me pregunta Regina.

Por desgracia, no puedo ayudarla. Antes de las deportaciones, alguna vez visité a la pobre mujer solitaria, pero cuando comenzaron los *aktzias*, perdí el contacto con ella. Supuse que había sufrido la misma suerte que el resto del medio millón de judíos de Varsovia. Probablemente fue asesinada en las cámaras de gas de Treblinka. Pero eso no se lo dije a Regina.

—En Dzialoszyc, los alemanes me asignaron a trabajos forzados —me dice Regina mientras empieza a relatar la historia de su vida—. Todos los días al amanecer nos arreaban a trabajar en los campos. Una noche, cuando estábamos regresando a la ciudad completamente agotadas, escuché el eco de unos disparos. El silencio de la aldea se vio roto por las llamadas, los gritos, los gemidos —continúa Regina con voz ahogada—. Un pensamiento terrible se apoderó de mí. Están matando a judíos. Ese pensamiento me llenó de terror.

"Aprovechando el caos general en el destacamento de trabajo y la confusión de los soldados que nos escoltaban, corrí hacia los altos juncos que crecen a ambos lados de la carretera. Sin atreverme a mover un músculo, me tumbé allí toda la noche y el día que le siguió, hasta que llegó la noche siguiente y todo se había calmado. Bajo el amparo de la oscuridad, me escabullí de nuevo al gueto. No pude encontrar a nadie de mi familia.

"Habían asesinado a todos, a mis tres hermanas y al resto de mi familia y a toda la población judía de Dzialoszyc —al relatar estos sucesos, Regina llora.

"Solamente unos pocos rezagados que habían logrado milagrosamente evitar la muerte se arremolinaban alrededor como fantasmas en un campo de batalla. Llorando, buscando a sus familiares muertos. Aprovechando mi apariencia aria, me las arreglé para llegar a Cracovia, donde encontré trabajo como sirvienta con una familia de Volksdeutsche.

"Trabajaba como cocinera, empleada doméstica y era la institutriz de cama y comida. El domingo, que era mi día libre, solía irme de la casa de mi patrón a fin de no despertar sus sospechas. No tenía nada que hacer ni ningún lugar para ir, así que simplemente vagaba por las calles de Cracovia sin rumbo, en constante terror de que alguien me detuviera y me denunciara por judía. Mientras quitaba el polvo de las alfombras y sacaba la basura, traté de hacer amistad con las criadas profesionales. Observé sus gestos y su manera de hablar. Intenté encajar en el papel que me vi obligada a representar.

"Mis patrones no dijeron nada abiertamente, pero sospechaban que era judía. Hubo momentos en los que no ocultaron sus sospechas muy bien. Un día, cuando yo estaba fuera de la casa, revisaron mis pertenencias y encontraron una foto de mi familia que yo había escondido entre mis cosas.

"Solía pasar algunos de los domingos en la iglesia rezando. Me sentía más segura allí. Un domingo libre, camino a una boda en un pueblo lleno de gente joven, nos encontramos la una a la otra. Instintivamente olfateé a una muchacha judía en esa celebración campesina. Tenía el pelo rubio claro, grandes ojos azules, y la nariz respingona. Ninguno de sus rasgos delataban su fondo semítico. Pero la mirada pensativa y de búsqueda que ella me echó me alertó al instante. Escudriñando más de cerca, me di cuenta de que era diferente a los muchachos y muchachas reunidos allí, aunque ella estaba tratando de encubrirlo con sus gestos, su tono de voz, su expresión e incluso su manera de caminar.

"¡Uno de los nuestros!, decidí. Mi corazón saltó de alegría. Con gran cautela al principio, nos pusimos a conversar sobre asuntos cotidianos triviales, probándonos una a la otra. Poco a poco, el hielo se derritió. Gané su confianza. Me enteré de que era de Lvov. Había perdido a toda su familia y después compró un certificado de nacimiento cristiano a un precio exorbitante. Como no parecía judía, decidió abandonar su ciudad natal, donde se había criado. Había ido a la escuela allí y pertenecía a una prominente familia judía que había habitado en Lvov durante generaciones. Como tantas personas la conocían en Lvov, estaba en constante peligro de ser denunciada y entregada a la Gestapo por algún conocido.

"Se las arregló para llegar a Cracovia, donde se sentía segura porque nadie la conocía. Aprovechando sus credenciales y su apariencia aria pura, consiguió un trabajo decente como sirvienta en la casa de un oficial alemán. Como las dos nos sentíamos aisladas en este entorno extraño y hostil, nos hicimos buenas amigas. Los domingos, cuando las dos teníamos el día libre, nos reuníamos y derramábamos nuestros corazones abiertos la una a la otra. ¡Ah, qué bueno era tener un hombro hermano sobre el que llorar!

"Pero, por desgracia, nuestra amistad no duró mucho tiempo —continúa Regina—. Después de un tiempo la muchacha comenzó a evitarme. Solía encontrar todo tipo de excusas para no verme el domingo. Un domingo por la tarde, me enteré porqué. Oculta en la sombra del portal del edificio junto al que ella trabajaba, la observé. Pasó caminando lentamente, colgada del brazo de un hombre con un uniforme alemán. Profundamente envuelta en una conversación íntima, ni me vio.

"Los sentimientos encontrados de dolor, disgusto, duelo y odio me sacudieron. Me invadió un deseo de abofetear su malvada cara. Di un paso adelante con la intención de salir de mi escondite y enfrentarme a ella, pero en el último minuto retrocedí. Lloré un poco en la oscuridad.

"¡Que seas condenada por toda la eternidad, degenerada hija de Israel! Maldije. ¿No te da vergüenza tocar las manos sangrientas de un oficial alemán, que es uno de los responsables del asesinato de tu madre, tu padre, tus hermanas y de tu pueblo entero?

"Pero yo no tenía mucho tiempo para reflexionar sobre las vilezas que los seres humanos son capaces de hacer. Cambios drásticos ocurrieron en ese año de 1944. Se escuchaban rumores en todas partes de que los rusos avanzaban hacia Cracovia. Los alemanes y sus aliados estaban en retirada. Mi patrón y su familia estaban empacando sus cosas. Me pidieron que me fuera a Alemania con ellos. Rechacé la oferta, y al día siguiente me arrestaron. Cuando se enteraron de que ya no sería de ninguna utilidad para ellos, me entregaron a la Gestapo. Fui arrestada como judía y arrojada en la cárcel. Dos días después, me enviaron aquí.

Volviendo al presente, Regina comenzó a quejarse de las terribles condiciones en el campo, sobre el hambre y el frío, y sobre el comportamiento inhumano de los alemanes y los capos hacia los prisioneros. Puesto que soy una prisionera con experiencia, que conozco las condiciones de vida en el campo, trato de explicarle cómo es la vida en el campo pero sin desalentarla. Le digo que evite ser capturada y enviada fuera del campo, porque en lo desconocido se esconde el peligro, incluyendo la muerte. Alivio su hambre compartiendo mi sopa con ella.

Una tarde, después de terminar mis deberes en los baños, me guardo un pedazo de pan en el pecho para dárselo a Regina en su barraca. De repente, oigo que alguien me grita en ruso:

—¿Dónde crees que vas, judía? —antes de que pueda entender lo que está pasando, unas chicas rusas saltan de sus escondites, me tiran al suelo a la fuerza, y me roban el pan que llevo escondido bajo el vestido. Más adelante envían a Regina fuera de Bergen-Belsen, al parecer a otro campo, y pierdo el contacto con ella por completo.

Mis encías están inflamadas. La raíz de uno de los dientes que perdí en la paliza que recibí en Auschwitz-Birkenau empieza a atormentarme. Voy al dentista del campo, un judío de Holanda debilucho y desnutrido que apenas puede sostenerse en pie. Examina la raíz infectada y promete salvarla. Comienza con el tratamiento. A veces le traigo un poco de sopa al hambriento dentista, que se muestra muy agradecido. Un día, me encuentro con dos hombres de las SS en el consultorio del dentista. Más tarde, el pequeño dentista holandés me explica que uno de ellos es dentista, jefe de esta unidad dental.

Los alemanes se paran frente a la silla del dentista mientras examinan su trabajo sonriendo con sorna. De repente, uno de ellos hace al pequeño holandés a un lado brutalmente y examina escrupulosamente mi raíz. El hombre de las SS se ríe a carcajadas y pregunta:

—*Du kleine*, ¿quieres un diente nuevo? —sin dudarlo un momento, asiento con la cabeza.

—Voy a tener que hacer una pequeña cirugía en el conducto radicular. Tengo que cortar la encía y llegar por debajo de la raíz para poder extraerla con su parte gangrenada. Cuando la cirugía esté hecha entonces vamos a atornillar ahí un hermoso diente blanco —me explica detalladamente el alemán.

—¿Voy a tener realmente un diente nuevo? —Pregunto, reuniendo el valor suficiente para hacer la pregunta.

—Te lo prometo, pequeña. Estaré esperando aquí por ti a la misma hora la semana que viene.

Hace sonar sus botas juntándolas con fuerza al terminar de hablar, y los dos alemanes abandonan la barraca del dentista. Indecisa y un poco asustada, empiezo a hacer preguntas al holandés.

—¿Es realmente un dentista el alemán? ¿Ha hecho otras operaciones de este tipo? ¿Es peligrosa la operación? ¿Me hará mucho daño? ¿La operación se realiza con anestesia?

Pero el judío holandés no puede responder a la mayoría de las preguntas.

Esa noche, Hela escucha mi historia sobre lo que ocurrió en la consulta del dentista, y está visiblemente conmocionada.

—¡Quítate esta locura de la cabeza! —exclama—. ¿Qué garantía tienes de que el alemán sea realmente un dentista? Tal vez solo quiere divertirse experimentando contigo un nuevo procedimiento que podría matarte, Dios no lo quiera. ¿Quién sabe si ese hombre de las SS tiene alguna credencial como dentista? ¿De repente se ha vuelto tan generoso que promete curar tu raíz y, además, poner el diente que te falta. ¿Para qué? ¿Por qué? Debe haber algún mal propósito. ¿Cuántas veces tenemos que ser engañadas antes de darnos cuenta que no podemos creer en ellos?

Hela hace todo lo posible para convencerme de renunciar a esta peligrosa operación. Aunque en el fondo sé que tiene razón, la posibilidad de cambiar ese feo espacio negro por un diente blanco y brillante es convincente.

—Una vez que la guerra termine —sostengo—, ¿cómo voy a poder ver a mi padre y al resto del mundo sin un diente?

Mientras intento socavar la lógica de Hela, las muchachas se ríen de mí.

—¿Qué te hace pensar que esta guerra alguna vez se va a terminar para nosotras? Nos matarán antes de que termine la guerra. No van a dejar testigos de sus crímenes.

Pero, aún así, la idea de un nuevo diente blanco en lugar de la hoja de papel que meto en el espacio vacío entre mis dientes suprime toda lógica. Sin que Hela sepa, me voy a la oficina del dentista a la hora señalada el día que él me había dicho. Dos hombres de las SS esperan por mí. Me ponen en la silla. Uno sostiene mi cabeza, mientras que el otro inyecta algo en mi encía superior.

—Esto es solamente un poco de novocaína para amortiguar el dolor —explica—. Pero tal vez prefieres sentir el dolor —añade en su alemán profundo.

Al parecer, el dentista vio el miedo en mis ojos. Debería haber escuchado a Hela.

Tal vez tenía razón. "¿Merece la pena arriesgar mi vida por un diente?", pienso mientras lamento de inmediato mi comportamiento descuidado. Pero no hay vuelta atrás.

—No tienes nada de qué preocuparte —me tranquiliza el alemán—. Hice la misma operación a mi hija de doce años.

En pocos minutos, mis encías están completamente dormidas y la operación está en marcha. El dentista judío asiste al alemán, entregándole las herramientas quirúrgicas. Al ver el viejo y oxidado equipo dental el alemán lanza los instrumentos dentales al piso con un gesto teatral. Maldice y pide al holandés que abra su pequeño maletín que reposa en la mesa cercana. El holandés saca un conjunto de instrumentos dentales esterilizados del maletín y se los entrega al alemán. El alemán que sostiene mi cabeza le pregunta a su compañero:

—¿Tiene piojos?

—¿Cómo voy a saberlo? —responde el otro, y sigue operando.

Esa noche, al ver mi cara hinchada como un globo, Hela comienza a desesperarse.

—¿Por qué no me escuchaste? Oh, Dios mío, ¿qué te han hecho? ¿Sabes cómo te ves? —pregunta Hela bastante asustada. Al día siguiente, mi cara se hincha aún más y parezco un monstruo. Mi labios azules hinchados se tuercen hacia un lado. Unas bolsas azules cuelgan bajo mis ojos. Cuando el dentista alemán me ve, se ríe.

—Estás hermosa —bromea, dándome un pequeño paquete—. Esto es manzanilla. Enjuaga tu boca un par de veces al día, y en unos pocos días la hinchazón bajará. Estás teniendo una reacción normal a la extracción de la raíz. Quiero verte de nuevo en una semana —añade antes de irse.

Abatida, herida y enojada conmigo misma por ser vanidosa, vuelvo a mi trabajo en las letrinas. Unos días más tarde, la inflamación comienza a disminuir y mi cara empieza a parecer normal otra vez. A la semana siguiente, el alemán examina la raíz que queda, y satisfecho de su trabajo declara que la operación ha sido un éxito.

—¿Cuándo voy tener el diente nuevo que me ha prometido? —le pregunto tímidamente.

—Debes saber que yo no rompo mis promesas. Pronto tendrás tu diente, como he prometido. Se lo enviaré al holandés —dice, mientras toma las medidas para el diente nuevo.

Cada vez que tengo una oportunidad, corro a la barraca del dentista.

—Por desgracia, no he recibido el diente para ti todavía —dice el dentista holandés sacudiendo la cabeza. Los días pasan, y luego las semanas, pero todavía no hay diente—. No me lo han enviado todavía. Lo siento, pero, como sabes, no depende de mí —me comunica el dentista holandés tratando de disculparse.

Pierdo la esperanza sobre la promesa del alemán. "Nunca voy a conseguir mi diente", pienso, "me engañó vilmente. Fui una estúpida al creer en un hombre de las SS".

Un día, haciendo caso omiso de un estricto toque de queda en la barraca y arriesgando recibir un severo castigo, decido probar suerte una vez más. Me escabullo y voy al hospital, a la barraca del dentista. Una amplia sonrisa aparece en el rostro demacrado del holandés cuando me ve.

—Tengo el diente —dice para mi enorme gozo mientras saca una cajita blanca brillante.

Orgullosa y feliz, abro mis labios en una amplia sonrisa. Muestro mi nuevo a diente a todas. Al día siguiente, armada con un pedazo de pan y un poco de sopa, voy a obsequiar al holandés. Él me da las gracias cordialmente por mi regalo.

Unos días más tarde, me las arreglo para ahorrar un poco de sopa para el hambriento holandés de nuevo.

Cuando llego a su barraca, encuentro las puertas cerradas. Me entero después, para mi gran pesar, que ha muerto de hambre y agotamiento.

Uno de los deberes de Hela en la cocina es enviar calderos de sopa al campo vecino, que es un *internierungslager*. En este campo están internados los judíos con papeles extranjeros, visados y pasaportes de otros países. Allí mantienen a familias enteras juntas. Los internados allí no trabajan y no están sujetos a las selecciones.

A la espera de ser canjeados por ciudadanos alemanes que viven en países no ocupados por los alemanes, tienen que vivir con la misma dieta carente que nosotras. Esperan con la esperanza de regresar a sus casas. En el reparto de sopa, Hela se las arregla para intercambiar algunas palabras a escondidas con los hombres de ese campo que han venido por su ración.

Con su ayuda, Hela encuentra a una compañera de escuela secundaria de Varsovia, Bronka Kahan, que ha sido internada con un certificado de Palestina semejante al que yo tuve una vez. Hela trata de ayudar a su amiga y le envía alimento siempre que es posible. Añade un poco más de sopa a la olla general y agrega algunas patatas o nabos para Bronka. A veces le envía un pedazo de pan. Bronka está muy agradecida con Hela por la ayuda, y le envía notas de agradecimiento que dan detalles de su vida.

"Después del levantamiento del gueto de Varsovia, durante el último *aktzia Judenrein*, me las arreglé para pasar a través de los canales hasta el lado ario. De milagro, conseguí permanecer lejos del alcance de las manos de los *Schmaltzovniks y la Gestapo* que esperaban en el otro lado. Usando calles laterales, pude llegar a la casa donde unos amigos polacos escondían a la hija de tres años de mi hermano. Me había dado la dirección de estas personas por si acaso él o su esposa no sobrevivían la guerra. Esperaban que me hiciese cargo de la niña.

Para mi gran angustia, ellos no quisieron esconderme en su casa, explicando que no tenían ninguna habitación. No sabía qué hacer. No podía volver al gueto incendiado. Después de súplicas y ruegos, me las arreglé para ablandar el corazón de la mujer polaca, que accedió a darme cobijo por unos pocos días, hasta que pude encontrar otro lugar. Me sumergí en una profunda desesperación.

Sin papeles arios y sin conocer a nadie en este lado del muro, era un caso perdido. Entonces mi protectora polaca me trajo buenas noticias sobre un hotel polaco. Los alemanes estaban internando a los judíos con papeles extranjeros. Al principio, no podía creerle. Me imaginé que simplemente quería deshacerse de mí. Pero como no tenía muchas opciones, decidí averiguar por mí misma si estaba diciendo la verdad. Al día siguiente, me mezclé con un grupo grande de polacos en su camino al trabajo, y por suerte logré llegar a la calle Dluga, donde se encuentra el Hotel Polski. La policía polaca custodiaba la entrada del hotel, y solo se permitía la entrada a judíos *con papeles extranjeros. Después de algunos intentos fallidos por fin logré entrar.*

El hotel estaba lleno de gente. La noticia del cuento de hadas sobre el intercambio de ciudadanos se había extendido por toda Varsovia rápidamente. Los judíos salieron de sus escondites y comenzaron a llegar al Hotel Polski con un nuevo sentimiento de esperanza. Por unos honorarios exorbitantes de 100.000 eslotis se podía comprar un pasaporte de Paraguay, Costa Rica, Bolivia, Haití o México. Aparte de estos pasaportes fabricados a toda prisa, también se podían comprar papeles a Palestina o América con el nombre de personas que ya no existían porque habían sido exterminadas en los campos.

También había afortunados que tenían certificados auténticos a Palestina. Todo tipo de negociaciones y acuerdos comerciales se llevaban a cabo sobre estos pasaportes extranjeros.

En general, los papeles de Palestina no eran tan bien considerados como los de América del Sur. Hubo quienes veían todo el asunto de estos intercambios con un ojo crítico. Vieron los intercambios como simplemente una forma más de traición nazi, diciendo que los alemanes los usaban como un ardid para deshacerse de los judíos que vivían en el lado ario. Los últimos remanentes del pueblo judío se quedaron solo con dos posibilidades. Podían ir al Hotel Polski como peones para el intercambio de alemanes en el territorio de los aliados o podían permanecer en la clandestinidad, escondidos en sótanos y áticos, con el temor constante de que un vecino o un transeúnte los descubriese y los entregase a la Gestapo.

Este miedo perpetuo se convirtió en un enemigo mortal de los judíos que vivían clandestinamente en el lado ario. La guerra todavía estaba en marcha, y no parecía haber ningún final a la vista. La posibilidad de aguantar en el lado ario hasta el final de la guerra parecía ser extremadamente pequeña. Los nervios estaban tensos hasta el límite de la ruptura. Apenas un susurro sospechoso o una mirada poco amistosa de un extraño provocaban un vuelco al corazón. Para escoger el menor de dos males, la mayoría decidió tomar la oportunidad de obtener la libertad a través de un intercambio de ciudadanos.

A los pocos días, visité el Hotel Polski de nuevo. La gente había salido de sus escondites, y los niños se habían ido de sus refugios en los monasterios. Todas las habitaciones se llenaron en un segundo. La gente no salía del hotel. Dormían sentados en las escaleras, porque salir del hotel era peligroso. Había el riesgo de caer en las garras de un schmaltzovnik, *esas hienas rapaces que venden a la Gestapo a una víctima por una recompensa de cinco míseros eslotis. El hotel estaba lleno con el resto de los judíos, muchos de los cuales se quitaron sus máscaras de arios en este terreno neutral".*

Seguimos leyendo la carta de Bronka con nuestros corazones agitados.

"Cuando los alemanes llamaban los nombres de las personas con certificados de Palestina, me sorprendí al escuchar mi nombre entre ellos. 'No', pensé sin dar crédito a mis oídos, 'debo estar escuchando cosas'. Cuando leyeron el nombre Kahan de la lista una vez más, levanté la mano. El alemán me dijo que me pusiera en la fila con los que tenían papeles a Palestina. Nos cargaron en camiones con destino a Bergen-Belsen. Y aquí seguimos a la espera de ser intercambiados. Como saben, es difícil sobrevivir aquí con la miserable dieta, así que estoy muy agradecida por todos los alimentos que me envías.

Parece que este certificado de Palestina fue enviado por mi tío, el hermano de mi padre, que vive en Tel Aviv. Él se lo envió a su esposa, que fue capturada en una redada y deportada del gueto en el primer transporte. Dios te bendiga, querida Hela".

Con estas palabras, Bronka termina su larga carta. Hela le envía una nota en respuesta:

"Creo que mi hermana Paula y su marido Mietek compraron papeles para América del Sur. ¿Por casualidad te has cruzado con ellos en el Hotel Polski?".

Esperamos la respuesta de Bronka con impaciencia. Cuando por fin llega, el mensaje es deprimente. Los alemanes enviaron a todos aquellos con los papeles de América del Sur a un campo diferente, y no les dejaron llevarse el equipaje. Después de eso, todos los rastros de esas personas desaparecieron. Los alemanes deben haberlos enviado a un destino inexistente.

Un día, Hela camina hacia la puerta con un pedazo de nabo oculto en su delantal. Tiene la intención de dárselo a un hombre de la *internierungslager* que se lo entregará a Bronka. Un ruso a cargo de los hornos, que tiene un interés especial en Hela, le advierte de que un hombre de las SS la está mirando.

El ruso empuja una carretilla llena de cenizas de los hornos hacia ella y, sin perder la calma, Hela lanza el nabo en la carretilla. El ruso entierra rápidamente el nabo en las cenizas calientes y sale de la cocina inmediatamente para vaciar la carretilla. El alemán indignado ataca a Hela y golpeándola en la mejilla la registra a fondo. Con gran decepción, no encuentra nada. De haber encontrado el nabo "organizado", sin duda Hela hubiese perdido su trabajo en la cocina, y tal vez su vida también. El ruso hace prometer a Hela que después de la guerra se casará con él y regresarán juntos a Rusia, como recompensa por su buena acción.

Después de ese día agotador, cae la noche finalmente. Hela está profundamente dormida después de un duro día de trabajo. Acurrucada a su lado, siento su ligera respiración. El hambre no me deja dormir. Oigo un triste gemido que llega desde el rincón más alejado de la barraca. Alguien se ahoga en una tos seca. Una oración ferviente de la litera de abajo llega a mis oídos. Me estoy sumergiendo en un sopor cuando me despierta el estruendo de las sirenas: un ataque aéreo. Totalmente despierta, corro afuera con las demás y nos quedamos de pie delante de la barraca.

Puedo escuchar el rugido de los aviones. Un cohete cegador ilumina la noche. El ruido ensordecedor de las bombas que estallan en la distancia es música para mis oídos. El olor de la pólvora es un irritante maravilloso para mis fosas nasales. Una enorme columna de llamas estalla en el aire, lo que indica que al menos una bomba ha caído en un objetivo. Cañones antiaéreos responden a la explosión. Seguimos la dirección de los aviones aliados con cierto recelo, sin prestar atención a nuestra propia seguridad. Una alegría desarticulada desborda nuestros pechos. ¡Esos son nuestros! ¡El mundo sabe de nosotros! Tenemos que aguantar! ¡Oh, gracias, Dios Todopoderoso! Entusiasmada, digo en voz alta:

—¡Qué alegría escuchar esas bombas cayendo sobre los alemanes!

—No tan rápido, pequeña —dice una muchacha de pie junto a mí—. No hay motivo para estar feliz aún. Ten cuidado de que alguna de estas bombas amistosas te caiga encima. Volvamos a las barracas.

Sin embargo, nadie responde a esta advertencia pesimista. Nadie tiene miedo, y nadie se va. Con nuestras cabezas mirando al cielo, seguimos la batalla aérea. Escuchamos con atención la dulce música de la explosión de bombas. Con tristeza, nos despedimos de los aviones que se van, los primeros heraldos de libertad que desaparecen en la oscuridad. Bendecimos a los valientes pilotos y les deseamos un retorno seguro a sus bases.

Después de esa experiencia maravillosa, no puedo cerrar los ojos. Una nueva chispa de esperanza brilla en mi corazón. "Tal vez la libertad está cerca". Desafortunadamente, el día siguiente amanece con una mediocridad familiar, y nada parece haber cambiado. Los nazis todavía bullen alrededor del campo, sembrando las semillas del miedo y el odio. A nuestro alrededor, el sufrimiento, el hambre y la miseria continúan gobernando. La muerte recoge su rica cosecha impertérrita. El hambre y el tifus han debilitado a la mayoría de las prisioneras. Aquellas que estamos un poco más fuertes arrastramos los cadáveres desde la barraca hasta la quebrada, donde montones de cadáveres y montañas de huesos humanos crecen a un ritmo alarmante. Nuestra tarea consiste en liberar espacio para las mujeres que llegan en los transportes de otros campos.

Buscamos a Helena entre las recién llegadas.

—Ahora —dice Hela con cierta satisfacción— voy a pagarle su crueldad con amabilidad. Ambas soñamos con encontrarnos con ella. Recordamos claramente cuando llegamos con hambre al bloque de Kanada en Auschwitz-Birkenau, donde ella era la ordenanza y cómo esperábamos que nos diese un poco de sopa. Las habitantes del bloque 26 despreciaban la sopa del campo. Comían hasta saciarse mientras estaban en el trabajo, clasificando la ropa de las personas que acababan de llegar de fuera y habían traído comida. Al no saber que habían sido enviadas a un campo de exterminio, los judíos engañados traían suministros de alimentos.

Hela y yo nos quedábamos a un lado, tazón en mano, como un par de mendigas, tratando de atraer la atención de

Helena. Ella fingía no vernos mientras repartía la sopa o las patatas sin pelar. Les daba la comida a las muchachas desconocidas de otras barracas mientras nos ignoraba por completo. La reconocíamos como una muchacha que había trabajado en casa. Nos imaginamos que gracias a una relación con un *sonderkommando*, había sido trasladada de la ardua labor de empujar los vagones llenos de rocas pesadas a un trabajo más deseable en el bloque Kanada.

Los alemanes habían traído mujeres de Hungría, y estaban agotadas por la larga marcha. Pero las miramos con envidia. Eran criaturas que todavía parecían humanas y que habían sido gente libre hace tan solo una semana. Estaban alineadas frente a los baños con sus formas todavía curvilíneas.

Una muchacha alta con asustados ojos violeta pone algo en mi mano con un movimiento rápido.

—Oculta esta mezuzá de mi ciudad natal. Puedes dármela más tarde —susurra las palabras y luego desaparece por otra puerta. Miro el objeto religioso con orgullo. "Oh, mezuzá, adornando la entrada de cada hogar judío, cantando las alabanzas de Dios. Su sagrada misión era proteger a los habitantes en el interior de todo mal. ¡Nos engañaste!". Estos son mis pensamientos mientras limpio las lágrimas que ruedan por mis mejillas. Las palabras simbólicas grabadas en el papiro dentro de la mezuzá con la propia tinta indeleble de Dios resultaron ser demasiado débiles. "Shemá Yisrael!" Se escapa de mis labios apretados. "Dios mío", rezo, "por una vez escucha nuestras súplicas y ten piedad de nosotros. ¿No hemos sufrido lo suficiente por nuestros pecados? Líbranos de esta esclavitud".

Un pequeño pájaro vuela en el firmamento azul. Este primer heraldo de la primavera vuela bajo y gorjea tristemente. Vuela por encima de mi cabeza, luego da vueltas cada vez más alto y se aleja. Lleva mis súplicas a Dios. Las copas de los árboles en verdor se mecen tiernamente con la suave brisa. Un cálido céfiro trae el dulce aroma de las flores. Se esfuerza en vano para superar el hedor desagradable de los cadáveres en las fosas abiertas y de los esqueletos apilados en las trincheras. Cuando al mediodía me encuentro con Hela en las letrinas, cuelgo el icono alrededor de su cuello.

—Ponte esto por el momento —le digo—. Deja que la mezuzá te proteja de todo mal. Mañana tengo que devolverlo a la chica.

Luego le explico cómo fue que adquirí ese objeto inusual en el campo. Cuando el alemán en la cocina se da cuenta de la mezuzá colgando del cuello de Hela, lo agarra y lo rompe brutalmente, dejando una franja roja en su cuello. A continuación, lanza la mezuzá airadamente dentro del horno, donde se consume por las brasas. Al día siguiente, traté de encontrar a la muchacha húngara para explicar lo que pasó con su mezuzá; cuando todas las cabezas están afeitadas es difícil reconocer a alguien, incluso las caras que conoces bien.

Con la llegada de la primavera, la semillas de esperanza que pensaba completamente muertas y enterradas de repente empiezan a volver a la vida. Tal vez las puertas de salida del infierno se abrirán para mí después de todo. Voy a arrojar los grilletes de la esclavitud y volar hacia el mundo ancho y hermoso de una mujer libre. La oscuridad cae y las chicas se preparan para ir a dormir. A pesar de que estoy muerta de cansancio, no puedo dormirme. Mi corazón se llena de un sentimiento peculiar que nunca he experimentado antes, una mezcla de expectación y ansiedad. "Probablemente es la primavera", pienso, saltando desde mi litera.

En el exterior, la brisa primaveral. Lleno mis pulmones, lavando así el aire viciado de la barraca. A lo lejos, alguien canta. Puedo escuchar los acordes tristes de una melodía rusa. La pálida luz de la luna cae sobre un grupo de bailarines. Me acerco a ellos. En el medio de un círculo de bailarines hay un hombre con hombros anchos y pelo corto oscuro que está abrazando a una muchacha delgada. Bailan en un abrazo muy apretado y se besan apasionadamente, indiferentes a todas las muchachas a su alrededor. Giran, ebrios de amor, con el acompañamiento de cantos y aplausos. Entonces el hombre cambia de pareja con la melodía de una *kazatzka*. El ruso baila, golpeando rítmicamente con los pies, que lleva calzados con botas altas. Hay alegría en general, éxtasis y risas.

"¿Un muchacho?", pienso sin creer mis propios ojos. "¿Un hombre en el campo de las mujeres a estas horas de la noche? Este fuerte y guapo muchacho no puede ser una muchacha".

De repente y de forma totalmente inesperada, la luz cegadora del reflector en la alta torre de vigilancia ilumina a los bailarines. Un alemán armado sale y pregunta:

—¿Qué estás haciendo en el campo de mujeres? ¿Un hombre en el campo de mujeres a esta hora? *Nach vorne*! ¡Marcha hacia adelante! ¡Hacia el comandante de la barraca de inmediato! ¡Allí, te enseñaremos algo de sentido! ¡Marcha! — escupe las órdenes al ruso amenazadoramente. El ruso sigue mansamente al alemán con un paso pesado.

—Es una muchacha —se ríe una de las muchachas rusas de pie junto a mí. La llegada de la primavera despierta sentimientos de amor lésbico entre las reclusas más sanas y más fuertes. Durante la noche, en las sombras de las barracas, se pueden encontrar parejas paseando en un abrazo apretado, profundamente enamoradas.

Los ataques aéreos de los escuadrones aliados se producen con mayor frecuencia ahora. La alegría llena nuestros corazones cuando escuchamos las explosiones de bombas. Nos da gran satisfacción ver el miedo en los ojos de nuestros amos y señores. "¡Que sientan temor antes de morir!", pienso viendo el pánico que los consume al escuchar la alarma de ataque aéreo y al ver su frenesí mientras corren a sus búnkeres subterráneos. "Que se den cuenta que no son inmortales". Cada explosión llena mi corazón de esperanza. Estoy abrumada por una emoción peculiar. Estoy llena de buenos sentimientos. Las otras muchachas me preguntan, por curiosidad:

—¿No tienes miedo de las bombas? Una de ellas podría caer en nuestra barraca y matarnos a todas.

—¿No es lo mejor? —respondo con otra pregunta—. ¿Morir con nuestros enemigos, todos muertos por una amistosa bomba, en lugar de morir a manos de los nazis?

Cambios drásticos se están llevando a cabo en el campo. Los comandos ya no salen a trabajar. Una bomba daña las tuberías de agua, así que no hay agua en las letrinas.

Las cocinas han sido cerradas, e incluso han eliminado nuestra miserable dieta. Las personas se están derrumbando de hambre y de sed. Las pilas de muertos se hacen más altas, alcanzando el cielo. Todo sentido de orden se ha roto. Las rusas se han hecho cargo del pozo, y distribuyen el agua solo entre ellas. Son parte de la élite del campo porque son fuertes. Después de permanecer en la cola del agua durante un par de horas, finalmente me las arreglo para llenar un recipiente con el preciado líquido.

Gracias a Hela, que prudentemente "organizó" un poco de harina de los suministros del ejército mientras estaba trabajando en la cocina, nos aferramos a la vida. Compartimos lo que tenemos con un par de amigas, entre ellas dos hermanas de Hungría que están tumbadas en el suelo debilitadas por la sed y el hambre. Mezclamos la harina con agua. Eta y Klara Weiss están muy agradecidas y nos aseguran que después de que nos liberen estarán siempre en deuda con nosotras por haberlas salvado de una muerte por inanición.

CAPÍTULO 10

LIBERACIÓN

Los alemanes todavía cuentan cabezas en el *appel* matutino. ¿Es una ilusión, o hay menos alemanes pululando alrededor del campo? Durante esos días interminables nos sentamos con desasosiego en las literas debatiendo y haciendo conjeturas acerca de nuestro incierto futuro inmediato.

—Al parecer, el final está cerca —comentan con seriedad.

—¿Nuestro fin o el de ellos? —preguntan irónicamente las pesimistas. Están convencidas de que los alemanes están demasiado preocupados con su propia fuga para pensar mucho en nosotras.

—Solo se necesitan unas pocas minas para volar todo el campo y a todos sus prisioneros. Esa será la manera más fácil de borrar completamente el rastro de sus crímenes de la faz de la tierra.

La opinión de la mayoría frustra mi optimismo.

Una muchacha de pelo negro con ojos castaños y almendrados interrumpe nuestra conversación.

—Si me permiten hipnotizarla a ella, podría averiguar lo que el mañana tiene reservado para nosotras —dice señalándome—. Tú, pequeña, la de los soñadores ojos azules, si te entregas completamente a mi voluntad y no ofreces resistencia puedes ser una buena médium.

Para levantar la moral en general, acepto su propuesta. Un círculo de chicas curiosas se forma a nuestro alrededor. La muchacha posa sus penetrantes ojos oscuros en mí. Trato de no ceder ante la mirada profunda de la hipnotizadora.

—Vas a dormirte inmediatamente. Poco a poco vas a sumergirte en la dicha de un sueño profundo —dice en un timbre bajo y monótono.

A fin de no ceder a la hipnotizadora y tratando de evitar su mirada ardiente, cierro los ojos después de un breve minuto.

—Duérmete, niña. Te olvidarás de todo lo relacionado con el mundo entero. No pienses en nada. Caerás en un profundo sueño.

Escucho a las chicas susurrando. Siento que mis articulaciones tensas se relajan. Dejo caer los hombros. Inclino la cabeza hacia un lado, tratando de respirar con calma, fingiendo que estoy en un sueño profundo.

—¿Cuando se terminará la guerra? —dice la hipnotizadora soltando su primera pregunta. También puedo oír la respiración rápida de las chicas a mi alrededor—. ¿Vamos a sobrevivir? ¿Nos van a matar a todas?

Todas aguantan el aliento a la espera de mi respuesta.

—No tendrán tiempo para matarnos —susurro como si estuviera dormida. Puedo oír un murmullo de satisfacción. De repente, la hipnotizadora se inclina sobre mí y me susurra al oído:

—¿Voy a casarme en un futuro próximo?

Es una pregunta muy personal.

—Todas encontrarán a un admirador —recito en un solo aliento. Una explosión general de risa feliz termina mi profecía y me saca del sueño profundo. Miro a la multitud reunida con sorpresa y me froto los ojos soñolientos. Las muchachas me dan las gracias por las buenas profecías.

Nos despertamos cada vez más a menudo en la noche por el ruido de las sirenas antiaéreas. Hoy, mientras vuelvo a la barraca de buscar un tazón de agua de la fuente, miro hacia arriba. Mi mirada se fija en la ya familiar torre de vigilancia. Me doy cuenta de un reflejo blanco en el hombro del soldado alemán de guardia. Sin detenerme a pensarlo, me dirijo en dirección a la siguiente caseta de vigilancia. Fuera de los alambres de púas que rodean el campo, las torres de vigilancia no están muy distantes. Para mi sorpresa, me doy cuenta de que no hay nadie allí. La torre de vigilancia está vacía.

"Tal vez lo estoy imaginando. Tal vez mis ojos me engañan", pienso y corro a la siguiente torre de vigilancia. El soldado armado está ahí, como siempre, pero en el hombro de su uniforme verde lleva puesto un brazalete blanco. Corro lo más rápido posible a la barraca, sin prestar atención al hecho de que estoy derramando la preciada agua del tazón. Emocionada, atragantada, casi sin poder respirar, doy el informe de mis últimas observaciones. Las muchachas empiezan a discutir sobre el significado de los brazaletes blancos.

—Los alemanes se están rindiendo —grita una muchacha con entusiasmo.

—Tiene razón. Todo el mundo sabe que una bandera blanca significa la rendición —grito con alegría, abrazando a Hela.

—Un brazalete no es una bandera —advierte una voz débil desde una litera superior.

Sin embargo, hay una vivacidad general en la barraca. Noticias del brazalete blanco viajan de boca en boca. Inventamos todo tipo de rumores. Finalmente, decidimos enviar a dos muchachas que son altas y tienen buena vista para verificar mis noticias.

Regresan en breve, confirmando mi observación simultáneamente. Las delegadas llegan a la barraca sin aliento y giran por toda la barraca bailando como chifladas.

—Se están entregando. ¡Viva la libertad! —vociferan felizmente. Saltamos en las literas y rodeamos a las espías, pidiendo más detalles.

—No se ven alemanes en la *lagerstrasse*, la calle principal del campo. La mitad de las torres de vigilancia están vacías. Los soldados todavía en servicio llevan puestos brazaletes blancos. ¡Es el fin de nuestro encarcelamiento!

Las muchachas están muy emocionadas y tratan gritar una más que la otra. Hay abrazos espontáneos y besos, y ojos que brillan con lágrimas.

La ansiedad llena el aire. Sentimientos contradictorios se desencadenan dentro de cada una de nosotras. Nos acosan los sentimientos de felicidad, los presentimientos y el miedo a lo desconocido, y nos preocupan las sorpresas desagradables que aún puedan aguardarnos. La ansiedad y el miedo por el futuro enmudecen la alegría espontánea. ¿Nos permitirán vivir realmente? Son muy conscientes de que hemos sido testigos de sus bárbaros crímenes. ¿Qué nos espera? ¿La muerte? ¿O tal vez una larga espera mientras que se asegura la libertad totalmente? Estas son las preguntas grabadas en nuestras caras aprensivas.

Parece, en todo caso, que nuestro destino se resolverá en unos pocos días. Hay tristeza en los ojos. ¡Qué pena seria que muriésemos ahora! ¡Queremos tanto vivir! Finalmente, después de una larga y feroz lucha contra la muerte, el día que hemos soñado parece estar tan cerca. Trato de elevar la moral de mis amigas.

—¡No podemos perder la fe! Los alemanes se están rindiendo, y aún estamos vivas. Tengo un fuerte presentimiento de que no tendrán tiempo para matarnos. No tienen tiempo para pensar en nosotras. Están demasiado ocupados con sus propios problemas. Si no nos han matado todavía, es que probablemente han renunciado a cualquier plan que puedan haber tenido para eliminarnos. Tal vez las órdenes de Hitler no han llegado a los comandantes de los campos. Quizá todos ellos ya se han escapado.

Este discurso, que he recitado en voz alta, tiene la intención de convencerme a mí misma y desviar nuestra atención de los pensamientos negativos. Continúo:

—En nuestra lejana tierra de Israel, los azahares están en flor.

Instintivamente, vencida por la nostalgia, me pongo a tararear "Hatikva", la canción que se convertiría en nuestro himno nacional. Hela, sentada a poca distancia de mí, empieza a cantar la letra. Inmediatamente, otras voces débiles se unen al coro. En poco tiempo una plegaria apasionada resuena cada vez más fuerte. Las palabras de esperanza, en hebreo, levantan el ánimo. Una sensación de éxtasis surge a través de la barraca parcialmente envuelta en la oscuridad. Al caer la noche, el canto se desvanece. Con la oscuridad viene de nuevo la ansiedad. No puedo cerrar mis ojos. Trato de calmar el rápido latido de mi corazón, que está lleno de esperanza y temor.

Escucho, tratando de captar sonidos lejanos. El rugido de los proyectiles que estallan haciendo eco de alegría en nuestros oídos. Las sirenas aúllan a lo lejos. Una explosión sacude la barraca, y entonces todo es silencio. El tiempo se mueve a paso de tortuga. Alguien tose en la silenciosa barraca. Otras suspiran, tosen y gimen de dolor. La larga y oscura noche se arrastra eternamente. Espero con impaciencia que amanezca. La oscuridad fuera de la barraca modula al gris. Nos despertamos con lentitud de un sueño interrumpido.

Un sol brillante gira majestuosamente en el firmamento de los cielos y vence a las tinieblas de la noche. Un pájaro matutino comienza a piar. Es el amanecer del día más hermoso en primavera, un día inolvidable para mí. Una brisa refrescante entra corriendo a través de las puertas, que se abrieron de repente. Clara entra en la barraca agitando los brazos como una loca.

—¡Viva la libertad! ¡Los ingleses! ¡Somos libres! —grita casi sin aliento, y después abandona la barraca a la velocidad de un cohete. Esas palabras funcionan como magia en el letargo general que impregna la barraca y todas salen al exterior.

Salto de la litera para unirme a las demás que corren a echar un vistazo a los salvadores. Hela me detiene suplicando:

—Espérame. Ayúdame a salir de la cama —me pide mientras sujeta su pie que está en carne viva herido por los zapatos de madera—. Si me dejas atrás, nunca te lo perdonaré, no hasta el último día de mi vida.

Impaciente, tiro de Hela hacia abajo de la litera. Todas las que todavía pueden arrastrar sus pies ahora están corriendo. Las prisioneras más fuertes ayudan a las más débiles. Las que están demasiado débiles para caminar se arrastran con su último gramo de fuerza. Expresiones de sorpresa e incredulidad se reflejan en sus rostros demacrados. Sus ojos previamente sin vida ahora brillan con alegría. Cuando por fin llego a la calle principal del campo, sosteniendo a Hela que avanza en un solo pie, un tanque verde se detiene en la *lagerstrasse*. Su motor suena como música celestial.

Todo el mundo centra la atención en la parte superior del tanque, donde está sentado nuestro señor y maestro, el oficial Herr *Lagerkommandant* de las SS, Josef Kramer. Ha encogido de repente, acurrucado en su capa verde. Una capucha blanca cae sin remedio en su espalda. Indefenso, arroja una mirada inocente a la distancia, pero sin fijarse en nosotras para nada, en nosotras que hemos sido destrozadas, abusadas y victimizadas por él.

Un hombre con un uniforme de oficial británico está sentado al lado del conductor del tanque. Nos mira con tristeza, sin poder creer lo que ven sus ojos. Un camión rueda lentamente detrás del tanque.

—¡Ustedes son libres! ¡El ejército británico los ha liberado! Alimentos, agua y medicinas están en camino.

Los altavoces nos dicen que el reparto se iniciará pronto. Hay una explosión espontánea de júbilo. Nos abrazamos, reímos alegremente y derramamos lágrimas de felicidad. Por fin el momento que hemos soñado tantas veces ha llegado.

—¡Somos libres! ¡La larga pesadilla ha terminado! — digo a voces riendo y llorando al mismo tiempo, besando las lágrimas de alegría y tristeza en el rostro de Hela.

Liberación de Bergen-Belsen por el ejército británico, 15 de abril de 1945. Roma es la tercera persona en la fila de atrás a la izquierda, con un pañuelo blanco.

—Bienvenidos —dice alguien en voz alta.

—¡Viva Inglaterra! —agrega alguien más con voz entrecortada.

Los vivas ahora salen de mil pechos y sus ecos rebotan por todas partes en el campo. Balanceándose en unas piernas delgadas envuelta en una manta gris, un esqueleto humano acaricia cariñosamente el tanque que se mueve lentamente. Una muchacha en un traje de prisión azul y blanco lanza una mirada de odio al comandante alemán, luego lo escupe con asco y, amenazándole con el puño, le grita:

—¡Muerte a los asesinos! ¡Muerte!

La palabra es repetida por otras voces en la multitud.

El tanque se mueve lentamente. Una de las muchacha se tira al suelo en un movimiento espontáneo y besa las huellas del tanque. Mis oídos atrapan las palabras apenas audibles de una oración de acción de gracias que se pronuncia en algún lugar detrás de mí. Una mujer alta de ojos hundidos se tambalea y de repente se desmaya, cayendo frente al tanque. El conductor tiene que parar. Me abro camino hacia el tanque. Presiono mi rostro acalorado, bañado en lágrimas, contra el frío acero. En una fracción de segundo, el tanque es asediado por todos lados. Lo acarician amorosamente, lo besan apasionadamente y lo abrazan tiernamente como a un amante perdido hace mucho tiempo.

Una muchacha se sube al camión detrás del tanque y abraza la pierna del soldado británico, acariciando su bota militar negra cariñosamente. El inglés tiene lágrimas en los ojos. Trata de bajar a la muchacha del camión.

—Por favor, baje del camión —dice con una voz amable.

El altavoz anuncia:

—Por favor regresen a sus barracas. La distribución de agua y alimentos se iniciará en breve.

—¡Dios bendiga a todos los soldados ingleses! —tiene como respuesta.

Los soldados ingleses se limpian sus lágrimas en secreto. El rostro de piedra del nazi permanece impasible.

—¡Dios salve al Rey! —grita alguien.

—¡Dios salve al Rey! —responden mil voces.

Una mujer levanta un gran bulto por encima de las cabezas de las otras mujeres y dice:

—¡Miren, y recuerden esto para siempre! ¡Estos son sus salvadores! ¡Ellos nos han liberado del yugo de la esclavitud!

Ahora los soldados ingleses lloran abiertamente y sin vergüenza, y nosotras lloramos con ellos. No puedo detener el flujo de las lágrimas, a pesar de que tan solo ayer pensé que nunca lloraría de nuevo. Se desborda un río de lágrimas caliente que fluye abundantemente por mis mejillas. En mis sueños más profundos había tratado de conjurar este hermoso momento, y ahora que el soñado momento ha llegado no puedo creer que es real. Me froto los ojos, y luego los cierro para abrirlos una vez más, pero la imagen sigue siendo la misma. Ahí está el enorme tanque británico tan agradable al tacto, y sentado en él está el oficial Kramer de las SS, una realidad tangible.

Aún así, no puedo creer lo que veo.

—Pellízcame —le ruego a Hela. Tal vez es solo un sueño, un encantador dulce sueño. Podría desaparecer, explotar como una burbuja de jabón.

—Tal vez la alegría te ha puesto a delirar. ¿Tienes fiebre? —pregunta ella, colocando su mano en mi frente.

Me mira con los ojos llenos de lágrimas. Luego me abraza y me asegura que esto no es un sueño.

—¡Somos libres! Este es el final de nuestra desgracia. *Shehechianu, v'kimanu, v'higgianu, hazé lazman* —recita una oración de agradecimiento. Las oraciones se derraman de mil pechos:

—¡Que nuestro Señor Dios sea bendecido! ¡Alabado sea el Señor que nos ha apoyado en la vida hasta este momento — mil voces más responden:

—Amén —Este hermoso día es el 15 de abril de 1945. En mi memoria permanecerá para siempre como el día más hermoso dc mi vida. Como mi querido poeta, Adam Mickiewicz, dijo:

"Te veo ahora, mi hermosa visión,

nacido en la esclavitud, cargado de cadenas,

solo tuve una primavera en mi vida".

Alguien descubre un almacén lleno de bolsas de leche en polvo. Los británicos reabren las cocinas alemanas. Hela y las prisioneras que fueron personal de la cocina comienzan a trabajar a toda velocidad. Hierven agua donada por los británicos y la mezclan con el polvo blanco para producir leche. Las prisioneras más fuertes y saludables cargan las teteras llenas de leche reconstituida a las barracas. Repartimos la leche a las enfermas y a las que están muriendo de hambre con la esperanza de que la leche las revivirá y las mantendrá vivas.

Reparto la leche en el campo de los hombres. Aquí, la muerte todavía gobierna sin oposición. Las barracas están oscuras y mal ventiladas. Atestados y juntos, los hombres yacen en las literas y las tablas de madera, los moribundos mezclados con los muertos. No hay aire para respirar, y todo está envuelto por un hedor tremendo, una combinación de orina, heces y cuerpos en descomposición.

Tirados en el piso de cemento húmedo, entre las literas, hay personas que ya no parecen seres humanos y que carecen de la fuerza necesaria para subir a sus literas. Es difícil diferenciar entre los vivos y muertos. Administro algunas píldoras de vitaminas que recibí de un soldado británico. Tal vez las vitaminas restaurarán algo de fuerza en ellos. Me miran con ojos vidriosos en los que ya no brilla la chispa de la vida.

—Dame una más —suplica un muchacho tendido en el suelo. Su voz es débil, y susurra un "gracias" apenas audible mientras mastica intensamente la pequeña píldora de vitaminas.

—Gracias a Dios —añade un momento después—. Me siento un poco mejor, así que dame otra.

Un poco más abajo, un hombre me implora

—Tal vez ese polvo me hará sentir mejor —una pequeña chispa de esperanza aún brilla en sus ojos casi apagados—. Dame un poco.

—¡Dame un poco a mi también!

A mi alrededor se forma un bosque de figuras huesudas desesperadas. Trato de explicar:

—Tengo que dar una porción a cada persona, para asegurarnos de que habrá suficiente para todos.

—Entonces, ¿por qué le dio dos a ese muchacho? —pregunta alguien.

—¿Es especial porque es joven? —pregunta otro en un tono estridente desde la litera de arriba. También se ha encontrado un almacén lleno de pan. Afortunadamente, para salvar su propio pellejo, justo antes de que el pan estuviese a punto de ser distribuido, un alemán advirtió a los británicos de que el pan había sido envenenado. Los soldados británicos nos dan sus propias raciones de campaña. Inmediatamente, comienzan a distribuir latas de carne y frijoles en salsa de tomate y otros alimentos que están disponibles.

El aroma embriagador se burla de nuestras fosas nasales. La carne se ve muy tentadora, y el sabor es el sabor de la libertad. La saliva comienza a fluir en las bocas hambrientas. Cautelosa, como siempre, Hela me advierte de no tocar las conservas.

—Nuestros estómagos encogidos no serán capaces de tolerar esos ricos alimentos tan fuertes —trata de convencerme. Hela resultó estar en lo cierto. Las personas pagaron con sus vidas por un momento de placer. La carne, los frijoles y la leche en polvo trajeron diarrea y disentería. Las personas se desmayan con calambres estomacales terribles. Caen como moscas envenenadas. Un hombre largo y delgado se tambalea, y luego cae al suelo. Extiendo mi mano para ayudarlo a levantarse. No sirve de nada, no puede. Su ojos apagados cristalinos e inmóviles, miran desde unos párpados hinchados y un cráneo huesudo. Una mueca dolorosa se congela en sus labios azules, sin vida.

Liberados del infierno alemán, seguimos siendo esclavos del tifus, la disentería y la tuberculosis.

La muerte sigue gobernando con mano de hierro, recogiendo una cosecha rica y despiadada. Los británicos están tratando de organizar una acción de rescate con una frialdad y un orden típico británico. Pintan la letra F en la frente de los que tienen el tifus y la letra P en las personas con tuberculosis. Los muertos están marcados con una cruz en sus frentes. Espolvoreados con desinfectante para protegerse de la contaminación, un batallón de trabajadores lleva a los enfermos a los hospitales cercanos. Nosotras, las que estamos de alguna manera un poco más fuertes, intentamos ayudar en el rescate. Llevamos a los enfermos y los débiles en camillas a los coches de la Cruz Roja que los transportan a la lejana Suecia, cuyo gobierno generosamente ofrece ayuda.

Los roles se han invertido de la noche a la mañana. Los alemanes habían sido parte de un ejército de élite, altamente pulido. Todavía ayer había sido nuestra tarea arrastrar a los muertos de las literas a los hoyos poco profundos. Ahora, los soldados alemanes, malolientes y sucios, están realizando la tarea. Los miro con satisfacción, imaginando su disgusto. Bajo la supervisión de los soldados británicos, las mujeres de las SS sacan cuerpos fuera de las zanjas. Los cargan en los camiones y los llevan a donde los hombres alemanes cavan una fosa común del tamaño de una cancha de tenis. En silencio, miramos como se llena la fosa con los cuerpos.

Les grito con entusiasmo:

—¡Permita Dios que esos cadáveres se queden para siempre en sus memorias! ¡Que los persigan cada noche! ¡Que sus conciencias los devoren por el resto de sus miserables vidas! —luego me echo a llorar.

Las que están sanas son separadas de las enfermas y son trasladadas a las antiguas viviendas del ejército alemán. Yo estoy con Hela y dos de sus compañeras de trabajo, Eta y Klara Weiss, las muchachas que habíamos alimentado para evitar que se muriesen de hambre. Nos mudamos a una habitación soleada con camas impecablemente limpias. Me alegro enormemente al ver que hay un lavabo con agua corriente detrás de la puerta. No es fácil acostumbrarse a una cama blanda después de dormir en un piso, una litera de madera, o una plataforma de cemento por dos años. Lavarse todos los días en agua cristalina que salpica alegremente de un lavabo es un placer indescriptible.

Recibimos paquetes de alimentos de la Cruz Roja y llega un equipo médico internacional. Los medicamentos han sido enviado por vía aérea. En demasiados casos, los esfuerzos sobrehumanos que se han hecho para salvar una sola vida fueron infructuosos. Para algunas víctimas, la ayuda ha llegado demasiado tarde. Las tumbas brotan como hongos después de la lluvia. Hela trabaja incansablemente en la cocina. Yo escribo cartas. Como habíamos acordado, y de acuerdo con las promesas que había hecho a mi madre, hago todo lo posible por ponerme en contacto con mi padre. Escribo breves notas a la dirección que grabé en mi memoria: Señor Samuel Rotstein, Neve Shaanan 9, Tel Aviv, Palestina. Las notas rezaban algo así:

"Yo, tu hija Roma Rothstein, y tu cuñada, Hela Frank, estamos vivas, liberadas por los ingleses en Bergen-Belsen, Alemania".

Escribo las cartas en inglés, porque solo el correo de campo se está entregando. Entrego las cartas a los soldados ingleses con la petición de que las manden a Palestina. Mientras hago la entrega de mis cartas, me tropiezo con Charles, un joven inglés de dieciocho años que es ayudante de brigada. En dos bicicletas confiscadas a los alemanes, vamos a través de las puertas bien abiertas del campo hacia el mundo libre. La tierra de los caminos del pueblo chirría agradablemente bajo las ruedas de las bicicletas. Un viento refrescante que zumba en mis oídos me acaricia la cara con pasión. Las hojas verdes se mueven ligeramente en las ramas a medida que avanzamos. El canto de los pájaros circula por encima de nosotros por primera vez. Inocentes y coloridas flores brotan en los jardines frente a las casas aseadas.

El tranquilo pueblo parece un lugar normal donde no ha pasado nada. Familias enteras viven detrás de las ventanas con cortinas. Aunque viven a tan solo unos pasos del hoyo de masacre, la guerra les ha pasado por al lado. Poniendo una cara inocente, dicen que no saben nada de lo que estaba pasando delante de sus narices. Con la esperanza de animarme, Charlie se detiene y señala las fresas rojas que crecen detrás de la valla.

—Coge unas fresas —dice.

Me agacho para recoger una fresa roja. Desde detrás de las persianas verdes, bien cerradas, oigo un grito en alemán.

—¡Oh, mis pobres fresas!

Indecisa, paro de cogerlas. Charlie entra de inmediato en este territorio enemigo. A la vista del uniforme de Charlie la voz angustiada se silencia inmediatamente.

Oh, la ironía del destino, ¡como sufren esos pobres alemanes por la suerte de sus fresas cortadas! Para los niños judíos que han sido borrados de la faz de la tierra, en un acto de asesinato masivo y premeditado, no sienten ninguna compasión. Ni un solo alemán nunca levanto la voz para defenderlos. Han sido ciegos y sordos a los crímenes de sus compatriotas, y, sin embargo, están tan tiernamente afectados por sus queridas fresas. Nacieron con este odio. Pienso con amargura: "Esas fresas están empapados en sangre judía y fertilizadas por cenizas judías".

Lanzo una mirada llena de odio hacia las persianas cerradas, y luego cierro con fuerza la puerta de la valla. Los odio. Sueño con venganza. ¿Tendré la fuerza para vengarme, para exigir la expiación por la sangre de mis seres queridos y de mis propios sufrimientos? Por lo menos puedo pasarle por encima a un niño alemán con mi bicicleta. Tal vez pueda aplastar su cráneo de pelo claro, como los cráneos de niños judíos fueron destrozados contra las paredes de ladrillo. Quizás voy a beberme con satisfacción la miseria de una madre alemana. Que sienta ella algo de dolor también. Que sienta el mismo dolor punzante que le atravesó el corazón a mi madre. Que sus ojos se sequen de tanto llorar, al igual que se secaron los de mi madre tras el asesinato de sus amados hijos. Quiero que sepan lo que se siente al ser envenenado sin piedad en las cámaras de gas y quemados sin escrúpulos en los crematorios, como le hicieron a mis dos hermanas,

Reginka y Justinka, y a mi pequeño hermano, David. Su sangre inocente clama a los cielos en busca de venganza. Por desgracia, nadie más de mi familia ha sobrevivido para vengar sus muertes. Solamente quedo yo para llevar a cabo la tarea.

Decido prepararme para el deber de la retribución. Para darme valor, susurro con atrevimiento la sentencia bíblica: "Ojo por ojo, diente por diente". Al ver a los niños jugando en una caja de arena, instintivamente detengo la bicicleta. Los frenos chillan dolorosamente. Me doy la vuelta y exploto en amargas lágrimas. Pedaleo tan rápido como puedo. "¡Te asustaste! ¡Pasaste de largo! ¡Cobarde! ¡Los dejaste ir!" El viento no deja de repetir estas palabras en mis oídos.

Durante mi viaje en bicicleta con Charlie, la policía militar británica nos detiene.

A los soldados británicos se les prohíbe tener relaciones amistosas con los alemanes. Entonces Charlie me dice, con una sonrisa de triunfo:

—Roma, remángate.

Cuando el policía militar ve el número del campo de concentración tatuado en mi muñeca izquierda, saluda con respeto y se disculpa amablemente.

Después de unas pocas horas pedaleando, nos cansamos y tenemos sed. Charles llama audazmente en la puerta de una casa alemana.

—¡Suero de leche! —ordena. Para nuestra satisfacción, una jarra de suero de leche fría y refrescante aparece al instante.

A medida que comemos una dieta normal, poco a poco empezamos a parecer humanos de nuevo. Ahora nos vestimos con ropa limpia enviada por donantes generosos de la lejana América. Parecemos respetables de nuevo. Estoy gratamente sorprendida de ver mi nueva cara redonda en el espejo sobre el lavabo. Sonrío, separando mis labios. En el espejo veo el reflejo del diente que recibí no hace tanto tiempo. "Mis sueños se han hecho realidad. ¡Soy libre!", pienso con satisfacción. Tengo un hermoso diente nuevo.

Hoy los altavoces suenan en el campo de las mujeres. Anuncian un baile en honor del victorioso ejército británico. Se pueden escuchar voces en una variedad de idiomas que invitan a las muchachas a entrar al baile. Después de un breve debate, decidimos aceptar gentilmente la invitación de nuestros salvadores. Vamos a tomar el lugar de las odiadas muchachas alemanas con las que no se les permite relacionarse.

En un camión británico, Bergen-Belsen, mayo de 1945. De izquierda a derecha: Roma con una boina de soldado inglés, Hela y una compañera húngara de las barracas, Eta Weiss.

Nos llevan en camiones militares cubiertos de lona verde hasta el lugar donde se va a celebrar el baile, que es una distancia considerable

Subo al camión con las demás. Está oscuro en el interior pero poco a poco mis ojos se acostumbran a la oscuridad. Muchachas jóvenes bien vestidas están sentadas en dos largos bancos. Conversan animadamente entre ellas. A algunas muchachas le ha vuelto a crecer una bonita cabellera, dándoles un aspecto encantador.

De repente, por una fracción de segundo, siento miedo. Los pensamientos tristes y los recuerdos me oprimen y me sobrecogen. Los camiones cubiertos de lona se retuercen como serpientes negras, como si estuvieran llenos de prisioneros. En mi mente, oigo sus gritos tristes, sus oraciones apasionadas. El dolor de saber que a ellos no se les permitió vivir para ver este momento me aplasta el corazón. Fuera de mi constreñida garganta, mi voz rota exclama:

—¿Por qué yo? ¿Acaso soy mejor que ellos, mejor que mis hermanos que fueron asesinados en Treblinka? ¿Por qué no se le permitió sobrevivir a mi madre? Oh, Dios mío, ¿por qué los abandonaste?

—No puedes quedarte en el pasado sombrío —me regaña Hela—. Mantén la cabeza en alto y empieza a creer en el mundo brillante y hermoso, lleno de sorpresas maravillosas que nos depara el mañana.

Los camiones se detienen y escapo de mis tristes meditaciones. El gran salón de baile está iluminado con luces de colores, y la banda militar está tocando. Las parejas giran en la pista de baile al son de la música. Estoy cerca de la pared, viendo las parejas de baile, pero los recuerdos tristes me mantienen en sus garras. Mientras trato de desterrar estos pensamientos de mi mente, un soldado alto y rubio aparece inesperadamente frente a mí. Hace clic golpeando sus botas, se inclina hacia a mí y amablemente me invita a bailar. Titubeo por un momento, pero luego le doy las gracias y digo:

—No puedo bailar. No he bailado durante tanto tiempo que he olvidado cómo hacerlo.

El soldado no se rinde fácilmente.

—No hay nada de qué avergonzarse —me dice—. Te voy a enseñar; enseguida vas a recordar cómo bailar.

Así que insiste de esta manera, y antes de que sepa lo que está pasando, ya me está llevando a la pista de baile para unirnos a las otras parejas.

—Uno, dos, tres… —me instruye pacientemente. Mis primeros pasos son muy torpes. Mis piernas se han olvidado de cómo bailar y se niegan a obedecer. El soldado me alaba, animándome a seguir adelante. Empiezo a deslizarme suavemente sobre el suelo de parquet. Embriagada por la música animada de baile, doy vueltas libremente a través del salón en los brazos de mi pareja.

—Bien, muy bien —dice apoyando mi esfuerzo, complacido con mi respuesta rápida a sus instrucciones.

"La vida puede ser hermosa", pienso embriagada con la música y el sentimiento de libertad. Suena "God Save the King", el himno inglés. Nos ponemos firmes, uniéndonos el canto. El baile ha terminado. La salida está custodiada por policías militares británicos. Primero salen los soldados británicos. Después salen las muchachas. Nos llevan de vuelta al campo.

Llegan delegaciones de varios países para reclamar a sus ciudadanos. Con lágrimas en los ojos, nos despedimos de nuestras amigas de Hungría, Checoslovaquia, Francia,

Bielorrusia, Holanda, Yugoslavia, Austria, Alemania y Grecia. Ellas han sido nuestras compañeras en la miseria.

Nosotros, los judíos y las judías polacos, no tenemos ningún lugar al que volver. No hay nada que nos ate a Polonia. Nadie nos espera allí. Nuestras familias han sido consumidas en las cámaras de gas, para gran satisfacción de la mayoría de los polacos, que se inclinan a ser antisemitas. Nuestras casas han sido saqueadas y destruidas. Personalmente, no tengo motivo para volver salvo derramar lágrimas sobre las cenizas.

El ruso que trabaja en la cocina quiere llevarse a Hela de vuelta a Rusia con él.

—¿Te acuerdas, Helenka, que prometiste casarte conmigo después de la guerra?

No deja de repetir su propuesta: es demasiado terco para ceder tan fácilmente.

—Es cierto —contesta Hela—, pero no puedo dejar a Roma sola. Tengo que regresar a Polonia a buscar a mi familia. Tal vez encontremos a alguien. Puede ser que todavía haya alguien que sobrevive.

Hela trata de convencerlo, pero el ruso no se rinde. Insiste en que Hela se marche con él a Rusia. Por último, acuerdan que él volverá a Rusia solo y que Hela se reunirá con él más tarde.

Hela tiene un permiso que le permite viajar a Polonia para buscar a familiares sobrevivientes después de la liberación. Así que decimos adiós al ruso benefactor. De hecho, Hela tiene la intención de hacer uso del permiso y visitar Varsovia.

—Tal vez alguien de nuestra familia se las arregló para sobrevivir —se engaña Hela a sí misma. Quiero ir con ella porque no quiero que nos separemos, pero ella se empeña en que no la acompañe. Las carreteras son caóticas e inseguras. No existe un sistema civil de transporte; las carreteras están llenas de material militar, camiones, ambulancias y artillería. La confusión reina a lo largo de las fronteras de los países que acaban de ser liberados de la ocupación alemana. Los trenes están llenos de soldados aliados, prisioneros de guerra alemanes y sobrevivientes de los campos de concentración. En esta torre de Babel, con una multitud de diferentes idiomas, no es fácil llegar a Polonia. Hay que cruzar de la zona británica a la zona americana, y de allí pasar a la zona rusa.

—Quédate aquí —dice Hela—. Quizá una de tus cartas pueda llegar a tu padre en Palestina, y tratará de ponerse en contacto con nosotras. Si una de nosotras no se queda aquí, puede que perdamos la oportunidad de ponernos en contacto con él, y luego no será fácil localizarlo de nuevo.

Hela está llena de esperanza y hace los preparativos para ir a Polonia con la señora Preisowa, una mujer de Varsovia que también regresa con la esperanza de encontrar a alguien de su familia. La señora Preisowa tiene unos cuarenta años, y es una de las pocas mujeres de edad madura que sobrevivieron. Hela viajará como su hija por seguridad. Nos separamos con lágrimas en los ojos. Esta es nuestra primera separación después de muchos años de sufrimiento compartido. Para asegurarse de que no me sentiré sola, Hela me presenta a un joven de Sosnowiec.

· AUSSCHUSS ·
EHEMALIGER KONZENTRATIONS - HÄFTLINGE

HANNOVER   Passtelle
FRIEDRICHSTR 34   13.8.1945
B./Kfm.   15. SEP. 04

                    Frank, Helene   geb. 15.8.192
      Fräulein ....
ist ein ehemaliger Konzentrations-Häftling. Sie will
zur ihre Familie, die sich ebenfalls im Konzentratio
lager befindet, aufsuchen. Falls die englische Be-
hörde gegen eine solche Reise nicht einzuwenden, t
bestehen unsererseits keinerlei Bedenken.
                    Frank, Helene
      Wir bitten Fräulein .... auf
der Reise behilflich zu sein.

      Mrs. Frank, Helene   born 15.9.21
      ....
is a former concentration-prisoner. She wants to
search Her family, which also are in concentration-
camps. If the English Authorities have nothing
against this journey, we, from our part have no hesi
tation. We ask for helping Mrs. Frank..............
of his tryp.

*Permiso de Hela que le permite viajar a Polonia para buscar
a los familiares sobrevivientes.*

Este chico tímido con ojos marrones tristes me asombra
con su inusual inteligencia. Vamos a dar largos paseos
durante los cuales nos acordamos nuestros días en el colegio.
Hablamos del pasado y compartimos nuestros planes para el
futuro inmediato. Le hablo con entusiasmo acerca de mi
nuevo país y la Tierra Prometida, y le digo cómo tengo la

intención de encontrarme con mi padre allí. Él habla de regresar Polonia.

—¿Por qué no a la Tierra de Israel? —le pregunto con sorpresa—. ¿No eres judío?

—Soy polaco. Un judío polaco, como dijo el poeta judío Tuwim. Citando a Tuwim, dice:

"No es que esté presumiendo de ello, es un hecho. Soy polaco simplemente porque nací allí y porque desde la infancia me crié en la lengua polaca. Mi madre me enseñó poemas y canciones polacas. Crecí allí y estudié allí. Recuerdo lo emocionado que estaba la primera vez que pude entender un poema escrito en polaco. Un poeta solo puede escribir en un idioma. Es posible que hable otro idioma con fluidez, pero solo puede ser poeta en su lengua madre.

Soy un polaco porque fue en polaco que expresé por primera vez la miseria y también mi primer amor. En polaco balbuceé las primeras alegrías y en polaco describí las tormentas. Soy polaco porque el abedul y el sauce están más cerca de mi corazón que las palmeras y los cipreses. Soy polaco porque Mickiewicz y Chopin son más queridos para mí que Shakespeare y Beethoven. Son más queridos para mí por razones que no puedo explicar racionalmente".

—Pero sabemos —le respondo— que los polacos sienten desprecio por nosotros. En los días de nuestra destrucción, no solo no nos defendieron, como otras personas no judías defendieron a los judíos en otros países, sino que celosamente ayudaron a los nazis a realizar sus actos criminales. Esa multitud, tus hermanos polacos, miraban con alegría abierta y satisfacción las llamas que consumían el gueto de Varsovia y a sus habitantes judíos —le digo tratando de sacudirlo de su complacencia, pero él sigue filosofando, y sus soñadores ojos tristes miran en la distancia, sin centrarse en nada en particular.

Lo escucho estupefacta, bebiendo con avidez de la copa de los conocimientos que generosamente comparte. Habla varios idiomas con fluidez: polaco, alemán, yiddish, inglés y ruso. Trabaja para el alto mando británico como traductor y lleva el uniforme verde de un soldado británico. Por desgracia, pronto será transferido a otra área. Le expreso abiertamente lo mucho que lamento que tengamos que separarnos.

—Cuando esté fuera de servicio, vendré a visitarte — dice. Pero antes de irse, me presenta a su amigo Max.

Mi nuevo amigo es muy agradable y no demasiado complicado. Es cómodo estar con él. Es cordial y esta lleno de alegría por la vida. Max es un graduado del Liceo Hebreo, y me enseña hebreo. Los dos soñamos con nuestra soleada Tierra Prometida. Tomamos cursos de inglés impartidos por los militares británicos. En las cálidas noches de los sábados participamos en el *Oneg Shabat*, que Bolek organiza con gran entusiasmo.

Bailamos la *horah* alrededor de una fogata y cantamos canciones en hebreo. Saltamos a través de las llamas mientras cantamos las palabras de la canción *Am Israel Chai*, "El pueblo de Israel vive".

Hacemos viajes largos en bicicleta. Pedaleamos sin rumbo, felices de estar en libertad en el mundo. Somos libres y felices, y estamos enamorados de la vida, así que pedaleamos hasta quedarnos sin aliento. El viento silba en los oídos repitiendo rítmicamente las palabras: ¡Eres libre! ¡Eres libre! Con mi alegría, me río al sol. Nos besamos mientras cabalgamos a toda velocidad en las bicicletas acompañados de aplausos bulliciosos de los soldados que bordean ambos lados de la carretera. Gratamente fatigados por el esfuerzo, estiramos nuestras piernas cansadas a la sombra de un árbol centenario. A través de las hojas verdes que se mecen en las copas de los árboles, observamos hermosas nubes blancas nadando majestuosamente en el firmamento azul del cielo, como si fueran cisnes blancos de nieve.

"¡Qué hermosa puede ser la vida!", pienso enajenada con mi libertad. Por último, caigo en un dulce sueño. Me despierto al oír el balido de un cordero no muy lejos. El animalito se acerca hasta arrimarse a mí con delicadeza y acariciarme con su suave lana.

Sentimos orgullo cuando tenemos la oportunidad de saludar a los primeros soldados que vienen *"mehaAretz"*, de la tierra prometida. Nuestros hermanos hablan hebreo con fluidez. Son parte de la Brigada Judía de combate bajo la bandera británica. Es un presagio de esperanza de la tierra que anhelamos. Escuchan nuestras historias tristes con lágrimas en sus ojos.

Hela regresa de Polonia cansada y triste por el difícil viaje. Físicamente exhausta y moralmente rota, comparte sus impresiones con nosotros.

—No encontré a nadie de la familia. Varsovia está casi completamente en ruinas. Solo la parte del barrio de Praga donde solíamos vivir permanece entera. He registrado nuestros nombres con el Comité Judío de Praga. No vi un solo nombre familiar en la lista. Solo había nombres que se buscan entre ellos, los que quedan de los judíos polacos. Unos desconocidos viven ahora en nuestro apartamento del 32 de la calle Brukowa. La casa donde solía vivir tu familia está intacta. Las mismas cortinas de encaje, tan familiares para mí, todavía cuelgan de las ventanas. Traté de evitar la calle Targowa. Crucé al otro lado de la carretera y volví la cabeza hacia otro lado para no tener que mirar a las ventanas de tu casa que ahora reflejan desolación y vacío.

"Stanislaw, el súper del edificio del 55 de la calle Kordeckiego que mis padres habían comprado como inversión en el año 1936, me reconoció de inmediato. Preguntó por mi padre y mi madre. Conté dieciséis buzones, lo que significa que había dieciséis inquilinos viviendo allí. Todavía hay un cartel que cuelga en la parte superior de la puerta: *Edificio del señor y la señora Frank*. Pan Stansilaw me dijo que el gobierno había requisado el edificio. Como única heredera superviviente, dispuse el asunto a un abogado, quien transferirá la propiedad de nuevo a mí, la propietaria legítima.

"Tomé un tren hacia el pueblo de Biala, en el distrito de Lublin, con la esperanza de que mi hermano Heniek pudiese haber ocultado a su hija Gelusia, de seis años y aspecto ario, con algunos polacos. Antes de la liquidación del gueto de Varsovia, todavía recibíamos cartas de Heniek, transmitidas por Jan Parys, un aldeano de Biala. Pero nunca llegué a Biala. En la estación del tren antes de Lublin, me enteré de que se estaba llevando a cabo un pogromo contra los judíos. Pandillas de rufianes estaban sacando a pasajeros de aspecto judío de los trenes, robando a las víctimas, golpeando e incluso asesinando. Dios mío, los ríos de sangre aún no se han secado. Todavía nos amenazan a pesar de que las rescoldo de las casas destruidas no se han enfriado y las cenizas de nuestras madres y padres consumidos por las llamas están aún calientes.

¡Que vergüenza el pueblo polaco! Todavía nos maltratan. Matan a los que, por algún milagro, lograron escapar de la muerte segura. A los que luchamos hasta el último aliento en las barricadas de nuestras casas quemadas. Nos atacan cuando somos meras apariciones, milagrosamente escapadas de las cámaras de gas.

Gritamos a los altos cielos, clamando venganza. Renunciamos a nuestra ciudadanía polaca y nos registramos como "apátridas" sin ciudadanía en ningún lugar.

Para nuestra gran sorpresa y alegría, recibimos la primera carta de papá en julio.

El rabino Liwazer, un capellán del ejército americano, nos trae la carta. Papá está contento de saber que estamos vivas, pero está preocupado por nuestra salud. Pregunta por mamá y por sus tres hijos, Reginka, Justinka y David. También pregunta por otros miembros de la familia. Nos pide que no nos movamos de Bergen-Belsen hasta que haya tenido la oportunidad de ponerse en contacto con nosotras de nuevo. Está preocupado de que volvamos a perder el contacto con él.

Mis amigos me miran con envidia no disimulada. Apuntan a mí con sus dedos y comentan en voz alta lo raro que es que un sobreviviente pueda presumir de tener un padre. "Tiene un padre que vive en Palestina", dicen.

Estoy ebria de alegría. Quiero compartir mi buena noticia con todos. Max y yo hacemos una visita a nuestro amigo común, que trabaja como traductor para el ejército británico. Los tres hacemos planes para el futuro. Mis dos amigos tienen la intención de continuar sus estudios en la Universidad de Heidelberg. Yo, por el contrario, sueño con reunirme rápidamente con mi padre. Mientras mis amigos se involucran en la solución de un problema matemático que han concebido, acerco mis oídos a un pequeño receptor de radio y absorbo ávidamente los acordes de la música clásica. Sueño con mi nueva patria soleada. Pienso en mi padre y en el hermoso futuro que me espera.

Por fin llega la segunda carta de mi padre que hemos estado esperando con impaciencia. Nos da una pintoresca descripción de las circunstancias en las que recibió la noticia de que aún estábamos vivas:

"De camino a la sinagoga, el viernes por la noche, mi hermano Chaskel recogió una carta del buzón. La carta, dirigida a Samuel Rothstein, tenía matasellos de Inglaterra. Parecía poco importante por lo que la puso en el bolsillo de la chaqueta con la intención de entregármela después de las oraciones. Con la llegada del Sabbat, se olvidó de la carta por completo.

En enero de 1945, después de la liberación de Polonia, inmediatamente contacté con Varsovia con la esperanza de averiguar qué había pasado con tu madre, nuestros hijos y nuestros padres, así como con el resto de la familia. Los meses se hicieron eternos y, finalmente, recibí una respuesta desalentadora del Comité Judío de Praga, indicando que todos los rastros de mi familia habían desaparecido. Después de recibir una noticia tan terrible y tras enterarme del asesinato de tres millones de judíos polacos, renuncié a cualquier esperanza de encontrarlos . No puedo describir la inmensidad de mi dolor y desesperación".

Seguimos leyendo la carta de papá.

"Se pueden imaginar mi sorpresa cuando, un par de semanas más tarde, Chaskel se acordó de la carta reposando tranquilamente en el bolsillo de su chaqueta de Sabbat. Me entregó la carta durante las oraciones en la festividad de Shavuot. ¿De quién puede ser esta carta? Es de Inglaterra. ¿Quién me iba a escribir desde Inglaterra? Di la vuelta a la desconcertante carta en mis manos. Impaciente, esperé al caer la noche, que marca el final de la fiesta. Espero que todavía recuerdes que está prohibido rasgar el papel en el día de Sabbat y en las fiestas.

Después de que la oscuridad había caído por completo, y la oración de la noche había terminado, abrí la carta misteriosa con dedos temblorosos. Estaba escrita en inglés. Un poco decepcionado, leí la carta de caligrafía desconocida. Cuando mis ojos alcanzaron las palabras 'Roma, Hela', mi corazón comenzó a palpitar fuertemente.

La carta decía: 'Estimado señor: Mi hijo es un soldado en el ejército británico. Tomó parte activa en la liberación del campo de concentración de Bergen-Belsen. Allí conoció a su hija, Roma Rothstein, ella le pidió que le enviara una nota a usted informándole que está viva y bien. Ella está con la hermana de su esposa, Hela Frank. En su última carta, mi hijo me pidió que le dijera que todavía están en Bergen-Belsen. Puesto que solo el correo del campo está funcionando dentro de Alemania, mi hijo me pidió que le transmitiera esta feliz noticia a usted. Puedo imaginar la felicidad que debe estar sintiendo ahora mismo, al leer mi carta y descubrir que su hija está viva. Soy madre también, la madre de un soldado luchando en el frente. Me estremezco al pensar que podría perderlo'.

Me quedé mudo al leer esta carta. Limpié mis anteojos empañados un par de veces, incapaces de creer mis propios ojos. Al ver mi cara pálida mi hermano Chaskel preguntó si había recibido una mala noticia. Cuando traduje para él del inglés el contenido de la carta, su felicidad fue infinita. En este momento, estoy tratando de conseguirte un certificado para entrar en la Tierra de Israel. Quédate donde estás hasta que sepas de mí otra vez. Shavuot, el día de tu cumpleaños, recibí la noticia de que todavía estás viva. Mi querida hija, para mí, has nacido por segunda vez. ¡Gracias a Dios por eso! Espero con extrema impaciencia el momento en el que pueda volver a abrazarte contra mi pecho, mi única hija escapada, gracias a un milagro, de las garras asesinas de Hitler".

En el campo, las cosas están cambiando constantemente. La gente llega continuamente de otros campos liberados en Alemania. Los capellanes judíos de los ejércitos británicos y estadounidenses están preocupados por nuestra dieta kosher. Reparten libros de oraciones y velas para encender la noche del viernes. Abren sinagogas improvisadas y mantienen servicios judíos. Se crea un Comité Judío, encabezado por Josele Rosensaft.

Un sábado, nos topamos con dos soldados británicos.

—*Gut Shabbos* —saluda uno de ellos mientras pasa.

Sorprendidas, nos detenemos.

—¿Es usted judío? —pregunta Hela en yiddish. Cuando vemos que no entiende la pregunta, inmediatamente sospechamos. Él trata de explicarnos que no habla yiddish, pero que es judío. Queriendo asegurarnos de que es realmente judío, le hacemos un millón de preguntas acerca de las fiestas judías. El soldado pasa el examen y determinamos que realmente es judío, y así es como se inicia nuestra amistad con David Lewin de Manchester, un sargento del ejército británico.

Cada viernes por la noche, viene a nuestra habitación para la tradicional cena del viernes. Hela enciende las velas y David recita el Kidush. La mesa se cubre con una hoja blanca, y las velas resplandecen de alegría. Insistimos a nuestro invitado que pruebe la comida preparada por Eta, la muchacha húngara. Le decimos "¡Ess, ess!" que significa "¡come, come!" en yiddish.

—¡No soy un SS! —responde él alarmado, y todos explotamos en risas felices.

El gobierno británico se niega a abrir las puertas de Palestina a las víctimas judías que han sobrevivido a los campos de concentración. Como resultado, la relación con nuestros salvadores británicos comienza a cambiar. Rechazamos sus invitaciones para asistir a sus bailes. Las muchachas judías que siguen manteniendo relaciones amistosas con los británicos son mal vistas. Como consecuencia de esto, las autoridades británicas rescinden la orden que prohibía las relaciones entre soldados británicos y la población alemana.

Huérfanos y liberados de su terrible experiencia, los jóvenes anhelan amor y cariño. Después de la vida colectiva en los campos, hay un deseo de vida familiar. Las parejas se unen. La gente se casa en ceremonias realizadas por los capellanes del ejército y empiezan a construir nuevas familias.

Un manto de oración se coloca encima de las cabezas de la joven pareja en medio de numerosos testigos. El vidrio es triturado bajo los pies del novio mientras todos gritan *¡Mazel Tov!* Hay abrazos, besos, buenos deseos y termina la ceremonia del matrimonio. Finalmente se les da una habitación a la joven pareja, y eso es todo lo que realmente necesitan. Libres y enamorados caminan paso a paso, con la esperanza de crear una nueva vida.

Yo misma experimento dulces sentimientos que nunca había sentido antes. Recupero la creencia en Dios, en la gente y en este hermoso mundo que me rodea. El amor descongela los carámbanos de mi corazón. Hace posesión de todo mi ser. Durante las largas caminatas, Max y yo soñamos en voz alta. Tejemos planes audaces y hermosos para nuestro futuro común. Embriagados con la libertad, profundamente enamorados, estamos encantados con una hermosa puesta de sol, el resplandor de un cielo azul, el tierno canto de los pájaros y los sonidos amistosos de las ranas en el estanque cerca de la carretera. Enamorada y amada, salto con entusiasmo a la amplia apertura del mundo ante mi.

Por fin llega la segunda carta papá, que esperábamos con impaciencia. En ella nos da instrucciones para viajar a París, donde hemos de ponernos en contacto con su amigo el doctor Zeidman, quien nos dará más instrucciones. Se adjunta en la carta es la dirección de Agudas Yisrael en París, en la rue d'Antin, donde el doctor Zeidman se desempeña como alto oficial. Con gran entusiasmo, comenzamos a organizar nuestros planes para el viaje a Francia.

—¿Estás feliz? —me pregunta Max, mirándome con tristeza no disimulada—. Me estás dejando. Tal vez para siempre. ¿Volveré a verte de nuevo? ¿Es tan fácil para ti irte sin remordimientos? —pregunta, con voz llorosa. Nos prometemos amor eterno el uno al otro.

La Administración de las Naciones Unidas para el Auxilio y la Rehabilitación (UNRRA) y el Comité Conjunto Judío Americano de Distribución ("*the Joint*") organizan nuestro viaje a Francia. El doloroso momento de la separación ha llegado. Las lágrimas fluyen como ríos. El conductor del camión militar se impacienta y acelera el motor con un fuerte rugido. Un fuerte abrazo más, un salado beso más.

—No fumes demasiado —le recuerdo por última vez.

—Escríbeme a menudo —oigo que dice con una voz rota.

Con un traqueteo, el camión empieza a moverse. Con los ojos llenos de lágrimas, todavía veo su silueta que se va haciendo más pequeña hasta que desaparece de vista por completo en el recodo del camino. La luz dentro del camión cubierto por una lona es tenue. Mis compañeras de viaje son veinte muchachas húngaras. El tío de una de ellas ha proporcionado a todo el grupo los papeles que nos van a permitir la entrada en Tánger. Hela tiene sus dudas acerca de este maravilloso "tío".

Cuando llegamos a la frontera holandesa, es tarde en la noche. Mientras se están comprobando los documentos de las muchachas húngaras, Hela y yo nos las arreglamos para unirnos al grupo y colarnos a la policía de fronteras. Llegamos a Bruselas por la noche, y nos alojan en un pequeño hotel en las afueras de la ciudad. Fatigada por el largo viaje, me duermo de inmediato en la cama blanca e inmaculada.

A la mañana siguiente, tomamos un tranvía hasta el centro de Bruselas, cada una de nosotras poseemos un franco belga que nos ha dado *"the Joint"*. La capital de Bélgica se acaba de despertar y los sonidos de la vida llenan las calles. Peatones bien vestidos se apresuran a trabajar. Las vitrinas de las tiendas están llenas de artículos. La mercancía nos sonríe, recordándonos maravillas largamente olvidadas, como los zapatos de charol brillantes y los vestidos de colores. ¡Y las botas! De repente, una visión aparece delante de mi. Un montón de botas huérfanas gimiendo de dolor, las botas que pertenecieron a hombres muy grandes. Y luego las botas delicadas de señora con tacones altos y los pequeños zapatos para niños apilados en un lúgubre montón.

Trato de deshacerme de estos pensamientos tristes. Miro a mi alrededor y me sorprendo al darme cuenta de que todos y todo en este mundo sin preocupaciones es ajeno al sufrimiento humano. En la plaza central, chorros de agua brillando como miles de joyas plateadas brotan de fuentes en forma de cupidos en miniatura. Los jardines botánicos liberan un agradable aroma de plantas en flor que estimula el sentido del olfato. Niños de mejillas rosadas y regordetes de cara se bañan en los cálidos rayos del sol. Charlando alegremente entre sí, las madres pasean amorosas empujando cochecitos de bebé inmaculados.

Una vez más, siento una punzada dolorosa en mi corazón. ¿Cuántos bebés judíos y sus madres amorosas han desaparecido para siempre en el humo, dejándonos en desesperación y poseídos por un anhelo que nunca será satisfecho?

Al día siguiente llegamos a París. Me asomo por debajo de la cubierta de lona con asombro. La vida late a un ritmo vertiginoso. Conductores tocan la bocina de sus rápidos coches. Pasamos por una multitud de personas que corren en todas las direcciones. Un policía vestido con un elegante traje azul marino dirige el tráfico intentando poner orden en el caos. Nuestro conductor detiene el camión. El letrero: "Unidad de Ayuda para Judíos" en el lado del camión ha llamado la atención. Una multitud de gente nos rodea.

—¿De dónde vienen? ¿De qué campo de concentración han sido liberadas? —nos caen las preguntas en francés y en yiddish—. ¿Es posible que hayan visto a mi esposa, Fania? ¿Se han tropezado con mi hermana, Michelle, una joven que se asemeja un poco a ti?

Un caballero que viste un impermeable me pregunta:

—¿Tal vez conozcas a mi hermana, Lisette Finkelstein? Tiene que haber sobrevivido. Es joven y fuerte.

Una muchacha de cabello claro intenta gritar más que nadie. Hace un gesto con la cabeza en señal de negación. Está suplicando:

—Mi madre es de mediana estatura y tiene el pelo claro, como el mío.

—¿Conoces a mi hija, Jeanette Kirschenbaum? —me pregunta una mujer joven mirándome con los ojos llenos de esperanza—. Debe estar viva —añade convincentemente—. Era fuerte y capaz trabajar muy duro.

El pequeño café tiene una luz tenue y está maravillosamente tranquilo comparado con las calles de París. Apenas hemos empezado a comer sopa caliente con baguettes, esos largos panes franceses que crujen deliciosamente entre los dientes, cuando el pequeño restaurante es asediado por una multitud. Al parecer, la noticia de nuestra llegada se ha extendido entre los judíos de París. Nos hacen un millón de preguntas. Mis rudimentos del francés, por los que estoy muy agradecida a mi difunta madre querida, me vienen muy bien. Siempre nos había instado a estudiar francés, incluso en el gueto, diciendo que los conocimientos que adquirimos nunca podrían ser arrebatados.

Un hombre de mediana edad se pone delante de nuestra mesa.

—Perdón —susurra en una voz apenas audible, inclinando cortésmente un sombrero de ala ancha gris que ha visto mejores días. Luego saca un sobre blanco del bolsillo lateral de su chaqueta y continúa—. Esta son mi esposa y mi hija pequeña —dice enseñándonos una fotografía del sobre—. Las apresaron en la calle. La niña tenía fiebre. Mi esposa la estaba llevando al doctor y nunca volvió a casa.

Mientras habla en voz baja, sus ojos se llenan de lágrimas.

Una mujer guapa me sonríe desde la imagen. Tiene una niña con el pelo rizado claro en sus brazos.

—¿Tal vez usted se ha cruzado con ella en alguna parte, por casualidad? —pregunta el padre infeliz. Trato de consolarlo, diciéndole que no es fácil ver el parecido entre la mujer hermosa en esta foto y las mujeres en el campo, cuyas cabezas han sido afeitadas y que están demacradas por el hambre, la tortura y el trabajo esclavo.

—Sus rostros cambian por completo —le digo—. Su esposa probablemente está viva. Hay una buena probabilidad de que ella haya sido enviada a Suecia con el transporte de los enfermos.

—¿Puedo ayudarle de alguna forma? —me pregunta cortésmente.

Le damos el número de teléfono de la oficina de Agudas Yisrael y le pedimos que comunique al doctor Zeidman de que hemos llegado. Acompañamos al desconocido a un café donde hay un teléfono público. Él marca el número.

—La hija de Rothstein y la cuñada han llegado de Alemania —dice al teléfono—. Sí, están aquí en París.

Luego le da al doctor Zeidman la dirección donde estamos.

—Él va a venir a buscarlas —dice el desconocido, colgando el auricular—. Esperen aquí por él, en frente de la cafetería.

Le deseamos la mejor de las suertes y desaparece entre la multitud de peatones. Nos quedamos de pie solas en esta ruidosa calle de París que brilla con letreros de neón de mil colores.

Cientos de personas pasan por las puertas de la cafetería, y es imposible saber qué aspecto tiene el doctor Zeidman. "¿No te acuerdas de cómo es? ¿Es alto o bajo, grueso o delgado?", me digo. Antes de la guerra, él y otros amigos escritores de papá solían visitar nuestra casa en Praga, pero por mi vida, no puedo evocar su imagen.

—Trata de visualizarlo en tu mente —me pide Hela. Pero no sirve de nada. La imagen no llega.

—Tal vez es el caballero del abrigo gris, o tal vez éste, con el sombrero gris. Tal vez es el tipo del maletín en la mano.

Hela mantiene la esperanza de que podría ser uno de estos señores. Estamos allí, entre la multitud de gente bulliciosa, mirando inquisitivamente a los ojos de todo hombre que pasa por allí. De repente, Hela agarra mi mano con fuerza.

—¡Ese debe ser él! ¡Mira! El caballero con el paquete de periódicos bajo el brazo. Es la segunda vez que pasa por la puerta giratoria. Está buscando a alguien. Debe ser el periodista, el doctor Zeidman —dice Hela, muy emocionada.

Reunimos el coraje para acercarnos al desconocido.

—Disculpe *monsieur*, ¿es usted el doctor Zeidman? —pregunta Hela al caballero tímidamente.

En respuesta a la pregunta, él grita en voz alta:

—Ustedes deben de ser la hija y la cuñada de Rothstein —nos saluda cálidamente—. Tenemos que informar a su padre acerca de su llegada a París de inmediato. ¡Está muy preocupado por ustedes!

El doctor Zeidman nos insta a entrar a la cafetería, donde componemos un telegrama.

Estamos alojadas en un pequeño hotel cerca de la estación de metro de Pont de Neuilly. El hotel está lleno de soldados estadounidenses. Por la noche, ponemos una pequeña mesita de noche en frente de la puerta por seguridad. Al día siguiente, nos embarcamos en la conquista de París. Qué minúscula parece Varsovia en comparación con esta capital de la cultura mundial, con amplias avenidas que se extienden hasta donde alcanza la vista y la diversificación hacia otras innumerables calles. Vemos la enorme Place de l'Étoile, dominada por el majestuoso Arco del Triunfo que conmemora las victorias de los ejércitos de Napoleón. Una llama eterna flamea debajo del arco, en memoria al soldado desconocido.

Roma, de 19 años, y Hela frente al Arco del Triunfo en París

Los legendarios Campos Elíseos están llenos de cafés repletos de soldados aliados, con una multitud colorida de peatones, ancianos, jóvenes, amantes que se aferran el uno al otro, soldados con uniformes verdes. El despreocupado y ruidoso bullicio de vida gira a nuestro alrededor en un torbellino vertiginoso. Cada día hacemos nuevos descubrimientos de maravillas arquitectónicas. Inmersa en la penumbra está la misteriosa catedral gótica de Notre Dame, y la basílica de Sacre Coeur, que se eleva en la cima de

Montmartre. El Palacio de Louvre es una obra de arte de renombre mundial.

La Venus de Milo semidesnuda nos saluda con sus ojos de mármol en la entrada al museo. *La libertad guiando al pueblo*, del pintor Delacroix, ondea triunfante la bandera tricolor. Su mano izquierda empuña la bayoneta con fuerza mientras conduce a la población en contra de la monarquía opresora. El gran maestro capturó la rabia del pueblo francés sobre el lienzo. Puedo escuchar claramente sus gritos amenazantes: "¡Muerte a los Borbones!" Maravillosas obras maestras de Renoir, Rembrandt, Leonardo da Vinci y otros maestros de fama mundial me hacen recuperar el aliento. No puedo quitar mis ojos de la pintura de David, que ocupa toda una pared, o apartarlos de la maravillosa variedad de colores que representan la coronación de Napoleón.

Esa noche, en nuestra pequeña habitación, grabo mis impresiones del día para poder compartirlas con mi novio Max.

"Ayer por la noche" escribo, *"Hela y yo asistimos a una famosa ópera parisina. Fue en un palacio barroco en la Place de l'Opera. Vimos Fausto. Como no tenemos mucho dinero, tuvimos que comprar los billetes más baratos. Nos sentamos en la galería superior, justo debajo del tejado. Eso nos dio una maravillosa oportunidad para obtener una vista de cerca de las tallas en el techo. Los candelabros de cristal brillaban como mil estrellas que temblaban con el impacto con la poderosa voz de barítono. Pero no puedo disfrutar de este mágico mundo por completo, ya que no estás conmigo. Estoy triste. Como dice Slowacki:*

'Estoy triste, ¡Dios mío!

Aquí, en occidente

derramas un arco iris

de colores resplandecientes.

Oscureces el mar añil

ante mis propios ojos,

y enciendes estrellas llameantes.

Aunque cubres los océanos de plata,

y adornas los cielos con oro, estoy triste, Dios mío'.

Termino mi carta llena de nostalgia.

Estamos invitadas a la tradicional cena de la noche del viernes en casa los Majerowicz. Nos bajamos en la estación Republique del metro. "Pasaje St. Pierre Amelot" dice el letrerito en la esquina de la calle. Subimos la escalera de caracol hasta el segundo piso, donde un hombre de mediana edad nos abre la puerta. A pesar de su larga barba canosa que le llega casi hasta la cintura, la boina negra sobre la frente le da la apariencia de un típico francés. Sus ojos azules nos miran con sinceridad.

—¡Saludos! —dice en voz alta el señor Majerowicz abriendo la puerta de par en par. Una máquina de tejer suena rítmicamente en la primera habitación que entramos.

—Este es nuestro taller —explica—. Mis hijos y yo confeccionamos sombreros de invierno. ¡Henri, Joseph! —grita, tratando de elevar la voz por encima del ruido de las máquinas—. Tenemos con nosotros a la hija y a la cuñada del famoso escritor judío, Samuel Rothstein. Es un honor increíble para mí tenerlas como invitadas en mi casa —añade como halago para hacernos sentir más cómodas—. Conozco a tu padre, y no solo por sus libros y sus artículos. Lo conocí personalmente hace muchos años, en Varsovia.

Los hijos del señor Majerowicz nos saludan cortésmente. Nos muestran el gran montón de sombreros y regresan al trabajo. En la habitación de al lado, la mesa ya se viste de gala con un mantel blanco festivo. Un candelabro de dos brazos con dos velas altas espera la bendición. El agradable aroma de la cocción de alimentos flota desde la cocina y nos hace cosquillas en las narices.

—Esta es Fania, mi hija de catorce años —dice el señor Majerowicz—. Durante la ocupación alemana estuvo escondida gracias a la ayuda de un señor francés muy recto. Mi esposa y cinco de mis hijos fueron capturados por la Gestapo y deportados. Nunca los volví a ver —añade con tristeza, sus ojos azules se empañan.

Es otoño, oscurece más temprano. Las máquinas en el pequeño taller se han detenido. Poco a poco Fania enciende las velas en el candelabro mientras murmura la oración. El señor Majerowicz y sus hijos bien vestidos se apresuran a la sinagoga. Me envuelve el cálido ambiente del sábado.

Inmediatamente me siento poseída por los dulces recuerdos del hogar. El anhelo de mi seres queridos atraviesa mi corazón. El señor Majerowicz regresa de la sinagoga, y, como cabeza de la familia, recita el Kidush. Después de que termina la bendición del Día de Descanso con el vino, respondemos "Amén" a coro. Me doy cuenta de que dos gruesas lágrimas corren por las mejillas de Hela, pero rápidamente las limpia con la mano.

Nos sentamos a una comida maravillosa de Sabbat. Henri y Joseph cuentan historias sobre sus aventuras con los Maquis, la resistencia francesa. Nosotras a la vez compartimos nuestras historias de los guetos y los campos. El tiempo pasa gratamente en el círculo familiar. Les damos las gracias por su hospitalidad y decimos adiós a los Majerowiczs. Nos invitan cordialmente para el siguiente viernes por la noche.

Un viento penetrante de otoño sopla en la calle. Aunque helado, este viento parisino sigue siendo feliz y alegre, tan diferente de los vientos que solían barrer los campos. Las luces de neón brillan en los escaparates, iluminando el camino para los peatones. El viento juguetea con esos mismos peatones, echando a rodar sus sombreros por las aceras y provocando una risa explosiva en ellos. Un gran letrero nos indica que estamos en "Metro Republique". Estamos absorbidas cada una en nuestros pensamientos. Descendemos hasta el tren subterráneo para llegar al otro lado de la ciudad, donde se encuentra nuestro hotel. De repente, Hela se detiene en el último escalón.

—No —declara, con decisión—. Después de esa hermosa cena tradicional mi corazón no me deja profanar el día maravilloso, el primero de este tipo que hemos podido pasar como personas libres. Nuestra religión nos prohíbe viajar en el día de reposo. Vamos a caminar.

Satisfechas con nuestra decisión, caminamos por las calles como flotando en el aire. Estoy poseída por un sentimiento de profunda tranquilidad que nunca he experimentado antes. Dado que no conocemos el camino alrededor de París, seguimos las señales de la estación de metro. Más tarde nos enteramos que esto hizo que nuestro viaje fuese mucho más largo de lo que debería ser.

Las calles poco a poco se vacían. Las luces de colores en los escaparates de las tiendas están apagadas.

Hay menos gente en las calles. En un pasillo oscuro, un hombre con un uniforme militar está besando a una muchacha joven. Empezamos a caminar más rápido. Me siento cansada. Los zapatos me aprietan los pies, que se hinchan y me duelen por la larga caminata. Otras cinco estaciones para llegar.

—Solo cuatro cortas paradas a nuestro destino en la estación de metro de Pont de Neuilly —dice Hela, tratando de alentarme. Como de costumbre, ella es más persistente que yo.

Sin previo aviso, un hombre aparece frente a nosotras de la nada. Está borracho, y con una voz ronca balbucea algo que no podemos entender. *"Faire l'amour, faire l'amour"*, repite. No tardamos mucho en averiguar lo que está diciendo. Corremos a toda velocidad hasta llegar al hotel.

Llega una carta de mi padre, llena de anhelo, ansiedad y preguntas interminables. Quiere saber qué pasó con mamá y los niños, con su madre y sus hermanos y hermanas, y con el resto de la familia. Nos ruega que le cuente los hechos concretos, en qué fechas y bajo qué circunstancias nos separaron del resto de la familia. *"¿Recibieron los certificados para tu madre y para los niños que envié en 1942?"*, pregunta papá en su carta. *"Tan pronto como llegué a Palestina"*, continúa, *"me presenté en el consulado británico para solicitar los certificados de todos ustedes, pero fueron rechazados. Después de muchos esfuerzos, incluida la participación en una huelga de hambre con muchas otras personas en el mismo barco, finalmente conseguí esos valiosos documentos. ¿Por qué no los aprovecharon?"*

¿Cómo puedo responder a la pregunta de papá? ¿Qué puedo decirle? ¿Puedo expresarle el dolor ardiente de una madre que ve a sus tres hijos desaparecer en un instante delante de sus ojos? Le diré lo que pasó ... Le diré que cuando llegaron los papeles, las deportaciones de los judíos del gueto estaban en su apogeo. Reginka, Justinka y David ya no estaban con nosotros. Fueron deportados con el resto de la familia de mamá. Ella seguía engañándose a sí misma pensando que sería capaz de encontrarlos. Ni siquiera podía considerar irse sin ellos. En su desesperación, repetía las mismas palabras muy a menudo: "¿Qué le diré a tu padre cuando me pregunte qué pasó con mis hijos?¿Cómo responderé a sus preguntas?" Cuando por fin cedió a nuestras súplicas y fue al gueto pequeño para obtener información sobre cómo usar los certificados, fue atrapada y enviada en un transporte a Treblinka.

Cuando llegué a Majdanek, un alemán rompió mi pequeña bolsa de tela con el certificado en mi cuello, justo antes de entrar al baño. Simplemente lo tiró encima de una enorme pila de ropa.

Papá escribe diciendo que todavía hay una chispa de esperanza. Alguien le informa haber visto a mi hermana entre un grupo de niños judíos salvados de un campo de concentración alemán que llegó a Suiza.

"Le pedí mi primo, Jonash Kramkimel, que vive en Suiza, que busque a Reginka en los sanatorios de niños allí. ¿Qué piensas?" Papá continúa: *"¿Será posible que Reginka esté viva, que haya sobrevivido?"*

"Es poco probable", pienso con tristeza. Nadie sobrevivió al infierno que fue el gueto de Varsovia, donde medio millón de judíos fueron asesinados sin piedad, ya sea en el mismo lugar o en las cámaras de gas de uno de los campos de exterminio. Los asesinos alemanes no permitieron vivir a las mujeres y los niños en Treblinka. Mantuvieron solo un puñado de jóvenes, hombres fuertes para trabajar en los hornos crematorios. Estos mismos fueron asesinados después, y se trajo nuevas víctimas para reemplazarlos. Nadie se salvó de aquella gehena, a excepción de algunos individuos aislados que lograron escapar.

Como no quiero causar ningún dolor a mi padre, le escribo: *"No podemos perder la fe. Dios Todopoderoso puede hacer milagros".*

Mi padre escribe: *"He puesto una solicitud a las autoridades británicas para renovar sus certificados. Tenemos que ser pacientes y esperar a que los documentos legales les permitan entrar en el país. No puedo dejar que entren ilegalmente a Eretz Israel, la Tierra de Israel, con Aliyah Bet. Eres demasiado querida para mí, las dos lo son, las únicas que quedan con vida de toda la familia, para permitir que pongan sus vidas en peligro".*

Leemos con lágrimas en nuestros ojos como continúa la carta.

"Como ustedes saben, la Tierra de Israel es un mandato británico. Los británicos han cerrado las puertas de nuestro país a la inmigración judía. La Agencia Judía en Palestina ha organizado un ferrocarril clandestino para la inmigración ilegal al que llaman Aliyah Bet. Buques de carga viejos y maltratados (por falta de fondos, la Agencia no puede permitirse nada mejor) llegan a nuestras costas en la noche y sacan su carga de judíos europeos ilegales bajo el amparo de la oscuridad. La marina británica bloquea los mares y las patrullas del ejército bloquea las costas, lo que hace casi imposible descargar de los barcos a los últimos restos de nuestra gente. Pero bajo el amparo de la oscuridad, nuestros jóvenes orgullosos, nuestros valientes sabras, judíos nacidos en Palestina, arriesgando sus propias vidas, literalmente, llevan la carga humana en sus propias espaldas de los barcos a la costa. Se dan cuenta de que son sus propios hermanos que han sobrevivido a las cámaras de gas.

Por desgracia, dos de los barcos organizadas por la Haganá fueron detenidos en el puerto italiano de Le Spezia y devueltos antes de que pudieran salir de la costa italiana. Bajo la presión del gobierno británico, la policía italiana detuvo a los dos barcos, que estaban cargados con las personas que habían sobrevivido a los

*campos de concentración. Los pasajeros se declararon en huelga de
hambre y afirmaron categóricamente que si la policía italiana intenta
sacarlos de los barcos, se suicidarán hundiendo los barcos.*

*En una muestra de solidaridad, los representantes judíos en
Inglaterra y Palestina declararon su propia huelga de hambre. Antes
de declarar la huelga, sin embargo, una delegación presidida por
Golda Meir se enfrentó al presidente de la Comisión británica en
Jerusalén con la petición de la liberación de los dos barcos. El inglés
se negó, asegurando a la delegación que el gobierno británico no
cambiará su política establecida porque unos pocos judíos se nieguen
a comer. Golda Meir respondió al comisionado que si el asesinato de
seis millones de judíos no podía influir en el gobierno británico para
cambiar su política, ella no esperaba que el ayuno de unos pocos
judíos tuviese éxito en efectuar un cambio.*

*Una huelga de hambre fue proclamada en nombre de la
solidaridad. La huelga llamó la atención del mundo. El resultado fue
que los dos barcos finalmente llegaron a nuestras costas con su
preciosa carga humana".*

Terminamos de leer la carta de papá y decidimos
seguir su consejo de esperar pacientemente por el permiso
oficial para entrar en Palestina. Aprovechando nuestro tiempo
libre, empezamos a estudiar bajo los auspicios de la
Autoridad Común, que paga por nuestros estudios.
Estudiamos francés en la Alianza Francesa y comenzamos a
estudiar el inglés en las escuelas Berlitz. También tomamos
cursos de formación profesional en la escuela ORT.
Seleccionamos tecnología dental como nuestro curso de
formación profesional.

Comemos una cena gratis en un restaurante cerca de la
estación de metro St. Paul, designado para los refugiados
judíos. Allí nos encontramos con algunos viejos conocidos de

los campos. El ambiente en este pequeño restaurante en Plecyl es alegre y ruidoso y, sobre todo, agradable.

Para ahorrarnos las horas de caminata de regreso a nuestro hotel los viernes por la noche, el señor Majerowicz hace un arreglo para que nos quedemos en la casa de su prima, que vive cerca. Ahora, después de la cena tradicional de los viernes en casa de los Majerowicz, al calor de la familia, ya no tenemos que atravesar la ciudad a pie durante horas para llegar hasta nuestro hotel en el otro lado de París. Los viernes por la noche dormimos en la casa de la prima del señor Majerowicz, que es una persona muy agradable.

Esta matrona de edad avanzada, que tiene una hija, evitó milagrosamente ser deportada. Unos franceses benevolentes de un pueblo la mantuvieron oculta durante la ocupación alemana.

—Por desgracia —nos dice—, cogieron a mi yerno y lo enviaron a un destino desconocido. —Un profundo suspiro se escapa de su pecho mientras dice esto—. Así que ahora vivo con mi hija, que tiene un taller de fabricación de bolsos de señora, y las dos esperamos que mi yerno regrese del campo de concentración. Ayudo a mi hija a manejar el negocio. Como saben, el gobierno está expropiando apartamentos desalojados. ¿Les gustaría mudarse al apartamento vacío hasta que regrese mi yerno? —pregunta—. Les voy a presentar al conserje, y les daré las llaves del apartamento.

Aceptamos su ofrecimiento de buena gana. Se trata de un pequeño apartamento en la calle Pierre Leve, con una gran cama y un edredón en el dormitorio, es un lujo para nosotras. En la pequeña cocina del apartamento podemos cocinar un poco de arroz o calentar la carne enlatada americana de los paquetes de alimentos que nos suministra el comité *"the Joint"*. La vida con el estómago lleno es maravillosa.

También disfrutamos de la hospitalidad de la familia Warman. En su pequeña cocina, Malka Warman prepara deliciosas comidas kosher. Beirish Warman consigue los productos kosher con gran dificultad y a muy alto precio. Allí disfrutamos de la compañía de personas interesantes, como el doctor Hillel Seidman, Benjamin Mintz, el rabino Liwazer, que es el capellán estadounidense, y otros miembros religiosos de la *Brichah*. A pesar del bloqueo británico, estaban involucrados en el contrabando de supervivientes a Palestina.

Un sábado por la mañana, estoy tumbada indolentemente bajo el edredón, soñando. A mi lado, Hela duerme profundamente. Oigo un ligero golpe en la puerta. Es el señor Majerowicz, acompañado de un soldado británico completamente desconocido.

—Está buscando a Hela —dice el señor Majerowicz.

El desconocido se quita el sombrero y se presenta a sí mismo como Simcha Snei.

—Conozco a Hela Frank de Varsovia, desde antes de la guerra. Estoy buscando a mi familia. Tal vez ella sabe algo al respecto.

Despierto a Hela. Su alegría no tiene límites.

—¡Por fin he encontrado un alma viviente conocida! Dime —dice Hela—, ¿cómo te las arreglaste para sobrevivir?

—Como ustedes saben —explica— me escapé de la Varsovia ocupada a Bialystock, en el lado ruso. A partir de ahí, me adentré más en Rusia. Como era bien conocido como fiel comunista, fui nombrado comisario en un lugar pequeño. En resumen —bromea—, la mejor cura para los ideales comunistas es vivir, aunque sea por poco tiempo, bajo un régimen comunista. Ahora estoy con la Brigada Judía —dice Simcha, señalando con orgullo la pequeña insignia en el hombro de su uniforme militar—. Fui recientemente a Varsovia a buscar a mi familia. La ciudad está completamente en ruinas. Cuando miré la lista de supervivientes en el Comité Judío en Praga, vi tu nombre y la última dirección conocida era Bergen-Belsen, en Alemania. Viajé hasta allí para localizar tu domicilio actual en París. ¿Todavía recuerdas nuestra excursión a Zakopane en el verano de 1939? ¿Te acuerdas de cómo subimos las montañas Tatras? ¿Qué pasó con mi prometida, Niusia? Ella era la mejor amiga de tu hermana Paula. Quería llevarla conmigo al sector ruso, pero sus padres no querían separarse de ella. ¿Tal vez tú sabes lo que le pasó?

—¿Qué te puedo decir acerca de ella? —pregunta Hela—. Ya debes saber qué pasó con los judíos en Varsovia.

Mientras dice esto, Hela proyecta una significativa mirada en mi dirección. Entiendo que me está indicando que no puede decir la verdad. Niusia le fue infiel, se casó con alguien en el gueto que estaba trabajando en el lado ario. Este hombre podía salir del gueto todos los días con una cuadrilla de trabajo, y podía comprar comida y contrabando en el gueto, así Niusia no tuvo que pasar hambre. Pero la muerte no le pasó de largo a ella.

—No tengo que explicarte el significado de Treblinka. Ya conoces el terror que encierra esa pequeña palabra. Todo el mundo enviado allí fue gaseado. Casi medio millón de personas del gueto de Varsovia fueron asesinadas en Treblinka. Por pura casualidad, el tren en el que estábamos llegó a Majdanek en lugar de Treblinka. La pregunta es, ¿cuál fue el milagro que nos mantuvo con vida mientras la muerte nos acechaba a cada paso? ¿Éramos más dignas que millones de nuestros hermanos y hermanas?

Estas preguntas no pueden ser respondidas. Se puede dar cualquier número de nombres: el destino, la buena suerte,

simple coincidencia. Pero lo importante es que hemos logrado
escapar de las garras de la bestia sedienta de sangre de Hitler.
A pesar de los planes diabólicos de nuestros enemigos para
borrarnos de la faz de la tierra y para romper nuestro espíritu,
no nos han vencido. Todavía podemos disfrutar de una
hermosa puesta de sol y una obra maestra de Rembrandt, y
todavía podemos intoxicarnos con alegría al escuchar una
sinfonía de Beethoven. Nos encanta la vida, esta vida
encantadora, libre y palpitante de París.

Simcha, inteligente y elocuente, nos abraza con
protección fraternal.

—Son mi única familia —dice. Nos compra un
hermoso tejido de lana que alcanza para dos trajes. La tela
viene de Bélgica, que en ese momento se encuentra bien
económicamente en comparación con la empobrecida Francia.
Jules Barer, nuestro guardián de Agudas Yisrael, nos
recomienda un sastre conocido que había sido miembro de la
resistencia francesa. Sus dedos artísticos convierten las
materias primas en dos trajes diseñados según la última moda
de París, pero no quiere cobrar nada como pago por su
trabajo.

—*Non!* —dice, y se niega a aceptar nuestro dinero—. *Je
suis Juf. Je ne peux pas accepter l'argent de deux petites déportées.*
Los trajes están cortados con elegancia y nos encajan
perfectamente, reflejando con elocuencia el trabajo de un
maestro francés. La lana huele a nueva. Mi primer traje nuevo
es muy distinto a la ropa vieja que he estado usando, donada
por judíos estadounidenses.

Simcha, que es muy generoso, nos invita al Casino de
París. Con alegría aceptamos la invitación para echar un
vistazo a la vida nocturna parisina. Ciertamente nosotras no
podríamos permitírnoslo. Estar en París sin haber visitado

este cabaret famoso en el mundo entero sería como estar en Roma sin haber visitado el Vaticano. La gran sala está envuelta en una penumbra íntima y llena de acordes de música sentimental. La orquesta toca un tango romántico. En la pista de baile, las parejas se deslizan con la música abrazados estrechamente. El camarero nos lleva a una pequeña mesa. Simcha saca a Hela a bailar. Observo la escena con gran interés. Una lámpara de cristal se balancea ligeramente desde el techo. Parejas de jóvenes absortos en una conversación íntima se sientan en mesas pequeñas alrededor de la pista de baile. La mayoría de los hombres llevan uniformes militares verdes de los ejércitos británico y estadounidense.

De repente, un hombre joven y delgado está de pie en mi mesa. El soldado se inclina cortésmente y me invita a bailar. Al principio, no logró orientarme en el suelo resbaladizo, pero pasado un rato empiezo a moverme con mucho más soltura. Bailo en los brazos de mi pareja.

—¿De dónde eres? —pregunto al desconocido.

—De la Tierra de Israel —responde con orgullo no disimulado—. Soy un soldado de la Brigada Judía. Soy miembro del kibutz Ein Gedi.

—¿Y tú? —pregunta a su vez.

—Vengo de un campo de concentración —le respondo.

—Eso es lo que pensé —dice—, con ese número tatuado en el brazo.

Los últimos sonidos de la música se desvanecen en silencio. El brigadier me lleva de vuelta a mi lugar, y dándome las gracias se regresa a su mesa. Puedo oír el ruido de sillas en movimiento, de murmullos de conversación moderada. Las llamas tenues de velas en las mesas pequeñas luchan valientemente por penetrar el espeso humo del cigarrillo. Parpadean y casi se apagan, luego un minuto después brillan de nuevo con fuerza renovada. Mirando la débil llama que lucha valientemente para preservar su existencia precaria, me invaden asociaciones dolorosas y tristes recuerdos de las imágenes oscuras de mi pasado trágico. La llama de la vela se transfigura en una imagen del búnker en el 19 de la calle Mila. Un coro de risas de una mesa cercana me saca de mis tristes pensamientos. El trueno de la trompeta y las luces cegadoras se encienden como un millar de velas rugientes.

Cascadas de aplausos reciben la aparición de atractivas chicas delgadas que lucen sonrisas encantadoras. Bajo las luces multicolores, sus trajes cambian de apariencia como un caleidoscopio. Bailan con habilidad al son de la música, maniobrando sus cuerpos ágiles que han sido educados en el arte de la danza. Estoy encantada por la belleza de las bailarinas. Simcha me dice al oído que pronto aparecerán cubiertas apenas por un salto de cama. Me resulta difícil creer que esas chicas jóvenes y hermosas de aspecto inocente sean capaces de mostrar descaradamente sus cuerpos desnudos.

El primer acto llega a su fin. Las bailarinas se inclinan ante los aplausos y luego desaparecen detrás de la cortina de terciopelo. La música se reanuda y la pista de baile se llena una vez más con las parejas bailando y girando sobre el piso de parquet.

Las luces se apagan y las delgadas bailarinas reaparecen en la oscuridad vestidas como ninfas del mar, mostrando sin pudor los secretos más íntimos del cuerpo femenino. Estoy demasiado avergonzada para mirar a Simcha. Con arte magistral, la luz que rebota y refleja múltiples colores enfatiza la carne de los cuerpos desnudos. Hasta este momento nunca me había dado cuenta de la cantidad de tonalidades que tiene la piel humana, del alabastro blanco y amarillo hasta varios tonos de chocolate y negro. El espectáculo ha terminado, y nos vamos del club nocturno. Un ligero viento que sopla en la calle refresca mi cara enrojecida.

Simcha cojea un poco, y se aferra a nosotras en busca de apoyo, porque sus nuevos zapatos de charol son demasiado pequeños para él. De repente se detiene y con un gesto decisivo se descalza. Se pone los zapatos en las manos, desliza sus manos por debajo de nuestros brazos, y con orgullo muestra sus zapatos brillantes a los transeúntes a la luz de las farolas. Nadie nos presta atención. Estamos de buen humor, asombradas por las vistas del París liberado.

Nos hacemos una serie de exámenes físicos con unos doctores. Parece que estamos en bastante buen estado de salud, aunque me preocupa Hela porque su período aún no ha regresado. El bromuro en la sopa del campo, además de la dieta inadecuada, hizo que las mujeres dejaran de menstruar. Los médicos recetan inyecciones para conseguir que comiencen de nuevo los períodos, pero el médico de Hela le dice que espere. Dice que una dieta normal logrará que su cuerpo funcione correctamente de nuevo. Tengo una deficiencia de calcio, y el médico me receta una serie de inyecciones de calcio. Quiere enviarme al sanatorio Aix Le Bain para un descanso, pero no estoy de acuerdo. No quiero separarme de Hela.

Un día, nos encontramos con Jeanette en la calle. Jeanette es una chica judía francesa que había sido una de nuestras amigas y compañera de miseria en el campo, a quien Hela había alimentado con un poco de sopa de la cocina del campo. Cuando ve a Hela no puede contener su alegría.

—Estoy en deuda contigo. Me has salvado la vida — dice ella, abrazando y besando a Hela.

—Ahora soy dueña de un salón de belleza — continúa—. Si vienen a verme les haré unos peinados hermosos.

Hela acepta la oferta y nos hacemos unas permanentes a la última moda de París. No nos reconocemos en el espejo, y estamos tan contentas que nos tomamos unas fotos para enviárselas a papá.

La última moda en París, 1945

También le envío una a Max, que se encuentra todavía en Alemania. Él me escribe una carta llena de anhelo en respuesta.

"Te extraño, y no puedo evitar sentir una gran tristeza. Encontré a mi hermana, que también sobrevivió a los campos. He estado pasando todo mi tiempo con mi padre. Pero me estoy preparando para reunirme contigo. Me voy mañana, con la esperanza de que no tendré ningún problema en las fronteras cerradas, y de alguna manera seré capaz de llegar donde estás. Mi eterno amor por ti, y nuestro mutuo amor me da el coraje para emprender este peligroso viaje".

Al leer la carta, mi corazón estalla de alegría. Me dirijo a mi padre, pidiéndole que trate de obtener un certificado más para mi Max. Mientras espero por él, estoy más impaciente cada día. Fantaseo el momento en el que nos veamos de nuevo. No me puedo concentrar en mis clases de francés e inglés. En mis pensamientos, estoy con él. Tan pronto como las clases terminan, me voy corriendo a la calle Pierre Leve con la esperanza de que alguien me estará esperando frente a la puerta cerrada. A veces veo un peatón cuyo perfil se asemeja a mi novio. Sueño despierta constantemente acerca de la reunión prevista. Pasan días y luego semanas en espera y ansiedad, pero todavía no llega.

Empiezo a preocuparme. "Tal vez algo le haya pasado", pienso. "Tal vez fue detenido en uno de los cruces de frontera". Cuando ya casi había perdido la esperanza, me voy a la oficina de Agudas Yisrael, donde recibo mi correo. El secretario, el señor Barer, me entrega una carta de Alemania que abro con dedos temblorosos.

La carta, escrita por su padre en Yiddish, comienza con las palabras:

"El pájaro ha volado fuera de su jaula. Sabía que tú serías más fuerte que yo".

Las palabras son música dulce a mis oídos. "Así que se ha ido y está en camino", pienso felizmente. Pero llegan más días y noches de larga espera. Luego llega otra carta.

"No lo he conseguido. Perdóname. Me atraparon cruzando la frontera francesa. Es una pena. Estaba tan cerca de ti. Me arrestaron y me mantuvieron aquí. Mantén la barbilla alta. No hay que perder la esperanza. Voy a intentarlo de nuevo, y esta vez tendré éxito en llegar a ti".

Leí la carta en un estado de agitación. Estoy enojada con él, conmigo misma, con el mundo de Dios. Es la festividad de Purim, y nos estamos preparando para ir a una fiesta. El salón está lleno de gente joven y de una alegría estridente. Los jóvenes giran y bailan al ritmo de la música alegre. Un joven me invita a bailar.

—Mi nombre es George — dice a modo de introducción mientras se inclina cortésmente. El baile termina. Una nieve ligera espolvorea las calles mientras me acompaña a casa. Los pequeños copos blancos juguetean alegremente a la luz de las farolas. Pasamos un monumento de una magnífica mujer que se sienta con orgullo en su caballo.

—¿Sabes quién es? —pregunta George.

—Juana de Arco —contestó sin dudarlo un instante. No puede ocultar su sorpresa de que yo, "la petite Polonaise", conozca la identidad de esta heroína francesa que fue quemada en la hoguera por herejía.

Al día siguiente, después de la clase de francés, vuelvo a casa a preparar la cena. Hela ha ido a la oficina de Agudas Yisrael para revisar nuestro correo. No he estado mucho tiempo en la cocina cuando escucho la llave en la cerradura de la puerta. Hela entra y me besa. Se ríe y llora al mismo tiempo.

—Vas a reunirte con tu padre —dice ella—. Uno de los dos certificados asignados a Agudas Yisrael en París es para ti. También hay una carta de tu padre. Escribe que le gustaría tenerte en la mesa del Séder en Pésaj.

—¿Y tú? —pregunto a Hela—. El segundo certificado será para ti. De ninguna manera voy a irme sin ti.

Redactamos una solicitud al doctor Zeidman para pedir que el segundo certificado sea para Hela. Por desgracia, nuestra solicitud es rechazada. El doctor Zeidman afirma que no sería justo dar dos de esos valiosos certificados a la misma familia. El segundo certificado está destinado para el señor Moshe Sheinfeld.

El Transilvania, el barco rumano que me llevará hasta las costas de la Tierra de Israel, saldrá desde el puerto de Marsella a principios de abril.

Llega el día que tengo que dejar París. En la estación de Gare de l'Est, me abrazo a Hela, que está llorando. El señor Barer, conmovido hasta las lágrimas por nuestra prolongada despedida, se aparta a un lado. El altavoz anuncia "El tren de Marsella saldrá puntual". Oigo el rugido de la locomotora, el silbido del vapor atravesando el aire. Enlazadas en un emotivo abrazo, lloramos sin control. El señor Barer aparece de nuevo con un billete de tren, y poniéndolo en la mano de Hela, dice:

—Ve con ella a Marsella.

Y con esas palabras nos empuja adentro del tren ya casi en marcha.

Nuestra felicidad es infinita. Cuando llegamos a Marsella, nos informan que el barco se retrasará. Todavía no ha llegado a puerto. Tenemos la oportunidad de pasar un día más juntas.

La separación definitiva de Hela se acerca. Ella ha sido mi único apoyo, mi amorosa, dedicada madre solícita en aquellos terribles días oscuros de la desgracia. Hela, que estaba tan hambrienta como yo, todavía tenía la fortaleza y el sentido del sacrificio para darme el último bocado de pan. Al mismo tiempo, trató de convencerme de que era más fuerte y más sana y sufría menos hambre que yo. Hela había luchado valientemente para salvar mi vida, y trató lo mejor que pudo para aligerar el amargo yugo de la esclavitud. Hela había puesto en peligro su propia vida por robar un pedazo de pan para mí de la cocina de Bergen-Belsen. Hela había estado detrás de mí en la fila para la selección y trató de levantarme la moral susurrando en mi oído, "Mantén la cabeza en alto, ponte erguida, camina con firmeza. Te prometo que no voy a dejar que te vayas sola. Si él te dice que vayas a la izquierda, yo iré contigo. Te lo juro". Habiendo dicho esto, observé el bastón del doctor Mengele girando rítmicamente hacia la derecha.

Llorando, beso las lágrimas de su cara empapada. Soy la última en abordar el barco. Los marineros tiran el ancla. El barco se mueve lejos de la orilla. Me paro en la cubierta tratando de reprimir mis sollozos. A través de los ojos llorosos, veo en esa figura tan querida para mí, el símbolo que queda de mi familia perdida. La línea de costa retrocede, y la querida figura agitando su pañuelo en la costa se hace más y más pequeña hasta que desaparece completamente de la vista.

Roma en la cubierta del Transilvania en ruta desde Marsella a Palestina, abril 1946

Comparto la cabina con una muchacha que ha fingido un matrimonio con un soldado de la Brigada Judía para poder conseguir la entrada a Palestina. En el comedor, me siento en una mesa con el brigadier y su esposa ficticia. También compartimos la mesa con un joven israelí que regresa de sus estudios de medicina en Inglaterra y con Moshe Sheinfeld. Somos el grupo kosher. Nuestra dieta consiste en huevos duros hervidos, sardinas y patatas con su piel. La gente en la mesa de al lado está comiendo una sopa humeante que huele deliciosa y se ve muy sabrosa. Por desgracia, no es kosher. Su aroma irrita mis fosas nasales.

Jacob, el joven médico israelí, me enseña algunas palabras en hebreo. Jacob alaba la belleza de mi nuevo país y, al mismo tiempo, me ofrece bocados de salami kosher traído de Londres.

En pocos días, nuestro barco llega a las costas de Italia y deja caer el ancla en la bahía de Nápoles. Vamos a tierra en Nápoles, una ciudad histórica llena de tesoros artísticos. Paseamos a través de calles estrechas y sinuosas llenas de gente. La ropa lavada cuelga por encima de nuestras cabezas ondeando en la brisa como banderas de colores. Los pescadores lanzan sus redes. Los vendedores ambulantes pregonan sus mercancías con melodiosos cantos. Sonidos agradables llenan las calles.

Me paro en los escombros de la misteriosa Pompeya, bien conocida por mí gracias a mis estudios de historia antigua. Todavía puedo oír la voz del señor Kirschenbaum, nuestro profesor de latín, quien nos dio una clase con tanta pasión que uno habría pensado que él mismo estaba presente durante la erupción del Vesubio. En sus clases describía la violencia de la erupción, el fuego, el mar de lava hirviendo y las cenizas que volaban todas partes. En ese día memorable de agosto, en el año 79 EC, dos mil romanos murieron al quemarse Pompeya. Los robustos pilares de mármol del Imperio Romano yacen a mis pies, al lado de enormes formaciones de roca volcánica. Las ruinas sirven como un recordatorio de la gloria de Pompeya, mientras que en el fondo se vislumbra la presencia ominosa del Monte Vesubio, siempre amenazando otra explosión devastadora. Pero a los pies del monstruo de fuego, como si tratara de calmarlo, corre un arroyo azul de agua fresca.

De pronto, horrorizada, una imagen que no puedo olvidar estalla en mi mente. Veo llamas escarlata que devoran las casas en el gueto de Varsovia. Oigo con extraordinaria claridad las explosiones de las bombas al reventar, órdenes gritadas en alemán y los gemidos de los combatientes de la resistencia judía mientras arden todavía con vida. Muy por encima de mi cabeza se yergue una hilera de chimeneas negras y altas. Manos huesudas salen del humo negro. Millones de manos que claman al cielo, aferrándose convulsivamente a la vida. Sin embargo, las sangrientas lenguas de fuego triunfan, quemando sin descanso, consumiendo sin piedad esta selva de manos que en vano hacen un último esfuerzo para agarrarse a algún hilo de vida.

El guía nos llama y me trae de vuelta al presente. Jacob, que está a mi lado, pregunta la razón de mi silencio inusual.

—Recuerdos —le respondo.

—No se debe recordar. No habites en el pasado. ¡La vida continua! No mires hacia atrás. Mantén la cabeza en alto. Afronta el futuro con mucha esperanza —dice Jacob.

"¿Olvidarme? ¿Traicionar a mi familia exterminada?", pienso enojada con él y con todo el mundo.

Vuelvo al barco por la tarde, fatigada por el desbordamiento de diversas impresiones y recuerdos tristes. El resto de los viajeros está esperando por nosotros en el puerto y en el barco. Mientras subo por las escaleras a mi camarote, dos jóvenes se dirigen a mí.

—Somos de la Haganah —dice uno de ellos con una voz baja—. Usted probablemente sabe que los británicos están restringiendo la entrada de judíos en Palestina. ¿Estaría usted dispuesta a ayudar a una mujer joven a abordar el barco? Présteme su pasaporte por unos pocos minutos. Eso será tiempo suficiente para poder subirla a bordo. Es una judía de Polonia, tiene el mismo nombre que usted, e incluso se le parece.

Mientras termina de hablar, mira a su alrededor con cautela. Sin vacilar, les entrego mi pasaporte.

Puedo escuchar el sonido metálico de las cadenas y las órdenes finales de capitán del barco. Los marineros levan el ancla. El barco se desliza fuera del puerto. De pie en la cubierta, observo Nápoles menguante, haciéndose cada vez más pequeño. Finalmente, la ciudad desaparece bajo el horizonte. Todo a mi alrededor es silencio. Los dos jóvenes no están por ningún lado. Ahora me preocupo, y lamento mi locura. "El ardid debe haber fallado, y las autoridades probablemente han confiscado mi pasaporte", concluyo, enojada conmigo misma.

Pero para mi alivio indescriptible aparece una desconocida sentada en la litera en mi camarote. Con palabras de agradecimiento, me devuelve el pasaporte. Decidimos ocultar a esta pasajera ilegal de las miradas indiscretas. No sale de la cabina. Le traemos la comida que podemos esconder de la mesa en el comedor. Más tarde me enteré de que no era coincidencia que tuviese el mismo nombre que yo. Ella había ocupado mi lugar en la lista del Hotel Polski. El hecho de que mi padre nos hubiera enviado los certificados al gueto de Varsovia le salvó la vida. En aquel momento ya no necesitábamos los certificados. Mi madre, mis hermanas, mi hermano, todos habían sido asesinados en Treblinka. Y yo ya estaba en el campo de concentración de Majdanek.

El viaje se hace largo. Las espuma de las olas alrededor del barco brilla en el sol de abril. Las gaviotas blancas giran en el cielo azul, batiendo sus alas en lo alto, en busca de alimento. Hasta donde alcanza la vista solo se ve un paisaje marino monótono. De repente, un pequeño punto negro aparece en el horizonte.

—Eso es tierra firme —me asegura Jacob. El punto aumenta rápidamente de tamaño. Pronto se puede ver el contorno de las montañas. Como conjurados de la nada por una varita mágica, aparecen las siluetas de edificios blancos. Nos estamos acercando a nuestro destino. La emoción me domina y no puedo contener las lágrimas que brotan de mis ojos. El momento tan esperado ha llegado.

Por fin, he llegado a la tierra de mis sueños. Pronto voy a estar en los brazos de mi amado padre, y derramaré toda la amargura que tengo acumulada.

Los marineros fondean. Son más de las seis. Los funcionarios de emigración británicos se han ido por el día. Tenemos que pasar una noche más en el barco. El sol ardiente se esconde lenta y majestuosamente bajo el horizonte occidental. La noche cae rápidamente en Palestina. Me paro en la cubierta, envuelta en una manta. Las luces centellean en las ventanas distantes. La cálida brisa salina retoza alegremente con mi manta. Las estrellas plateadas en el cielo parpadean con alegría. La amable luna vieja me sonríe con benevolencia. Una alegría incontenible lucha con mi profunda melancolía.

"¿Por qué he sido la única elegida para ver este momento? ¿Por qué yo y no otra persona?". Me seco las saladas lágrimas de la cara, en las que se mezclan la amargura y la felicidad. La desconocida que estaba en mi cabina se ha ido, desapareciendo sin dejar rastro.

Desde la cubierta del barco observo fijamente el exterior, mientras los recuerdos de mi amada familia regresan a mí durante toda la noche. Sus hermosos rostros brillan en el cielo, mezclándose con mis lágrimas. Cómo me gustaría que estuvieran aquí para compartir este momento conmigo.

Pienso en mi padre, su barba castaña, sus soñadores ojos azules. Recuerdo su amabilidad, su devoción a nosotros, sus hijos amados. Pienso en su guía, su estímulo. Pienso en el amor que nos ha transmitido, el amor a Dios, a nuestro pueblo y nuestra tierra.

Temprano en la mañana, hay una inspección minuciosa de los documentos en inmigración.

El sol está alto en el cielo.

Entonces lo veo. Veo a mi padre. Nos abrazamos. Me quedo ahí, para siempre, llorando, en los brazos de mi padre. Lo compartimos todo sin decir una palabra...

Hela se queda atrás en París, sola y en soledad. Mi padre no le permitirá inmigrar ilegalmente a Palestina. Lo envían a Basilea, en Suiza, para cubrir una conferencia sionista como corresponsal de un periódico hebreo. En el viaje de regreso, se detiene en París para ver a Hela. La había conocido cuando era niña. Ella tenía cuatro años cuando él se casó con Golda, su hermana mayor. Después de su regreso a Palestina, compone una petición a las autoridades británicas para renovar el certificado de su segunda "hija" que sobrevivió a los campos de concentración alemanes. Después de un tiempo, recibimos un aviso de que un certificado ha sido expedido a Rywka Rothstein. Mi felicidad no tiene límites. En un futuro muy próximo, voy a abrazar a mi amada Hela.

El señor Barer tiene conocidos en el Maquis, la antigua resistencia francesa, en la que había participado activamente. Muchos de ellos ahora trabajan para la policía de París, así que logra obtener una nueva tarjeta de identidad para Hela con el nombre de Rywka (Reginka) Rothstein, quien murió en las cámaras de gas de Treblinka. Hela es ahora oficialmente mi hermana menor. En la pequeña foto de pasaporte añadieron una gafas para minimizar la diferencia en el aspecto. Gracias a este documento, Hela recibe su *laissez-passer*, su pasaporte temporal del consulado polaco. Esto le permite entrar legalmente Palestina.

Finalmente, en julio de 1947, llega el día de su arribo. Nos abrazamos y nos prometemos mutuamente que nunca nos separaremos.

Mi padre se ha engañado a sí mismo constantemente con la idea de que su esposa, Golda, mi madre, ha sobrevivido. Han pasado casi dos años después de la liberación, y no hemos sabido nada de ella. Le explico que ella nos dio a cada uno de los niños la dirección de la cita en Palestina. Si hubiese sobrevivido, se habría puesto ya en contacto con nosotros. Finalmente lo convenzo de que está esperando en vano.

Siendo un joven rabino y periodista de unos cuarenta años, todo el mundo piensa que debería volverse a casarse. Él está de acuerdo con la idea, pero insiste en que me case yo primero. Sin embargo, necesito tiempo para mí. Deseosa de continuar mi educación y recuperar los años perdidos de mi juventud, le explico que no seré un obstáculo y que se anime a encontrar una esposa. Me dice que es impropio para él casarse mientras tenga una hija elegible, soltera. Hago un pacto con mi padre por un año de autonomía.

Aún así, también necesito a alguien con quien compartir mi vida. Deseo tener un marido y un hogar propio. Conozco a Shlomo, un hombre joven, apuesto, que llegó a Palestina desde Kalisz, Polonia, en 1935. Su padre, Moshe Chencinski, decidió vender su fábrica textil en Lodz por una miseria y se trasladó con la mayoría de su familia a Palestina cuando detectó un aumento en el antisemitismo. Ocho vidas robadas a Hitler. En aquel entonces, los británicos solo le permitieron la entrada a los que tenían capital para invertir. Tenían que demostrar que poseían al menos dos mil libras esterlinas.

Siento un fuerte vínculo con Shlomo, quien no ha sido inmune al Holocausto. Tenía un hermano y una hermana casados que se quedaron en Polonia. Su hermano Yoseph fue reclutado por el ejército polaco y no pudo desertar cuando la familia emigró a Palestina. Su hermana Nacha Leah se había instalado en otra ciudad de Polonia con la familia de su marido. Ambos miembros de la familia, con sus esposas y sus hijos, perecieron.

Cuando conozco a Shlomo, está en el año de luto por su difunta madre. Ningún médico pudo atender a su madre enferma durante el toque de queda británico de varios días que prosiguió al bombardeo del hotel Rey David en Jerusalén. Sin la atención médica necesaria, falleció.

En una ocasión, Shlomo llega en su Fiat para llevarme a una cita. Me sorprendo al ver a su padre, que viene en el asiento trasero. Shlomo me explica que no se atreve a dejar solo en casa a su padre viudo. Sugiero que traigamos a mi padre también. Y es así es como vamos todos de paseo a los cafés y al paseo marítimo de Tel-Aviv.

—Shlomo es un hijo devoto —dice mi padre—, y por lo tanto será un buen marido.

Le envío una carta a Max, que ha decidido continuar sus estudios en Heidelberg, Alemania. Le informo acerca de Shlomo y que por lo tanto debemos dejar la correspondencia.

Compromiso de Roma y Shlomo

Shlomo y yo nos casamos en noviembre de 1947

Matrimonio de Roma y Shlomo, Tel Aviv, 1947

Poco después, Hela conoce a Isaac Blumenthal, un joven de Sudáfrica, quien le propone matrimonio pasados unos pocos días. Hela me llama desde el Park Hotel en Tel Aviv para preguntar si tengo alguna objeción en que ella acepte la propuesta de matrimonio. Este compromiso la llevaría a vivir a Sudáfrica, con los que nos separaríamos por un período indefinido de tiempo. Hela debe decidir rápidamente, porque Isaac tiene que volver a su negocio en Johannesburgo. Como ya me he casado, ¿qué derecho tengo de impedir el matrimonio de Hela? La amo con todo mi corazón, pero sin dudarlo le doy mi aprobación. Después de un vertiginoso romance de trece días, se casan el 13 de enero de 1948.

La situación política en Palestina es muy tensa. El ejército británico se retira de Palestina, y hay una gran cantidad de bullicio y alboroto en la víspera de la guerra de independencia. En este momento, Hela se marcha a Sudáfrica. Shlomo y yo no podemos llevarla en coche al aeropuerto de Lod en Lyda, a causa de los francotiradores y lanzadores de piedras árabes en la ruta. Nos separamos de ella en la pequeña pista de aterrizaje en Tel Aviv, donde se sube a un avión pequeño que transporta pasajeros al aeropuerto internacional. Nos besamos y abrazamos. Tengo el corazón roto. El destino nos separa de nuevo.

¡Estoy sola! Abandonada.

Mi padre trabaja en Nueva York como corresponsal. Mi esposo es reclutado por el recién formado ejército judío. La guerra está estallando. Y estoy embarazada de mi primer hijo.

Tengo miedo de dormir sola. Invito a mis amigas huérfanas, que están estudiando para ser enfermeras y viven en el dormitorio del hospital Hadassah, a dormir en mi apartamento, que cuenta con una bañera y agua caliente. Tel-

Aviv está siendo bombardeada. En la calle, la sirena aúlla y me ordenan irme a los refugios. Después del bombardeo de Varsovia, esto parece un juego de niños. No voy al refugio.

Durante varios meses no sé nada de mi marido. Mi vientre está creciendo. Debo mantenerme con las veinticinco libras que recibo del ejército por ser esposa de un soldado. Nunca aprendí a cocinar. Moshe, mi suegro, que recientemente se ha vuelto a casar, me invita a menudo a cenar a su casa.

Alguien me dice que ha visto a mi marido en el puesto del ejército de la parte baja de Haifa.

Aunque el médico me prohíbe viajar, voy a buscarlo. En la entrada de la base, voy a la cantina. Una muchacha me dice:

—¡Tu marido está aquí!

Me sorprendo cuando reconozco a Henya, que conozco de Auschwitz. No la he visto desde que me trasladaron a Bergen-Belsen. Le pregunto cómo sabe que es mi marido. Me explica que ella es camarera de los soldados. Shlomo vio su número de tatuaje en el brazo y le dijo que el número de su esposa también está en el rango de los cuarenta y ocho mil. Cuando le dijo mi nombre, ella preguntó:

—¿Roma y Hela?

Y así quedó confirmada mi identidad.

Finalmente me encuentro con Shlomo, y estamos muy contentos de reunirnos. Pero no por mucho tiempo: lo solicitan para unirse a una misión. Está oscuro, y no hay autobuses de vuelta a Tel-Aviv. Estoy de pie en la puerta en la penumbra del crepúsculo con mi vientre protuberante, y Shlomo le pide permiso a su jefe para llevarme a un hotel, con la promesa de regresar a la base en breve.

—¿Acaso yo la invité? —contesta el comandante sarcásticamente antes de ordenarle subirse al camión. Estoy desolada y termino durmiendo con Henya.

Durante mi noveno mes, Shlomo es transferido a una base cerca de Tel-Aviv y tiene permitido de volver a casa a dormir por la noche. En el día de nuestro primer aniversario de bodas, Shlomo me lleva al hospital y doy a luz a nuestro primer hijo. Lo llamamos David por mi hermano Davidek. Después del Brit Milá, la ceremonia de circuncisión, me envían a un hotel para recién nacidos y esposas de soldados. Shlomo es enviado de vuelta a su unidad.

Ya no estoy sola.

A pesar del plan nazi para exterminar al pueblo judío y eliminarnos de la faz de la tierra, aún existimos. Estuve en el gueto de Varsovia, donde luchamos contra el poderoso ejército nazi por más tiempo que Francia u Holanda. Estuve en Auschwitz, un campo de exterminio, pero estoy viva. Debido a que he probado la muerte, aprecio la vida. He formado una familia y estoy tratando de llevar una vida normal y feliz. Estoy dejando un legado no solo de sufrimiento, sino también de triunfo.

Desde entonces he dado vida a tres generaciones. Tengo cinco hijos, dieciocho nietos maravillosos y diecisiete bisnietos. Ahora, después de muchos años, puedo entender por completo las palabras de nuestros sabios (Sanedrín 36a), "El que salva una vida en Israel, es como si salva al mundo entero".

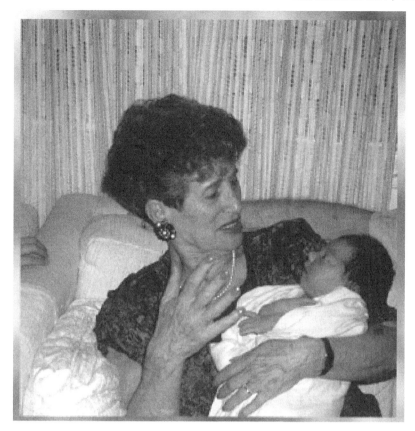

Agosto de 1999. Roma con su biznieta, Tehilla

Hela ahora vive en Sudáfrica, donde se llama Ella Blumenthal. Todavía estamos tan unidas como hermanas. Es madre de tres hijos y una hija, y tiene once nietos y cuatro bisnietos. Sigue siendo mi fuerza y apoyo en la vida. Hablamos a menudo y nos visitamos mutuamente. Compartimos idénticos pensamientos y sentimientos. Somos los únicos restos de nuestra familia destruida.

Hela y Roma, 2012

En agosto de 1995, volví a Polonia con Shlomo y con Ram, mi hijo menor. Les mostré el apartamento de mi familia en el barrio Praga de Varsovia, que ahora es una escuela. Fuimos a Majdanek, Treblinka y Auschwitz. Shlomo rezó el kadish, y yo encendí velas en memoria de mi querida familia, que pereció allí sin siquiera una tumba.

Dejamos Polonia amargados y tristes. Todo lo que queda de los millones de judíos que alguna vez prosperaron aquí son cenizas, cenizas y recuerdos. Aquí, no hay un porqué.

Guía de la fotografía de familia

L a siguiente fotografía de la familia fue tomada durante una boda celebrada en el apartamento del Rabino Mendelson, en el gueto de Varsovia.

Todos pertenecen a mi familia materna, a menos que se indique lo contrario.

Si se mira con cuidado, se puede observar que, a pesar de que la mesa se viste de gala con el mejor mantel, y los mejores candelabros y bandejas disponibles, no hay comida. No había comida en absoluto. A pesar de la dificultad extrema, hicimos todo lo posible para mantener una semblanza de normalidad, y celebrar la vida, el amor y el potencial del futuro.

Esta es una imagen de esperanza, de fe, de familia y de perseverancia. Es una imagen trágica; casi todo el mundo en la imagen fue asesinado en el Holocausto.

Es una imagen de supervivencia; a la derecha, en la fila del medio, estoy yo.

Y, por último, es una imagen de amor, guía y protección. Si se mira más de cerca, en la esquina del centro a la izquierda se puede ver la mano de la persona que sostuvo la mía mientras sobrevivimos juntas: la mano de Hela.

1. El tío Heniek Frank
2. El tío Luzer Frank
3. El abuelo Naftali Frank
4. Mietek Libhaber (una amigo de Hela)
5. Mamá, Golda Frank Rotstein
6. El tío Froim Frank
7. La tía Sara Mendelson Frank (la esposa de Froim)
8. Chana Rechtleben (la novia)
9. El tío Itzik Frank (el novio)
10. La tía Itka Frank (la esposa de Heniek)
11. Reginka Rothstein (mi hermana)

12. La tía Paula Frank
13. Roma Rothstein (la autora)
14. Mitek Pressburger (el futuro esposo de la tía Paula)
15. Davidek Rothstein (mi hermano)
16. El abuelo Mordechai-Nissen Rothstein (paternal)
17. La abuela Dvora Rothstein (paternal)
18. Justinka Rothstein (mi hermana)
19. La abuela Chava Frank
20. La prima Gela Frank (hija de Heniek e Itka)
21. La prima Rutka Frank (la hija de Froim y Sala)

Árbol de familia

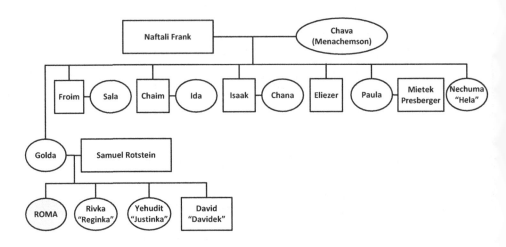

Made in United States
North Haven, CT
17 July 2023

39109598R00261